中国近代史学文献丛刊

王 东 李孝迁／主编

陈啸江史学论文集

陈啸江／撰

王 传／编校

上海古籍出版社

2018 年度国家出版基金资助项目

上海高校服务国家重大战略出版工程

上海市教育委员会科研创新计划重大项目
"重构中国：中国现代史学的知识谱系（1901-1949）"
（2017-01-07-00-05-E00029）

2018 年度国家社科基金重大项目
"现代中国马克思主义史学文献的调查、整理和研究（1900-1949）"
（项目批准号 18ZDA169）

丛刊缘起

学术的发展离不开新史料、新视野和新方法,而新史料则尤为关键。就史学而言,世人尝谓无史料便无史学。王国维曾说:"古来新学问之起,大都由于新发现。"无独有偶,陈寅恪亦以为"一时代之学术,必有其新材料与新问题",取用此材料,以研求问题,则为此时代学术之新潮流;顺此潮流者,谓之预流,否则谓之未入流。王、陈二氏所言,实为至论。抚今追昔,中国史学之发达,每每与新史料的发现有着内在联系。举凡学术领域之开拓、学术热点之生成,乃至学术风气之转移、研究方法之创新,往往均缘起于新史料之发现。职是之故,丛刊之编辑,即旨在为中国近代史学史学科向纵深推进,提供丰富的史料支持。

当下的数字化技术为发掘新史料提供了捷径。晚近以来大量文献数据库的推陈出新,中西文报刊图书资料的影印和数字化,各地图书馆、档案馆开放程度的提高,近代学人文集、书信、日记不断影印整理出版,凡此种种,都注定这个时代将是一个史料大发现的时代。我们有幸处在一个图书资讯极度发达的年代,当不负时代赋予我们的绝好机遇,做出更好的研究业绩。

以往研究中国近代史学,大多关注史家生平及其著作,所用材料以正式出版的书籍和期刊文献为主,研究主题和视野均有很大的局限。如果放宽学术视野,把史学作为整个社会、政治、思潮的有机组成部分,互相联络,那么研究中国近代史学所凭借的资料将甚为丰富,且对其也有更为立体动态的观察,而不仅就史论史。令人遗憾的是,近代史学文献资料尚未有系统全面的搜集和整理,从而成为学科发展的瓶颈之一。适值数字化时代,我们有志于从事这项为人作嫁衣裳的事业,推出《中国近代史学文献丛刊》,计划陆续出版各种文献资料,以飨学界同仁。

丛刊收录文献的原则：其一"详人所略,略人所详",丛刊以发掘新史料为主,尤其是中西文报刊以及档案资料；其二"应有尽有,应无尽无",丛刊并非常见文献的大杂烩,在文献搜集的广度和深度上,力求涸泽而渔,为研究者提供一份全新的资料,使之具有长久的学术价值。我们立志让丛刊成为相关研究者的案头必备。

这项资料整理工作,涉及面极广,非凭一手一足之力,亦非一朝一夕之功,便可期而成,必待众缘,发挥集体作业的优势,方能集腋成裘,形成规模。华东师范大学历史学系,在史学理论与史学史研究领域有着长久深厚的学术传统,素为海内外所共识。我们有责任,也有雄心和耐心为本学科的发展贡献绵薄之力。在当下的学术评价机制中,这些努力或许不被认可,然为学术自身计,不较一时得失,同仁仍勉力为之。

欢迎学界同道的批评！

前　言

陈啸江(1912—?)，名国治，以字行。福建闽侯县(今福州)人。1929年入厦门大学历史系学习，与傅衣凌、庄为玑等人成立"厦门大学历史学会"，[①]宣扬"新中国的新史学运动"。1932年，在朱谦之的影响下，转入中山大学历史系，次年考入中山大学文史研究所史学组研究生，师从朱谦之从事中国社会经济史研究，参与创办《现代史学》杂志。毕业留校任教后，积极筹备成立中山大学中国经济史研究室，并拟定《中国经济史研究室计划书》，扩大中山大学社会经济史研究的学术影响力。

在中山大学读书期间，陈氏深受朱谦之提倡"现代史学运动"的影响，积极从事社会经济史研究，先后著有《西汉社会经济研究》、《三国经济史》等专著，并在《现代史学》、《食货》等杂志发表数十篇有关社会经济史、文化史、史学理论与方法论方面的论文。正是凭藉着出色的研究能力，他1941年被评为中山大学历史系教授，年仅三十一岁。[②]遗憾的是，陈氏在1940年代末出国后，从此便淡出学界，这也是其研究成果及学术价值至今鲜少有人道及的重要原因之一。

近代以来，新史学流派层出不穷，精彩纷呈。周予同在《五十年来中国之新史学》一文中将转变时期的中国新史学家归纳为"史观派"与"史料派"两大派别。其实，在周氏之前，朱谦之则将民国时期的新史学概括为"唯物史观派"与"考古考证派"两大派，并对两派的弊端提出批评。他认为以傅斯年为代表的考古考证派"偏于史料，而将理论完全忽

[①] 《厦门大学教职员同学团体概况·厦门大学历史学会》，《厦门大学周刊》1934年第13卷19期，第97-127页。
[②] 黄义祥：《中国经济史专家陈国治》，政协广东省委员会办公厅编：《岭南史学名家》，中国文史出版社，2008年，第398页。

略了,走到极端";而唯物史观派则"先入为见",只会教条地套用马克思主义的公式。

朱谦之借用英国培根(Francis Bacon,1561-1626)的生动比喻,认为治史过分注重史料,只知搜集,不知应用历史哲学的方法来解释,类似于蚂蚁采集食物,谓之"蚂蚁的方法";反之,过于注重史观,妄加解释,而不知先从事史之搜集,犹如蜘蛛结网,一丝一缕都吐自腹中,在己有以外无所发明,谓之"蜘蛛的方法"。而真正的治史方法则应综合两者,有如蜜蜂采花蜜而酿成芳香甘美的蜂蜜,这种一面搜集一面解释的方法即为"蜜蜂的方法"。如以"蚂蚁的方法"为"正","蜘蛛的方法"为"反",则此"蜜蜂的方法"即为"合"了。

受导师朱谦之的影响,陈啸江接受并运用唯物史观研究中国社会经济史,但又并未将唯物史观教条化。他在《什么是文化》一文评论唯心派、唯物派以及文化派的文化观,认为唯心派"太看重了精神,把一切文化的源泉,都弄得神秘化了,不知舍却存在,文化是没有意蕴的";唯物派将阶级论引入文化,然不能处理自然科学的阶级属性的问题。相反的,唯物派与以傅斯年为代表考证派有着显著的不同,因为考证派"始终跳不出考古学、考据学的圈子,把历史看做'破罐子',大做特做其补'边'、修'底'、添'把'、增'嘴'一类的工作",反对历史哲学,历史与现实完全脱离,让人"痛心之至",并誓言要一脚踢破"古墓底门",[1]公开批评胡适、顾颉刚为"难师难徒"。在上述的基础上,陈氏提出糅合唯物论与唯心论之大成而"一以贯之"的新配合论。具体来说,他在本体论方面采取"心物一元论",在认识论方面采取"反映、创造论"。

陈啸江在经济史研究领域最主要的贡献在于首次提出"佃佣制"社会说。他认为中国社会演进的过程非如马克思理论中理想的"步伐整齐",其封建生产方式,从战国起已开始崩溃,而直至近代,纯粹的资本主义的生产方式也尚未完成,即从秦汉至清既非封建形态,又非前资本形态,而是到达一种过度的"佃佣制"社会。在史学方法上,主要以辩证唯物论为指导,但又主张"真实的唯物论者",不应"呆守"马克思社会分

---

[1] 陈啸江:《编辑余墨》,《现代史学》第1卷第1期,1933年1月,第243页;《编后》(1932年5月12日),《现代史学》1935年第1卷第3—4期,第367—368页。

期公式。如《三国经济史》一书重点论述关于封建制度的本质及其对三国时期社会性质的见解,并详细比较了中外学者对该问题的不同看法。认为过往学界在讨论社会性质时,无不以马克思对于社会史区分为亚细亚的、古代的、封建的、近代市民的为可靠的条件。作者在缜密分析西欧诸多关于封建社会学说的基础上,指出此类学说的共同之处在于其讨论范围只限于欧洲中世纪的封建社会,所得的结论都是从欧洲的封建社会中寻绎出来的。因此,为"打破前人以欧洲一部民族史为唯一中心,以欧洲一部民族史理论为唯一史学理论的狭窄研究法",作者广泛比较希腊、罗马、德国、法国、英国、俄国、中国、日本、印度、非洲古代国家、美洲古代国等十余国家和地区的各民族之封建阶段的历史,总结出"封建制度者,乃在强制劳动的经济基础上,发展到氏族高期的胜利民族对于被征服民族的土地和人口所施行之一种统治形式也"。自战国时期奴隶制崩溃后,秦汉至清,"佃佣劳动"逐渐支配着中国社会的生产过程,期间社会虽经"两三度的逆转",但仍没有改变中国社会的性质。因此,三国时期中国仍处于自西汉时期就已形成的"佃佣制"社会发展阶段。

陈啸江在社会经济史方面取得研究成绩,引起了德国著名汉学家魏特夫①的关注。魏特夫是国际东方社会经济史学专家,1936 年受美国哥伦比亚大学国际社会科学研究所的委托,来华搜集经济史资料,由北平到南粤,因此前魏氏曾读到陈啸江的论著,二人的学术观点颇有相同之处,故来粤前曾致函陈啸江约其见面交换意见。② 实际上,陈啸江对魏氏也"神交已久",故在陈氏的论著中对魏特夫关于中国社会经济史研究的成绩介绍尤多。1940 年代末,受魏特夫的邀请,陈氏欲前往美国哥伦比亚大学工作,最后似无果而终。

陈氏曾公开批评胡适、傅斯年、顾颉刚掌握重要学术资源的三大"老板",相应地也受被批评者的极力打压。如傅斯年在审查陈氏申请

---

① 魏特夫(1896-1988,K. A. Wittfogel),德国人,法兰克福大学博士,先后任教于德国莱比锡大学、柏林大学、美国哥伦比亚大学,生平著作极富。
② 原信件中说到:"We obviously have certain scientific ideals in common, I hope very much to be able to see you, before I leave Canton."见《德人魏特夫格尔博士来校参观》,《国立中山大学日报》1936 年 11 月 3 日,第 4 版。

中华教育文化基金会的研究项目时,认为陈氏的史学研究显得"空洞无当",甚至讥讽其"不知何者为史学研究问题"。① 陈氏的学术研究很难为彼时学术的主流所容纳,加之后来出国后不知所踪,故他的学术逐渐被人所淡忘。这也是此次编校出版陈氏史学文集的关怀所在。

王 传

2018 年 10 月

---

① 傅斯年:《傅斯年致中华教育文化基金会董事会》(1942 年 5 月),王汎森、潘光哲等编:《傅斯年遗札》第 3 卷,台北"中央研究院"历史语言研究所,2011 年,第 1276 页。

目 录

丛刊缘起 / 1
前言 / 1

新中国的新史学运动 / 1
西汉社会史研究发端：中国"佃耕制"社会论略 / 25
《西汉社会经济研究》序 / 38
为寻求中国历史何以走不上资本主义之路者进一解 / 46
封建社会崩溃后中国历史往何处去 / 55
二十五史文化史料搜集法 / 100
奴隶社会与封建社会有无连续的必然性 / 102
建立史学为独立的（非综合的之意）法则的（非叙述的之意）科学新议 / 110
封建制度成立的条件及其本质新议 / 137
封建制度成立的条件及其本质新议（续完）/ 154
《西汉经济史研究》工作纲领 / 167
《魏晋经济史研究》工作纲领 / 169
中国社会经济史研究的总成绩及其待决问题
——献给开始研究本问题的朋友们 / 171
"亚细亚生产方法"问题新研 / 217
中国经济史研究室计画书 / 247
从社会史观点考察五四运动 / 258
我怎样研究"中国历史何以不能发生产业革命"
——鸳鸯绣出与君看 "并"把金针度与人 / 263
从经济史立场对于东方文化的新认识 / 271

中国地理对于中国经济史特殊发展之影响
　　——"中国历史何以不能发生产业革命"之地理方面的解释 / 288
再论中国地理对于中国经济史特殊发展之影响 / 347

新中国的新史学运动

◎ **本会特别启事**

　　本文系本会会员陈啸江君为本刊而作，经已印就，拟俟全部印齐，即行出版。讵料厦门《江声报》未征本会同意，竟先将本文刊于元旦特刊，不胜骇异，惟恐读者误为抄袭。除函询该报馆外，特此声明。

厦大历史学会启

一、前奏：从中国现代环境下所产生的新史学运动
二、过去中国史学界的总结算
三、现代中国史学界的总结算
四、新史学运动的根据一：史的社会
五、新史学运动的根据二：社会的史
六、相对论与新史学
七、唯物论的辩证法与新史学
八、统计的研究法与新史学
九、新史学的新领域
十、新史学的新意义
十一、新史学的新研究法
十二、尾声：我与新史学

一、前奏：从中国现代环境下所产生的新史学运动

郭沫若在《中国古代社会研究》开首便说："对于未来社会的展望，逼迫着我们不能不生出清算过往社会的要求。古人说：'前事不忘，后事之师。'认清楚过往的来程，也正好决定我们未来的去向。"同样，王礼锡在《中国社会史论战序幕》里亦说：

> 关于中国经济性质问题，现在已经逼着任何阶级的学者要求答覆。任何阶级的学者为着要确定或辩护他自己的阶级的前途，也非解答这问题不可。……要理解中国的经济的结构，必须从流动的生成中去理解，而不能专作无机物的静的分析。从流动中去理解中国经济的结构，必须从中国历史上的经济的演变与世界经济的联系，阐明其规律性，并挺住其特殊性。

在科学发达的今日，我们知道一切事物的发展，都是有理性的；自然，社会形式的发展，也不能逃出这个公例。我们要把握中国的前途，我们先要认清现在中国社会进展的阶段，以上所引郭、王二君的说法，也不过此义的引伸罢了。

在此，便发生中国社会性问题。

这个问题发生并不久，可是却因时势的需要，进展得很利害，最近已成为中国学术界讨论的主潮了。关于这个问题的解答，也有好几派：有的主张中国仍是停于封建性的；有的主张已经进到资本性的；有的主张半封建性的；有的主张生产基础为资本而上层建筑为封建的。在拙撰《各色解剖家观察下的中国社会》一文里，已有大体的说明，兹不赘述。不过我们知道他们虽各有一些假设，但仍在论战时期，而未入论定时期，所以这个问题更形严重与普遍了。

研究此种问题的方法，大概可分二种：

（一）横的研究或静的研究——即是要从现代社会的现象里，把握中国的社会性；

（二）纵的研究或动的研究——即是说要从过去历史的进展上，把

握中国的社会性。

以上两种的方法,本是互相参证而无所谓轻重的,但在中国现在社会里,普通的调查与统计多不可靠(譬如国民党与共产党的土地分配调查,便大大不同),而鉴别的方法又大有困难,所以横的研究,比较有许多危险的地方。至纵的研究,在我看来,至少有下列各种好处:

(一)资料比较可靠——在前代,大家既没有党派的成见,自不会捏造事实,误己误人。况我国史官,大都以实事求是为鹄的,观春秋齐太史,对于崔杼的记载,便可见史官气概的一斑。至有些伪造的书,亦大概被人发觉,可不至受其欺诳。

(二)有些资料因果已显——很多事情在同时人莫明其妙,或不觉有什么重要,而后人看去,则因果井然,事实的关系完全可了解。举显的一例说,廿四史列传里,所记某人生于某地,在当时人看去,必不觉有什么,可是在最近学者研究之下,却能将文化移南的痕迹,明显地呈于我们目前。

(三)事实的来源可寻——现代的种种制度,很多都来源于前代。我们沿流以溯源,决不如由源而竟委。譬如研究中国赋税问题,在没有历史常识的人看去,一定很奇怪现在中国何以没有人口税。但你设能知道前清康熙并丁税于地税的事实,便不难迎刃而解了(按康熙以前户口两税,已并于田租,但户口一门仍有调查,至此始全蠲)。

(四)偏见不易发生——在现代社会的人研究现代社会的事实,多少总要受环境的支配,所以在都市居住的学者,每主张中国已入资本的时代;而在乡村居住的学者又每主张中国尚封建,在势力包围中其实都是一偏之见。我们现在纵不能有超时代的眼光,来研究现在的社会性,但却能用现代的眼光,来研究过去的社会性。至得了结论之后,则对于现在的社会,便一样的能把捉,而不致坠于偏见了。

自从新的需要求助于历史的时候,旧日的史学界却根本起了动摇,而有"新史学运动"之发生。这到底是什么缘故呢?简单的解答是大家对于历史的估价的更换。

以前的历史,可说是为统治阶级写的,即大家读史的目的,也不过取前事以为资鉴、学得怎样治人罢了。所以世界历史最早的发生,总是一些战争史及君主史，以后形式虽时有改换，但也不脱这两者的范围。现在因要把握中国的社会性，大家便不能不弃从前因袭的思想而来研究中国的社会史。社会史主重的骨干，是大众活动的记载，这样一来，便不能由研究统治阶级而来研究被统治阶级了。这一种的转变，可为中国史学史上一个重要的划分期，亦可谓现代的史学和前代的史学不同的地方。至有意的促成这种转变，便是新史学运动（详细待下叙述）。

最后，我们还附述一个问题。在几年前，大家感着"数典忘祖"的可怕，有整理国故的要求。一时国故先生们风起云涌，你来一篇国故文章，我也来一本国学著作。闹到这几年，光阴总算花了不少，其实他们的成绩又在那里？不用说那些无聊的作品，不值一嗅，即是那鼎鼎大名的《中国哲学史大纲》，尚有人评为"几曾摸着一些儿边际"，尚有人著着专书来驳斥它。这并不是妄评！因为他们在布尔乔亚的思想模式之下制造出来的东西，除凭主观来排列一些旧书里的材料外，当然不会有什么结果——我们在新史学运动领导下，虽然也主张研究旧书，并整理旧事，但我们的立场、观点、方法、对象、目的完全与他们两样。最要的，他们研究的结果，只是书肆里多出版一两本新书，而我们研究的结果，则能立即与现生活发生关系。这便是新史学运动与国故学运动分歧的地方！

二、中国过去史学界的总结算

我们校里某位教育先生说得好："中国过去的教育界，总是受着农村经济的支配，而脱不了封建意识。"（原文待考）其实，中国的史学界，又何尝不是这样！我们知道一个社会结构的上层建筑如思想之类，总与它的生产基础有密切的关系；故我们展开一部中国史学史，也可以看出各时代的社会性。现在，因为篇幅的比例，我们只好将这一题目留待拟著的《物观中国史学史》里去细说，而本文所及的范围，只是将重要时代的重要代表者，略加一些批判罢了。

我们从甲骨文及金文里，知道中国史官起源甚早，不过彼时所记，并没有具体的东西传下，他们的主张又无考察，所以现在从第一个历史家孔子说起,而下逮清代的章学诚,中间有几代不甚重要者,则略去不说。

（一）孔丘——孔子的史识,见于《春秋》。《春秋》虽是鲁史的旧稿,但却参有孔子的主观意见,所谓"微言大义"写成的。我们现在对其体裁的散漫,且不深究,但对其取材的方面,实觉不能满意。按《春秋》全部,仅有一万七千余字,而它所记载的,却以：（一）统治阶级冲突的事迹（如臣弑君、子弑父之类）；（二）迷信的事迹（如天灾地变之类）；（三）宫闱的事迹（中间尤注意贞节可嘉的妇人）占大部分。因此可见彼时所谓史,只是一些统治阶级的流水簿而已。故尽其作用,也不过惩乱臣、儆贼子而已——然这却正是封建社会的本色。

（二）左丘明,左丘明或称左丘,普通以为《左传》与《国语》都是他一人所撰,这虽有待提证,但我们知道有著录这些书的这么一人也便够了。《左传》取材的眼光,虽较《春秋》为胜,但仍不脱惩恶劝善的宗旨。成十四年曾引君子之言道："《春秋》之称,微而显,志而晦,婉而成章,尽而不污,惩恶劝善,非圣人其谁能修之。"昭三十一年又道："《春秋》之称,微而显,婉而辨,上之人能使昭明,善人劝焉,淫人惧焉,是以君子贵之。"此外对于大事,如河阳之狩,赵盾之弑,又常引孔子之言以为断,可见其不能脱离《春秋》窠臼的一斑了。

（三）司马迁——梁任公称中国有司马迁,然后有史学,可见其人一般之价值。但旧社会的人,仍是脱不了旧社会的意识。所以《史记》一书,尚没有群众的精神,而以人物为本位。至人物的比例,自然又以达官大人占最多数。或人对其志书,推崇非常,谓其有社会的眼光,吾无所取。盖志书所以作,说得尖刻点,只是子长炫炫其博学,说得温和点,也只是因人物传里,不能容这些材料罢了。他的书那里配得上社会史,他的人又那里配得上社会史学家！

（四）班固——班固更无用了。司马迁尚有比较远大的眼光,班固所见的,却不过刘汉的一朝。不过《汉书》的体裁,是后来各正史所效法,故不能不说说他。按《汉书》的体裁,系断代的,而所记的史实,又完全以帝室为中心。从此之后,所谓某代的正史,实只是某代帝王的家谱,而"会通之道",亦"自此失矣"（引号内系郑樵语）。

（五）刘知几，知几是建设抽象的史学的第一人。他的意见，在《史通》一书。此书所述虽有一些独到的地方，但仍不能掩去其统治阶级的意识。譬如对于《春秋》的"掩恶扬善"，"略内别外"，则称为"虽直道不足而名教存焉"（《史通·曲笔》篇），譬如对于《春秋》的"书功过记善恶"，则称为"自非作者曰圣，孰能与于此乎"（《史通·叙事》篇）。凡此种种，俱可见其史识之一般，而我们对他的估价，正不必过事夸奖，还其面目可已。

（六）郑樵——郑樵著《通志》，为中国通史之巨作，人皆钦其瞻博，即樵亦自谓"臣之《二十略》，皆臣之所自得"（《通志·总序》）。但我们以现代的眼光去批判，仍觉其有许多谬误的地方。最大者是：（一）分类过猥，如《六书》、《七音》，本小学之支流，非史家之本义，郑氏必别为二略，此事已引起《四库书目》严重之批评；即其他各略如《天文》、《地理》、《礼》、《谥》、《校雠》、《图谱》、《金石》、《灾祥》、《草木昆虫》等等，亦各宜入于专史，不宜于通史中占偌大篇幅。（二）取材过狭，此书对于社会一般状况及平民生活，除《食货略》外，可谓记载甚少，比之《史记》尚有愧色。总之他是那个时代的人，当然只有那个时代的史识，我们现在正不必苛评，也还其本来面目可已。

（七）司马光——司马光著《资治通鉴》，从战国到五代，按年载事，一气到底，凡历十九年而后成书。不过他著书的目的，系供帝王及一般士大夫之阅读，对于统治阶级应具的学识，则不惮详书，在统治阶级应具智识之外，则不录。故《通鉴》的价值，也只是供我们一些史料罢了。

（八）章学诚——学诚的史学，见于《文史通义》。《通义·史德》篇谓："盖欲为良史者，当慎辨于天人之际，尽其天而不益以人也。"其《答客问上》亦说，"（史）固将纲纪天人，推明大道，所以通古今之变而成一家之言者……"，可见其有历史哲学的思想。可惜他为时代所限，故其所谓通古今之变者，只是一些盛衰消息之道、阴阳气理之谈（参读《史德》篇）。此外他又尝为史迁辩护其"未敢谤主"，而对于《史记》里的《游侠》、《货殖》诸篇（这些实是凤毛麟角的社会史料），则评为"贤者好奇"，可见其中这封建之毒之深了。

总之，在过去中国社会里，因为经济基础长期未能换，故学术界长期停顿于封建与统治的意识圈里而不自觉。我们生着今日,虽然容易看出他们的错误却可不必用严厉的眼光来批判他们。但以为现在有一般迷古的人,推崇过甚,而对于现在进步的事实,则抹而不顾,所以我们不得不有这一篇的总结算。我们的结算,并不是不谅古人的处境,而妄加责备,我们的结算只是要澄清乌烟瘴气的史学界,而预备迎接新史学的降临罢了。

三、中国现在史学界的总结算

（本节所述,多触时忌,兹征得作者同意,略去之。——编者）

四、新史学运动的根据（1）：史的社会

世界上一切东西,无时不在变动的。我们研究物理学,开始便说及运动（力学）,而归根也不得不藉助于运动。同样社会上的事迹,也只得藉助于变动的说明,才能知其究竟。这些记载过去变动的事迹,便是史料,而加以系统的叙述便是史。

一切社会的形形色色,都有各自的来源和去路,这些来源和去路甚至要经数千年或数百年,才能成一个段落。我们不察其来源,便不能知其本身,不察其去路便不能知其影响。故"历史的继续"现在已成为科学上的真理,不论左派的辩证主义者或是右派的实验主义者都是不敢否认的。现在举一例来说：我们要明了汉族对于苗族的关系,我们便要从黄帝战蚩尤,尧舜分三苗,中及楚庄跻之开夜郎,汉武帝之通西南夷,马援、诸葛亮之南征,唐之于六诏,宋之于侬智高等事,直至清雍乾间之改土归流,咸同间之再平苗讨杜文秀,前后凡五千年,完全研究,才能对于这种问题有明晰的认识（例出自梁任公《历史研究法》）。这便是社会之史的连续性。

复次,一个社会上的事实,常影响到别的社会上去。例如因欧洲工业发达需要市场的缘故,结果能造出今日的世界而使数千年闭关自守的中国,亦沦为奴隶。这种事实,在普通人看去,每以为是"横"的影响

而与上面的"纵"的影响对举。但我们站在相对论立场,不承认空、时是可以分的,我们只能承认,亦是一种"纵"的波动即"史"的波动。因为这个社会影响到那个社会,都是先后的关系,而不是同时的。故"横"的波动,无妨也承认为一种"史"的波动。这便是社会之史的波动性。

复次,社会虽是不断的前进,但是前进的路径,并不是如某些学者所理想的那么平衡、那么一致。他们是有渐变与突变之分的。就好的方面,渐变就是改良,突变就是改革;就坏的方面,渐变就是腐化,突变就是恶化。我们知道突变虽和渐变有不可混的鸿沟,但突变的来源和条件,却不能不寻求于渐进的历史,故史与社会突变也是有密切关系的,这便是社会之史的飞跃性(继续性与波动性皆指渐变而言)。

我们知道一切进化的历程,都含有两方面:一种是分化作用(Differentiation),一种是完成作用(Integration)。前种作用的解释是,凡进化阶段愈高,则分工作用亦愈密,就生物学方面说,原生动物并无嗅、听、视、触各种特殊官能,而脊椎动物中,则各官能有分工作用。后种作用的解释是,凡进化阶段愈高,则各部相互的关联与需要亦愈切,若也就生物学上举一例,则低等动物分为数部,仍可独立生活,而高等生物则不能。社会上学问的进展,也是进着这个作用。在现在说分化作用,则有各专科之独立,而完成作用,则说来说去,仍须归结到历史。历史因有此种作用故在现代社会里,据有甚高位置。它常利用别人分工的成绩,来作有系统的综合之研究,以发现整个社会的原则。设想没有它,则吾人对于社会之了解,将永往是断片的、不全的。

以前人们只注意起自然的史迹,如神学史及伟人传记,即是仅将社会上的某方面的事迹,加以史的说明。现在却能将史的解释应用到各种普遍的事实,如人民生活之类,这是史在社会中范围之扩大。又,以前人们只注意政治史及战争史,但是现在各种专科都知道历史的价值而来崇拜历史了。由是经济学则有经济学史,社会学则有社会学史,推至一切社会科学及自然科学,亦各有专史,这又是史在社会中范围之扩大。

总之,我们现在不在社会里生活则已,否则总要受史所支配。新史学运动的第一个目的,也就是阐明社会是由史造成的。

五、新史学运动的根据（2）：社会的史

我们前节的结论是，社会是由史造成，那末，反一方面可说，史的本身也只是社会的缩写。不过在过去中，历史却未尝尽了这种责任。如：

最初，历史只是一些首领或英雄的记载。在中国相传的上古史里，我们除认识一些古代帝王之名如伏羲、神农氏等，我们尚能认识什么？在这期，英雄或首领所以能成为历史的中心，因为他是该群中的强有力者，或知慧者，常领导群众，抵抗外族，或发明一些用具之类。故这期历史，可说是首领的历史。

后来记载的领域便移到贵族。这大概在封建时代，即贵族有特权的时候。我们观《春秋》的记载，多是各国宫廷以内的事情及宫廷间相互的关系，便可彼时取材的标准。故这期的历史，可说是贵族的历史。

复后，政权逐渐移到士大夫手中了。此时历史虽然仍不脱个人的崇拜，但比先前，范围却广得多。例如各旧史除本纪外（世家一体《汉书》后即无有），尚有列传一体，所收稍广而以士大夫为中心。故此期的历史，可谓统治阶级的历史。

由上可见历史取材系以政权转移为变易。以前的政权只在少数人的手中，故只有少数人的历史，在此种历史，当然没有及群众活动的范围。不过现在已由君主移到民主了，人民逐渐取得主人翁的地位，故历史也逐渐由记述政治的方面，移到记述社会的方面。

普通人受传统思想的浸染，对于社会史仍当致其怀疑。社会普遍的事实，有历史的价值么？这是他们怀疑的第一点。社会事实的性质，可以成为历史么？这是他们怀疑的第二点。他们关于第一点所持的理由是历史是记载特殊的，平庸自不足记；关于第二点相持的理由是社会史既是记载普遍的事实，一定要取有形的可计算的材料为对象，但是这些材料又每是不容主观而极难确的。

其实，这两种理由，都不充分。我们要使历史成为一种学，自然要使其适合科学的特性。科学的特性是：（一）注重普通人同普遍的事；（二）从普遍中发现定律。这些事都是要着手于社会史的研究，才能成

功。况且几件特殊的事实,决不能代表人类活动力及进步的全部。故我们对于第一项,可毋容致其怀疑。至于第二项,我们却能用统计的研究法去补救。我们知道统计法的研究是注重大数的,故我们只能将某时代的社会情形,表出变迁的大势,于愿已定;决不必同那些支离破碎的学者,致终身之力于一名一物的考据而尚不能已的。

总之,我们的历史,是为一般大众写的,是为一般活着的大众写的。在二十世纪里,我们现已证实社会进步的原动力是他们,我们可以他们的生活较为平庸而不屑为其记载么?故我们敢确定说社会史的成立,是可能而且必要的,更进一步说,世上也只有社会史,才值得史学家费气力去研究而认定。至怎样研究怎样认定,且留待下段说去。

六、相对论与新史学

在下列三段里,我们将举出与新史学有生死关系的三种理论,来奠定新史学的科学基础。至普通所认为史的辅助科学如人类学、古物学、文字学、政治学、心理学、生物学、比较宗教学……一大套,虽与史学也有很大的关系但非本文所究及的范围。

本段且先述相对论与新史学的关系。

历史学界里至今尚有一个主要的问题,即"史学能否成为一种科学",这个问题的产生,是因历史的性质和其他科学有不同之故。

历史是研究过去事迹的,所根据的资料只是一些过去事迹的遗痕(文字与非文字的),所借助的方法,只是一些合于逻辑的推理。但是这些资料到底能否可靠呢?这些推理到底有无错误呢?要证明这些,最好须用"再验"的方法。可是历史的事实,在普通人看来,是永不能再验的,这便是普通怀疑史学的缘由。

但是在相对论发明的今日,可说完全不成问题了。

吾人在此须略述相对论(要介绍相对论,当非这一小节所能尽,下面只描一些轮廓罢了)。

在相对论未发明以前,大家每承认有绝对空间和绝对时间,同时牛顿的三条力学定律,亦被奉为天经地义。虽然旧日物理界中也知道有相对的事实，但仍不肯放弃绝对空时的旧观念，而用种种方法去解释。后来美国物理学家 Michelson 与 Morley 二氏作一种光的进行与地球运动的关系的测验。所得的结果，与由普通力学理论所预期的完全不同，有人曾试用"宇宙能媒说"去解释，但亦流于空虚，不满人意。A. Einstein 氏即由米、摩二氏所试验的事，加以极圆满的解释，此种解释，即所谓特别相对律。

从特别相对律发明后，中间也不知经几许试验、修正、证实，才又进展到普遍相对律。现在大概此种理论已不生问题了。它对于旧日的物理界，有极多修正或更改的地方，最要者，是破坏时空的绝对性。如谓：

1. 同时的观念是相对的，即谓在同一的坐标系①之上两事象的发生，才有所谓同时，若坐标系不同，即为异时。

2. 时距是相对的，解释同上。

3. 间距是相对的，解释同上。

但世界一切都是不停不息将变迁，故同一的坐标系，在自然界，差不多是永不可能的。由此可见世上所谓真实，只是比较而言，决不如理想家幻象中那么完美。

史学最被怀疑的地方，是不能再验。这是不知相对论的错误。我们若说到透底，可谓一切自然学也不能精确再验的。但若大体看去，则一切社会事实，亦都可再验。这话怎样解呢？因为试验一样东西，必受周围环境的影响。前次试验的环境，与后次试验的环境，每不相同，因此后次所生的现象与前次恐亦有异。不过这还不大要紧，因为在科学发达的今日，科学家会用种种方法，来避免一切外缘。但是一说到坐标系问题，便无法解决了。世界是不断运动的，吾人所住的地球也是不断运动的，故住在地球上的人类，决没有办法寻出一个永久不变的坐标系，甚至前一秒钟与后一秒钟相同的坐标系。坐标系既无法同一，空间自发生问题，而前后试验的相同性自亦发生问题了。

至谓社会的事实，都可大体的再验。这话亦须解释。普通每以为

---

① 坐标系是个科学的术语，说来很麻烦，但以本文常常引用，故不得不略略解释。科学家常幻想空间为一个空厢，在空厢内将三块平面互为正角的相交，由是空厢便成为八个分区。此八分区所会合处的一点，即名为坐标系之起点。由一定点至其本空间分区之三包围平面的距离，对于所选之一定点言，名为该点之坐标轴。此一定点，即名为所选的坐标系，本节所说者皆指此。

自然科学的刺激与反应,是有必然性的;而社会上的刺激与反应,则仅有偶然性的。所以谓前者可以再验,后者则不可以。其实,这亦未必!因为就大多数言,同样的刺激都可得同样的反应。请以历史为例,中国历代的改朝换姓,都是因大部分农民的破产而不得不出于革命之一途,破产是刺激,革命便是反应。故我们可说,汉代的农民暴动的事实,在后来唐、宋、元、明、清以至今日,都曾再验过。这是一例。周作人说得妙:"我完全同感于阿尔文夫人的话。世上如没有还魂夺舍的事,我想投胎总是真的,假如有人要演崇弘时代的戏,不必请戏子去扮,许多脚色都可从社会里请来,叫他们自己演。"(见《历史》一篇)这话是说在某种的环境下,只会生某种的人物,所以明代的旧人物,又来跳跃于民国舞台了。这又是一例。以上说法,在一些科学家心目中,或仍觉得不满意。所以不得不再与自然科学再验的真确性,加以比较。自然科学的再验,在表面上,好像前后一致,其实也只是大体的。在试验室试验的东西,虽微小如芥子,都是无数分子与原子合成的。当刺激而反应时,我们也只好说,原子大体作如是的反应罢了。我们没方法细察每个原子或电子的反应,谁敢说他们都是作同样的动作。假如有某小集团原子在第一次试验时不生反应,第二次才生反应,谁敢说这是必不可能的事实。至我们所以对于无机界的再验觉得满意而社会事实的再验觉得不满意者,因谓对于前者的实验方法,非常粗陋,而对于后者,则自己身在其中,纤微毕悉,自然会看见其不同的地方。今设想我们是一个原子,对于原子的反应情形,晓得非常详细,那末,对于现在科学家试验的报告,未知将觉得怎样的不满呢!又设想有个超人,他站在地球以外来观察地球以内的人类,他将见得前次事变所生骚扰的情形,与后回将完全一样,虽然两者三间,实有许多不同的地方。

复次,有些人却在另一方面怀疑史学。如 Seignobos 氏(法人,当代史学家)谓史学难成科学,不是无法再验,而是所靠的资料完全不是由严密的方法编辑的。自然科学的观察的纪录,是已用过科学的方法作成,故无须鉴别,便可应用,历史则不然。其实,这也是有办法的。在将来,我们当然希望有统一完全的编辑法,把瞬眼的史迹编成合于科学化的史料。但在过去呢,我们却能用相对论的原理去解释。在一堆的旧史料里,我们除了中间伪和误当用精密的考证法来鉴别外,其余的部分,虽有一些事实记载并不相同,但我们更可由此看出社会的面面。他们所以有不同,是因为记者所站的坐标系(引伸用)各不相同;我们知道在不相同的坐标系里,实是各有各的真,无妨可以并存的。所以良善的史家,他不特不怕材料之形形色色,他反怕材料之完全齐一:因为材料愈相似者,相抄之机会愈多,亦愈不足以资研究;反之则正可资比较参证之用。何况我们倘有唯物的辩证法及统计的研究法来作我们研究的工具呢?这样,史学的科学性,大概没有致疑的余地了。

七、唯物论的辩证法与新史学

能使新史学的科学基础更为巩固的,便是好似很时髦而却十分真实的唯物论辩证法。

什么是唯物论的辩证法?

唯物论的辩证法是自然、社会及思维的发展法则。它以"正—反—合",即"肯定—否定—否定之否定"的方式来解释一切事象之进展。它对于事象的把握,可以分为四点来说明:

1. 一切事物,都是不断的运动,所以必须在运动中去把握;
2. 一切事物,都是不断的矛盾,所以必须在矛盾中去把握;
3. 一切事物,都是不断的变化,所以必须在全面上去把握;
4. 一切事物,都是互相的作用,所以必须在关联上去把握。

此外唯物论的辩证法尚有一个特征,而值得特别注意的,就是飞跃的必然性。进化论主张一切事物的进展,是渐渐地变化的;反之,唯物论的辩证法则证明一切事物的进展,是由量到质的变化,而呈出所谓飞跃现象。

上面提过,唯物论的辩证法是思维发展的法则,所以它和形式逻辑的差异,在这里也待说一说。

形式逻辑的根本原则,是由三个主要命题成的:

1. "甲是甲"——同一律——如"人是人";
2. "甲不是非甲"——矛盾一律——如"人不是非人";

3. "甲是乙或是非乙"——排中一律——如"人是物或是非物"。

这些命题,都是在事物不变的前提之下成立的,所以它们的应用,只限用于静止的事象。但是如在运动的状态之下观察事物,便可发现"甲是甲,同时又是非甲"。譬如豆乳在变成豆腐的过程中,一面具有液体的属性,一面又有固体的属性。这个例子,在形式逻辑方面,既不能断言为固体,也不能断言为液体,因而陷于不能解决的困难,依照唯物辩证法,液体渐次减少,固体渐次加多,由量的变,生质的变,于是豆乳变成豆腐。这就是唯物辩证法高过形式逻辑的地方,所以被称为最高的思维法则。

我们知道辩证法的成立,是由研究历史得来的。大家愈研究历史,便愈知道事物的进展,是合于辩证的法则。至应用辩证法来考察历史,只是把他反过来罢了。

我们知道物的世界,到底只是物的世界,无论他怎样变化纷纭,怎样千头万绪,总是有条理可寻的。在以前我们未能用具体的方法去把捉,所以常常被其滑过;但是有了新方法我们便能用之权衡一切事物,而理清其本来面目。在以前我们考证事物的真伪,评判事物的是否,常常在故纸堆中,作校勘比较的工作,这样对于科学的真实性,确是有点可疑的;但是现在已有最高的思维原则来指导我们了,我们尚怕的什么呢?

以下请试述一二事为例:

秦始皇的统一,这是中国古史只可大书特书的一件大事。这样事实的产生,有人归诸始皇政治的天才;有人归于六国的失计;甚有人徘徊悲叹于三晋之不能合以抗秦,这实都是错误。秦政之统一,殆彼时势所造成,而寓有必然性的。若就辩证法来说:春秋的封建制度设想是"正";到了战国,这种平衡便完全破坏了。一是商业资本抬头,封建制度逐渐失其经济的根据而呈破产之势,可说是"反"。秦政起,不过顺是势之需要,将否定而否定之,建立了适合商业资本的国家,使国家暂时复归于平定,可说是"合"。所以天大的事情,在辩证者看来,也只是"正—反—合"的进展而化成平庸了。

又如宋太祖杯酒释兵权的事实,或以为是对的,因为可以使后代免藩镇之祸;或以为是不对的,因为后日外族侵入时,便减少抵抗的能力。其实到底是对呢?抑是不对呢?这在旧日的眼光里,除非不研这问题则已,否则一定要想出一个肯定的答案。在新史学家眼光里便不然。他以为事实自身本含有矛盾性的,在当时以为对,未必后日不变成不对。执著"非甲即乙"的形式,这只是旧日思想界的现象,我们决不这样。

又如汉代王莽实行井田制,普通人必认为一种奇迹。其实这也只是由量变到质变必然结果。在汉代,因商业资本的抬头,农民苦到了不得,所以一般有远见的人,都看出这一点。在王莽以前,已有董仲舒、师丹一流人提出限田的理论,到了王莽,不过更进一步罢了。董仲舒、师丹的改良,若说是量的变,王莽的改革,便可说是质的变。这也是一种辩证的看法。

以上只是随手拾来的几个例子。其实辩证法是人间的真理,是平庸的东西,它的应用范围大着呢,他的应用利益也大着呢,只看大家肯否消除成见罢了。

八、统计的研究法与新史学

统计的研究法,也是巩固新史学的科学基础的一个重要的方法。我们新史学所研究的对象是社会,所说明的也是社会进化的大势,所用的方法仍须借助合乎科学的推理,故统计对于我们非常有用。

原来统计学的基本原理有二,此二种原理都非常合于新史学的本质:

1. 统计齐一之法则(The Law of Statistics Regularity)——约谓要察其事的现象,可以由其一部分的情形,推究其全体。例如我们从甲骨文中知道一些商代谋生的工具及方法,我们便能由此进一步推论彼时的生活状况及社会进化的一般阶段。此系根据 The Mathematical Theory of Probabilities,是"科学"的而不是"反科学"的。

2. 大量不变之法则(The Law of Large Number)——略谓大量事实的各部分的变动,虽极不同,但当拟集多数事实的时候,各处的不规则,便归于消灭,而大量的规则即显。因根据大量观察时,各种偶然的现象,每互相抵消,互相平衡。比如某城的风灾,今天或比经年猛烈到百十倍,但就全世界或只就全国论,风灾的数,仍然是不变的。但所谓不变者,又并不是说历千百年没有变更,不过谓较偶然发生的事实,将有规则而已。所以我们由此来窥探前代社会进化的消息，是非常合算的。

梁任公氏也深知统计法在史学上的地位，故在他《历史统计学》里曾有相当的介绍（原文见十一年十一月《晨报副刊》）。不过在这篇文里，只是举了一些已统计的事实，如《历史人物之地理分配表》等，及一些拟统计的事实，如《历代战乱统计表》等。其实中国历史需要统计的地方尽多着呢！例如历代人口的盛衰、历代贫富的分配、历代普通人民的生活状况、历代贵族的生活状况、历代国内贸易、历代国际贸易等等，何一不是需要统计的研究法！何一不是因统计的研究法才能将事实情状完全的表现！

我们知道新史学所注意的东西，是社会的"共相"！而不是社会的"特相"。旧日历史家每硁硁于一人一物的考证辩论，故我们认为非常支离破碎。例如孔子的生年，或以为在鲁襄公二十一年，或以为在鲁襄公二十二年，这在新史学家眼光里，是不值一辩的，但在昔日，却分为"《公》、《穀》说"（主二一年）及"《史记》说"（主二二年）二派：讨从"《公》、《穀》说"者，贾逵、何休以下至狄子奇凡三十五家；从"《史记》说"者，杜预、王嘉以下至成蓉镜凡六十家：这样一个小问题，却费去许多时间去争论，岂非笑话？这实以他们过重特相，而未受统计精神洗礼的缘故，若统计则目标在于共相，举凡特殊的事实，即所谓偶然的事实，俱在其舍弃之列。大凡求特相者，多不易得其真，因为就严格说，万物是毕异的；求共相者，则易得其真，因为就大体说，万物是毕同的。此即统计学所以能帮助新史学的地方。

以上系就理论而言，至实用方面，或尚致疑在中国旧史堆，不易找出统计的材料来。这事，我也认为事实。不过却喜我国乙部之多，甲于群籍，我们能耐心搜集，总能给你一个稍满意的结果。并且在技术精练的统计学家手中，他所利用的材料，并不一定一一经过计数的，他尚可用估计派、比划法、推论法等等，来确定一切近真的数量。所以我们现在只宜努力去干，而不宜因噎废食。

九、新史学的新领域

对于历史领域的见解，现在世界上流行的，约有三种：

（一）纯以政治史为一切历史的骨干；

（二）政治史与社会史平行；

（三）各专史一概平行，政治史与社会史只认为人类全史中的两小支。

主张第一说者谓人类为政治的动物，舍政治而言史，史便非常空虚，这说在中国旧史家心目中，仍保持其绝对的权威。主张第二说者，以为人类的活动，可分两大类：政治的活动和文化的活动，所以史也可分两大类。这说发自西洋，他们带有所谓 Political and Social History 之著作，近国人亦有主张之者。主张第三说者，以为人类活动是各方面的，他们所认的，"社会史，不过社会全史的一断片，一专门专科，和法律史或风俗史一样"。政治史更不必说了。所以他们主张各史一律平行不加轻重。现在法国派的历史学者，如 Seignobos 便持此说。

其实他们的主张，到底对不对呢？

关于以政治史为历史的骨干的主张，最显者，便可见下列的缺点：

A. 范围问题——在政治上活动的，当然只是一些特权阶级。但他们能代表人类么？他们的活动，便是全人类的活动么？在旧日阶级的外衣未扯之时，或且为其所诳，但现在，却不这样了。

B. 因果问题——政治是上层的建筑物之一，它本身的基础，也是立在生产之上。我们离开生产说政治，只觉得恍惚迷离，莫可摸捉。由是一切因果律，都不能适用了。此亦不能够成立的一因。

C. 趣味问题——写史的目的，是给人家读的，故趣味的选择，亦为重要。普通政治史所述的，都是一些武人相互斫杀的事情。我们读到上一句，尚不能预料下一句作何结果，好像他们的胜衰兴亡，都是命定的。试问这样尚是什么趣味？

主张社会史与政治史对举的，亦有缺点，如：

A. 不能看出关联的精神，好像他们是分开的；

B. 不能看出主从的地位，好像他们是对立的；

C. 仍不能完全肃清英雄的见解，好像英雄与群众的力量，是各半的。

至主张各专史等量齐观者，缺点亦不比前项减少，因为他会：

A. 掩蔽历史的整个性；

B. 掩蔽历史的原动力。

现在可不必一一去细评他们了。且看看我们自己的主张。我们的主张，比他们前进得多，简单说一句，是肯定："社会史为全史的领域。"

至社会史的内容，是以社会的经济构造为下层的建筑，内含有生产手段、生产力、生产方式、生产关系等等；又以政治的生活过程，为上层建筑第一，内含有政治的生活、法制的生活、社会的精神生活等等。在此可知我们并不是抹杀政治史，只是把其收作中间的一部罢了。又以精神的生产过程，为上层建筑第二，内含有意识的形态如艺术文学等等，及意识如心理范畴等等。兹为读者简明起见，将日人北条一雄的"社会构成底表式"当作我们社会史的全域，绘成为下图：

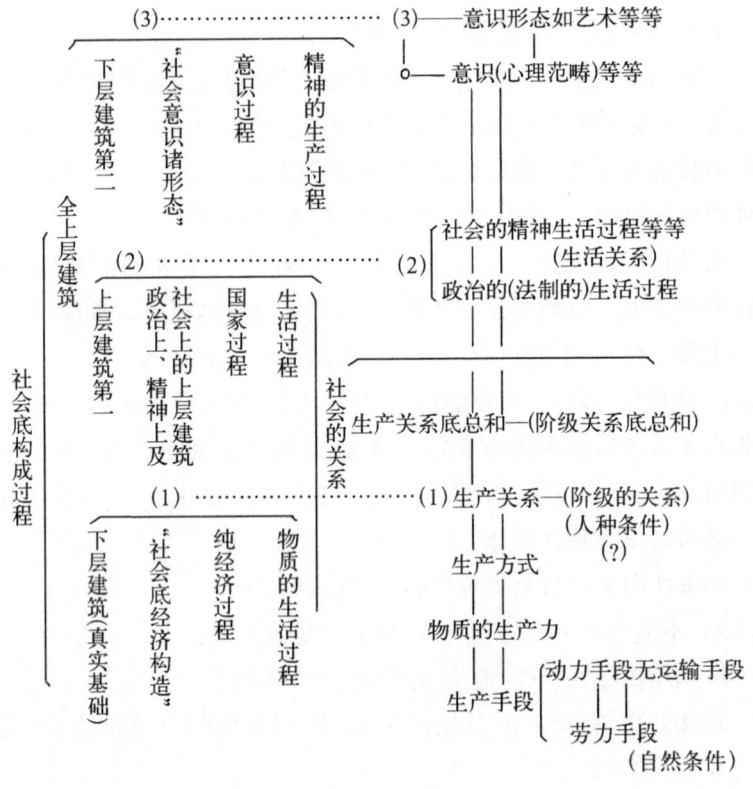

由上表，我们可以看清新史学的新领域了。新领域最大的长处，便是能从全面上、关联上、运动上、矛盾上去把捉一切。它是完全适宜于辩证的。

至我们所以这样主张的理由，则散见史的社会、社会的史、统计的研究法以及新史学的新意义各节中，兹不复述。

十、新史学的新意义

在过去，中国史部的事业，虽然很发达，但大家对于史的意义的认识，仍是非常模糊。

有些人把史认作文学的一种，譬如《左传》、《史记》、两《汉书》、《三国志》，这些本来都是史书，大家却当做文学读。这虽是古代文史不分的流弊，也可见大家对于史的错解。

有些人，把史认作"经"。在他们看来，史的作用，在褒贤人、贬小人、劝善、惧恶。所以在宋代尚有人用春秋笔法来编《新五代史》及《通鉴纲目》。这亦可见他们的见解了。

有些把史认为民族的记忆，每利用之以鼓励国民爱国的思想，如清末诸革命先哲皆是。这虽有一部真理，但仍未得史学的真意义。

有些以史的责任只是纪载往事罢了。他们所引用的谰言是：科学是没有目的的。这些话由表面看去，岂不冠冕堂皇？其实是非常错误！世界上那一种科学没有目的？在现在，设想有个科学完全不能应用，我敢决其在几年之后，一定消灭，因为二十世纪的学问已趋现实化，而不容关在象牙之塔了。所以我们敢断言，这些人的主张，不是骗人，便是恐怕由历史上发现或种真理：对于他们的地位，有不利的地方。

又有些远如司马迁、近如章学诚之流，他们略有历史哲学的思想，但他们厄于时势所得到者，只是一它天人之谈，这也未算识得历史的真意义。

然则所谓新史学新的意义，到底是什么？

我无疑答是：

1. 鉴古知今；

2. 知今捉来。

根据辩证法，知道肯定之中，含有否定的要素，否定之中，又含有否定之否定的要素。这些要素的发展，便成立了新的阶段。又根据唯物史观知道社会的基础，是靠下层的经济建筑所反映的，便发生各种的上层建筑。如政治、如法律等是所谓上层建筑之一；如文学、如哲学等是属所谓上层建筑之二。它们虽互有影响，而影响的程度，却有深浅之不同（参看日人北条一雄氏所著《社会进化论》）。

我们有此两把利刃，来解剖前代社会，都能明如观火。由解剖前代社会的结果，对于现代社会，自能有更深的认识。现代社会何故尚有封建势力？现在社会何故踏不上资本主义的路？现代社会何故被蹂躏于帝国主义铁蹄之下而不能自拔？以至现代社会的经济性质怎么？现代社会的病源在那里？……似此一大套问题，大家无法解决，或姑凭臆测解决者，我们新史学家都能一一寻出它的来源，而有圆满的解释。这并非新史学家的魔术，因为社会本是历史造成的。这便是新史学的鉴古知今的解谊。

此外新史学对于旁的意义，例如唤起国民爱国思想、抵御外来文化侵略之类（拙著《从前代史实上辟"满蒙非支那领土"的谬论》即是此意）。凡属于实用化者，亦相当采纳。因谓新史学最大的意义即其最大的特征之一，是现实化。它祖白地宣计说：是为人生而学问，而不是为学问而学问（其实世界里又那里有为学问而学问的事实，所别者只是有意无意罢了）。这一点对于认识新史学者，却宜特别注意。

十一、新史学的新研究法

去年神州读书会征求研究中国社会史的会员，数日中报名者便有百余起，可见近来青年人对于这种问题感着绝端兴趣和需要的情形。不过研究需要指导，才有事半功倍的效果，而坊间所出版的历史研究法，又与社会史的范围不尽相合，所以现在需要中国社会史研究法这一类的书。本节并没有负着指导的野心，不过略陈几项管见，以为研究者的参考罢了。

要研究新史学，除对于各种历史辅助科学有相当研究，及对于旧代的史料能自由把捉外，这是普通人所知的，尚须注意下列各种事项：

(1) 要着眼别人所不注及的问题——学问研究的第一步，在于问题之提出。在我们筚路蓝缕的社会史范围里，要提出研究的问题尽多呢！不过我们常受传统的观察法所包袭，所以要用一番细心注意的工夫。譬如中国历代人口问题、中国历代人种混合问题，这在研究社会史者，是怎样重要？可是在旧日史家的眼中却被其轻轻放过了。近来中国经济性的讨论，已成新史学界一个主要的题目。这个问题范围非常之大，中间尚含有小节目，如中国到底有否经过原始共产的时代？原始共产的痕迹在那里？氏族社会的开始是在商朝抑在商朝以前？氏族社会没落在什么时候？春秋时代是封建制度的繁盛期呢，抑是没落期？商业资本开始什么时候？商业资本的势力为什么能变延到数千年之久？中国为什么踏不上工业资本的路？……一大套，都可为研究的专题。以上尚不过随举写写的，中间若再细析下去，可以研究的对象更多了！

总之，中国社会史是一块处女地，只怕我们不用功，用功决没有不创获的。

(2) 要搜集别人所不感到的材料——新史学家研究的对象与人家不同，舍取当然也有独到的地方。譬如甲骨文的材料在王国维手中只能做了几篇代先王先君的考证，而在郭沫若诸人手中，却能看古代人民的生活状况；譬如二十四史列传中"某来，某某地人"几个字，在旧日史家眼中只是几个刻板的废话，而在丁文江诸人眼中则能看出中国文化移南的大势。这一些例都是为我们的借鉴。此外梁任公氏《历史研究法·说史料》编亦有一段可资参证的地方，兹引录其原文于下：

> 吾乡一古屋，明中叶吾祖初迁时所建，累蚝壳为墙，墙厚二尺余，结构致密，乃胜砖甓，至今族之宗嫡居焉，即此亦可见十五六世纪时南部濒海乡村之建筑，与其聚族袭产之规则；此宁非一绝好史料耶？夫国中实迹存留若此类者，何限！惜旧史家除朝廷典章制度及圣贤豪杰言论行事外不认为史，则此等史料弃置不顾，宜也。今之治史者，能一改其眼光，知此类遗迹之可贵，而分类调查搜积之，然后用比较统计的方法，编成抽象的史料，则史之面目一新矣。

(原书七二页)

（3）要求出事实的真因——至今日，大家对于史的因果性的信仰，大概没有什么疑问了。但是普通历史家所述的因果关系，实尚有许多要经修正的地方。譬如某一次战事的原因，就他们的意见，总可分为政治的环境怎样坏、社会的环境怎样坏、文化的环境怎样坏，以及人民的心理状态怎样促成这种战争，某些要人的心理状态怎样促成这种战争等等，既不分主从，又不分前后，好像是一视同仁的。这实是非常的谬误。我们知道推进史的前进，实有一种原动力。这一种原动力，在古代看作"神"，后代看作"心"，而现代则看作"物"。有些人不信"史力"之说，实是未识因果的本性，因谓某事的形成，并不由几种排成的原因而实由原因中的原因，所谓 Energy 者造出。在自然科学界，尤其是物理与化学，也是采用 Energy 的解释。譬如二块木板，因摩擦而发热，他们并不信摩擦是发热的真因，而信摩擦可变更 Energy 形式而发热，因为要使木块发热的方法尚多呢！在社会科学界里的 Energy 即是物，即是生产工具，当它变动时，社会一切都变动了，所以有人把它当作社会的基础，而社会的一切，则当作上层建筑物。这是我们对于因果律的新见解，很有影响于新史学的研究的。

（4）要看清群众的力量——伟人与群众力量的比例，在旧日看去当然着重前者，即在今日亦尚保持其均衡之势。不过在我们社会史学家心目中则只有群众的力量，而决没有伟人的力量（即有一点点亦决不能与群众为比）。这话表面看去，一定有许多人不信服，所以需要解释。我们以为一个伟人所做的事业，由实际看来，都是群众代他造成的。伟人脱离群众，本身便非常空虚，甚至没有丝毫的力量。伟人所以为伟，不过以其善于攘夺群众的力量，作为己有罢了。或人说伟人的伟大，不在其一手能造成某种的事业，而在其能指导群众去做，这亦有错误。因为伟人所指导的事业，大概是时势已经成熟，社会已经必经那样做的，所以需要革命的时候，只要无赖之徒扬竿起事，都会弄出事来；不需要革命时候，纵有才智之士，钩心斗角，总不能引起大众暴动的情绪。群众的力量是绝对伟大的，这又是我们的新意见。

以上所述，不过将几条与研究新史学有关系者，拉出谈谈。在新研究法标题之下,好像不大稳当。不过我们原意总是这样的,所以并不是改题,就此作了结束。

十二、尾声:我与新史学

生平因种种的关系,与历史竟结了不了之缘。这几年中在茫无归宿的史学界中弄了些时,确也使我迷过几次。最近看清世界的潮流,使我深信史学也有维新的必要,所以不揣冒昧,立意为史学界辟一新天地!

我的意见总括起来也很简单,只是要:

(一)建立历史的社会基础(如本文二、三、四、五证节);

(二)建立历史的科学基础(如本文六、七、八证节);

(三)建立历史的实用基础(如本文九、十、十一证节)。

至大体的见解,已见于本文中,兹不赘述。

近来中国受帝国主义的压迫,更见加紧,大家感着生活痛苦的威吓,深觉非算清中国的社会性而谋彻底改造不可。

由是中国社会性的研究热,便成为最近学术界的特征!

可是我们若把研究者分析一下,便觉得非常不可靠了。原来他们各有各的背景的,他们何尝是研究,刻薄说一句,只是利用历史或现代的事实,来证明或引伸其党义或主张而已。我主张研究者一定要站在一种立场(如大众立场抑是少数特权阶级立场。理由是一种结论,无论有意或无意总是含有阶级性,若说没有,只是骗骗小孩而已)。但对于他们狗官,却也觉得不满而有求人不如求己之感。

这样,由中国学术界对于社会史的研究热,却引起了我对于社会史的研究热了。

在茫茫人海中,我现在已寻着了一位同志,作研究帮手。他所担任的部分,约在中国古代;而我所着手研究的时代,则在两汉。

我何以对于两汉社会感到兴味呢? 因为中国到了秦汉,就大体说,可说已经脱离了封建时代而入商业资本时代。为什么中国不能走上工业资本的道路呢? 这是我研究的中心。记在研究之初,我先由其中生出几个待决的小节目:

1. 中国的人种衰败么？（顾颉刚氏大概有这样意思，是参看《古史辨》（一）自序）

2. 中国人没有科学思想么？（此说郭沫若氏主之，参看《中国古代社会研究》）

3. 中国人没有殖民地么？（此说拉狄克氏主之，参看《中国革命运动史》）

4. 中国为什么不能藉国外的市场，以发展其工业资本呢？

5. 中国为什么不能藉国内的市场，以发展其工业资本呢？

藉浅粗的研究，我已经将前三者的假设，完全否定；而后者二节，则尚在研究中。我研究的方法，除开中国史本身外，尚藉助于比较的研究，即看看各先进国到底怎么踏上工业资本的路，及各古国如罗马、印度等，何以有踏上工业阶段的可能而不能上？这样对于了解中国的社会性，或者不无少补。解决了这个问题，以后我打算顺便将中国各代社会状况，略究一过，而最后则致力于近代社会史。因为我是主张现实化的，与现代社会最有相关者是近代社会，近代社会之值得研究，这当然是无疑的事实。最可恨者，是我的环境不特不能与我以研究的便利，尚时时发生种种的障碍，以阻止我的进行。不然，我能够不断地为民族而学问，将觉得如何的快乐？

说了一大套，并不是要自炫，凭良心说，实是十三分地感到研究中国社会性的需要，而想引起几位有才识的同志来协力合作。

未来的生命快要展在我们眼前了，请有心人好好的收拾过去吧。

廿一，五，卅一夜，于蛙声里草完。

小小声明：本文草成四段，作者忽罹疾。迫于厦大史学会之限期，不得已扶病续完。内中许多好题目，竟不克尽意而谈，殊觉自慊！明达君子，幸原谅之。

——国治——

（《厦大周刊·历史学会历史专刊》1932年第12卷第13期）

西汉社会史研究发端：
中国"佃耕制"社会论略

中国社会史的研究热，大概已成为最近学术界的特征了。

但在此次的热潮中，却很少有深入的著作，即比较具体的郭沫若《中国古代社会研究》和陶希圣《中国社会之史的分析》，也都成为过去时期的作品而被批判得体无完肤了。何况这两本书也不过是几篇论文的杂凑，说不上经心结构的东西呢！现在正需要一些深入的著作！

我最近几年来的心力，都集中于中国社会史的研究。不过我们研究的路径，却与一般社会史先生们完全异趣，他们多注意表面的、长时期的描述，而我则除作长期的研究外，并注意于深入的、一个时期的解剖。于是我集中而再集中到汉代社会这个题目上面去了。

我们为什么研究汉代社会呢？这并不是随便拈定的，而是经过长时期的选择来的。

原来中国社会和欧洲社会最大的差异，便在为什么踏不上工业资本之路这一个问题上面。这一个问题，中西学者都曾置力过，但至今尚未有一个圆满的解答。① 我以为要了解中国社会的结构，最好能从这一问题入手，尤其好能从发生这一问题的最初社会入手。这样，汉代社会便成为最适合的对象了。

汉代社会，就大体说，是扬弃了封建制度而为商业资本所浸透的社会的。② 但是在资本主义社会以前的商业，是建基于破坏等价原则上

---

① 拉狄克氏的中国不是海上国家的解释，虽为一般谈社会史者所引用，但据我的研究，此答尚未完全抓住问题的中心。
② 但我并不主张商业资本社会阶段说，因其并非生产方法。所以此后中国向外发展的机会便没有了，而工业革命的使命，也不得不让西洋人占先去了。

面的,所以他不为社会所优容,而非常需要殖民地的发泄。武帝时张骞的沟通西域,和张骞以后商人来往西域的发达,都是有高度的社会需要为其背景,而不是凭空发生的。但是西域这地方既不足为中国的商业资本的发泄地,并且不到几时,又受了断绝交通的打击。

中国向外发展既受了障碍,便退而向内发展。这二千年来所发生的中国式的特殊文化,便是中国式的特殊经济基础所反映。它既不是封建社会,又不是前资本社会,更不是商业资本社会所可模糊解答下去,所以我在《中国经济发展的特有路线》一文里曾提出"佃耕制社会"的解释。① 此种佃耕制社会,却正完成于西汉社会。

因此西汉社会实为中国社会史一个重要时期,或秦汉至清中叶这一期社会的最重要时期。我们解剖它的结果,却看到了中国社会史上一个承先启后的根线,和二千年来中国社会的缩型。

最后二句,应当需要解释。

关于缩型的解释是:因谓这二千年来中国社会的经济基础,长期未能更换,所以社会的发展,也只能循环似的在"佃耕制"社会里打圈。但是这些循环的事实,却老早在西汉社会发生过了。譬如农民——非农奴——暴动问题,这为历代改朝易姓的真因,其实在西汉初年和末年,却已明显地暴露过了。又如中国学术定于一尊的历史,相沿到数千年之久,却是由汉武帝立五经于学官及罢黜百家而起的。这些事实,是大家所共同知道的,所以不需要详证。现在下面,拟再举出一两个比较专门的例子:

考中国盐监卖制,虽发源于管子,然在彼时,并没有具体实行过的,确立这种制度,却始于西汉。《汉书·食货志》载:

> 因官器作鬵盐,官与牢盆,浮食奇民欲擅斡山海之货,以致富美,役利细民。其沮事之议,不可胜听。敢私铸铁器鬵盐者,钛左趾,没入其器物。

从此之后,所谓"贩卖私盐",便成一个很大的罪名了。由下列的史

---

① 佃耕制社会若用马克斯氏的术语时亦可名为"亚细亚式的前资本社会",以别于欧洲式的前资本社会。但我以为两者最大的区分,却不止名称,而在后者是过渡社会,而前者却另成了一个阶段的社会,所以究另自改一个名称了。

料,我们便可看出各朝相承此种制度的情形:

魏。"卫觊与荀彧书曰:盐者国之大宝,自丧乱以来放散,今宜依置使者监卖,以其直益犁牛,百姓归者,以供给之。于是遣谒者仆射监盐官。"(见《魏志·卫觊传》)

蜀。"王连……迁司盐校尉,较盐铁之利。"(见《蜀志·王连传》)

吴。"永安七年海贼破海盐,杀司盐校尉骆秀。"(见《吴志·孙休传》)

后魏。"后魏宣武时,河东郡盐池,旧立官司以收税利。先是罢之,而人有富强者,专擅其用,贫弱者不得资益。延兴末,复立监司,量其贵贱,节其赋入,公私称便。"(见《通典》)

后周。"盐池为之禁,百姓取之皆税焉。"(见《通典》)

唐。"隋开皇三年,通盐池盐井,与百姓共之。大唐开元元年,左拾遗刘彤上表请收盐铁伐木之利,玄宗令宰臣议其可否,咸以盐铁之利,甚益国用。令将作大匠姜师度、侍郎强循俱摄御史中丞,与诸道接察使检责海内盐铁之课。"(见《通典》)

宋。"仁宗,分永利东、西两盐,东隶并州,西隶汾州。籍州民之有碱土者为锅户,户岁输盐于官,谓之课盐;余则官以钱售之,谓之中卖盐。"(见《宋史志》)

元。"岁办盐课,难易不同。四川之盐出挖井者,深数百尺,汲水煮之,视他处为最难。"(见《元史志》)

明。"凡盐大引四百斤,小二百斤。"(见《明史》)又"盐有生有熟,熟贵生贱。万历时,小引生盐三万二百余引,熟盐三万四千余引。"(见《明史稿》)

在此时可知汉代社会为历代社会的缩型的意义了。

关于枢纽的解释是:中国"佃耕期"社会的形态,虽具模于汉代,然社会总是有变的,故历代社会亦有其独特的形态。所以就不变的方面说,汉是二千年来中国社会的缩型;就变的方面说,汉却是二千年来中国社会的枢纽。即在前例,我们虽见盐监卖制奠制于西汉,然而各朝的情形亦各有不同的,所以能细嚼前例,对于此意已不难知道了。现为明了起见,请再征一二个比较鲜明的例子。

说纸币罢,中国纸币虽开始于西汉以白鹿皮为皮币(见《汉书·食货志》),然与后来宋之"交子"、"钱引",元之"交钞"等比较,是不能说后者没有进步的。

说银币罢,中国银币虽亦开始于西汉之造锡、白、金三品(有龙文、马文、龟文三种,见《汉书·食货志》),然与后来明清二代几纯用银两者,也不能说后来是没有进步的。

又如中国政府抽商人所得税,本也是起源于西汉的。《汉书·食货志》载"异时算轺车贾人之缗钱,皆有差"。(按《汉武本纪》载元光"六年冬,初算商车",所云异时当即指此)

然历代继续这个制度却有相当不同的形态。如六朝时,便为输估税:

> 晋自过江至于梁陈,凡货卖奴婢、马牛、田宅,有文券者,率钱一万,输估四百。(《隋志》)

如唐时便为间架税、缗钱税等:

> 建中四年,户部侍郎请税屋间架,算除陌钱。间架法:凡屋两架为一间,屋有贵贱,约价三等,上价间出钱二千,中价一千,下价五百。所由吏乘算执筹,入人之庐舍,而计其数。(《旧唐书》)

> 建中三年,赵赞请诸道津会置吏阅商贾钱,每缗税钱二十。(《新唐志》)

如宋便为过税、住税、交易税等:

> 商税,凡州县皆置务,关镇亦或有之。行者赍其货,谓之过税,每千钱算二十;居者市鬻,谓之住税,每千钱算三十。(《宋史志》)

> 孝宗乾道七年,户部言每交易一十贯,纳正税钱一贯。除六百七十五文充经总制钱外,三百二十五文,存留一半充州用;一半入总制钱帐。……每正税钱一百文,带纳头子钱二十一文。(《文献通考》)

如明便为营业税、装载税等:

> 宣德四年,以钞法不通,由商居货不税。由是于京省商贾凑集

地、市镇店肆门摊税课,增旧凡五倍。塌房、库房、店舍居商货者,悉令纳钞。(《明史稿》)

宣德中,舟船受顾装载者,计所载料多寡路近远纳钞,钞关之设自此始。(《明志》)

在此,可明了汉代社会为历代社会之枢纽的意义了。

总之,无论汉代社会为"佃耕期"的社会缩型也好、枢纽也好,我们总不能否认它是中国社会史上一个转形时代。它是了解所谓"过渡期"①社会唯一的锁钥。

于是,我便把我的研究目标决定了。

我既认定汉代社会为对象去研究,何以在研究结果,开始叙述的时候又限定了西汉而把东汉扬弃了呢? 这个答案却是非常之简单的。

本文的目标,如上文所说,是要抓住所谓过渡期社会的根本形态,和肯定中国为什么踏不上工业资本主义之路的答案。其实这些问题在西汉二百三十年(从汉高祖元年起至东汉光武帝即位前一年止)的社会里,已都有完全的答覆了。若掺入东汉的史迹,虽然能把本文拉长了一倍,却不能丝毫裨益于我们的研究的结论,这是我绝对不肯的。

况且,就大体说,东汉社会是比西汉社会为退步的,我们用两汉社会来代表佃耕的社会形态,反不如单用西汉社会来得可靠,这更不能不容我扬弃东汉了。

所以东汉的社会,虽然蜕源西汉社会,它与西汉社会并不是相同的。简单说,它与西汉社会的关系,和其它各朝社会对于西汉社会的关系是一样的。我们现在说汉代,便把两汉概念同时唤起者,这实是我们中了传统思想的毒太深,把刘家一系做皇帝的时间,认做社会形态的绵延的时间了。苟使肯把皇帝家谱的观念推翻,对于此文扬弃东汉的意思,是不难完全了解的。

对于答覆何故断代研究西汉社会的意见,暂以此为止。

下面拟将所研究的结果,作一个扼要的说明。(此种说明本来打算另写一篇东西作全书绪论,可是以时间的关系,只写成了一半——已有

---

① 秦汉到清中叶这一期的社会,很多人都认为过渡期社会,最先的有陶希圣,最近的有李季。我是不赞成过渡的说法的,故特明标于此,藉见我们所谓佃耕期社会,即他们所说过渡期社会。

万余言——没办法,只得在此略述。因为不这样则全书整个的组织和意见,将有模糊之虞了)

自秦汉至前清鸦片战争这一阶段的历史,是中国社会史上最难解的时代,但同时却是最重要的时代。所以重要的原因,王礼锡君却看得很清楚,他说:

> 因为这一个时代,有比较可征信的历史,不明了这一段的历史,便无以凭藉来解释秦以前的历史;并且这是一个接近现代的时代,不明了这段的历史,便无以凭藉来解释现代社会的来踪,所以这一个时代,是把握中国历史的枢纽。(《中国社会史的论战三辑》)

但是这一段的历史,至今却如雾一般的迷濛着。所以迷濛的原因,我看来是如下的。第一是大家多注重古代或当代社会的研究,对于这一期,纵使有说及,也不过作表面的叙述而已。第二是大家中了唯物史式的毒,以为中国历史上一切问题,都可用公式解决的。因为前者的原因,所以对于这一期至今却没有一本深入的作品,自然不能有正确的结论;因为后者的原因,所以对于这一阶级的把捉,总不脱下列几个见解:

1. 封建社会说——如前之新思潮派等;
2. 商业资本社会说——如前之新生命派等;
3. 亚细亚社会说——如马札亚尔等;
4. 前资本社会说——如李季等;
5. 以汉为奴隶制(或封建奴隶制),三国至宋为封建制,元以后为商业资本制说——如沙发诺夫,及看了沙氏《中国社会发展史》以后的陶希圣等。

这几说在表面上虽然各不相同,其实,1、3是唯物史观公式机械的应用;2、4是过渡期说法的变相;5是要将中国史实合理化于公式,同是机械的公式论者的看法的。他们完全把马克思分期的真意失了。(对于他们较详的批判,当在《中国经济发展的特有路线》一文中细说,此处略)

马克思是伟大的学者,我对他是崇佩的。但我绝不把他当做万能者——那是宗教信徒的看法。我知道他对于东亚史是未曾深入研究过的,纵使他也曾说及亚洲的社会,那只是根据东印度公司一些皮毛的材料,不能把他看作最后的结论的。并且马氏生平未尝著一部完整的社会史即他的历史的分期,也不是他的最后的断案,而是随便地根据黑格尔《历史哲学》分期造成的。兹且先将两者分期说对较于下：

Hegel《历史哲学》	（一）东洋的世界（历史幼年期） a. 中国 b. 印度 c. 波斯	（二）希腊的世界 历史青年期	（三）罗马的世界 历史成年期	（四）日耳曼的世界（历史的老年期） 成熟之意
Marx《经济学批判·序言》	（一）亚细亚的	（二）古代的罗马、希腊	（三）封建的	（四）近代市民的

在此,可见马氏的分法大体本于黑格尔,所不同者,便不过将日耳曼的世界又分为二期而已,他这里所指的亚细亚社会,无疑地是黑格尔东洋的世界之变形,而被认为原始状态的。其实东洋的世界又何尝是这样呢？

复次,此种公式马克思氏也不是自奉为经典的,Plekanov 在《马克思主义的根本问题》里,已指出他在看过 Morgan 的《古代社会》之后,已变换了他对于古代的与亚细亚的生产方式于关联之意见了。在此可见马克思氏若何虚心、若何无成见的态度,这是现代的一般公式论者所能学到么？

所以我们即承认 Marx 分期完全适合于欧洲史,却不能把它完全搬来强奸一切中国的史实。

在此亟要声明一点者,即马克思分期说虽然不可当作一般公式用,而马克思分期的根本方法,乃其一生研究所得的结晶品,却示我们一条坦坦的大道。

原来用经济发展的形式,来作历史分期的企图,在马克思之外,并不是没有的。但他们不是只看到人与自然的关系（如 Morgan、List 等）,便是只看到人与人的关系（如 Hildebrand、Bücher 等）,能同时看到两方面的关系者,却只有马克思一人。

马克思分期的根本标准,乃历代的生产方式。所谓生产方式,乃谓当着生产过程之社会的经营的方式。但此种经营方式,多是强者支配弱者的。所以我们说古代的生产方式，即指自由民支配奴隶的经营方式；封建的生产方式，即指领主支配农奴的经营方式；近世有产者的生产方式即指资本家支配无产者的经营方式。它是形成社会经济结构之基础的。

或人以为生产方式即是生产关系。其实两者却有一点点不同。后者乃指生产状态下（生产现实时）所发生的阶级关系；而前者则指生产过程（生产未现实时）之经营方式，所以除看到人与人的关系外，并能看到人与自然的关系。

此外，此种分法尚有一个妙处，即能看到统一社会中相互对立的部分，藉见矛盾之进展及突变，所以是完全适于辩证的。

现在且进一步说我对于"秦汉—清中叶"这一阶段历史所取的见解。

由我们研究的结果，知道历史进展到战国时，中国封建制度的经济基础，业已崩溃无余了。此后中国虽因某种特殊原因，封建制度曾再现过，但因基础不牢之故，曾经何时，又为某一种制度所代替了。此一种制度是什么呢？这便是本书所拟为解答的。

大家好像也知道中国社会是有新的内容而非封建的或资本的所可包括的，所以都各各持出异说。如前所指商业资本说、前资本说、亚细亚说等，都有一个共同特点，即是看中国社会是别有典型的。但因为未曾深入中国历史的研究及泥于公式的缘故，所以他们的解释都不能合于事实。

我以为中国封建社会末期与商品经济结合之后，确已走上另一形态的社会，此种另一形态的社会若依正常发展的情形说，本来可以当为踏上工业资本社会之过渡期看，如西欧所谓前资本社会一样。但中国因商业找不着出路之故，把踏上工业资本之路打断了。中国既踏不上工业资本社会之路，是否又回复于封建状态呢？就机械论者看，自然是不错。然而事情却并不如是简单的。我们知道一切事情都是不断的变动的，中国人假使不是木偶，总不会两千年来仍安于封建制度而丝毫不能推进。辩证法的唯物论所启示我们的是：人虽然不能理想地改造社会，却能在某种社会条件限制之下，改造社会。并且此时中国社会，是已经被商品经济浸透了，恢复旧观，无疑是不可能的。

于是中国便渐渐的进化成一种比封建社会较前进、比过渡的前资本社会又不同的(佃耕制)社会,或亚细亚式的前资本社会。①

"佃耕制"的名称,是采取生产方式分期立意造出来的。因为佃耕制社会的主要生产是佃农或农民,我们用了此种名字便不难与古代的奴隶生产、封建的农奴生产、前资本的手工业者等生产、资本主义的工银劳动者生产辨别起来。

至细论佃耕制社会的内容,我打算另作一专篇。在此处,只提纲挈领地指出它的特征,并和封建社会、前资本社会的特点列成几个对照表。然而大家也不难因此窥得其内容之一般了(该表文字,尚当修按)。②

由上列各表,我们大概可以明了佃耕的社会和封建的、前资本的不同了。它和封建社会之不同,是非常明白的。它和前资本社会之不同,是:前资本社会乃一种过渡期社会,处处都显出过渡期社会之特色,而佃耕制社会则为凝固了的社会;并且前资本社会的发展是向外的,而佃耕制社会之发展则为向内的。

然而我对于"秦汉—清中叶"这一阶段历史的意见,尚不此为止。我是深信辩证法的,我以为世界上决没有二千年不变的社会。中国社会虽不能如"一线进化论"者所信的那种直走无碍的进展,然中国社会总是有变的。

中国社会怎样变呢? 这无疑是如拉狄克氏所说是走循环变化的道路的(但怎样循环,他仍不知道)。

当商品经济侵入封建社会时,封建制度诚然是崩溃了。

但中国商品是找不着出路的。虽然破坏了封建的农奴制,而建立了佃农制,然而农民状态却并不因此而变好了。反之,此时地主不为自己而生产,而为出卖而生产谷物,于是更加强对于农民之榨取而使生产力又受束缚了。于是佃耕制社会又因商品经济的发达而回返到自然经

---

① 著名的俄国马克斯主义者 S. Dubrovsky 氏主张在封建制度及资本制度之间,另立一种农奴制度;同时我国马克斯文献学者李季氏也主张可以另立第三形式。所以大家对于我这一种主张,可不必大惊小怪。
② 所以仅与封建社会及前资本社会对较,是因为这二种说法虽不适合中国情形,在论理上却无大错。若商业资本社会说,是根本不用生产方式分的;若亚细亚社会说,是根本不知道马克思已扬弃旧说的;至沙发诺夫等的细分,却又不出封建的及先资本的(或商业资本的)范围,所以都不管了。

第一表：佃耕制社会与封建制社会、前资本社会经济各过程的比较

经济各过程所在阶段	生产手段	生产方式	占有对象	剥削状态	剥削程度	流通状态	分配状态	斗争方式
佃耕制社会	农业器具继续改进，农产土地继续扩大和善用	自由地主支配自由农民或佃农	土地占有便可生产	佃农以契约形式为地主服务，缴纳货币地租或力役地租	因土地可投资，故剥削无限制	农产品商业化	不均现象很大，社会财富萃于地主手里，虽商人也握有财源，然每又投资于土地	新兴地主诱导农民反抗旧日地主
封建制社会	生产手段非常幼稚且滞而不进	贵族或领主支配农奴	土地与劳动者同时占有才能生产	农奴以隶属形式为领主服务，缴纳自然地租	剥削受天然的限制	大都安于自然经济状态	社会没有多大财富，有的当然在贵族手里，形成贵族与农奴的状态	农奴反抗贵族
前资本社会（过渡社会）	向手工业器具改进，为踏上工业资本之先驱	有产者（前商人）支配无产者（前身手工业者）	资本占有便可生产	资本主义地租的萌芽，工银制度的萌芽	因手工业可投资，故剥削亦无限制	手工产品商业化	不均现象也很大，社会财富萃于手工业资本家手里，并不断地再生产	第三阶级诱导农民反抗贵族

第二表：社会生活的比较

上层建筑之一 所在阶段	政治形态	法律形态	军备形态	教育形态	伦理形态
佃耕制社会	地主与贵族合成统一的国家，专制主义的国家	法律有统一的形态，皆为地主利益而设，但保障土地自由竞争	有常备军，目的在保护土地	目的在拥护地主利益，但已比较普遍化	虽然仍以服从为道德（如忠孝），但视为完成自我的行为
封建制社会	没有统一的国家，政权分散于各地领主	无统一的形态，各地随领主利益而不同	无常备军	教育尚操在一些贵族手里	忘记了自己的存在，以服从为道德
前资本社会（过渡社会）	商人与贵族合成统一国家	有保障资产阶级利益的趋势，同时并保障自由竞争的趋势	有常备军，目的在保护商业	有为资产阶级而教育之趋势	个人主义的抬头

第三表：意识形态的比较

上层建筑之二 所在阶段	宗教形态	哲学形态	科学形态	艺术形态	其他种种
佃耕制社会	因佃耕制社会发展是向内的，反映于宗教，内修的工夫极精深，虽然尚未能到达一神的阶段	中庸主义	科学的思想颇发达，成绩亦略可观，但囿于环境，不能前进	几度有反抗古典主义之倾向，但社会经济生活不能给它以良好的发展机会，结果又流于新的古典主义	反映于其他一切，即形成了东西文化之异点
封建制社会	宗教思想幼稚，并形成多神教	保守主义	科学思想不发达	绝对古典主义无甚变化	
前资本社会（过渡社会）	抽象的最高权力，随商品发展而产生	初期启蒙运动	科学向胜利之途前进	有破坏古典主义另立实写作风的倾向	

济的状态。

像这样的回奏,便造成两千年中国社会佃耕制与封建制的循环。我们若再细分,则可指出下列四个循环期:

第一循环期——汉至南北朝(秦朝极短可归于汉);

第二循环期——唐至宋;

第三循环期——元至明;

第四循环期——清至——(此期循环未完,便为外资本主义所侵入,而转成另一形式的社会了)。

这四个循环期的区分,最容易看出的一点,便是:当封建社会破坏时(即循环期的开头),这个老大的帝国,都曾一度向外发展,企图发现殖民地,所以如汉、如唐、如元、如清便成了中国历史上武功最盛的四个时代。这并不是偶然的!及到向外发展受了限制,人民受不过商业资本的剥削又有回复自然经济的要求时(循环期的末了),外族侵入便非常容易了。所以三国后便有五胡的侵入,五代及宋便有契丹和金、辽、蒙族的侵入,明末便有满族的侵入,清中叶后便有欧洲人的侵入。这也不是偶然的。观念论者不明此理,硬说唐以前为汉族势力扩张时代,唐以后为汉族势力衰落时代(如王桐龄君《东洋史》P.34所示。甚至发生中国人种是否衰败之疑问,如顾颉刚君《古史辨自序》(一)pp.89—90所云)那真令人又气又好笑了。

至鸦片战争以后,中国受资本主义之侵润,自然踏上了另一阶段——外资本主义阶段——那更是事实昭彰,无可掩饰物事实,但以不在本文讨论范围之内,兹不赘述。

以上所云云,便是我数年来从事中国社会史所得一点点的小结论,即我对于西汉社会的见解,大体也是这样的。

西汉社会在前面已经述过,它是所谓过渡期(此后当改称为循环期)社会的缩型和枢纽,它是了解中国社会的锁钥的,所以要证明以上结论的对不对,且请先看西汉社会的内容到底怎样?这一本书便是我们工作公开的开头。

不过大家亟要注意,这一段的导论,纯是我们研究的结果,所以把它放在正文之前者,纯为本书系统化及读者容易了解起见,而非揭载这里奉作公式的。这对于方法论上,有非常之重要,所以不得不郑重声明的。

复次,本书是研究的文章,而非当作一般教科书用的。所以所采的方法,纯为解剖的方法而非叙述的方法。这种方法用在社会史料这么缺乏的离古未远的社会史上,乃是一个大胆的尝试,所以成败利钝,尚非本人所敢预料而祈阅者赐以公正的批判。

复次,本书是严格恪守辩证法底唯物论底方法的,所以纯经济过程的解剖,占全书三分之一,纯生产过程的解剖又在纯经济过程篇最早述及。这是和一般社会史不同的。至论断必本于事实的精神——这本是历史学者的本色——虽然现在被一部分战士扬弃了,但本书仍守此旨,不敢或失。这也是和一般社会史不同而需要指出的。

陶希圣君为社会史论战的宿将——虽然他的主张不合理且不彻底——在他饱经战阵之后,最近忽有新觉悟了——这种觉悟,自然有甚高之价值而足为战士借镜的。我且借重他的语句来作本导论的结语吧!

> 论战已有四年之久,现在应当是逐时代详加考察的时期。我希望有志于此者,多从事于详细的研究。我四年来犯了冒失的毛病,现已自悔。……我希望短篇论文减少,多来几部大书。把唯物史观的中国史,在学术界上打下一个强固的根基。……我希望大家于"破"之中来"立"。只有"立"才可以把我战线以外的多元论者或虚无论者打翻。(《中国社会史的论战三辑》)

写后附志:在开始写发端时,本存意和《西汉社会纯经济过程之解剖》一文登在一起,所以极力减缩,全篇处处作纲要而不作说明。不意写完之后,仍到达一万字左右,没办法又只得另划为一篇了——十二,十四日。治。

(《现代史学》1933年第1卷第1期)

《西汉社会经济研究》序

记得几年前在提倡新兴史学运动中,曾提出三种主张:

1. 建立历史的社会基础;
2. 建立历史的科学基础;
3. 建立历史的实用基础。

在本书中,大体可算已初步做到了。

就第一点说,本书所讨论的,是社会经济而不是国家经济或政府经济,所以关于经济的下层过程如纯生产或生产关系等,特别注重;而关于经济的上层过程如货币制度及租税制度等,则只取其与社会发生关系的,抉要叙述。这一点很是显出本书取舍的精神的。就第二点说,本书以科学的辩证法为基础,同时并采取了归纳法、比较法,尤其统计的研究法。用统计方法来研究历史,虽然有人提倡,不过彻底实行起来却很少。固然西汉社会,离今已远,材料未充,在实施统计工作上,有许多的困难。但个人凭着笨拙的心情,干着繁重的工作,总算造成许多的图表出来了。这种风气,我以为要使历史早日跻于科学之域,是需要提倡的。就第三点说,本书曾指示了中国社会发展底特殊形态,和此后应走的路线,此外对于中西文化底价值,亦别从生产基础上,提出了一种踏实的评判,所以虽然研究的是二千年前的历史,但自信却未必和现实生活不直接发生关系的。

在本书中,大体对于以前的三种主张,可算已初步做到了。

在这里,一定有人来问我,何以要特别断代地来研究西汉社会底经济呢?这种问难,是必然的,现为避免麻烦起见,试抄拙作《西汉社会史研究发端》里边一段的文字来代为解答。

原来中国社会和欧洲社会最大的差异,便在为什么踏不上工业资本之路这一问题上面。这一问题,中西学者都曾置力过,但至今尚未有一个圆满的解答。我以为要了解中国社会的结构,最好能从这一问题入手,尤其好能从发生这一问题的最初社会入手。这样,西汉社会便成为最适合的对象了。

西汉社会,就大体说,是扬弃了封建制度而为商业资本所浸透的社会的(但并不就是商业资本社会)。但在资本主义社会以前的商业,是建于破坏等价原则上面的,所以它不为社会所优容,而非常需要殖民地的发泄,武帝时张骞的沟通西域和张骞以后商人来往西域的发达,都是有高度的社会需要为其背景的。但中国因种种的关系,障碍了向外的发展,从而断送了工业革命可然性,此种使命,便不得不让西人占先去了。

中国向外发展既受了障碍,便退而向内发展。这二千年来所发生的中国式的特殊文化,便是中国式的特殊经济基础所反映。它既不是封建社会,又不是前资本社会,更不是商业资本社会所可模糊解答下去。所以在本书中特另提出"佃佣制"社会的说法,此种佃佣制社会,却正完成于西汉社会。

因此西汉社会实为中国社会史一个重要时期,或秦汉至清中叶这一阶段社会的最重要时期。我们解剖它的结果,却看到了中国社会史上一个承先启后的枢纽,和二千年来中国社会的缩型。

为求明白起见,再将"枢纽"和"缩型"的意义,详细解释一下:

关于缩型的解释是:因为二千年来中国社会的经济基础,长期未有质的变换,所以社会的发展,也只能循环似的在佃佣制社会里打圈,但是这些循环事实,却老早在西汉社会发生过了。譬如农民——非农奴——暴动问题,这为历代改朝易姓的真因,其实在西汉初年和末年,却已明显地暴露过了。又如中国学术定于一尊的历史,相沿到数千年之久,却是由汉武帝立五经于学官及罢黜百家而起的。这些事实,是大家所共同知道的,所以不需要详证。现在下面,拟再举出一两个比较专门的例子:

考中国盐监卖制,虽发源于管子,然在彼时并没有具体实行过的,

确立这种制度,却始于西汉。《汉书·食货志》载:

> 因官器作鬻盐,官与牢盆,浮食奇民欲擅幹山海之货,以致富羡,役利细民。其沮事之议,不可胜听。敢私铸铁器鬻盐者,钛左趾,没入其器物。

从此之后,所谓"贩卖私盐",便成一个很大的罪名了。由下列的史料,我们便可看出各朝相承此种制度的情形:

魏。"卫觊与荀彧书曰:盐者国之大宝,自丧乱以来放散,今宜依置使者监卖,以其直益犁牛,百姓归者,以供给之。于是遣谒者仆射监盐官。"(见《魏志》)

蜀。"初先主定益州,置盐府校尉,较盐铁之利。"(见《蜀志》)

吴。"永安七年海贼破海盐,杀司盐校尉骆秀。"(见《吴志》)

后魏。"后魏宣武时,河东郡盐池,旧立官司以收税利。先是罢之,而人有富强者,专擅其用,贫弱者不得资益。延兴末,复立监司,量其贵贱,节其赋入,公私称便。"(见《通典》)

后周。"盐池为之禁,百姓取之皆税焉。"(见《通典》)

隋。"先是尚依周末之弊……盐池盐井,皆禁百姓采用。"(见《隋书》)

唐。"隋开皇三年,通盐池盐井,与百姓共之。大唐开元元年,左拾遗刘彤上表请收盐铁伐木之利,玄宗令宰臣议其可否,咸以盐铁之利,甚益国用。令将作大匠姜师度、侍郎强循俱摄御史中丞,与诸道按察使检责海内盐铁之课。"(见《通典》)

宋。"仁宗,分永利东、西两盐,东隶并州,西隶汾州。籍州民之有碱土者为铛户,户岁输盐于官,谓之课盐;余则官以钱售之,谓之中卖盐。"(见《宋史志》)

元。"岁办盐课,难易不同。四川之盐出挖井者,深数百尺,汲水煮之,视他处为最难。"(见《元史志》)

明。"凡盐大引四百斤,小二百斤。"(见《明史》)又"盐有生有熟,熟贵生贱。万历时,小引生盐三万二百余引,熟盐三万四千余引。"(见《明史稿》)

在此,可知西汉社会为历代社会的缩型的意义了。

关于枢纽的解释是：中国"佃佣期"社会的形态，虽具模于西汉，然社会总是有变的，故历代社会亦有其独特的形态。所以就不变的方面说，汉是二千年来中国社会的缩型；就变的方面说，汉却是二千年来中国社会的枢纽。即在前例，我们虽见盐监卖制奠基于西汉，然而各朝的情形亦各有不同的，所以能细嚼前例，对于此意已不难知道了。现为明了起见，请再征引一二个比较鲜明的例子。

说纸币罢，中国纸币虽开始于西汉之以白鹿皮为皮币（见《汉书·食货志》），然与后来宋之"交子"、"钱引"，元之"交钞"等比较，是不能说后者没有进步的。

说银币罢，中国银币虽亦开始于西汉之造锡白金三品（有龙文、马文、龟文之别，见《汉书·食货志》），然与后来明清二代几纯用银两者，也不能说后来是没有进步的。

又如中国政府抽商人所得税，本也是起源于西汉的。《汉书·食货志》载"异时算轺车贾人之缗钱，皆有差"。《武帝本纪》载："元光六年冬，初算商车"便是。但历代继续这个制度却有相当不同的形态。如六朝时，便为输估税：

> 晋自过江至于梁陈，凡货卖奴婢、马牛、田宅，有文券者，率钱一万，输估四百。（《隋志》）

如唐时便为间架税、缗钱税等：

> 建中四年，户部侍郎请税屋间架，算除陌钱。间架法：凡屋两架为一间，屋有贵贱，约价三等，上价间出钱二千，中价一千，下价五百。所由吏乘算执筹，入人之庐舍，而计其数。（《旧唐书》）

> 建中三年，赵赞请诸道津会置吏阅商贾钱，每缗税钱二十。（《新唐志》）

如宋便为过税、住税、交易税等：

> 商税，凡州县皆置务，关镇亦或有之。行者赍其货，谓之过税，每千钱算二十；居者市鬻，谓之住税，每千钱算三十。（《宋史志》）

> 孝宗乾道七年，户部言每交易一十贯，纳正税铁一贯。除六百

> 七十五文充经总制钱外,三百二十五文,存留一半充州用;一半入总制钱帐。……每正税钱一百文,带纳头子钱二十一文。(《文献通考》)

如明便为营业税、装载税等:

> 宣德四年,以钞法不通,由商居货不税。由是于京省商贾凑集地、市镇店肆门摊税课,增旧凡五倍。塌房、库房、店舍居商货者,悉令纳钞。(《明史稿》)

> 宣德中,舟船受顾装载者,计所载料多寡路近远纳钞,钞关之设自此始。(《明志》)

在此,可明了西汉社会为历代社会之枢纽的意义了。

总之,无论西汉社会为"佃佣期"的社会缩型也好,枢纽也好,我们总不能否认它是中国社会史上一个转形时代。它是了解所谓"过渡期"①社会唯一的锁钥。

于是,我便把我的研究目标决定了。

我何以不把东汉亦加入研究对象去呢?这个答案,却是非常之简单的。

本文的目标,如上文所说,是要抓住所谓过渡期社会的根本形态,和肯定中国为什么踏不上工业资本主义之路的答案。其实这些问题在西汉二百三十年(从汉高祖元年起至东汉光武帝即位前一年止)的社会里,已都有完全的答覆了。若掺入东汉的史迹,虽然能把本文拉长了一倍,却不能丝毫裨益于我们的研究的结论,这是我绝对不肯的。

况且,就大体说,东汉社会是比西汉社会为退步的,我们用两汉社会来代表佃佣的社会形态,反不如单用西汉社会来得可靠,这更不能不放弃东汉了。

所以东汉的社会,虽然蜕源于西汉社会,它与西汉社会并不是相同的。简单说,它与西汉社会的关系,和其他各朝社会对于西汉社会的关系是一样的。我们现在说汉代,便把两汉概念同时唤起者,这实我们中

---

① 秦汉到清中叶这一期的社会,很多人都认为过渡社会,最先的有陶希圣,最近的有李季。我是不赞成过渡的说法的,故特明标于此,藉见我们所谓佃佣期社会,即他们所说过渡期社会。

了传统思想的毒太深,把刘家一系做皇帝的时间,认做社会形态的绵延时间了。苟使肯把皇帝家谱的观念推翻,对于此文放弃东汉的意思,是不难完全了解的。

其次,对于另提新阶段的说法,或且也有人认为奇怪,或且也有人认为故立异名。其实都是误解。关于前者,实因大家中了马克斯分期公式的毒太深,不知真实的唯物论者,不一定呆守公式的。关于后者,实因大家看不清佃佣社会说和其他过渡期的说法如商业社会说,前资本社会说,半封建社会说等等有根本不同的地方。这一点,傅衣凌先生却看得很清楚,在他《关于佃佣社会说之意见》一文中,曾举出本说的特色三点,兹即引其言于下:

（1）佃佣社会由它的特殊经济基础和上层建筑,是另成一阶段的社会,与主张前资本……或其他过渡社会者不同,故非另立异名。

（2）言唯物史观者每把社会公式化,其结果必视中国社会及文化所在阶段甚低,此说却能于物的基础上给中国社会及文化以正确的位置。

（3）此说最后仍承认西洋社会及文化发展为正态,故与盲目赞美本国者不同。

至所以名为佃佣社会的理由,却因佃佣这两个字能指出这一期生产关系的特征的。先前我也曾采过"佃耕社会",或"租佃社会"的名称,但是觉得没有"佃佣"两个字完妥,所以便这样决定了。

至本书编制特殊的地方,这里亦愿顺便说几句:

我以为社会史底论战,应经过三时期:最早是事实嵌合理论的时期,这一期以理论为主,所有提出的事实,俱不过利用以证明其理论而已。其次是事实修正理的时期,这一期以事实为主,理论不过作为领导而已。最后才是理论事实融和合一的时期,社会史到那时才算论定了。以前中国社会史的论战,我以为尚在于第一时期,所以多空泛无际,难得圆满的结论,但现在却已需要更进一步,以事实来指导理论了。因此本书对于马恩以下诸大师的言论,只用作指南针而不奉作公式。这是第一点。

为求达到此种目的计，我对于史料的搜集力求其充实，鉴别力求其真确，这在高唱大众文化的现社会里，或许会引一些人误会，然我以为不如是对于求真却有障碍的。N. Bukharin 氏说得好：

> 我多量引用了奥大利学派、数学派、英美学派等，在我们 Marx 主义者之间，反对这种表达样式的有人，他们认这种办法不过书痴的博学的表征。但是我以为由那可把读者引入问题而使他更容易发见他的归结的历史的叙作，引用证据是必要的。（《有间阶级的经济理论》俄版序）

这是第二点。

本书是研究的文章，而非当作一般教科书用的；所以表现于文字间，纯为解剖的方式而非叙述的方式。这种方式施诸材料不多的西汉社会经济史上，虽是一种颇大的困难，但个人却很愿尝试的。这是第三点。

我个人因为思想比较接近大众的缘故，所以很早便着手中国社会经济史的研究。数年来环境不良，东西驰逐，至今尚未能动笔。即如本书写作的意思，亦开始于民国十九年秋季，直至去年迫于《现代史学》月刊的需要，才开始动手。但中间尚数经间断，如《导论》一篇系成于廿一年十一月，第一至第四章系成于十二月，第五至第八章系成于今年三月至四月，其余各章及目录参考书等直至最近九月才全部写完。像这样成文的断续，很足反映出个人生活不安定的状况的。此后很愿将全力向文化之路发展，假使能再给我数年读书的机会，谅可能整理出一部颇完备的中国经济史献给社会的。海内外贤君子，对于此项工作，如能鉴其愚诚而加以指教，则尤个人所希冀而不可得了。

廿二年十月于国立中山大学

作者小小声明：本所月刊二卷二期拙作《西汉底通货单位和物价》一文内，曾引《汉书·西域传》"赍金币"与《王莽传》"多金币"之句，以为汉代有金铸币发现之假设。当时并非不知金币可作金与币二物解，实因汉代用金非常发达，同时《食货志》既有白金三品之说，金铸币出现亦非不可能之事,故聊备一说耳(原文"似"字可证),昨承于鹤年先生盛意殷殷,来函辩正,故特声明如上。——啸江。

(《国立中山大学文史学研究所月刊》1934年第2卷第3、4期合刊)

为寻求中国历史何以走不上资本主义之路者进一解

中国社会发展史上,有一个最难解决的问题,便是秦至清鸦片战争前这一阶段社会的解释。

战国以后,就大体上说,中国是已脱离封建社会的束缚,而有踏上工业资本社会之可能性了。此时商业资本不断在破坏农村;手工业也渐渐在城市中发展;一部分商人为谋其货物的出路,也开始国际市场的探求了。设想发展不遇到障碍,我想在东洋资本主义会之建立,是不会迟于西洋的。然而历史的事实,却证明了以上理想的虚幻,二千年来的古老中国,不特不能实现其正态的发展,在鸦片战争以迄于今日,却始终在帝国主义铁蹄之下,呻吟着,挣扎着。

中国不能赶上欧洲列强的原因,谁都知道在于工业之不发达;工业之不发达,谁又知道于中国未曾经过产业革命这一阶段的历史。但是说到这里,问题却又来了。中国何以不能发生产业革命呢?这一点才是真正关键之所在。数年来中西学者,为求了解中国社会性质的特点,对于这个问题,都曾相当致力过,并也发生好几种的解答。

第一是中国人种衰老说——代表这一派的思想,便是顾颉刚君一流人。他们虽然没有研究过社会史,并且也不是向产业革命的问题,作正面的解释,但他们的说法,是想由历史上寻出民族落后的根本原因,所以究竟非常接近我们讨论的范围。复因他们那种思想,很足为旧日历史学家底代表,所以也不能不说他们。顾君的意见,在《古史辨》第一册中《自序》里表现得最明白,他道:

> 我的心中向有一个历史问题……是:中国民族是否确为衰

老,抑尚在少壮?这是很难解决的。中国民族的衰老,似乎已成为公认的事实。(谁公认?)战国时,我国的文化,固然为了许多民族的新结合而非常壮健,但到了汉以后,便因君主的专制和儒教的垄断,把它弄得死气沉沉了。国民的身体,大都很是柔弱的;智识的浅陋,感情的淡薄,意志的卑怯,那一处不足以证明民族的衰老。假使没有五胡、契丹、女真、蒙古的侵入,使得汉族人得到一点新血液,恐怕汉族也不能够苟延到今日了。(八九面)

他对于中国追不上人家的答案(明白当说中国踏不上工业资本之路的答案),却归于中国民族之衰老;所以下面所说出的补救办法,竟是怎样使中国民族强壮起来,真成为一贯的主张了。

这样观念论的看法,一看即知其不对的。在科学的实验方法尚不能断定世界某民族确已衰老以前,谁能这样玄学的断定一句?外族的侵入,政治的专制,儒教的垄断,人民的消沉,这些那些都不过是受了经济基础的影响,又何尝有一些儿关系于民族衰老与否的问题呢?似这样的说法,很有为帝国主义国家张目的嫌疑。若再回头一看胡博士的"五鬼说",真堪称难师难徒了。并且就事实说,也觉不然。现代中国人的智慧,尚不亚于西洋人,这在美国多少次儿童测验中,已得铁一般的证明,又何尝有衰老的痕迹呢?中国的落后,自有其落后的原因,而玄学家脑子中的幻想,亦适成其幻想而已!

第二是中国人没有自然科学说——资产阶级的学者维半,及俄国瓦尔加一流人,都是用中国自然科学不能发展的原因,来解释中国经济之不能发展。郭沫若在《中国古代社会研究》中讨论"封建的经济组织和政治组织"在二千年中国社会里"依然无恙"之后,亦肯定道:

　　重要的原因,是甚么?
　　一句话归总:是没有蒸汽机关的发现。(《导论》P.21)

郭氏与瓦氏虽然挂上了唯物的招牌,但他们此种思想,却唯心到极点。中国人何以没有自然科学,中国人何以不能发现蒸汽机,若照他们底说法,必然要归到中国人没有科学天才或中国人能力不及西洋人,这不是同顾颉刚君等一鼻孔出气么?

其实蒸汽机及其他一切的自然科学，都是随社会之需要而发现的。社会底需要是因，而蒸汽机等的产生是果——但他们却把因果倒置了。现在试以发明蒸汽机的英国为例：她亦是先有新市场底需要，才发生生产力改进的要求；复因改进生产力的企图，才有蒸汽机的出现——但他们也把这些事实忘了。他们不知道，没有发明蒸汽机，却并不止中国一国，"中国之所以没有发明蒸汽机，和英国以外的其他国家一样"，并不是中国之特点的。

复次，说中国人没有自然科学天才，我们更不能不提出严重的抗议。我们知道中国人底自然科学思想，是很早发达的，在战国诸子争鸣之秋，中国已有很进步的各种自然科学的知识（参看陈文涛君《先秦自然学概论》），谁敢说中国人没有自然科学的天才呢？并且自然科学的基础是数学，而中国人对于数学却特别有专长。如西汉时代的《九章算术》一书中，仅其方程一章，已能作一次联立方程式的解法，这在欧洲直到十八世纪才有人完成的；又如刘宋时已有算出 $\pi = \frac{355}{113}$ 的值，这在欧洲直到十六世纪才有人发现的。这些不是很明显的指出，后来中国自然科学之不发达，完全和天才不天才没有关系么？

第二说之幼稚，已完全于此暴露了。

第三中国没有海外殖民地说——主本说者为欧人 K. Radek 氏（中译拉狄克），氏为《中国革命运动史》的作者，其主张颇为国人所依据。原说如下：

> 中国是地大物博的，远在十三世纪时，它就照这三国的方向走了（指意大利、荷兰、英吉利——啸）。当时占据全亚细亚者，就是蒙古民族；当时中国的货币，可以由太平洋流通到波斯湾以及里海各地；当时全亚细亚的商业引起了中国商业资本很快的发展以及手工厂工业长足的进步。但蒙古统治一崩坏，牟罕谟德崛起，印度被占领，波斯失陷，于是亚细亚终于瓦解，而广大的市场，就随之分散了。海外是无处可走的，广大无际的太平洋，当时使中国发展商业（按本意当谓使中国发展商业受到障碍，此处疑有脱文），以致中国的货物，由与海平行的运河运输……中国商业只得被封锁于

中国本国以内而与其他外界的市场隔绝了。自此以后,中国手工业的工厂,差不多就完全停在十九世纪中业所发展的水平线上,没有一点进步的情形了。

陈邦国在《中国历史发展的道路》一文中,并略广其意道:

> 由内河航行达到海洋的航行,在技术上相差很多,没有若干发展的阶段,是不能完成的。所以,中国没有完成这第二步。……同时,北有沙漠,南有大山,也是阻止市场扩大的地理因素。(《中国社会史的论战一辑》)

这种用地理条件来解释中国社会发展底限制,在某种程度上,无疑是有一部真理的。但是全部都用地理来解释,却嫌太机械化了。因为地理底条件虽然有限制人类发展之可能,但人类底智力却也能在某种条件之下避免其限制,苟使不是这样,则历史将完全为地理所决定,而唯物史观亦变成地理史观了。

并且谓中国完全没有外国的市场,这话也非事实。中国南部有非常肥沃的南洋群岛,东部区域虽然很少,然而总有非常接近的日本;西部与北部虽然受了大山、沙漠的障碍,然而总有许许多多民族聚居着。苟使中国经济已进到不得不发展的地位,这些区域,却并非"完全"不足作中国国外的市场的。但是历史的事实,却证明中国向外发展受了打击之后,即退而自谋,不肯再作第二步的企图,可见得殖民地市场"缺少"(不是没有)之外,却有其他内在的原因了。

没有海外市场之解释,是只看得真相之一部的。

第四,中国地理利于统一说——这是企图找寻何以没有得到殖民地的原因,是比前一答案更深一层的解释。王礼锡在《中国社会史论战序幕》说道:

> 我以为没有得到海外殖民地固然是一个原因,但为什么没有得到海外殖民地呢?这原因是为中国在地理上是便利于统一,就是割据也是各以希求统一的目的去割据,这就是说,中国地理上不能形成几个对立的独立国家,所以竞争着向海外发展不是十分必要的。(P.15)

这种更深一层去解释的意思是对的,但是用"便利于统一"的地理,来断定向外发展不是十分必要,却是非常错误。我们知道统一不统一,是受当时社会经济基础所支配的,和地理本没有多大关系,这是第一点。中国地理是否利于统一呢?苟使利于统一,何以历代不断发现着许多群雄争割之局,甚至今日尚未有真正统一的实现呢?这是第二点。纵使退一步说,中国地理果是利于统一的,但是设想中国商业经济有不断的发展,这些统一的国内市场,果满足当时社会的需要而抑制其得到殖民地的欲望么?这是第三点。所以这一说虽然榜着更深一层的说法,其实比前一说更觉皮毛了。

这也是不足取的。

第五是多元说——主张多元说者,又言人人殊,杨东莳在《本国文化史大纲》里,说到中国产业不发达的问题,曾列举出下列三个原因:

(1)"由地域广阔,东西横亘山脉过多,交通不便";

(2)"由于北方民族长期间的侵入,与入主中国,阻中国的进化";

(3)"由于地主阶级掌握政权,力倡重农尊孔。"(P.74 附注六)

王亚南在《封建制度论》里,又列举几个重因:

(1)"缺乏外来有力的刺激";

(2)"传统思想防碍自然科学发达";

(3)"没有奖励工业政策";

(4)"土地投资之普遍化"。

朱其华在《中国社会的经济结构》里,所举的条目更多:

(1)"中国的封建的剥削,较西欧为甚,妨碍了工业资本及手工业的发展";

(2)"中国物质丰富,可以维持自给状态,没有向外发展的必要";

(3)"有广大的国内市场,没有向外发展之必要";

(4)"没有新市场发现";

(5)"因天泽之厚,农民没有出卖劳力的需要"。(pp.211—271)

这样列举的方法,在表面上,总算很完备了,但是却同样不能找着事实底真因。第一,他们所举的,多是常识上的原因,如地主的政权,传统的思想,工业政策之消沉,封建剥削之严重等等。这些本是受经济基础决定的,怎样能够反认作决定经济的最后因素呢?第二,若依照那样的标准,则可举的又何止那么多。如中国货币之紊乱,商人使用资本方法之幼稚,政府对外政策之放任,官僚阶级之鄙视生产等等,又皆可视作中国经济不发达之原因的所在了。岂非笑话之至!再看他们自己所说的,亦各不相同,更可见列举方法之不可靠了。第三,多元的说法,既不能抓着事实底中心,所以纵其中含有一二比较可取的说法,亦多为人家所忽视,因为此种方法,太觉得模棱了。

模棱的说法,自然是不能解决问题的。

综以上各派对于中国社会产业不发达的解释,虽然有的已略近于真理,但圆满的说法是至今尚没有的。我们在批判各家之后,试于下面展开自己所得到的结论。

我以为要解决这个问题,非扬弃了观念论及机械论的说法而借助论辩证法的唯物论不可。观念论和唯物论之不同,是很容易看出的,而辩证的唯物论和机械论间亦有绝对不同之一点:即后者只知道人为自然环境所支配,而前者却知道人在某种环境之下,亦能相当的使自然改观并促进社会之进展。本来就"同一"时说,人是自然之一部,所以人是不能逃避自然之限制的;但是就"对立"时说,自然却亦不断的受人的加工而进展。Marx说得好:"人类作用于自身外部的自然,同时又变化着自身。"这话前一半是指人与自然对立时言,后半系指人与自然同一时言,是最能指出人与自然之关系的。

依上面的前提,我们若把中国二千年来沉于过渡状态不能进展的原因,完全归之于地理的限制,那实是机械论者的看法。因为除非中国人是机械,他们总不会任自然之支配而不想法去改善的。但若换一方面,把中国不能踏上工业资本主义之路的原因,委之于生产力的限制,而承认它和地理没有关系,[①]那却又坠入观念论者底陷阱去了。因为生产力所以有的长进有的不长进,他们仍解答不出来,而要投降于生机力的作用了。

[①] 这种思想在陈豹隐君《社会科学研究方法论》里表现得很明显。他说:"更有人问生产力、生产关系决定社会的发展,何者决定生产力及生产关系呢? 前面已经说过,生产力及一定的生产关系,直接关联于人类的生活。如问生产力及生产关系从何处来,就等于问人类本身从何处来一样。这样的问题,在此也是无意义的。"(P.191)

辩证唯物论者,既不蔑视环境的力量,也不蔑视人类创造的能力,他不否认外力的作用,但以为外力是要通过人类内身的力量才能表现出来;他也承认"生产力",是社会发展的原动力,但以为生产力是人类在其环境影响之下所发展出来的东西。有了这样的见解,所以对于中国社会特殊发展的真因,自有其"批郤导窾"的解答了。

中国经济的发展,在初时是很猛进的,所以在秦汉之世已能与西欧前资本时代等量齐观了。但是受了种种自然底限制,如(1)国内南北交通之隔陔,(2)国际良好市场之缺乏,(3)经济中心初时限于北部等,便使中国向外发展受了很大的障碍。(这是第一层解释,为机械论者所能道的)设想此时中国经济已经到无路可走的地步,用人类适应环境的能力,或许能有其他方法冲破这种自然障碍也未可知。不过中国因土地的肥沃,气候的温和,却隐示了一个向内发展的坦途。于是外力的作用,通过中国人创造和顺应的能力,便造成了独特的农业生产力来了①,建立在此种生产力上的社会,是亦完全冲破了封建的藩篱而另成了一个阶段,此种阶段即我们所称的"佃佣的"阶段,它与资本主义社会却又不相同的。(这是更进一层的解释,结合了第一层的解释,乃造成了中国社会特殊发展的真因)

在这里,我们很明显的看到封建社会崩溃之后,有两条不同的道路展开着:一个是正态发展的道路,即是从过渡的本社会走上了工业资本主义之路,这是西欧各列强所走的道路;一种是变态发展的道路,即是不从工业发展而却从农业发展而形成了所谓佃佣社会的路,这正是中国所走的路。至这两种不同社会相遇时,后者自然不敌前者而屈伏,但再踏上了真正资本主义之路,却也是永往不可能之事。它的前途,很明显的却把外资本侵入的时期,视为一种过渡,而倾向于工业革命和社会革命合一的社会主义社会去了。兹为明了起见,再把此意绘成一图

---

① 中国农业生产的特征,是许多研究中国问题的外国人,都看出来的。兹随手引出中国农业专家 F. H. King 氏的说法以示一斑。"(这里有)特殊天惠的地理位置和适于养生的气候……美利坚合众国大约居于北纬三十度至五十度之间,而中国则在二十度至四十度之间,比前者更南七百哩左右。这已有充分的理由,来解释一个地方每年有二次三次乃至四次收成的可能性。复次,中国的雨量,不特比过大西洋及滨海的国家为多,并且都在夏季最有利于收成的时候下降。在天惠之外,又有巨大的水道及灌溉系统,种子的选择,加紧的施肥系统,及个个农夫不倦的努力,这些都是维持生产效能的因素的。"(*Farmers of Forty Centuries*, Madison, Wisconsin)

如下：

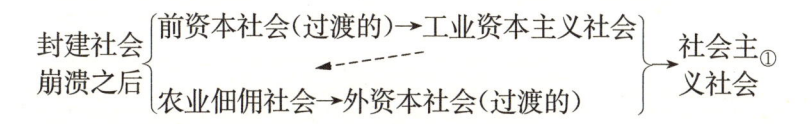

封建社会崩溃之后 ｛前资本社会（过渡的）→工业资本主义社会
农业佃佣社会→外资本社会（过渡的）｝ 社会主义社会①

以上的解释，虽然简单，却是我们研究中国社会史的结晶，同时也是数年来翻天覆地社会史论战中未曾发现的锁钥。

至佃佣社会的证据，我们是从封建社会完全崩溃，佃佣社会开始建立的西汉社会出发（西汉以后的社会，佃佣制所有的特征，愈加显明，指出更容易了），最看重的是其经济基础，尤其生产基础底证据。在《西汉社会经济研究》一文中所举出的它和其他社会完全不能混淆的地方，有下列十五点：

（1）佃佣社会底来源（第一章）

（2）佃佣社会底沿革（第二章）

（3）佃佣社会底生产技术（第三章）

（4）佃佣社会底生产力（第三章）

（5）佃佣社会底生产方式（第三章）

（6）佃佣社会底生产部门（第四章）

（7）佃佣社会底生产关系（第五章）

（8）佃佣社会底剥削过程（第六章）

（9）佃佣社会底流通过程（第八章）

（10）佃佣社会底分配过程（第七章）

（11）佃佣社会底消费过程（第七章）

（12）佃佣社会底发展过程（第九章）

（13）佃佣社会底矛盾性（第十章）

（14）佃佣社会底矛盾底对策（第十章）

（15）佃佣社会底崩溃形式（第十一章）

同时亦注重其上层建筑底证据，在《中国社会发展底特殊道路》一文中，又举出上层建筑中最重要的八点：

---

① 实矢代表演进；虚矢代表侵入。

(16) 佃佣社会底政治

(17) 佃佣社会底法律

(18) 佃佣社会底军备

(19) 佃佣社会底教育(以上上层建筑之一)

(20) 佃佣社会底宗教

(21) 佃佣社会底思潮

(22) 佃佣社会底科学

(23) 佃佣社会底艺术(以上上层建筑之二)

像这样从最下层达到最上层的解剖,同时并一一举出其特征,在社会史论战中,大概是第一次最烦重的工作吧!中国社会底发展问题,经此一番用功,虽然不敢说已把真相指出,大概离真相却也不远了。

追加——友人有作云南考察者,言其地经济发展及障碍之情形如次:

(1) 手工业和商业都很发达,人工掘矿法,也已应用;

(2) 交通不便,良好市场缺乏,形成生产过剩;

(3) 第一期企业家的竞争和两败俱伤;

(4) 第二期企业家的相互妥协和减少生产;

(5) 剩余资本投入土地去;

(6) 形成了不长进的状态。

这里所述的情形,和历史上所见的也依稀相似,我们的主张,好像又得到一重现实的证明了。

22.10.22 日草完

(《现代史学》1934 年第 2 卷第 1、2 期合刊)

封建社会崩溃后中国历史往何处去

(附录：对于《论佃佣制及循环》一文的短短答覆)

一、从批判各家的主张说到我的研究法

中国社会史研究的热潮中，有一个极重要的问题，便是秦以后迄于帝国主义侵入以前这一段历史的解释。所以重要的原因，好像有人曾作如下的说法：

> 因为这一个时代，是比较可征信的，不明了它，便无以根据来解释先秦历史的究竟；又因为这一个时代，是接近现代的，不明了它，便无以凭藉来解释现代社会的来踪。所以这一个时代，是把握中国历史的枢纽。

但是这一阶段的社会，却是最难握捉的。它占了中国历史的大部，而没有明显转变的特征。为什么有二千余年不变的社会，这是一个迷惑人的问题，多少中外的学者，都陷入这个历史的陷阱里而不能自拔。

因此这一期的社会，至今尚没有比较可人的答案，而被称为"谜的时代"。

我这几年来颇致力于中国社会经济史的研究，对于这一期的历史，亦略有一些新见解。相好的师友们以及外地的读者，常常要求我发表整个的意见，所以只得将这一篇旧稿重新修正一过发表，藉供研究诸君的参考。但在开始叙述之前，照理应先把人家种种的主张，略为介绍，然后再提出自己的新见解。藉以看看这种新见解到底能否正确过以前种种的旧主张。

各家对于这一期的看法，约可以分为下列八种（略依在社会史论坛中出现的先后为序）：

1. 封建社会说。
2. 半封建、后封建或深封建社会说。
3. X社会或过渡社会说。
4. 商业资本社会说。
5. 亚细亚社会说。
6. 前资本社会说。
7. 专制主义社会说。
8. 细分说。

在这八种主张中，又可归入四个类型：第一是封建社会说的类型，封建说、半封建说、后封建说、深封建说、专制主义社会说等属之；第二是过渡社会说的类型，X社会说、过渡社会说、商业资本社会说、前资本社会说等属之；第三是亚细亚社会说的类型；第四是细分说的类型。下面即说及这几个类型的各各看法并指出其错误的所在（详评另待专篇）。

（一）属于第一个类型的——在这一个类型中的理论家，都是把中国社会的性质往上倒拉若干年。在他们心目中，中国的社会，始终未走出封建的圈套。如明白主持此说的郭沫若便以为春秋以后，封建才开始完成，此后"汉有诸王，唐有藩镇，明末有三藩，清初有年羹尧，就是一般行省总督，都号称为'封疆天子'，并不是就不是封建制度，我们到了现在假使要说中国的封建社会在秦时就崩溃的话，那简直是不可救药的错误"。（《中国古代社会研究》）半封建（《新思潮》杂志所用的）、后封建（陶希圣《中国社会之史的分析》有"后期的封建国家"之称）、深封建（莫大招君《论佃佣制与循环》之中所用的）等等的说法，虽然已觉到这一期的社会和道地的封建社会有别，但其心目中仍被封建这一个老招牌所眩惑，而不得不承认本质上是相同的了。专制主义的说法（王礼锡、胡秋原等所提出），是抄袭俄人泼可老夫斯基的意思，承认它的特征是"封建制度通过……官僚而与商品经济……相结合的"，所以较正确的当说封建底专制主义社会，实亦不外变相的封建说之一种。

封建说法所以繁盛的原因当回溯1925—1927年革命的时候,那时把一切旧的都看做封建的,因而亦俱在被打倒之列。这种错误的延续,遂形成了大家对于封建名词用法的淆混,而完全失去它的原意了。我们若要正确地认识封建社会的意义,当先明了封建经济的特征。封建经济的特征是什么呢?明显地是生产技术的幼稚,自然经济的独霸,领主对领奴的私人隶属关系等等(据Lenin的说法)。这些特征,在战国以后的中国社会也无疑是不存在的。关于第一点,此时的生产技术,却并不安于幼稚的状态,而有显著的进步了。如铁耕、牛耕的普遍,灌溉业的发达,都是不可否认的事实;而武帝时赵过所用的代田方法,尤足为中国农业技术史开一新纪元,所以封建时代的生产技术,已经被扬弃了。关于二点,此时交换已发生了重要的作用,自然经济早已崩溃过了。《汉书·地理志》说:"齐地……织作冰纨绮绣之物,号为冠带衣履天下。"(师古曰:言天下之人冠带衣履皆仰齐地。)试问交换发达到这个程度,自然经济尚能站得住么?关于第三点,中国二千年来农民的痛苦是有的,而身体则绝对保持自由。所以一般人士,对于农产者表面上总是表示相当的敬意。所谓农奴制度在这二千年来的历史,虽曾一二度再现过,但这亦只能认为逆态的现象,而不能即用一个模糊的名词来统括,何况因生产力的发达,却不旋踵而消灭呢?在这一类型下讨生活的人,好像也知道其缺陷,所以乃创出许多遁词(如半封建、专制主义之类)来挽救,其实这仅是百步、五十步之差的。我们切不可上了这个大当。

(二)属于第二个(最近我另作有《奴隶社会与封建社会有无连属的必然性》一篇文章,将封建社会的特质及其成立过程说得很详尽,读者不妨参看)类型的——欧洲的典型封建制度,既不能在秦以后的社会找到相同的现象,于是便有人用过渡期的说法来解释这一阶段的历史。在旧日《新生命》杂志中有方岳的X社会说、有戴行轺的过渡社会等等,而比较引人注意者,则有陶希圣、梅思平的商业资本社会说,及后日李季之前资本社会说等。

商业资本的说法,大概谓战国之际,封建制度经不起商业资本的分解，已开始崩溃而让位于商业资本——不过封建势力仍继续存在。至反映于国家的政权，则由贵族或士大夫阶级之手，而转移于官僚或士大夫阶级。故中国二千年来的社会，并不是封建社会，而是带有一种过渡色彩的商业资本社会。这便是这一派所认为中国社会结构的特征。其实依唯物史观的说法，社会的转变当开始于生产方式的转变，商业资本并是一种生产方式，何以能转变中国社会并维持至数千年之久？再依前项说法，封建经济的范畴现已变成商业资本的范畴，何以封建势力仍能继续存在？即说上层建筑不一定和下层基础同时改变，然总不能有长时期不相称的现象的！此外如士大夫不能独特成一阶级，亦早为许多人集矢之点。可见此说之不能自圆了。

前资本主义的说法，不始于李季，但却由李氏加以具体的说明。他在《读书杂志》论二辑里说："它是一种过渡时代的生产方法，含有以前各种生产方法的残余。"更举出其特征七点：（一）小农与家庭工业直接结合，构成一个地方小市场的纲；（二）高利贷资本和商人资本很占优势；（三）商业宰割工业；（四）地主阶级和其它上等阶级的存在；（五）独立生产者——手工艺工人的存在；（六）向来各种生产方法的残余；（七）农工的破产流为贫民和生产工具的集中。在表面上，李君的说法，好像比较高明，其实仍同样找不着事实的真相。第一，他既承认前资本主义的生产方法，为一种过渡的生产方法，何以这种过渡的生产方法，竟能延长至二千余年之久？那可说并不是过渡形态而是独特的形态了。第二，李君既以过渡时代为前提，所以上列所举的生产形态，小农也有，家庭工业也有，手工业也有，商业也有；所举的支配形式，一方面既是商人占优势，一方面又是地主阶级和其他上等阶级的存在；至六、七两点尤与其他阶段有相同之处，想他说是特征，其实只是一团混淆罢了。怎样能够作判断中国最长期的阶段的根据？第三，李君所以有这样不清的意识，是因为他未曾认得前资本社会的生产趋势，与秦以后到清社会的生产趋势有根本不同的地方：即前在倾向手工业的改进，为他日工业革命之先躯，后在则完全不然（这点我们在下面详论）。李君此种说明，本来只是一种意见，尚未有具体的证据，所以我们只指出其误点也便够了。

（三）属于第三个类型的——因为 Marx 在《政治经济学批判》中有亚细亚的生产方法一语，乃引起许多人对于东方社会的特殊看法。主张此说有力的人，大半是俄国理论家，闻名的著作有 L. Madjar 之《中国农业经济研究》，M. Kokin 与 G. Papayan《古代中国土地制度》，E. Varga《中国革命之根本问题》、《中国革命之经济诸问题》等等。其内容大概把东方社会看作和西方完全不同的范畴，从古到今只停滞于一不变的状态中。社会的特点依他们所举出的大概有下列几种：1. 土地私有财产之不存在；2. 人工灌溉之必要及与此适应的极大范围的公共事业的组织之必要；3. 农村公社；4. 专制政体为国家的形式。自然其中尚有稍异的说法的。

他们知道中国社会的构造和欧洲社会有根本不同的地方，这不能不承认他们的卓见。但是不由此作更深一层的研究，寻出其差异的原因和分歧的起源，而仅把一个抽象的名词笼套一切，并明白宣言这是一种不变的特殊的社会，却不能不责其非辩证的观点了。并且他们所举的特征，在我们本国人看来，也毫无是处。甚至如马札亚尔亦说："商业资本及高利贷资本，它本身分解了中国旧式的东方社会及其主要的基础，即土地私有之不存在，并且分解了生产方法即其财产关系。"又说："中国高利贷资本在帝国主义还没有侵入以前，即已破坏和分裂了此种生活的形式，分裂了东方社会，破坏了亚洲式的生产方法。"我们知道中国商业资本及高利贷资本在秦汉时代迄今已有二千余年了，这样尚有什么亚细亚式的社会存在呢？此说无疑是同样不能解答中国的社会性质的。

（四）属于第四个类型的——这一类的说法，提出来并不甚久，俄人沙发诺夫在1927年所出版的《中国社会发展史》里曾将汉以后的社会分为奴隶制、封建制等等，继之便有王宜昌、陶希圣两君的分法。这一派的特征，便在不承认秦以后至清这一期的社会，可以用一阶段包括，所以又将之细分为几个阶段。兹试将以上三氏的意见，列为一表於下：（表为王兴瑞君所制）

时代分期	殷以前	殷	西周	春秋	战国	秦	前后汉	三国	南北朝	唐五代	宋	元	明	清中叶
沙发诺夫的分期	游牧		封建制				封建奴隶私有制		封建制度矛盾的发展					
陶希圣的分期	氏族社会			过渡时期		奴隶制			封建制			先资本主义社会		
王宜昌的分期	原始共产社会			奴隶制					封建制					

这一派最大的缺点，便是将秦汉以后各朝代的经济结构及政权的性质混淆，硬将量的差别作为质的差别，他们所觉得可以划时期的朝代，我们都觉得很平常，而不能寻出其特殊的区划点。复次，战国时代，火一般变革的事实，在这样分法中，亦遭藐视，殊觉不当。复次，奴隶制度这个东西，是否在中国历史某时期中，有特殊繁盛过，抑仅是普遍的存在，这亦是很可商榷的地方。最近讨论社会史杂志如《历史科学》、《现代史学》、《文化批判》之类，已对这一问题提起严重的质问，可见大家怀疑之一般了。听之这一说虽较以前数说为后起，但其缺点仍不在以前数说之下。

我在批评以上诸说之后，很觉得有一点感触：便是大家讨论社会史性质的时候，好像都在呆守着1859年马氏在《经济学批判》序文中所述的下面一段的公式：

> 就一般特点说，亚细亚的、古代的、封建的和近世市民的生产方式，可以视为经济的社会结构相连续的时代。

为呆守此种公式的缘故，所以只愿以公式来圈套事实，而不愿以事实来改正公式。但是中国社会的演进，却并不能像他们所理想的那么步伐整齐。它的封建生产方法，从战国起已开始崩溃，而纯粹的资本主义的生产方法，则至今日尚未完全长成。这二千多年的历史，要归入那一范畴的呢？唯物史观公式论者所在没有办法之中，不是承认中国社会仍停止于封建状态或类似的封建状态中（第一类型），便是造出一个过渡期的说法来搪塞（第二类型）；再不然，便完全否认中国历史有进化的阶段，而把他完全归入于一个"亚细亚"的名称中（第三类型）；再不然，便把中国历史合理化于公式，使每一阶段都占了颇长的时间（第四类型）。于是他们的职务便算完尽了——他们的职务果然完尽了，可是中国的历史却也改观了。

马氏是划时代的思想家，他的分法，我自认有研究的价值。但不能把他的话，完全当作圣经，最少我要提出几个疑点来：

第一，此种分法的来源是否可靠？我们知道马氏的分法是由黑格尔的《历史哲学》第二编"特殊绪论"、第三章"世界史的区分"略加改变而成的，两者的对照，有如下表：

Hegel《历史哲学》	（一）东洋的世界（历史幼年期）a. 中国 b. 印度 c. 波斯	（二）希腊的世界（历史青年期）	（三）罗马的世界（历史成年期）	（四）日耳曼的世界（历史老年期即成熟之意）	
Marx《政治经济学批判序言》	（一）亚细亚的	（二）古代的（希腊、罗马）		（三）封建的	（四）近代市民的

像这样黑氏把地域的划分，来化作时代的划分，是否有"不赞一词"的真确性？最少在名称方面应否加一番合于逻辑的修改？（按亚细亚为指示地理的名词，古代为指示时间的名词，封建为指示制度的名词，近代市民为指示阶级的名词）

第二，马氏对于此种方法，是否一成不变？我们知道 Plekanov 在《Marx 主义的根本问题》中，有下列一段说话：

> 吾人不妨承认着在马氏看过 Morgan 的《古代社会》以后，他就改变了原来所持古代与亚细亚生产方式之关系的意见。实际上，封建生产方式之经济发展的逻辑终结是社会的革命，即资本主义的胜利的表现。然如中国或古代埃及的经济发展的逻辑决不允许有古代生产方式的发生。在第一个场所，就有前后继起的，而且前者唤起后者的两种发展的阶段。但在第二个场所，我们就看见有两种并存的经济发展的典型。古代的社会形式代替了氏族制度，而此氏族制度亦在亚细亚的社会秩序之前的。这种种社会组

织的典型的任何一种之生产都是氏族组织的胚胎内之生产力发展的结果,盖此种发展必定归结到氏族组织破灭。但是这两种典型在本质上仍有十分区别。此区别的原因,即它们主要的差点,是由自然的地理的环境影响发生出来的:在一种场合,是支配了生产发展到一定程度的社会,支配一种的生产关系之总和;而他种支配与第一种完全不同之社会。(原书第九节对于自然地理的特别影响,宜特殊注意——啸)

在此很明白的看到马氏当新材料发现时,便改变其旧见解,那我们又何必刻舟胶柱,自讨苦吃?(虽然近有人做文谓马氏一生守着此种公式,但我不敢置信)

第三,此种分法,是否能作一切社会发展史的准绳?明白说,即此种方法,纵能完全适合西洋史,又是否能完全适合马氏所认为特殊的东方的社会而丝毫不要修正?最少封建社会之继于奴隶社会,乃欧洲历史因野蛮人侵入所引起的反常的现象,两者之间殊无连续之必然性,这在东方是否也一样的存在?这一点尤为重要。

由我详细研究中国历史的结果,我觉得此种公式不能"完全"套合于所谓东方的社会,而需要修正或补充的。但我一方面虽主张修正或补充,一方面却承认马氏的分期的根本方法,乃其研究经济学所得的结晶品,寓有不可磨的真理,而当谨慎遵守的。这是我与其他研究者不同的地方。

在此,应特别提及马氏分期标准的特殊价值。

原来用经济发展形式来作历史阶段区分的企图,除马氏之外,并不是没有人,他们各有各的方法,而他们亦各有各的根据的标准。如:

依生产工具的,则有 Morgan 石器时代、铜器时代、铁器时代之区分;

依生产状态的则有 List 濛昧状态、牧畜状态、农业状态、农工状态、农工商状态之区分;

依生产组织的则有 Müller-lyer 之集产经济时期、家族组织时期、工业组织时期、资本组织时期、社会主义组织时期之区分;

依流通或交换范围的则有 Hildebrand 自然经济、货币经济、信用经济之区分，或 Engels 自己经济、交换经济、资本主义经济之区分；

依分配与消费范围的，则有 Bücher 封锁的家内经济、都市经济、国民经济或 Sombart 个人的自给经济、过渡经济、社会经济之区分。

此外尚有依生产方针为标准区分的，如 Steinmetz；以生产要素为标准区分的，如 Roscher；以劳动形态为区分的，如 Loria；以经济组织范围为标准区分的，如 Schmoller；以经济主义标准区分的，如 Gross；以结合关系为标准区分的，如 Mitscherlich 等，以上不过随意写出，所以未曾作细密的分类，好了，我们可不必再举了。

这些划分，虽然各有各的对，却共同犯了一个毛病，即是只看到人类与自然的关系（如 Morgan、List），或只看到人类与人类的关系（如 Hildebrand、Engels、Bücher、Sombart 等），这一点，我们若由辩证唯物论出发，是不能满意的。因为社会与自然本为统一中的对立物：由自然与社会间的矛盾，可以引起社会的改变；由社会与社会间的矛盾，亦可以引起对于自然的改变。我们把握进展的法则，一定要兼顾这二面，否则鲜有不错误的，马氏所用的生产方式（或称方法）的把捉方法，却正合了这个规定，所以我们用之为区分社会的准绳，它是完全适于辩证的。

所谓生产方式，据我的意见应当指着生产过程之相互协作或支配的经营形式。① 故所谓原始的生产方式，即共同劳动的经营方式；古代的生产方式，即自由民支配奴隶的经营方式；封建的生产方式即领主支配农奴的经营方式；资本主义的生产方式，即资产阶级支配无产阶级的经营方式；此种方式是形成社会经济结构之基础。或人以为生产方式即是生产关系（如日人石滨知行君），因而引人疑及这一种分期的标准，也不过顾到人与人关系这一面，实尚未觉正确。我们以为生产关系乃指生活状态下（即生产现实时）所发生的阶级关系，而生产方式当指着生产过程（生产未现实时）的经营方式。说到现实，则生产关系固不过人类和人类的关系；说到生产过程，则生产方式同时涵有"怎样进行生产，用的什么劳动手段"（《资本论》第一卷第三篇第五章第一节）两意义，即兼有"人对人"的关系与"人对自然"的关系，而能呈现它的把捉的

---

① 此种方式仅指主要的生产部门，而非每一种职业。

特色。所以生产关系虽决定于生产方式,而生产方式却不同于生产关系,这一点我以为是可以细味的。①

复次,生产方式虽并包生产力与生产关系两范畴,无疑地是着重后者的意义,②所以在其中也可以看到统一中所潜伏的阶级对立的矛盾(因为在社会主义的社会,总是强者支配强者的),即历史进化的原动力。所以它是了解社会的锁钥,而成为唯物史观的利刃。

于是依生产方式的标准,去认识社会,便成为我们研究的引导了。

在这样引导之下,且再进一步,看看中国的自然环境和中国社会所走的道路吧!

二、中国经济发展道路之新解释——佃佣社会的提出

自然是一个经济的要素,如果暂置社会的生产底多少发达的形态不讲,那末劳动底生产性,是被结合于自然的(《资本论》一卷四五一页)。所以我们在讨论中国经济发展的路线之前,我们先要略略展开中国的自然条件。

中国的区域,在帕米尔高原东部,地势由西向东,成为斜面:向西而上,是渐高的;向东而下,是渐低的。山脉和河流也顺这样的形势而构成。

说山脉,来源皆由于帕米尔高原,其中影响中国最大者为昆仑山脉。昆仑山脉离葱岭东行至新疆、青海界上,为三支:一支东北行为阴山系,蔓延现在的新疆东部、青海、宁夏、绥远、察哈尔、河北、山西、热河、辽宁、吉林、黑龙江即北部各省之地(又由辽宁渡渤海而至山东);一支平行为北岭系,蔓延现在的青海南部、甘肃、四川、陕西、湖北、河南、

---

① Marx 对于某种事实,常分作两种观察。如对于生产,是把他可能性和实现性分开着想;对于剩余价值,亦是把他的成立和实现分开着想的。这种思想的方法,据河上肇说是马氏思想方法一特征。所以我们很可用同样的理由来分开生产方式与生产关系的分别。

② 生产方式应看重生产关系的意义,由下列几点可以证明:(一)马氏曾谓人类的历史是阶级争斗的历史;(二)苏联与欧美先进资本主义国家生产力略同但因生产关系完全变革,故可认为故已走入另一阶段。(三)《哲学的贫困》一书中曾有下列一句话:"人类获得新的生产力的时候,即改变他们的生产方式。"生产力与生产方式对举,可见在生产方式一词中所涵生产力的意义较少。

安徽，即中部各省之地，他的长度虽然不及阴山、南岭二支，但却为长江和黄河的分水岭，并障碍南北的交通；一支东南行为南岭系，蔓延现在的西康、云南、贵州、广西、湖南、广东、江西、浙江、福建，即南部各省之地。从上面的分布我们知道中国南北是被山脉断绝，而不便于交通的。（至外蒙古阿尔泰山系、新疆的天山系、西藏的喜马拉雅山系等，亦是保留横断南北的形势，以其居本部之外，在历史上未发生若何重大的影响，故不赘述。）

说河流，中国有三大流域，皆由西向东以入海。黄河发源青海，经甘肃、宁夏、绥远、山西、陕西、河南、山东而入渤海；长江也源于青海，经西康、云南、四川、湖北、湖南、江西、安徽、江苏而入黄海；珠江发源于云南，经贵州、广西、广东而入南海。从上面的分布，大体上说，中国东西的交通，尚比较可以的。

因上述的地势，中国国内市场的情形是可揣而知的。南北交通既形着极端的不便，南北货物便很难有交换的机会；反之因东西的交通，比较利便，所以交换之机会较多，而能发生商业了，历朝的京都（除因受外族压迫不得已南下外）都是发生于黄河沿岸东西交通便利之处，如长安、开封、洛阳等地，并不是偶然的。但东西交换的机会，虽然比南北为盛，却受一个气候相同的限制。因为生产品的差异，大部分与气候的差异为正比例。所以南方的生产品，每非北方所能得到，北方的生产品，也非南方所能得到。因生产品的不同，所以一旦南北发生交换，是比较有内容的；若在同一温度的邻境，甲地所特产，每为乙地所同有，乙地所特产，又每为甲地所同有，他们商业的进展，是非常缓慢的。

至中国的国外市场呢？中国就大体说，是个大陆的国家。在前代，它东以日本海邻日本，西以昆仑山脉界西域，北以阴山系隔内外蒙古，南以南海断南洋群岛。这些地势与中国国内地势结合起来，也便制成了中国国外市场的运命了。（注意我们所说和拉狄克纯以海上国家断定中国不能发生殖民地者之不同）

我们试就四界逐一说一说：在东方，日本为蕞尔小国，在前代，它的地方既少，人口又稀，当然受纳不了中国的商品，不能担负促进中国工业革命的使命。所以中日通商在历史上并非没有，然而这一条路，终竟打不通了。在北方，多为游牧民族占据之地，它成为中国历史之劲敌，如汉之匈奴，唐之突厥、回纥，宋之契丹、蒙古，都是侵吞中原的意思，而时常引起战争。战事既发生，交通与商业自受其障碍了。并且北方地瘠民贫，即在无事时，也不是受纳商品之地，所以这一条路也走不通了。说西方，西域在前汉张骞通使后，与中国曾过一度繁盛的贸易。不过通西域之路，完全是陆路，并且北部有祁连山脉、阿尔金山脉阻，中部有巴颜喀喇山脉、唐古喇山脉之阻，南部有横断山脉之阻：货物之运输，是需要极高运费。在初时以彼方好奇的缘故，商人尚可得些利益，但至后来便不能维持而断绝了。说南方，南方有南洋群岛那么大的位道，又居热带的地方，有丰富的生产品，照理中国国外市场的发展，当然以是为目标的。但是中国国内因受地理的影响，南北交通不发达，南北经济发展的程度亦不能平衡。最初汉族发展于黄河流域，故在前代北方的文化每较南方为高，南方虽有很好发展的机会，然却受制于自己经济的幼稚而成为不可能了；北方虽达到发展的程度，然却受其地理的限制也成为不可能了。

后来文化逐渐移南，至南宋因受异族的压迫，政治和经济的中心，竟完全下降南方了。此后，南方的商业有猛进的现象，到了明朝，亦有发展的企图了。自三保太监（郑和）下西洋之后，海外的殖民事业，一时顿呈繁盛之象。南洋有许多的地方如婆罗、爪哇、三佛齐各地，政治与经济的势力俱操诸华人之手，他们与土人的斗争和侵略，比较英法与美洲土人的斗争和侵略，也是差不多的。所以拉狄克所谓中国非海上国家，中国即不能发生殖民地，完全是机械论的看法，而不能合于事实的。却恨中国到了此时，农业生产已走入另一阶段，完全有养活整个人口的可能性，对于殖民地之需要，实比西欧各国少得多。所以在未得之先，既不如人家那么急迫去找寻；而已得之后，又不如人家那么重视去利用。这样又有什么好效果呢？过了一时，西洋人为发展海外市场的缘故，已挟其雄厚的兵力东来与中国角胜于南洋群岛之上。从此只一页一页地展开中华殖民失败的惨史，而工业革命的事实在中国过去历史上是永远找不到了。

我们知道殖民地的发现，是早于工业革命。因为商品的过剩，乃产生殖民地的要求。复因殖民地销路的广大,乃加增商品供给的需要,工业革命即由是产生的。至工业革命以后,复须寻求殖民地以发泄其生产品,乃是第二次的循环而非原来的形态了。所以在手工业繁盛的时候,早已积极地发生殖民地的需要。如英国,在十三世纪之末,便已积极发展海外的贸易,贸易公司中最重要的如俄罗斯公司(又称 Muscovy Company)、东方贸易公司(Eastland Merchant)、来文脱公司(Levant Company)、商人探险公司(Merchant Adventurers)、畿内公司(Guinen Company)及有名的东印度公司等等,都是建立在工业革命之前的。至中国呢,中国也同样的很早(当在汉代)便发生了殖民地。依上面的叙述,中国并不是没有殖民地,而在不能发挥殖民地的作用。由此可知中国所以不能踏上工业资本的阶段,却正因其不能完成商业资本的使命——这一点是社会史论战到今日尚未被人家明确地指出的,所以每因之发生许许多多的误会。

然则中国历史的进展,将采取怎样的路线呢?在机械的唯物论者看来,中国既不能进展到资本主义,那当然非沉滞于封建社会或其他过渡社会不可了。他们只认识自然条件限制人类,不知道人类在自然条件所限制之下,亦能改造自然(这是辨证论者的看法)。所以说二千年来中国社会完全沉滞于封建状态或其他过渡状态者,是不通的。中国社会的进展,既非封建形态,又非前资本形态,而是到达一种特有形态。此一种形态是封建生产方式破坏而又难找殖民地的国家所特有而未为西洋学者所知道的。若本生产方式分期之意来定名,我们可称之为"佃佣制社会"。

在此一定有人怀疑佃佣制社会和半封建社会、商业资本社会、前资本社会等等为差不多的东西,而强立异名的,其实大大不然。原来所谓佃佣制社会是能指出其独特生产方式的,是能指出其独特的生产力的,是能指出其独特的生产关系和上层建筑的,它对于封建社会的关系和氏族社会对于原始共产社会的关系是一样,能把他解释清楚,则一切文化不同的问题都解决了。这些当于以后细说。

复次,一定又有人说我不该在封建社会和资本主义社会之间,另立第三方式。其实马克思主义并不是信条(列宁甚至谓马克思主义的一部分,是不断的修改,语见 Materialism and Empirio-criticism),我们只要不违背他的根本原则——辨证的唯物论——我们尽有回旋之余地的。所以如俄国农业理论专家 S. Dubrovsky,他竟于封建制与资本制之间,另立了农奴制度;又如所谓"马克思、恩格思文献极熟的李季"(用陶希圣语)也主张可以另立第三式,所以大家对于此种意见,正不必大惊小怪。

三、佃佣社会的内容(一)——纯生产过程的比较

人类的智慧是物质能力最高的表现。他们运用其智慧,虽不能平空地改造环境,但却会顺环境之性而改造环境——这是辨证唯物论者对于社会发展所持的见解。当中国商业资本找不着出路而碰壁的时候,它便转变它的用途了。它从向外的发展回到向内的发展,它从国际贸易的开发回到国内土地的开发。但封建经济一度为商业资本破坏之后,是再不能复其旧观了。解放的佃农,是不会再回头作农奴的,同时地主的意义也大异于领主的意义了。并且此时农业技术有惊人的进步,地主用不着保留封建式即私人隶属形式的剥削,也能得到优越的利益了。同时交换发达自然经济站不住脚,也不得不让位于交换经济了。我们若用历史各阶段的生产方式来比较其经济结构,尤易看出佃佣社会的特色。

原始共产社会的生产方式——共同协作;

古代社会的生产方式——自由民支配奴隶;

封建社会的生产方式——领主支配领奴;

佃佣社会的生产方式——自由地主支配佃农半佃农或雇农;

前资本社会的生产方式(过渡的)——商人(资产阶级前身)支配手工业者(无产阶级前身);

资本社会的生产方式——资产阶级支配无产阶级。

这些生产方式的特征,这里无妨说一说。在奴隶制度的时代,主人是奴隶身分的所有者,后者是连人格都没有的动物,此时所形成的生产

关系,乃是纯粹私人的关系。至农奴制度时代,虽较前者略胜,仍是不大自由的:他可以结婚,但不能越出领土内的女子;他可以置产,但不能转让;此外他尚须永住于领土内,否则便要受罚。此时所形成的关系,是由纯粹私人的关系移为领土的关系。至佃佣制度及前资本制度的时代,私人的关系和领土的关系便没有了,两者所形成的关系有共同的一点便是纯依契约成立的,不过支配的对象不同罢了。

至所以有此不同的生产方式,则由生产技术发展的程度和趋向之不同:奴隶社会和封建社会的生产技术都是很幼稚的,所以只能维持强制的生产方式;前资本社会的生产技术,是向工业方面发展的,故有形成资本主义的趋势;佃佣社会的生产技术,乃是向农业方面发展而达到很高的程度的,它虽不同于工业发展的社会,而亦能形成契约的方式。佃佣既有此种独特的生产方式,于是相应的生产关系和上层建筑自然能建立了。我们若打开一部中国农业技术发展史,我们便能使上面的假说,先得到一个坚固不拔的铁证。

中国农业的生产力,是工业革命未发生前任何国家的农业赶不上的。同样它的生产技术,也是工业革命未发生前任何国家农业所比不上的。在下面,我们因为篇幅的限制,不能用大量的文字,来描写中国农业技术史的发展,所以只指出几个特色便了。

(一)农器应用之专门化——农业技术发达后,因分工的需要,故各部门都有不同的器具。中国农业器具的繁多,不特许多都市先生们弄不清,即如久在农村生活的我,很多尚觉得莫明其妙。单就普通器具一项说,便有犁、耰、方耙、人字耙、耖、耢、𣏾、碌碡、石礋礋、木礋礋、瓠种、耧车、砘车、耕盘、牛轭、秧马、镬、畚、锋、长镵、铁搭、铁杴、木杴、铁刃杴、竹扬杴、鑱、鐴、铧划、劐、钱、镈、耨、耰锄、耧锄、镫锄、铲、耘荡、耘爪、薅马、铚、艾、镰、推镰、粟䦆、鎌、镟、劘刀、鐁、砺、大杷、谷杷、竹杷、耘杷、小杷、扒、平板、田荡、辊轴、秧弹、杈、筤、乔扦、搭爪、连枷、刮板、碓、缸碓、砻、谷砻、绰麦、砻磨、笼麦、麦绰、捐刀、拖杷、抄竿、扉、屦、檋、覆壳、䈕、蕡、筐、筥、畚、笩、筹、䈰、䈢、篮、箕、簍、筛谷、䈰、飏篮、种箪……这么一大套。试问:非农业技术发展到另一阶段,能有这样复杂器具的表现么?在此可见佃佣社会生产技术和封建社会与前资本社会不同之处了(参看《农政全书》卷21、22、23、24)。

(二)畜力、风力、水力利用之发达——这是比前一条所举更进一步的表现。当蒸汽利用未发明时,知道利用这些物力,已算是达到技术的最高峰了。畜力、风力和水力在前资本社会也曾利用过,然而多偏于工业方面,而在佃佣社会,则大部用以发展农业生产力。在中国,农业方面利用畜力的工具有辗、海青辗、□、牛转翻车、驴转翻车等等;利用水力和风力的工具有:飏扇、水排、水打罗、水磨、水砻、水辗、水辗三事、连水三磨、水转连磨、水碓、槽碓、水转纺车等等;利用压力的工具,有油榨等等。这些工具都是有机械学原理在里头的,有的并发展到复杂,如"水辗三事"一器,当水转轮轴之时,能同时兼磨、砻、辗三种作用;又如"水转连磨"一器,有三轮九磨,轮轮相接,磨磨相推,竟极齿轮之功用了。由此更可证佃佣社会之生产技术,是具有独特形态的(参看《农政全书》卷17、18)。

(三)灌溉业之进步——中国的灌溉业,在纪元前数百年,已有长足的进步,如《汉书·沟洫志》载:"于是以史起为邺令,遂引漳水溉,邺以富。魏之河内民歌之曰:'邺有贤令兮为史公,决漳水兮灌邺傍,终古舄卤兮生稻粱。'"(《史记·河渠书》所载略异)又载:

> (韩)乃使水工郑国间说秦,令凿泾水,自中山西邸瓠口为渠,并北山东注洛三百余里……渠成而用溉注填阏之水,溉泽卤之地四万余顷,收皆亩一钟,于是关中为沃野,无凶年,秦以富强。

自是历代尚有不断惊人的进展,单就灌溉所用的器具说,已有大水栅、水闸、陂塘、水塘、翻车、筒车、水转翻车、牛转翻车、驴转筒车、高转筒车、连筒、架槽、戽斗、刮车、桔槔、辘轳、瓦窦、石笼、水筹等一大套(看《农政全书》卷之十七),可见其技术发展之程度了。所以很多的外国学者,他们因比较研究的结果,都觉得中国灌溉农业和欧洲旱耕有绝对的不同的。马克思主义者如维特福格尔、瓦尔加、梅奇尼考夫和鼎鼎大名的朴列哈诺夫,也都这样主张过。他们因不知道中国社会结构的特色,所以每每用一个"亚细亚生产方式"去归纳它,或竟承认中国政权是发生于灌溉上面的,这虽未见得对,但他们能由农业技术看出中国社会与欧洲封建社会不同之处,这一点却是非常之对的。

（四）耕殖范围之广大——农业技术发达后，便能利用各种不能耕种的广地，中国农业确已到达这个地步了。耕殖所及的范围，除普通的区田（魏贾思勰《齐民要术》谓诸山陵近邑，高危倾阪，及丘城上皆可为区田）外，尚有各种形式的田：

（A）圃田——种蔬菜的田，外周以桑，课之蚕利，内皆种蔬。

（B）围田——筑土作围的田，能使薮泽的地方，不致为水所湮没。

（C）墟田——叠为墟岸的田，能捍护外水，与围田功用相同。

（D）架田——用木缚作田垞，浮系水面，将葑泥附其上而种艺之。

（E）柜田——筑土护田，形式如柜形，甚易耕种。

（F）梯田——山多地少之处，耕时自下而登，有如梯磴。

（G）涂田——濒海之地，潮水淤积沙泥为岛屿，上面所生咸草再逐渐沾染沙泥，便成涂田。

（H）淤田——中土大河之测，或陂泽之曲，壅积泥滓，乃成淤田，亦可种艺。

（I）沙田——此田多滨于大江或峙中洲，四围芦苇密布，藉护堤岸，其地常润泽，可保丰热（参阅《农政全书》卷五）。

由此可见，中国农民所耕种的地方，已有无微不入之情况了。这也是中国农业特色之一点。

总之，我们藉上面粗略的叙述，已能依稀看出佃佣制社会的生产手段、生产力、生产方式以及由生产方式所直接决定的生产关系的特殊形态了。由此而建立一特殊的佃佣制社会，和佃佣制社会的文化，是丝毫不足怪的。

四、佃佣制社会的内容（二）——其他经济各过程的比较①

在上节，我们已将佃佣制社会的纯生产过程——生产手段、生产力、生产方式——的特征表示过了，现在请进一步来指出其他经济各过程的特征。

---

① 本节所举的证据，只是用以示例而已。读者有欲知其详者，请读拙著《西汉社会经济研究》。

像中国那么长久的历史,那么繁多的史迹,我们无论中国是怎么一样的社会,在各朝代中总可以举出一二个例。不过那种以"五经"为我注脚的态度,不特说难得历史的真相,甚至自己也会发生怀疑的。我为避免此种的弊病,所以下面所寻的证据,单以佃佣制社会第一次形成期——西汉为标准,西汉以后的社会佃佣制所有的特征愈加明显,指出更容易了。并且分析到各方面去,看看我们的假设,到底能否成立。(至纯生产过程所以不能专就一代详列者,因为它是社会构造的基础,当然不宜任举一代为代表的。)

本节仍以达到经济各过程的解剖为范围,同时并附述封建社会和前资本社会的状态,藉资比较,[①]现即分下列各点叙述:

(1)占有对象——支配阶级所占有的对象,在各时代是不同的。在封建时代,因生产力幼稚的缘故,所以同时须占有劳动者及土地才能生产;在前资本时代,却只要占有资本,便可以生产了。

佃佣制社会的地主,却也只要占有土地,便可以生产的。因此时农业的生产力比较发达,地主是不必以对待农奴的方法对待佃农的。同时因人口过剩,很多小农也因得不到工作而愿作地主的佃户了。《汉书》记其"或耕豪民之田,见税什五"(师古注:言下户贫民,自无田而耕垦豪富家田,十分之中以五输本田主也),便是此种情形的缩写。

复次,我们由此时土地卖买的盛行,也可以补充上面所说。在封建时代,土地是不能卖买的。前资本社会,人家多投资于手工业或商业,对于土地也没有那样的兴味的。但佃佣制社会却不然了。在汉代,土地卖买,是很盛行的。

晁错说:"于是有卖田宅……以偿卖者。"(《食货志上》)

董仲舒说:"除井田,民得卖买,富者田连阡陌,贫者无立锥之地。"(同上)

王莽说:"秦为无道……坏圣制,废井田,是以兼并起,贪鄙生,强者规田以千数,贫者无立锥之地。"(《王莽传中》)

在此可见,此期的占有,是有其独特形态的。

[①] 我们所以单举封建社会和前资本社会来比较,是因为前者乃佃佣社会所从而发生的母胎,后者乃与佃佣社会同一母胎下的产物。

(2)剥削状态——在封建期中,农奴是以隶属方式为贵族服务。所以剥削的形式,纯为封建的。反之,前资本社会中,有产者前身和无产者前身的关系却变成契约化了。

佃佣制社会的地主和佃农的关系,也是依靠契约成立的。我们知道在战国时代业已发生雇农制度了,《韩非子·外储说左上》称:"卖庸而播耕",便是此说的确证。到了秦汉以后主佃之间的契约关系趋势益形确立了。《汉书》载:

> 陈胜字涉,阳城人。……少时,尝与人佣耕(师古注:"与人",与人俱也。佣耕,谓受其雇值,而为之耕,言卖功佣也)辍耕之垄上,怅然甚久曰:"苟富贵无相忘。"佣者笑而应曰:"若为佣耕,何富贵也?"(《陈胜项籍传》)

又载:

> 始元四年,秋七月诏曰:比岁不登,民匮于食,流庸未尽还。往时令民出马,其止勿出。诸给中都官者且减之。(师古注:流庸谓去其本乡而行,为人庸作)(《昭帝纪》)

又载:

> 故平都令光教过以人挽犁,过奏光以为丞,教民相与庸挽犁。(《食货志》)(师古注:庸,功也……义亦与庸赁同)。

此处所谓"佣",是纯以契约形式(非隶属形式)代人家作工的,可见此时剥削状态的转变了,于是反映于一切劳动的报酬,也多化为货币形式。如《酷吏传》言:

> 大司农取民牛车三万两为僦,载沙便桥下,送致方上,车直千钱。(《田延年传》)

又如《沟洫志》言:

> 治河卒非受平贾者,为著外繇六月。(苏林注:平贾以钱取人作卒,顾其时庸之平价也)。

皆是好例。

此外我们看见此时社会上雇佣制之盛行，也可旁证此时地主与佃农的剥削关系，是取契约形式的，下面便是几个实例：

匡衡……邑人大姓文不识，家富多书，乃与其佣作，而不求偿。（《西京杂记》卷二）

彭越……穷困卖庸于齐，为酒家保。（《汉书·栾布传》）

司马相如……与庸保杂作。（《汉书·司马相如传》）

元始元年，天下女徒已论归家，顾山钱三百。（《平帝纪》）（颜注云：谓女徒论罪已定，并放归家不亲役之，但命一月出钱三百以雇人也。）

诸侯皆困乏，至有佣作者。（《王莽传中》）

非有助之耕其野而田其地也。（《盐铁论·通有》篇，田读去声即佃字）

于是佃佣期社会，便成立了他的独特的剥削状态了。

（3）剥削程度——我们不要以为此时农民比较自由了，所以他们的生活也比较好了。反之，他们在经济上的解放却和他们在法律上的解放为反比例。在封建制度之下，因为受自然经济之故，所以剥削的程度都有限制的。在此时，因为农产品已卷于交换的旋涡去了。地主所得的生产物，可以换得货币，以为再生产之预备，所以他们是没有厌足的。王莽下诏说得最痛快道：

汉氏减轻田租，三十而税一，常有更赋，罢癃咸出。而豪民侵陵，分田劫假。厥名三十税一，实什税五也。（《王莽传》）

可见此时剥削的程度了，所以在文景（179—141B.C.）之世号称汉室的黄金时代，在诏令中，尚发现如下的情形：

后元元年诏曰：间者数岁比不登，又有水旱疾疫之灾，朕甚忧之。……何其民食之寡之也？（《汉书·文帝纪》）

元年正月诏曰：间者岁比不登，民多乏食，夭绝天年，朕甚痛之。（《景帝纪》）

这样的情形是不足为怪的，因为封建破坏之后佃农是比封建制度中的农奴更苦的（这和现社会的无产阶级较农村未破坏前之小农阶级更苦是一样的)。英人 Ingram 氏对于农奴制度废除后的佃农(原书并加注道：已经不是农奴),曾作如下的描述：

> 即在封建的服从关系痕迹已完全消失,佃耕地只在形式上根据自由契约而保有的地方,他们也往往是被操纵在地主的掌中。明白说,就是地主可以任意提高地租,可以解除租约的威吓,强制他不得不同意于地租的提高。地主往往由定期的竞争,而将土地委之于地租最高的纳付者,其借地人(即佃农)所得享有的除元来的占有者所能获得的利用外,是毫无利益的。

所以我们由剥削的加甚,也可证明此时社会已另入一个阶段了。至前资本社会剥削的主要对象,是手工业者不是农民,所以他们所感到的痛苦,却是另一方式。

(4)流通状态——封建经济的特征是安于自足自给的。所以封建社会商品的流通,是不大发达的。前资本社会流通是发达的,但以手工品为主要——因为前资本社会是踏上工业资本社会之预备的。

佃佣产制社会流通的状态,也有一个特色,即是农产品的流通特别发达。《史记·货殖传》道：

> 沂泗水以北,宜五谷桑麻六畜,地小人众,数被水旱之害,民好畜藏。故秦夏梁晋好农而重民,三河宛陈亦然,加以商贾。

他们一方面"好农",一方面又"加以商贾",所以他们的"农"是"商贾"化的。由另一例看,汉代的商品,也很多是农产物的。如《汉书·货殖传》(《史记·货殖传》同)所载,"谷籴千钟"、"薪稿千车"、"木千章"、"竹竿万个"、"黍千大斗"、"枣栗千石"、"它果采千种"等等,都是入当时交换的旋涡去的。

我们再由稍前的例子,也可以看得此时商贾是怎样对农民的。《管子》①：

> 秋籴以五,春粜以束,是又倍贷也。(房注：谓富者秋时以五籴之,至春出粜,便收其束矣,此亦倍贷之类也。束,十疋也。)

---

① 《管子》当为战国时书。

《货殖传》：

> 白圭（战国时人）乐观时变，故人弃我取，人取我弃。夫岁熟取谷，与之（之，指小农或佃农——啸）丝漆；凶取帛絮，与之食。

所以此时是农业商品化，而商业又农品化的时代了。这便是佃佣制社会流通状态的特征。

（5）分配状态——在生产力尚未若何发达的封建社会里，是没有多大的财富的，有的财富当然都会萃在贵族手里，平民阶级的不均是很少的。前资本社会，不均的现象虽然很大，但财富却萃在另一阶级——资产者前身——的手里，并实行扩大的再生产，形成之资产阶级与无产阶级对立的前导。

佃佣社会的分配状态，却又另一样了。此时社会的财富的大部，既不是在贵族手里，又不是在资产者前身手里，而乃在自由地主阶级手里。我们观上面土地卖买的盛行，是不难了解的。所以此时统治阶级最感到威吓的，却是土地问题。在眼光较锐的政治家（如王莽等），已都批评到这一点，在上面我们亦已经指过了。同样地，他们所提出改革方法，也都集矢到土地的分配，可见土地问题在彼时是怎样重要呵！

> 董仲舒说武帝曰……古井田法虽难卒行，宜少近古，限名田以澹不足（注：名田，占田也），塞兼并之路，然后可善治也。
>
> 哀帝即位，师丹建言：古之圣王莫不设井田然后治乃可平。……今豪富吏民訾数巨万，而贫弱愈困，宜略为限。
>
> 王莽下令曰……今更名天下田曰王田，奴婢曰私属，皆不得买卖。其男口不过八而田满一井者，分余田与九族乡党，犯令法至死。（同见《汉书·食货志》）

这便是他们所提出分配的方法。

在此，一定有人质问道：商人，在汉代社会也曾握了很大部分的财力的，为什么并不注及呢？这当然要解释的。

原来中国因天然环境的限制，商业资本是找不到殖民地为其出路的。商人们虽然也作过一度的挣扎，但终于又同到本国。我们知道在资本社会之前的商业,是建基于不等价的原则之上成立的。所以他们不断的再交换,却促进了农村的破产,而引起代表自由地主阶级的政府的疑忌了。在武帝后年对于商人便厉行加算(营业税)告缗(所得税)之举,"于是商贾中家以上,大氐破"家了。(《食货志》)

未曾破家的一部分,把他们的资本,复移到土地,是可想而知的。《汉书·地理志》载:

> 秦既灭韩,徙天下不轨之民于南阳,故其俗夸奢,上气力,好商贾渔猎……信臣劝民农桑,去末归本,郡以殷富。(《循吏传》所载略同)

又载:

> 南阳好商贾,召父富以本业。

从"商贾"到"本业",从"末"到"本",无疑只是把商业资本移作土地资本罢了。此种情形,在汉朝是很普遍的,所以在元光时(134—129B.C.)便有如下的禁令:

> 贾人有市籍及家属,皆无得名田以便农;敢犯令,没入田货。

这实是商业资本激烈地侵入土地范围的反映的。

因此,大家利用交换形式努力取得大量的土地,便成为佃佣期财富分配的特有状态。

(6)阶级争斗过程——农奴反抗贵族领主的革命,便形成了封建崩溃时的阶级争斗。第三阶级领导第四阶级反抗贵族的革命便形成了前资本社会让渡于资本主义社会时的阶级争斗,这是大家所共同知道的。佃佣制社会的革命却另由一个方式出现,它是自由地主领导农民反抗旧地主的暴动。

农民反抗旧地主的暴动,在历史上斑斑可考的。如史书记秦末农民暴动之开始道:

> 陈胜字涉,阳城人;吴广字叔,阳夏人也。胜少时,尝与人佣耕。……秦二世元年秋七月,发闾左戍渔阳九百人,胜、广皆为屯长。行至蕲大泽乡,会天大雨,道不通,度已失期,失期法斩。胜、

> 广……召令徒属曰："公等遇雨皆已失期,当斩！藉弟(注:弟,但也)令毋斩,而戍死者固什六七,且壮士不死则已,死则举大名耳！侯王将相,宁有种乎?"徒属皆曰:"敬受令。"(《陈胜本传》)

于是便这样暴动起来了。又如记王莽时农民暴动之开始情形道:

> 是岁赤眉力子都、樊崇等以饥馑相聚,起琅琊,转钞掠,众皆万数。遣使者发郡国兵击之,不能克。(《王莽传下》)

这与当时费兴所说"连年久旱,百姓饥穷,故为盗贼"(同上传)的事实是完全适合的。

但佃佣制社会的斗争,虽然开始于农民,但农民阶级因为未能进一步建立自己政权的缘故,到了后来常为新兴的自由地主阶级所利用所欺骗,一直至新朝政权建立之后,这些农民又成为新佃佣制社会的牺牲者了。

在汉代反抗秦朝的刘邦,反抗王莽的刘秀,便是自由地主阶级的代表,所以当他们胜利后,农民并没有得了什么好处而却被买了。

这样便造成了佃佣制阶级斗争过程的特征。若封建社会的斗争,却有一部分农奴得到解放;若前资本让渡时之斗争,虽然第四阶级也被欺骗,但欺骗者却是资产阶级前身而非自由地主阶级,这都是不同之点的。

五、佃佣制社会的内容(三)——上层建筑第一的比较

现在已达到上层建筑的比较了。

Marx 在《经济学批判序文》说道:

> 这些生产关系底总和,形成社会底经济构造;他是法制的及政治的上层建筑所依以成立和一定的社会意识诸形态,与他适应的真实基础。

又说:

> 物质生活底生产方式,制约社会的、政治的、精神的生活过程

一般。不是人类底意识，决定他们底存在，反是人类底社会的存在，决定他们底意识。

所以由佃佣制社会的下层基础，从而发生佃佣制的上层建筑，是不足为怪的。

现在下面试将佃佣制社会主要的生活形态（上层建筑之一）分条指出：

（1）政治——佃佣制社会的政治，有一个特征，即是旧日封建领主分裂政权之消灭，和新兴自由地主统一政权的实现。在春秋封建时代，各国都有独立的政权，甚至政权也是永远操于世袭的贵族之手。但此时却不然了。在西汉初年便已展开了"布衣公卿"的局面，甚至作天子的刘邦，也是由游民阶级出身的，所以此时政治已另开一局面了。这一班新兴的自由地主阶级，因受商品交换发达的影响，都很想企图集权政治的实现。在初年虽然封了一大批功臣出去，但异姓的诸侯王，到了孝文时代已被中央消灭完尽（见《汉书·异姓诸侯王表》）；即同姓的诸侯王，在文景以后，也和前者同其运命了（见《诸侯王表》）。至武帝时代可说集权的、统一的、专制的政治已经完成了。所以表现于学术，便有"定于一尊"的政策；表现于外交，便有南征北讨的要求。这种证据，俯拾即是，兹不赘举。下面第一征引近人夏曾佑解释外戚宦官专权的一段文字，以见佃佣制政治和封建制政治不同之一般。

> 古者天子崩，太子即位，谅阴三年（谓不言三年也），政事决之冢宰，未有母后临朝者也。母后临朝之制，至汉大盛，其事遂与中国相终始。……推其原理，大约均与专制政体相表里。盖上古贵族政体（按即封建政体——啸）君相皆有定族，不易篡窃，故主少国疑，不难委之宰相。至贵族之势去，则主势孤危，在朝皆羁旅之臣，无可托信者，猝有大丧，不能不听于母后。而母后又向来不接廷臣，不能不听于己之兄弟，或旧所奔走嬖御之人，而外戚、宦官之局起矣。

至前资本社会统一政权的趋势，虽和佃佣制社会略同，但前者乃第三阶级政权确立的转形时代，故表现于政治者，已形成商人与贵族合成的国家。这与佃佣制以自由地主阶级为国家的支配者是有别的。

（2）法律——佃佣制社会因私有权确立之故，"法"的地位也独立起来了。在封建时代，社会的秩序是靠身分的隶属而不全靠抽象的法律的。《曲礼》说："礼不下庶人，刑不上大夫。"《礼记》说："公族无宫刑。"《周礼》说："凡命夫命妇，不躬坐狱讼；凡王之同族，有罪，即布。"都可证贵族在法律上，是有特殊的保障的。并且各国的法典，并不统一，降至战国尚是如此，如韩有"刑符"，魏有"太府之宪"之类。可是到了佃佣制社会，却不然了。一方面是"法"的力量的确立；一方面是法的编制的统一。关于前者，司马谈《论六家要旨》曾说：

> 法家不别亲疏，不殊贵贱，一断于法。

《汉书·刑法志》亦有下列一段的证明：

> 至于秦始皇兼吞战国，遂毁先王之法，灭礼谊之官。专任刑罚，躬操文墨。尽断狱，夜理书，自程决事，日县石之一。（服虔注：县，称也。石，百二十斤也。始皇省读文书，日以百二十斤为程）

关于后者，在秦时已根据李悝《法经》六篇，编成统一的法典；至汉，此种法典更确立了。

"于是相国萧何，捃摭秦法，取其宜于时者，作律九章。"（《刑法志》）然此尚是高祖初年的法律，到了武帝时代，《刑法志》所载的法典竟有：

> 律令凡三百五十九章，大辟四百九条，千八百八十二事。死罪决事比万三千四百七十二事。

至佃佣制社会与前资本社会法律的异点，却在后者有保护资产阶级的趋势，而前者则注重于保护自由地主阶级。此种说法，是可由王符（东汉人）《潜夫论》一段文字得到证明的。

> 今则不然，万官挠民，令长自衒，百姓废桑麻而趋府庭（可见诉讼者为农民阶级——啸）……治讼若此，为务助豪猾而镇贫弱也。（可见农民阶级系与地主之一种——豪猾——对讼而受屈）（《爱

日》篇）

(3) 军备——佃佣制社会军备的特征，是雇佣兵制度的实现。这种雇佣兵制度的经济基础，是由农品商业化而来，在封建社会是不会有的。泼可老夫斯基说得对：

> 离开商品经济，便不能想像如常备军的制度——为军队的给养，便有莫大的食粮贮藏的必要；为了军队的被服，便有大规模的纺织品制造之必要；为了他们的武器，便有冶金工业及化学工业的必要。将不事生产劳动几万人收容在营内，若无商品经济便属不可能。（《关于俄国封建主义俄国专制主义之起源及其特质》）

汉代是否也有常备军呢？我们由《文献通考》引章氏说里可得一个肯定的答案。

> 汉初南北军……初无定兵。自武帝置八校，则募兵始此。置羽林、期门，则长从始此。

期门是从六郡良家里选出来的（见《汉书·东方朔传》），羽林是由战死军人的子弟选出来的（见《汉书·百官公卿表》）。

至前资本社会常备军和佃佣社会常备军的分别，乃在前者常用以征服殖民地，有向外发展的倾向；后者虽然也曾一度向外（佃佣制尚未完成时），但当找不着出路的时候，便只有向内作用了（如防外族侵入及镇压国内革命等）。

(4) 教育——佃佣制社会的教育是比封建社会的教育为普遍的。封建时代，教育是为贵族所专利的。《尚书大传》说：

> 古之帝王者必立大学、小学，使王太子、王子、群后之子，以至公卿、大夫、元士之适子：十有三年，始入小学，见小节焉，践小义焉；年二十入大学，见大节焉，践大义焉。（转引《太平御览》百四十八）

平民虽然也有受一点教育，然统其量却不过如孟子所谓"皆所以明人伦也。人伦明于上，小民亲于下"的奴隶教育。此时的教育可谓不普及的。

佃佣制社会却不然了。此时社会已进到更高的一个阶段，治理的部门较多，以前的贵族阶级的教育，是不能适应当时的需要的。所以统治阶级便把教育范围稍为放大，来容纳平民一部的优秀分子了。这是统治阶级的着乖处，并不是他的宽大处。《汉书》载：

> 文翁为蜀郡守……修起学官于成都市中，招下县弟子，为除更繇，高者以补郡县吏，次为孝弟力田。常选学官僮子，使在便坐受事，每出行县，益从学官。诸生明经饬行者与俱。使传教令，出入闺阁，县邑吏民见而荣之。数年，争欲为学官弟子，富人至出钱以求之，由是大化。蜀地学于京师者，比齐鲁焉。至武帝时，乃令天下郡国，皆立学校，自文翁为之始云。（《循吏本传》）

可见此时学校公开之一般了。至公孙弘为相，奏请"郡、国、县、道、邑有好文学、敬长上、肃政教、顺乡里，出入不悖所闻者，令相、长丞上属所二千石。二千石谨察可者，当与计偕，诣太常，得受业如弟子"，则大学也相当公开了。

与教育公开的制度相伴而生者，便是选举制度（汉代选举有两种，一为郡国选上的，一为朝廷向郡国征求的）。在封建时代，职位是世袭的，当然无所谓选举，但此时却不然了。这些选出的人材，便形成了士大夫集团或官僚集团，为最高支配者与最低被支配者中间的一个阶级。

前资本社会虽然也发生了官僚教育和官僚政治，但他与佃佣制不同者，便是后者的设施，纯是为自由地主阶级的利益设想的，而前者却常常顾到了新兴的有产者的利益——因为此时商人在政府内是占一部分势力的。

以上四种的生活形态，是支配阶级统治的工具，是上层建筑第一中最主要的建筑物。现在我们已经把他们的特征，用比较的方法一一举出，那么，其他的社会生活，是不难举一反三的，用不着我们枚述了。

六、佃佣制社会的内容(四)：
上层建筑第二的比较

现在下面请再展开佃佣制社会主要的意识形态的特征：

(一)宗教——前资本社会的人民,以惊于市场力量伟大的缘故,已不信神而信命运了。此种命运再抽象化便成为"最高的权力",商业的一神教便有出现的趋势。佃佣制社会商业的发展,是受到障碍的,故一神教发生的机会,却随商品流通停滞而停滞了。但是佃佣制社会总是比封建社会更高阶段的社会,他的信仰形态当然不会安于封建时代幼稚的多神思想的形态的。所以他却另开了一个转变的出路。

苟使我们承认前资本社会的宗教是因商品向外发展的反映而达到更高的阶段时,那我们也可说佃佣制社会的宗教,是因农业向内发展的反映,而达到更高的阶段。所以"内修"工夫的精进,是此期宗教的特征,而有"内丹派"的出现。

中国宗教中的炼丹派①(炼丹本原是源于道教的,但后来佛教一部分也采取了。这一派势力也很不少,他们甚至承认这才是释氏的真传的。可参看《慧命经》、《仙佛合宗》、《金仙证论》以及《心传韵语》等书),本有内、外丹之分的：外丹纯以采取药石为目的,历代玩骗帝王者,都是他们那一流人；内丹则纯以养性立命(见《参同契》)为目的,他们对于外鹜是极力排斥的。且看他们的宗经《参同契》(汉魏伯阳著)怎样说：

> 内以养己,安静虚无。原本隐明,内照形驱,闭塞其兑,筑固灵株。三光陆沉,温养子珠,视之不见,近而易求。黄中渐通理,润泽近肌肤。初正则终修,干立末可持。一者以掩蔽,世人莫知之。(《炼己立基章第五》)

这种内修的工夫,既不是封建时代幼稚的宗教所可企及,又非前资本时代向外发展的宗教所可比拟的。故我们认它是佃佣制宗教的

---

① 炼丹(指内丹)术为中国宗教之特殊形态,作者对于此中玄秘,曾所亲证,他日有暇,当草专编解剖之。

特征。

（二）思潮——各种思潮中，最能代表精神者厥为经济思潮，故本节请即就经济思潮举例。

我们读西欧经济思想史，知道西欧在前资本时，有两种思想并存着。一种为重商主义，代表者为英国一流的经济思想家；一种为前派反动之重农主义，代表者为法国一流的经济思想家。然而因工业不断的发展，资本主义逐渐的完成的缘故，反动派的思想，逐渐失败了。于是起于确立资本主义经济学之基础者，便有 Adam Smith、Ricardo 一流的经济学家。

中国在佃佣制形成期的汉初社会，也是和前资本时代一样的。代表重商思想者，便有公孙弘一班人；代表重农思想者，便有桓宽一班人。我们翻着一部《盐铁论》，便有使我们联想到十七至十八世纪上半叶的西欧经济思想争论的情形。

《盐铁论》是昭帝始元六年（81B.C.）诏丞相御史与郡国所举的贤良文学论民之疾苦的意见，集合下来的。全书五十九篇皆为一立一破体，极有趣味。兹姑各引一段，以见彼时经济思想之一般。

> 文学曰："荆、扬南有桂林之饶，内有江湖之利，左陵阳之金，右蜀汉之材，伐木而树谷，燔菜而播粟，火耕而水耨，地广而饶材。然而呰窳偷生，好衣甘食，虽白屋草庐，歌讴鼓琴，日给月殚，朝歌暮戚。赵、中山带大河，纂四通神衢，当天下之蹊，商贾错于路，诸侯交于道。然民淫好末，侈靡而不务本，田畴不修，男女矜饰。家无斗筲，鸣琴在室。是以楚、赵之民，均贫而寡富。宋、卫、韩、梁好本稼穑。编户齐民，无不家衍人给，故利在自惜，不在势居街衢；富在俭力趣时，不在岁司羽鸠也（鸠为古之工官名）。"（《通有》篇）

这为重农派的看法。然同一事实，在重商派却成另一意成见。

> 大夫曰："贤圣治家非一室，富国非一道。昔管仲以权谲霸，而范氏强大亡。使治家养生必于农，则舜不甄陶，而伊尹不为庖。故善为国者，天下之下我高，天下之轻我重，以末易其本，以虚荡其实。今山泽之财，均输之藏，所以御轻重而役诸侯也。汝汉之金，

纤微之贡,所以诱外国而钓羌胡之宝也。夫中国一端之缦,得匈奴累金之物,损敌国之用。是以羸驴驮驼,衔尾入塞;驒騱騵马,尽为我畜;鼲貂狐貉,采旃文罽,充于内府;而璧玉、珊瑚、琉璃,咸为国之宝。是则外国之物内流,而利不外泄者也。异物内流,则国用饶;利不外泄,则民用给矣。《诗》曰:"百室盈止,妇子宁止。'"(《力耕》篇)

但我们说过佃佣制社会是商业发展受了限制而向农业方面发展的;所以在前资本社会是重商的思想胜过重农思想,反之在佃佣制社会的最后的胜利却归于重农派了。桑弘羊这一次的驳议,可说强弩之末。过此便没有重农派的地位了,至封建社会是根本不会发生这么复杂的思想的。这便是佃佣社会经济思潮的特征。

(三)科学——封建社会崩溃后,一切束缚学术思想的桎梏都解放了。于是在前资本社会里,自然科学便开始抬头。此时因殖民地市场不断的发现,促进了工业技术不断的改良;又因工业技术不断的改良,促进了自然科学不断的进步。于是因社会的需要,迫逼着自然科学向胜利之途前进了。这样的关联,便造成了今日物质的文明。

佃佣制社会,一样地是自然科学崭露头角的时代的。数学是一切科学的基础,我们且看看此时的数学吧!

说此时数学,我们不能不先数《九章算术》。《九章算术》的开始时代,虽然不一定在于汉,然此书的完成,据现代许多学者的考证,却一定在于汉(西汉)的。魏(三国之魏)刘徽在《九章》序里(此书最早的序文)亦说:

> 往者暴秦焚书,经术败坏。自时厥后,汉北平侯张苍、大司农耿寿昌皆以善算名世(今按两人皆西汉时人——啸)。苍等因旧文之遗残,各称删补。故校其目则与古或异,而所论者多近语也。

可证此说之正确。

《九章算术》的程度,是到怎么地步呢?我们若能分析它的内容,当不难知道的。

《九章》所包涵数学的知识颇广,它的内容可分三部:属于算学范围者,有粟米、衰分、均输、盈不足四章及方田章之一部;属于代数学范围者,有方程章;属于几何学范围者,有少广、商功、勾股、重差四章及方田章之一部。它的算法是很精深的。例如方程一章,乃关于一次联立方程式者,已有正负之术语,并且大胆试用过。此种解法,在欧洲希腊 Diophantos 书中,虽然有论及,但并不完全,直到十八世纪法国 Bézout 出,才达到完全的领域。又如盈不足一章,也大有影响他日欧洲之数学(此事可参看《科学》十二卷六期钱宝琮《盈不足术流传欧洲考》)。这都可证中国人此时的科学思想是到很高的程度的。

但佃佣制社会是不大需要自然科学的,及到儒家得势以后,又视此为形而下学而加以藐视,所以从此以后,中国的自然科学,便趋于停滞之状态了。这实是中国之环境使然,绝不是中国人没有自然科学天才,或中国人的科学天才稍逊于欧洲人。① 现人对于中国自然科学史未曾加以涉猎,硬说中国踏不上工业资本主义之路,乃是中国人没有科学思想,实是再谬不过、再谬不过的议论。

这样便形成了佃佣社会里科学的特殊状态!

至封建社会之科学,当然是不及此时之高明的,用不着我们再说了。

(四)艺术——艺术中最普遍化者为文学,现在即以文学示例。

资本主义初期,是写实派或自然派文学的全盛时代,在前资本社会里,虽然萌芽的写实文学与古典浪漫的文学是并存着,但已含有否定古典和浪漫文学,并肯定写实文学的倾向了。中国当封建桎梏打破之后,反映于文学者,也有自然文学一度的旺盛,然而在佃佣制完成之后,古典或浪漫文学却随自由地主政权的确立,而又得到胜利了。这便是佃佣制社会文学的特征。

在汉代也有写实文学与古典或浪漫文学并存着。

代表写实文学者,有下列几种歌诗:

---

① 中国人的科学天才,不亚于欧洲人,我们在下面又得一证;即当500 A.D. 年前,刘宋祖冲之氏在其所著《缀术》中,对于圆周率之计算,已得 $\pi = \frac{355}{113}$ 的数目,此种得数,在1527年方为荷兰人 Anthonisz Father of Medium 所算出,可见此种发见,已早过欧洲人一千多年了。欲知其详请参看日人三上义夫氏之 *Development of Mathematics in China and Japan*, Leipzig, 1912。

第一是杂诗。这种杂诗是介在楚辞、汉诗的中间的一种写实歌诗，如汉高祖《大风歌》云：

> 大风起兮云飞扬。威加海内兮归故乡。安得猛士兮守四方？

可见其内容之一般。此外如朱虚侯刘章的《耕田歌》、杨恽《田彼南山歌》、武帝《瓠子歌》、司马相如《琴歌》等皆是。

第二是民歌。这种民歌可说是平民文学之代表的。如《江南可采莲》云：

> 江南可采莲，莲叶何田田！鱼戏莲叶间；鱼戏莲叶东；鱼戏莲叶西；鱼戏莲叶南；鱼戏莲叶北。

这种民歌是有唱有和的。如这首三句为一人独唱，后一句众人和曲。这种民歌是很多的。在《汉书·艺文志》中，可以看出的有吴楚汝南歌诗，燕代讴，雁门、云中、陇西歌诗，齐郑歌诗，淮南歌诗等等。当时这些民歌，是被政府采入乐府去的。

第三是军歌。这些歌是由北方诸国传入的，也是带有写实的气味。如《战城南》云：

> 战城南，死郭北；野死不葬乌可食。
> 为我谓乌："且为客豪。野死谅不葬，腐肉安能去子逃？"
> 水深激激，蒲苇冥冥。枭骑所斗死，驽马徘徊鸣。
> 梁筑室，何以南？何以北？禾黍不获君何食？愿为忠臣安何得？
> 思子良臣。良臣诚可思！朝行出攻，暮不夜归！

此外，如《黄鹄》、《陇西》、《出关》、《入关》、《出塞》、《入塞》、《关山月》、《洛阳道》等十八曲，及其他铙歌皆是。

第四是五言诗——五言诗是先秦三言诗、四言诗的革命。佃佣制社会内容较为复杂，以前的格式，是不能包纳此时的情感，所以便有新的格式出现了。五言诗初起时，大抵多写实作品，如苏李赠答诗，卓文君《白头吟》，及《古诗十九首》之类。这些诗是否为本人所作，很多人在怀疑，但我们由其风格不一律这一点看，却无疑是初期未成熟的作品的（这些诗在普通古诗选上都有，兹不引）。

代表古典或浪漫文学者,是辞赋一派。

辞赋是摹仿前代文学的作品,在汉代曾极一时之盛。《汉书·艺文志》载屈原以下赋凡二十家三百六十一篇;陆贾以下赋凡二十一家二百七十四篇;孙卿以下赋凡二十五家百三十六篇;杂赋十二家二百三十三篇。可见其数目之骇人了。

以上二种文学是不相容的。在前资本社会,前者有代替后者的趋势,在佃佣制社会却是后者战胜前者。至此中原因也是很简单的。因为前资本社会人们忙于发展,故文学不得不向通俗化方面走;佃佣制社会是将向外移到向内的,一般文学家正无妨过其优然悠然的生活而写一些贵族文学玩玩,加以帝皇的提倡,自然更确立其基础了。从此之后,汉代的文坛,便为辞赋所独占,我们至今说汉朝文学,仍不能不以汉赋为代表。

到五言诗后来虽然因格式的特色,又渐渐抬头,然当其得到正统的地位时,却又渐渐新古典化了。

这样不断的循环,便形成了佃佣制社会的文学与艺术。

我们在上面,将佃佣制社会里纯生产过程,其他经济各过程,法制生活过程,意识过程的特征,不惮烦地一一指出,并和封建社会及前资本社会完全(注意其过渡形态)加以比较。现在并综合以上所说造成几个表于下,这样我们的主张大概可以成立了。(附三表)

第一表:佃佣制社会与封建社会、前资本社会经济各过程的比较

各过程经济 \ 所在阶段	封建社会	前资本社会(过渡社会)	佃佣社会
生产手段	生产手段非常幼稚,且停滞而不进	向手工业器具改进,为踏上工业资本之先驱	农业器具继续改进,农产土地继续扩大和善用
生产力	生产力停滞不前	手工业生产力日渐进步	农业生产力猛进
生产方式	贵族或领主支配农奴	有产者前身(商人)支配无产者前身(手工业者)	自由地主支配佃农、半佃农或雇农

续　表

各过程经济＼所在阶段	封建社会	前资本社会（过渡社会）	佃佣社会
占有对象	土地与劳动者同时占有才能生产	资本占有便可生产	土地占有便可生产
占有状态	私有观念模糊,一物的所有权,常分属多层	私有观念依手工产品商业化而发达,一物亦仅属一人	私有观念依农产品商业化而发达,一物仅属一人
剥削状态	农奴以隶属形式为领主服务,缴纳自然地租	资本主义地租的萌芽,工银制度的萌芽	佃佣以契约形式为地主服务,前者缴纳货币地租,或力役地租,后者仅取得一部工银
剥削程度	剥削受天然的限制	因手工可投资,故剥削无限制	因土地可投资,故剥削无限制
流通状态	大部安于自然经济状态	手工产品商业化	农产品商业化,其力量能分解封建经济使其没落
分配状态	社会没有多大财富,有的当然在贵族手里,形成贵族与农奴的不均状态	不均现象也很大,社会财富萃于手工业资本家手里,并不断的生产	不均现象很大,社会财富萃于地主手里,虽商人也握有财源,然每又投资于土地
斗争方式	农奴反抗贵族	第三阶级诱导农民反抗贵族	新兴地主诱导农民反抗旧日地主

第二表：社会生活形态的比较

上层建筑之一＼所在阶段	封建社会	前资本社会（过渡社会）	佃佣社会
政治形态	没有统一,国家政权分散于各地领主	商人与贵族合成统一国家	地主与贵族合成统一的国家,专制主义的国家
法律形态	无统一的形态,各地随领主利益而不同	有保障资产阶级利益的趋势,同时并保障自由竞争的趋势	法律有统一的形态,皆为地主的利益而设,保障土地自由竞争

续　表

上层建筑之一＼所在阶段	封建社会	前资本社会（过渡社会）	佃佣社会
军备形态	无常备军	有常备军,目的在保护商业	有常备军,目的在保护土地
教育形态	教育尚操在一些贵族手里	有为资产阶级而教育之趋势	目的在拥护地主利益,但已比较普遍化
伦理形态	忘记了自我的存在,以服从为道德	个人主义的抬头	虽然仍以服从为道德（如忠孝）,但视为完成自我的规条

第三表：意识形态的比较

上层建筑之二＼所在阶段	封建社会	前资本社会（过渡社会）	佃佣社会
宗教形态	宗教思想幼稚,并形成多神教	抽象的最高权力,随商品发展而产生	因佃佣制社会发展是向内的,反映于宗教,内修的工夫极精深,虽然未能达到一神阶级
哲学形态	保守主义	初期启蒙运动	中庸主义
科学形态	科学思想不发达	科学向胜利之途前进	科学的思想颇发达,成绩亦略可观,但囿于环境不能前进
艺术形态	绝对古典主义无甚变化	有破坏古典主义另立写实作风的倾向	几度有反抗古典主义的倾向,但社会经济生活不能给它以良好的发展机会,结果又流为新的古典主义
其他种种			反映于其他一切,即形成东西文化之异点

七、中国社会发展史上三大问题试答

中国社会发展史的研究现正在开头,当然尚留有许许多多的问题,未曾解决。在本节我很愿意提出几个最重要的问题,用佃佣制发现后的眼光来讨论,看看这一阶段的提出,到底能否补助对于中国社会性的了解。

第一便是中国文化性质问题——世界文化发展史上所形成的类型最大的只有两个:一个是西方的,一个是东方的。而东方的又可以中国为代表。中国文化到底和西方文化有无区别,这为十数年来中国学术界讨论的中心问题之一。这个问题的提出,当为民国六七年李大钊氏在《言治》发表《东西文明根本之异点》和陈独秀在《新青年》第一卷发表《东西民族根本思想之差异》而起,后来响应渐多,《学艺》、《新潮》、《东方》各杂志都时有登载讨论这类问题的论文。然而集这时期观念论说法的大成者当然要算梁漱溟氏十年秋出版的《东西文化及其哲学》一书。该书也是主张中西文化向不同的路径前进的,所以不同的原因,则在其根本精神的不同。

> 西方(文)化是以意欲向前为其根本精神的。(原书三十五面)
> 中国文化是以意欲自为调和,持中为其根本精神的。(同书八十一面)

这便是梁氏唯一的答案。

近来唯物史观抬头,大家多以为一切文化皆是物质生活的反映,中国物质生活既赶不上西欧,自然一切文化也赶不上西欧了。所以两者之差别只是程度上的问题而不是性质上的问题。

我们以为一切文化皆是物质生活之反映,这当然是对的。但说中国文化和西欧文化是程度上的不及,那却要提出严重的抗议!

谁都知道中国在战国时代,文化已达到很高的阶段,当时百子争鸣,各种学门都有人专心去研究,其学术程度是不亚于西欧之文艺复兴时代的。即就自然科学一端而论,当时已有很高的数学、天文学、历学等等的知识了。谁敢说我们的文化始终不如人的?

后来因为社会的不需要，所以文化的发展却另走一方向。社会生活方面，从向外的发展到内向的发展，精神生活方面，也从科学的发展到玄学的发展了。然而我们须注意中国的文化虽然走了歧路，前进总是前进的。

这样的差异，本来是极明显的事实。在民国初年那一般观念论者尚能看得出，何以我们科学的前进的战士反不如呢？我想来想去，只有一个解答：便是大家太把唯物史观公式机械化了！

原来大家都是墨守一八五九年马克思已废弃的公式的，对于中国社会性的答案，当然只能在那四个类型的社会中打圈。于是主张中国是亚细亚社会者，便只能说中国的文化是亚细亚的；主张奴隶社会者，便只能说中国的文化是古代的；主张封建社会者，便只能说中国的文化是封建的；甚至即主张资本社会说者，也只能说中国的文化是前资本的。说来说去，都只能比得上欧洲中世纪的文化而已！他们的学说果然成立了，可是中华民族也太作古了。

我们虽然不是国粹主义者，然对于中西文化不同之铁一般的事实，总不能否认！并且因为我们是辩证论者的缘故，所以更不能承认有二千年不变的封建社会或几种过渡社会。现在我们要把佃佣社会的说法来解释中国文化不同于西欧之故。

我们以为在封建社会崩溃后，有二种发展的道路并存着，一种是常态的，是由前资本社会过渡到资本主义制社会，这便是西欧所走的路；一种是变态的，是前资本社会走不完成而另形为一种佃佣社会，这是中国所走的路。既有此种说法，那中国的文化，当然是佃佣期的文化了。此种文化虽然不及资本主义社会的文化，然却非亚细亚以至前资本社会所可比拟，它是比亚细亚至前资本社会的文化进步许多的！

这种的说法，既不把中西文化不同的事实抹杀，复能指示出一个经济的基础，把悬在虚空中的问题，弄到脚踏实地了。这正是 Marx 倒置 Hegel 辩证法的办法。

近年来唯物史观在国内学术界的地位，已经日高一日，一般研究中国文化专史者，都很想利用物的基础，来作他们研究的根据。可是以警于公式论者的机械看法远望而不敢前了。譬如某位教育史家在其所著

《中国教育通史》中述其对于物观分期的意见道：

> 果照此种见解（指唯物史观——啸），则一切精神生活，均凭藉物质生活为转移。中国二十年来，物质生活的根本形态略无改变，则中国教育史之全部，尽可化整为零，单认作一个"浑沌期"足矣！故吾承认极端的唯物论见解，不足以解释中国教育史的真相。

他所以不敢用物观标准来分期，乃是恐怕将中国教育史演成一个浑沌期，这本是出于不得已的苦衷的。苟使早日有佃佣阶段说的提出，我想一定会变其态度的，因为在佃佣说之下，他尽可提出中国教育的特色和西欧比较，在循环说之下，他可以看出教育史展开的曲折神情便不至感到浑沌了。然则此种说法，对于研究中国文化专史者，也是有非常帮助的。行看此后《物观中国文化史》（一部或全部）的研究者，尽成佃佣阶段说的拥护者和发扬者了。

第二，是中国社会发展的循环问题——这问题最早提出的为拉狄克氏，氏在《中国革命运动史》上（现改名《中国历史之理论的分析》）曾一度提及。陈邦国君在《中国历史发展的道路》一文里（《论战一辑》）也采取这样主张。他并描叙循环的情形道：

> 商业资本的发展没有向工业上走，而向着另一条道路走，这条道路便是土地投资，发展高利贷，于是工业的农业基础亦没有建立起来。同时，商业资本与高利贷资本很残酷的破坏了农民生产，土地不断地由农民手中失掉。他的发展与社会矛盾成正比例。所以结果，汉又走了秦的覆辙。……差不多每一个朝代之亡，都是亡于同一个原因，甚至，在元以后，仍是这样。

王礼锡君后来又有什么《中国历史两次反覆的道路（？）》在《新中华》杂志发表，据他的意思，五胡乱华同蒙古入治两事实，前者曾把中国拉到封建社会去，后者又把中国拉到奴隶社会去了。细分论者如陶希圣、王宜昌诸君，表面上好像继承马氏的奴隶社会→封建社会→先资本社会的一线进化说法，其实从奴隶社会到封建社会，是表示历史的反覆、倒退，所以也算是循环说之一种。我先前也很看重循环的说法，并依外族的侵入把中国分为四大循环期，但后来详细研究之后，却觉得此起有不对的地方,兹试略略说明其意于下。

原来西欧封建社会之复建(按在希腊、罗马初期皆建过初级的封建社会),其原因虽很复杂,但为普通所公认的凡三:第一是在民族最高期的野蛮人之长期侵入并建国于罗马的废墟;第二是罗马奴隶制度之瓦解及商业之衰退;第三是还没有突破氏族制度限界下的罗马的属领。这些因素在中国是否存在呢,我们试打开中国历史一看,知道中国受外族统治者凡三时期:一、是鲜卑人种的北魏;二、蒙古人种的元朝;三、是满洲人种的清朝。在这三个外族侵入时,中国并未见有佃佣制度瓦解之状态(佃佣性质与奴隶性质,自然不会有瓦解之状态),商业也未曾衰退到如何地步,同时国内也很难想到有停在氏族状态下的区域,是第二、第三两条件已经不适合了。并且鲜卑人与满洲人入治中国时(前者仅占有北部),为高级农业社会的文化所慑服,关于政治上、经济上无不继承前朝的系统去措施,故与其他改朝换代无大异,谓其能拉退中国是不可思议的。蒙古人虽较蛮悍,但它对于中国人口的掠夺,仅在黄河流域,长江流域却仍向货币掠夺的方向进行,并且他完全统治中国,首尾仅九十一年(一二七七——一三六七)在这短短时期,谓其与野蛮人长期侵入罗马有同等的效力也是难言的。这样,第一条件在中国亦不存在了。所以谓中国屡次走着循环道路,实是一个很玄秘的论断。

然而不循环的意义,却也不就谓野蛮民族的侵入与中国历史毫无影响的意思。野蛮人的侵入,确也使中国社会经济的机能停滞,甚或暂时的倒退,并且在某种条件之下,亦会形成一些新的经济制度出来(如北魏开始实行均田制度即一例),但要注意前者(指停滞或倒退)只是一时的现象,在农业生产力发展的中国里,很容易又回复了原状。而后者(形成新制度)却要不肯反整个经济结构时才会发生。明了了这个想义,才不会为几个特殊的事实所迷惑。

由是在我们所认为佃佣社会里(即大家所认为有循环的阶段里)又可以依其程度分为下列三小段落。

A. 佃佣制形成期——此期以秦汉初年生产关系之转变开头至南朝为断。魏晋时因人口凋零之故,耕者一部份尚保留农奴的状态,但本质上与封建时代的农奴绝异。

B. 佃佣制限制期——此期以北魏实行均田制度开头至唐末为断。均田政策的特征，乃在限制大地主与巨量佃户之发生。惟其效力，仅用以限制而已，并未改变当时的社会性质。

C. 佃佣制发达期——此期以均田制度破坏后之宋代开头迄清末为断。其特征为农业生产者最大部为佃佣。

这是我对于循环问题的看法。

第三，现阶段性质问题——这个问题是中国社会史的最重要的问题，也是我们研究社会史者最后致力的鹄的。这个问题的解决，当然尚需要许多篇幅来讨论，而非这里三言两语所能胜任。不过我自主张佃佣说以来，对于这个问题，却另有一种新看法，所以很愿附述于此。

我以为中国在鸦片战争以前，实留在佃佣社会的繁盛时代，除非有新的刺激时，当仍走着以前平静的道路的。然而西欧资本主义的国家，总随其寻求殖民地的欲望，飞渡东洋来了。

当他们东渡时，设想中国是个很落后的国家，当然也早沦为殖民地去了（如南洋诸国及印度）。然而中国挟其佃佣制社会之高等农业生产力，已形成了高深的文化，巨大的人口，广漠的地域，这些都是不能一下被征服的。所以到了后来，虽然农业生产国终敌不过工业生产国而投降，但在这样的环境下，中国的资本化，无疑是被动的，缓进的，从外而内的，而与前资本国家跃进为资本主义国家者，当然有很大的差别。

我们在今日，既然不能说中国尚在封建的阶段——那唯有不识封建社会为何物的人才说得出——却也不能说中国已进资本主义的阶段——那也是不顾事实的说法。说半封建一类社会或即说佃佣社会呢，却嫌太看重了旧的力量，其实旧的力量，在中国早在迅速的崩溃之中了；说下层基础已资本化，上层建筑物尚在旧势力包围之中呢，那它的错误，却和主张已进入资本主义者阶段一样，未免把中国看得太乐观了。

我是认清资本主义之力量的，然同时却也认清中国历史之背景。鸦争以后，中国无疑是一天天资本化，并且佃佣制社会也一天天在崩溃之中。然而须注意中国的资本化，并不是中国工业革命之后发生的，而只是资本主义最后阶段的帝国主义挟其不可御的力量来强奸的。所以我虽然否认中国社会仍停留在旧的形态一类的说法,并承认中国确已资本主义化——但我对于中国资本主义化的见解,却与他人稍有不同,我只主张中国仅是"外"资本主义化。

外资本主义化与纯粹资本主义化有什么异点呢?我以为异点是很多的。至能为一般所承认者,则有下列各事(详证当不是这里的任务):

(一)资本主义生产手段发展之迟缓——资本主义侵入中国,已经有数十年之历史,然而中国已利用资本主义的生产手段到底有多少地方?稍可人意者,只是沿海几个繁盛的都市,至一般农村则仍是用其佃佣期所用的手段来生产。这可见发展迟缓之一般了(从生产手段看)。

(二)农民生活的痛苦等于工人或更甚于工人——因为中国工业的生产,不外中国上层份子消费的缘故,所以支配阶级不得向农民加重榨取,以资弥补。于是中国农民的痛苦,便不亚于工人或更甚于工人,而农村的破产亦形成了另一方式出现——这种的现象是纯资本主义化的社会所没有的(从生产关系看)。

(三)一般之土地的投资——在资本主义社会里,大家的投资当然是向工业方面为有利的。但在中国,以工业没有保障的缘故,投资者却每以土地为目标。近年南洋商业凋零,回国的华侨对于土地贸易之感到兴趣,及复兴农村计划中,许多金融界的人,愿意帮助的事(这在外国是罕有的,因为他们的趣味是工业)都是明证(从分配形态看)。

(四)消费与生产不相称——中国上层份子的消费,通通是已达资本化的程度的,然而中国大部分的生产却仍是佃佣式的。两者的不相称,便形成了中国的畸形发展(从消费形态看)。

至所以造成此种四不像的社会,便是因为生产工具的支配者在外洋不在国内。这一班外资本家既不愿中国民族资本的发展,又不能将所得的剩余价值,通通拿来再生产,于是便造成中国的现状。

中国的现状,是否有更进一步发展而到达纯资本主义之领域的可能呢?我以为是绝对没有的,至没有的理由,便是因为中国民族的资本，在此种环境之下绝对不会发展；而外国资本家却不愿全力来发展中国，并且在保持均衡的局面下，便愿用全力也是不可能的。

所以我以为中国的社会已达到非常矛盾的地步，中国的环境已把中国的生产力完全束缚了。中国用不着再等什么资产阶级革命降临了（中国资产阶级革命已成为历史上的事，这一般买办阶级，便是资产阶级找不到出路转变而来的），中国历史本身已进到所谓"工业革命"和"社会革命"合一的高潮期了（本中山先生的用语）。这是我对于现社会之看法。

八、要　　约

我们要说的话，在上面已讲完了。在结论，我不愿将前意重述一遍，我只愿指出本文所主张的特点，使读者诸君加倍了解本文的意义罢了。

本文所主张的特点凡三：

第一是承认封建社会崩溃之后，有两种发展的道路：正态走的是从前资本社会过渡到资本主义社会；变态走的是另形成一种佃佣制社会。后者一种，正是中国秦汉以后历史所走的道路。同时东西文化的不同，亦是由此中看出的。

第二是承认中国社会因有高度的农业文化之故，所以未曾为侵入的野蛮民族所拉退——固然使社会发展停滞的现象也不能免。中国社会不能前进的原因，可即造成佃佣社会的因素中去寻，而不当藉口循环的说法。

第三是承认鸦片战争后另立为外资本社会一期，并指示它只有社会主义的前途而没有资本主义的前途的。

由上述的把握出发，我对于整个中国社会经济发展之看法有如下表：①

---

① 我近将希腊、罗马、德、英、法、美、俄、中、日、印度及其他民族的社会经济的道路，作一综合的研究，异中求同求其所以同，同中求异求其所以异，对于世界各国经济发展一般的和特殊的过程，颇有一贯的新主张，有暇当草成专书发表，关于中国只是其中之一部已。

社会定名	时期	特征(以生产力及生产关系的变化为标准)
原始社会至氏族社会	商以前	生产力非常幼稚(从采集经济到初步生产经济),共同协作的生产,无支配与被支配关系之分
封建社会	商、西周至战国以前	农业生产力尚未脱幼稚的状态,生产过程中支配与被支配关系,为义务纽带所束缚
佃佣社会 第一期 第二期 第三期	秦汉至清 秦汉至南朝 北魏至唐末 宋至清	农业生产力迅速猛进 生产过程中支配与被支配关系已有明显对立的状态 形成状态 限制状态 繁盛状态
外资本主义社会	民国	新工业的生产力冲破旧社会的壁垒,生产过程中支配与被支配关系尖锐的对立

关于封建社会崩溃之后,中国与西欧所走不同的道路,又可构成如下图:

$$\text{封建社会崩溃之后} \begin{cases} \text{前资本社会(过渡的)} \longrightarrow \text{工业资本主义社会} \\ \text{农业佃佣社会} \longrightarrow \text{外资本社会(过渡的)} \end{cases} \longrightarrow \text{社会主义社会}$$

(注:实矢代表演进,虚矢代表侵入)

这些主张最大的特征,不消说是佃佣阶段之提出。

至佃佣社会之证据,我是由最下层列举到最上层的。这种着重经济解剖之外,又作各方面有系统的解剖,在国内是第一次的尝试,我以为它是适于辩证发展中的统一和联系的把捉的。

请读者诸君批评吧!

民国廿一年十二月初稿
民国廿四年一月改正

附录一则:我对于秦以后帝国主义侵入以前这一段中国历史的看

法,在《西汉社会史研究发端》(《现代史学》创刊号)略略透露出来,莫大招君即根据此文,草成《论佃佣制及循环》一文批评,原文登《现代史学》第二卷第一、二期合刊。我因无暇,对于莫君此文,不能详为答覆,现只将莫君最大误会的地方指明于下:

(一)我所以在中国封建社会崩溃之后,定要另立一期者,是因为这一期的整个经济组织(尤其生产力与生产关系)及上层建筑与封建社会有完全不同的地方,莫君未能将我所谓两者不同的地方,加以反驳,甚至承认"生产手段等处确是实情",甚至承认"春秋以后乃为整个商业所浸透,与周前不同,无疑终究要区分的",却武断一句"然封建社会实包括资本主义以前的社会",并引卡尔之"封建的,近代有产的"的公式为证,这实是大家研究态度不同的地方。盖我是把马氏分期的主张当做科学,所以在与事实不合时,无妨提出新主张,而莫君却把马氏分期的主张当做宗教,这样自然不容他人有致喙的余地了。然而科学的看法与宗教的看法,到底是那一个对呢?

(二)循环的说法,仅是佃佣说里的一个引伸,并且我后来早改变此种说法(请看本文第七节),莫君就此大发批评,已是不能中其要害。兹即就其所言,亦多误会。如谓"西汉之能为一循环期,陈君已证明给我们",又谓"虽则陈君摆起正经面孔时说西汉至晋方为循环,其实他整篇文章,都违反了这个意见"。其实我何尝主张西汉为一循环期?即就我原来意思,亦以西汉至东汉,东汉至晋为同一性质的社会之推移,而非循环。循环与推移是有很大区别的,从倒退的现象而复进于原状,才谓之循环;社会性质不一,君而仅改朝或改姓,这只能设之推移,而非循环。莫君关于此点,恐尚未弄得明白,所以在批评我之后又主张中国半封建社会的循环期有十,即每一朝或两朝都造成一循环。其实像这种"不因外力作用而历史自会不断循环"的说法,谓莫君误解循环的意义,尚可加以原谅,否则实是违反历史进化的原则的说法,研究社会的人,都要向莫君警告的。这一点也请君加以注意。廿四年一月十五日

(《现代史学》1935年第2卷第3期)

二十五史文化史料搜集法

希圣先生：

承询搜求资料之方法，窃意此事与研究者之学力及其注意方面殊有关，盖一种材料有在甲漠若无睹，而在乙则觉甚有价值者，或在甲当作甲种之看法，而在乙则有乙种之看法者。啸前年拟进行《二十五史文化史料汇编》之工作，尝聚集四五同好，为之创立类门、规陈凡例，计所注意之方面凡十二：（一）年代，（二）地理，（三）种族，（四）政治，（五）经济，（六）法制，（七）教育，（八）宗教，（九）哲学，（一〇）科学，（一一）艺术，（一二）礼俗。于每部门之下，又复别立细类，都凡二百余目。但一年来工作之结果，始知成绩较好之部份，皆研究者平日有特殊研究之部份，其他殊难望其齐备也。经济史范围虽较整个文化史为小，但所牵连之部份仍甚广，见智见仁，各自不同。先生虽有竖立项目之心，窃意亦仅能就其大较情形而示之耳，其深入之部份，仍有待研究者之自明也，未审高见以为如何？

至啸《二十五史文化史料汇编》凡例中经济史料之部份，仍以生产、流通、分配、消费四大门分类，而以经济思想殿之。关于生产者，下有农业、屯田、垦荒、林业、工业、矿业、铁业、畜牧、渔、猎、盐业、自耕农、半自耕农、佃农、雇农、佃兵、自由工人、雇工、奴隶、商人、地主、子钱家、什业、禾谷、梁、粟、麦、豆、茶、桑、漆、果……开渠、灌溉、农具、工具、渔具、开矿具诸目；关于流通者，有运输、道路、渠堰、关津、漕运、舟楫、都邑、榷酤、货币、金、银、铜、其他、物价、买卖、度量衡、常平仓……诸目；关于分配者（财政属之），有田赋、户税、什捐、商税、贡献、仓储、库储、赐钱、赐谷、免租、振贷、馈遗、逋债、借贷、地主收入、商人收入、高利贷收入、平民收入诸目;关于消费者,有军费、政费、吏禄、工费、度支、统治者消费、富人消费、平民消费、衣服、饮食、居住、器用、奢侈品、安适品、必需品诸目。此亦仅为一时便宜之参考计,殊不足以为定鹄也。

先生计画于方志中寻材料,极佳,甚望早日实现为盼。

啸《三国时代的经济》一书已写成,此书或本所可代出版或另觅出版家,待成事时当再函告耳!

陈啸江上　十二,十二。
(《食货》1935年第5期)

奴隶社会与封建社会有无连续的必然性

（一）问题之提起

　　中国社会史性质的讨论,在今日好像是时髦的一回事,大的、小的、专门的、通俗的各杂志上,常常有这类的文章出现着。固然论战人们的中间,有很多渊博的学者,但是一知半解,妄发议论的人,确也不在少数,这在最近辩论最烈的奴隶社会与封建社会的问题,更充分表现出来了。在这里我们应把这个问题的来源说说。

　　原来大家所讨论的社会史发展性质的标准,是根据 1859 年 Marx 氏在《经济学批判》所发表的一段公式来的,原文道:

> 市民阶级的经济学,只有在市民阶级社会的自己批判开始的时候,才认识了封建的,古代的,及东方的社会。

又道:

> 在一般特点上,可以划分社会经济形式之进化的时代,为亚细亚的,古代的,封建的,及近世市民的生产方式。①

　　其实这一段公式的背景,是由 Hegel《历史哲学》特殊绪论袭取来的,②并未见得是马氏研究的结果,甚至马氏信徒 Plekanov 在后来都加以纠正的。③

　　中国社会史坛中意识地承受此种公式,当推郭沫若氏《中国古代社

---

① 见氏原书 P.24 及 P.39。
② 见福田德三《唯物史观经济史出发点之再吟味》。
③ Plekanov《Marx 主义的基本问题》。

会研究》一书。① 在此书之前，《新生命》、《新思潮》两种杂志中，已开始讨论中国社会性质问题，但那时大家争论的焦点，多在于中国是不是封建社会一问题上（当时《新思潮》一派是主张半封建的；《新生命》一派有主张封建的，有主张商业资本或某某社会的）。对于整个社会史的划分，很少人注意过。郭氏大胆地将中国历史整个划分之后，才把《经济学批判》中所谓"奴隶的社会"引起，所以王宜昌君在《中国社会史》②论史一文中，称其功在肯定"奴隶社会的起源"，这话后来陶希圣氏虽加以讥笑，但依我们的意见，肯定奴隶的社会，固然不见得便是功，惟意识地承认这一阶段，却不能把郭氏抹杀。

郭氏之后，讨论奴隶社会的人便多了。其中比较可述的，有王宜昌君认殷至北魏侵入以前为奴隶社会，③陶希圣君认秦汉一段为奴隶社会，④恰好翻译出来的俄人沙发诺夫的《中国社会发展史》也有一段"汉朝的封建奴隶私有制"。⑤ 这样更把大家对于封建社会与奴隶社会有互相联属的意识完全确定了。

近来论战者，因奴隶社会的解释，对于中国历史的事实确有十分勉强的地方，所以有人提出反对的旗帜，计先后有丁迪豪君的《中国奴隶社会批判》，⑥王兴瑞君的《中国社会史细分派批判》，⑦刘兴唐君的《中国社会史上诸问题之清算》及《中国奴隶社会论》，⑧但他们却共犯一个缺点，那是不能将奴隶社会的本质与封建社会的本质明白指示出来，并说明何以封建社会不经过奴隶社会也可以成立（王兴瑞君较明白），而却硁硁于四段说、三段说之争，甚至引 Engels"东方家庭奴隶"之言，谓中国并不是没有巨量的奴隶存在着，而是东方的奴隶与西方的奴隶不同。⑨（何故不同？刘君原文说明因为唯物史观大师恩格斯已代我们分别了嘛！）这样的战术，是以圣经攻圣经，公式代公式，又安怪不能引

---

① 郭氏原书导论《中国社会之历史的发展阶段》。
② 《中国社会史论战二辑》。
③ 王宜昌《奴隶社会史》，见《论战三辑》。
④ 陶希圣《中国社会形式发达过程的新估定》，见《论战三辑》。
⑤ 见原书第二编。
⑥ 《历史科学》杂志"奴隶史特辑"。
⑦ 《现代史学》杂志第二卷第一、二期。
⑧ 《文化批判》杂志第二期及"历史研究特辑"。
⑨ 《文化批判》最近号刘君反驳文，期数及题目我忘记了。

人信服,安怪有无情的反攻呢?①

但是慢些,且看:我们的新战术!

(二) 封建社会表示什么? 它是否由奴隶社会突变而成?

我们的新战术,说起来并没有什么奇怪,一定要指出的只是——

(1) 最严正、最慎重的科学家的精神——尤其是历史科学家特有的精神,处处尊重证据,排斥偶像。

(2) 广博的系统的世界史的知识——尤其世界各国社会史、经济史的知识。

(3) 事事从根本问题入手,不作表面的、空泛的,如所谓三段说、四段之争(因为作此种争论者,其大前提是承认《经济学批判》的分期是唯一可靠的标准,舍此便没有其他的分法,故其所争的是公式之争,而不是真正的社会性质之争)。

在这样战术之下,我们第一要分析的,便是封建社会的性质,然后从而论定:(1) 奴隶社会到封建社会是否社会发展史的唯一必然的顺序? (2) 奴隶社会到农奴制的封建社会是否表示社会的质的变化? (3) 西欧的封建社会是否与中国先秦的封建社会同一性质? (4) 中国在秦以后,到底有无典型的封建社会(如陶希圣、王宜昌诸氏所信的)存在过? ……诸问题去。这样,上述的奴隶社会有无的论战,自然也随之而自明了。

所谓封建的意义是什么? 据我研究的结果,它只是表示历史上甲民族征服乙民族时之必然的统治的形式,它并没有限定某种经济基础之上才会存在着,决不能说是社会史进化到较高形态之必经的阶段。

这话初听起来好似很奇怪,其实是大家中了机械的公式的毒太深的缘故,若我们回头读读历史,便觉得是非常合理之意见了。

原来国家的发生,"自形式上观之,是获胜利之一群对于被征服之

---

① 反攻的文章见《综合杂志》创刊号、《世界日报》、《社会科学周刊》、《文化批判》"历史特辑"等。《当代杂志》创刊号,除最后一种外文皆由王君一人作,其中的只是一些零碎的。

一群所加的一个法律制度;自内容观之,是上级对下级群的统治"。①明白言之,即一种族对于他种族的征服。这话虽与恩格斯的"国家为达到一定发展阶段的社会之生产物"的主张略有不同,②但却是 Oppenheimer 氏多年研究的结论,在氏所著 The State: Its History & Development Viewed Sociologically(《国家的历史及其发展之社会学的考察》)一书中,有非常之多的证据,而不能不容吾人首肯的。

国家既由种族征服种族之条件之下产生,所以最初的统治形式,多采取征服者内部的有力的战斗集团分配土地治理的办法——而这些土地后来即成领土,而领土内的住居者便成为领民。一方面征服的种族,又多在民族社会的高阶段,尚保留着民族制度的特殊组织——这些组织发展起来,又形成层次的、隶属的、互尽义务的封建关系。这便是封建社会真正的起源,它无论建立奴隶制度之上的所谓高期的封建社会也好,或仅由村落共产体崩溃及军事政变之后,发展出来的所谓初期的封建社会也好,③它的本质是一样的。④

这些话自然需要事实的证明,证明的方法也很简单,便是指出在欧洲中世纪以农奴生产为基础的封建社会之外,尚有许许多多不同形态的封建社会存在着——这些都不是发达在奴隶社会崩溃之后的。试举例于下:

第一,"在古代墨西哥,已实现了封建制度,它对于那屈服的种族的首长,定住于墨西哥的时候,也把他们原来土地之一部,作为领邑分给他们……这些土地,并地主贵族的私有地,僧侣的寺领,或固有地,一概都由那些不给何等贡税于国家的自由土著农民,隶属的农民,奴隶等耕作的"。⑤

第二,在秘鲁印加帝国,亦可看到封建组织的初期形态。该地在西班牙侵入以前,大体上对于土地,还能维持古代共产制度,侵入以后,便

---

① Bukharin《家族之起源转形期经济学》转引 F. Oppenheimer《国家论》(The State)语。
② Engels: The Origin of Family.
③ 初期高期之说,很多著主张过,著名的如 Kunsinen 的《社会形式发展史》,Bogdanov 的《经济科学大纲》,及 Oppenheimer《国家论》,皆这样主张过。
④ 见前引《国家论》。
⑤ Heinrich Cunow《Marx 的历史、社会、国家学说》。

发生采邑制度了。①

第三，在俄国，也有其特殊形态。据俄国历史专家 Michael Pokrowski 所著的《俄国史》，则莫斯科国封建社会实发生在农奴制之前，其劳动者的基础为小农，最可骇怪的，是作者竟谓封建社会之灭亡是由于商业经济及农奴制引起的。② 同样 S. Dubrovsky 也主张于封建社会之后，另立所谓第三形式的农奴制社会，其意见发表于其名著《亚细亚生产方式、封建制度、农奴制度及商业资本之本质问题》一书中。③

第四，即就欧洲古代国家本身说，早已发现封建制度 Bogdanov 说封建社会"在特殊条件之下向另一方向发展，成为奴隶所有制的基础"，同时并将封建社会归入"自然自足社会"底范畴，而将奴隶社会归入商业社会底范畴，④是明白承认封建社会在奴隶社会之先已存在着。同样 Kunsinen 诸人，亦有类似的说法，兹不赘引。

在这么多的例子证明之下，我们很可以复述前头的主张了！即封建制度只表示统治的形式，并没有与特定的经济基础有必然的关联，这自然不能认作社会史发展的一阶段。

我预料这里一定有人提出反对的意见说，你所谓的封建制度，只是初期的封建制度，与我们所谓西欧中世纪封建社会是不同物啊！你们所说的封建制度，虽然是种族征服种族的统治形式，但我们心目中的典型的封建社会，却是连属奴隶社会的高级形态。

其实这些话也是错的。在下面请再进一步，将所谓典型的中世纪封建社会分析着看。

大家说到西欧封建社会，好像都忘了一件事，即是蛮族人之侵入。其实像罗马那样交换发达的国家，假使不是受了外力的猛击，会变成了中世纪那么停滞的形态，是不可思议的。所以经济史研究家每谓中世纪封建制度成立的过程，是罗马的逐渐崩溃的奴隶制度，巧合着日耳曼

---

① 前揭书大意。
② Michael Pokrowski《俄国史简编》第一编第二、三、四各章。
③ S. Dubrovsky《亚细亚生产方式、封建制度、农奴制度及商业资本主义本质问题》第四章、第五章。
④ Bogdanov《经济科学大纲》第一篇、第二篇。

民族的内部组织的结果。① 但是我们知道这种巧合是历史上反常的现象，由这样情形之上所产生的，中世纪的封建社会可算是西欧独有的，并不见得任何国家都要走上一样的路。②

至于中世纪封建社会中的农奴制度，较前期的奴隶制度是否表示一种进步呢？这话仍要用事实来解释。第一：我们知道奴隶和农奴，一样只是"会说话的工具"，一样只是在强制劳动之下进行着生产，一样是个人的依赖和在自然形式中的剥削，固然，两者也有量的不同（如农奴略有自己的财产事），但决不能形成质之差别的。这是其一。第二：这样的变化，也不是在封建制度建立之后方完成着，反之在罗马帝国末年即封建制度成立之前已行着变革的过程。奴隶制度史专家Ingram氏曾将此种变革的原因归为四种事实，即A. 奴隶供给减少；B. 自由劳动复活；C. 职业及地位之个人的及世袭的固定；D. 田园奴隶之解放，并肯定道"若回顾以上所述，可以明白北方民族之侵袭，对于奴隶制度转化到农奴一事，差不多是没有关系罢"，③可见奴隶变为农奴只是一种逐渐变革的事实，而不是因封建制度所引起的突变。这是其二。此外我们尚有一个更大的理由证明这两种制度的推移，决不是表现质的进步者，即日耳曼社会的生产力并未能胜过罗马社会，④若我们承认生产关系的改变，是由生产力改变引起的话，那对于这两个社会，决不能承认有质的差异了。

总之，我们承认奴隶制度转化为农奴制度，只是同一生产力社会之上的量的改变，而封建制度发生的原因，却可说是由野蛮人侵入而起，这种制度在日耳曼民族本身看来，是一种进步，而在罗马社会本身看来却只是一种停滞。

（三）中国社会史中的奴隶制与封建制问题

在上面我们从：

---

① 山川均《资本主义以前经济史》，原书并举出第三因素立"还没有突破民族制度限界的罗马的属领"，但这是不大重要的。
② Calmette在其所著《封建社会》(La Societe Feodale)亦有类似的意见。
③ Ingram《奴隶制度史》第四章"向农奴制度的转化"。
④ 这话是研究欧洲经济史的人都承认的，有的人且以为退步，可举之书籍甚多，不赘列。

A. 封建制度不一定要用农奴为基础；

B. 奴隶社会之前及农奴社会之前都有封建制度存在过；

C. 农奴制的封建社会与奴隶社会也只是同一生产力之上的两种型社会。

说明欧洲奴隶社会之变为封建社会不是社会史正态的发展，更不是社会之质的变化，已把第二节所提及的(1)、(2)两问题解决了，现在应涉及中国社会本身，即继于(1)、(2)问题之后的(3)、(4)两问题。

中国典型的封建社会是建立于西周至战国时，这本来大家都知道的事。但是后人有人疑及西欧封建社会既在中世纪才建立，中国决没有那么早便会出现之理，所以主张细别说诸君便说周时的封建，乃历史家所用名词的淆混，决不是真正的封建社会。这种话表面上像有点理由，其实完全由误认封建制度为高期社会所产生的东西所致。我们若明白封建社会的来源和特质，便觉得中国会在先秦时代发生封建制度一点不觉得奇怪——岂止不觉得奇怪，且由周民族侵入中原的情形来看，正是必然产生的事实。所以我敢断定，中国典型的封建制度乃发生于周朝，且与西欧有一样的性质的。

自秦以后，三次蛮族的侵入（北魏、元、清）是否会把中国社会复拉到封建社会去呢？这事我初时亦觉其有可能，所以有中国社会循环说之主张。① 后来得明其不然，所以便把此种主张更改了。更改的理由，我在《封建社会崩溃后中国历史往何处去》一文中，② 已有相当的说明，此处只简略地指出：即野蛮民族侵入中国的时候，因中国已形成高度农业的文化，所以旧有的社会构造始终未曾崩溃，其中北魏和清是完全接受中国的生产技术及其文化，元虽强悍些，但统治中国的期间甚短，故亦未有巨大的影响。

至中国是否有奴隶社会阶段的问题，在此亦极易解决。因为以前我们所以斤斤于奴隶社会的论战者，是承认其为封建社会发生的必然的前提，现在我们既明白两者既无必然的联系，这已成为不甚重要的辩论。再就事实来看，中国因无希腊、罗马的不断的战争的环境，一方面

---

① 此说最早为欧人 Radek 氏所倡，见氏著《中国革命运动史》，我则把它具体化，见拙著《西汉社会史研究发端》。

② 原文第七段，刊载《现代史学》第二卷第三期，在印刷中。

又有巨量的人口存在着,所以很自然地可主张中国的奴隶劳动,始终未占主要的形态。① 这个主张我想除非死争着四阶段的公式的人们,是没有不首肯的。

我关于本文的意见,为着题目的限制故,暂可以此为止。但是由此却引起我对于社会经济发展史的研究到一个新的领域去,试在这里略为一说,以当结束。

我因不满普通论战者分期法的原故,想在各国经济史中作一个综合的研究,看看有无完满的办法。选择的国度,为希腊、罗马、德、法、英、俄、美、中、日、印度十处及其他。结果颇为完满,并与生产力与生产关系共同变革一意义完全适合。在这种分法中,奴隶社会和农奴社会只视做同一性质的社会中的两个小阶段,而我对于中国秦以后帝国主义侵入以前这一长期社会的特殊看法——佃佣社会说②——亦能于这个系统中,完满地得到说明。不过这个意思说来很话长,很想将来草一专书论列,此处恕不详说了。

附注:本文限于出版日期,仅以极短之时间写就,中间尚有发挥未尽的地方,但作者自信,这种意见是很对的,读者如有怀疑之处,尽可提出讨论,作者当尽其能力明白作答。

(《策源地》1935 年第 6 期)

---

① L. Madjar《中国农业经济研究》已有这样的意见,丁迪豪《中国奴隶社会的批判》亦可参看。
② 参看拙著《西汉社会经济研究》,及《三国经济史》等书。

建立史学为独立的(非综合的之意)法则的(非叙述的之意)科学新议

一、二十世纪的东西史学界中尚没有独立的法则的历史科学论之产生

历史这一门的学问,在学术史上,算得最早引起人类注意的一种。但成功为真正的科学,却又是一切已成的科学中最迟的一种。

原来,就严格的意义说,凡一种学问可以独特成一门的科学者,最少要具两个条件:第一是有特殊的对象可供研究;第二是有普遍的法则可供实证。若徒守旧日的谰言,谓什么有条理的知识便是科学(这里所谓条理,不消说只是排列整齐的意思);谓什么能说明先后因果的知识便是科学(这里所谓因果,不消说只是个别事件的因果),这用以自慰自解或尚可以。否则,无疑是为真正科学者所窃笑罢!

史学的本身,果达到上面要求的标准么?最少一般所谓历史学家也者,果把史学看做可达到上述标准的学问么?

要解答这个问题,且引出东西史坛中几位重要的人物对于史学的意见,以代我们的说明。

先说及东方的历史学者。

梁任公先生在其名著《中国历史研究法》中曾谓:"史者何?记述人类社会赓续活动之体相,校其总成绩,求得其因果关系,以为现代一般人活动之资鉴者也。"①在这个定义中,除了看重"社会"的意义不算外,我们知道梁氏对于"史"的理解凡三:一是记述;二是求得其因果;三是

---

① 按梁氏此处所谓"史",实含有"史学"的意味。

资鉴。

何炳松先生是介绍西洋史法到中国的第一人,他对于史学的理解,可以下列一段话为代表:

> 至于史学与社会学,虽同以已往之人群事迹为研究之资,然目的方法既各不相同,研究结果,亦迥然有别。史家抉择事实,旨在求异;所取方法,重在溯源。其结果乃人类复杂演化之浑仑,非人类共同演化之原理。至于社会学所致意者,乃已往人群事迹之所同。参互推求,借以发见驾驭人群活动之通则。选择事实,务求其同,不求其异。所得的结果,乃人群活动之定律,非人类演化之浑仑。(Langlois & Seignobos《历史研究法》节本编者导言)

认史学与社会学,俱以已往的事迹为研究的对象,是何氏的意见之一;认史学是研究人类社会演化之浑仑,而不适用于普通自然科学的方法,是何氏的意见之二。

李守常先生是以物观论史的先驱者,他在《史学要论》中明白道:"今日的历史学,即是历史科学,亦可称为历史理论。史学的主要目的,本在专取历史的事实,而整理之、记述之。嗣又更进一步,而为一般关于史的事实之理论的研究,于已有的记述历史以外,建立历史的一般理论。严正一点说,就是建立历史科学。"(页19)他是主张历史可作理论的研究的,不过只是"一般的理论"。所以下面又说:"此理法常仅被认为一定的倾向。"(页25)

在此,我们应一提及以史学理论名家之朱谦之先生。他关于此类的著作,已成者有《历史哲学》、《历史哲学史大纲》、《现代史学概论》、《史学方法论》、《文化哲学》,以及最近着手之《文化史观》种种。他对于"史学"的意见,虽然未曾明显地说出,但却教吾人以史的观点来考察"史学"在各时代所占科学的位置。在他最近发表的《历史科学论》,曾谓"第一时期,历史属于修辞学之内,为一种文学……第二时期,历史属于记忆的范围,为一种主观的知识……第三时期,历史属于生物学、心理学、社会学之内,为一种科学或一种复杂的科学……第四时期,以历史学为精神科学或文化科学"(《现代史学》第2卷第3期)。朱先生是主张史学本身也是一段进化的历史,过去虽未能成为科学,但现在却已达到科学的阶段,这可说是他的独特的见解。

东方的历史学者,我们只举以上几个示例。这并不是说,此外没有其他著名的学者,实因为他们多注重史料搜集与考证方面,即史之构成方面,而关于史学本身,则鲜有论及(日本史学界如坪井九马三、野野村戒三诸人亦然)。若就上述诸人而论,何炳松氏不承认历史有求出果因关系的能力,其态度最为消极。梁任公氏承认史有因果的关系,但此种因果却只限于个别事件的因果。因为历史的事项,常为一度的、个性的、以时间空间为主要基件的(见梁著《中国历史研究法》,页176至178)。其意见仍与主张历史可成为科学者甚远。朱谦之氏与李守常氏同样主张史学可成为科学,换言之,即肯定历史的发展是有法则的。不过他们俩尚不敢言史学可脱离综合科学的范围,故其所谓的法则,只是"一般的"法则;所谓科学,只是"复杂的"科学而已。

西方学者对于史学的理论较多,这里不能备录。下面所举的几个,只是限于承认有历史法则的人。

法史家 Henri Sée 说:"历史科学究是什么呢？历史究竟能不能成为科学？若是能,在哪几点？我们已经试为说明,历史是不能比拟物理化学的,它不能够定定律,即事实间的数字关系。因此,历史不能够有预见。除了极特殊的事实之外,前提和后应的关系,还是很难捉摸。因果律尤其难。我们只能尝试观察事变的相互倚靠,分别发展的趋势和条件而已。"(《历史之科学与哲学》)

英史家 Robert Flint 说:"如果说称为'历史科学'而不称'历史哲学',我是不赞成的。假使一定要用一个,那末历史科学不如历史哲学为妥当。但是据我看来,实在没有选一个名字的必要。历史科学和历史哲学,可以分别的地方,只可以这样讲:历史科学的职务,在乎查明历史本身沿革轨迹规律;而历史哲学则专门推究因果的关系,以及历史与其他生命学问的关系。但是历史科学与历史哲学这两件东西,实在是一件的。……无论叫他科学也好,叫他哲学也好,总是两件东西合并为一起的。"(《法国历史哲学绪论》*Historical Philosophy in France & French Belgium & Switzerland*)

美史家 J. H. Robinson 说:"总而言之,我们研究历史的人,断不能同物理学、化学、生理学或古人类学一样,成为一种真正的科学。因为人类过去的现象异常复杂,我们又没有直接去观察他们的方法;至于史事的人为解剖同试验,更加不必提起了。我们对于人类史的大部分,绝对的不知道。而且自从印字机发明以后,我们历史的材料才算比较的丰富。受过天然科学训练的著作,要想教我们历史家怎样去利用历史的材料,那就太不懂得历史家的地位同状况了。"(《新史学》)

德史家(说历史哲学家更对)Oswald Spengler 在其所著《西欧之没落》(*Undergan des Abndlandes*)里,是主张文明有法则的。他曾把人类的历史,分为九类。每类形成一种单独的文明,每种文明经过同样的时期,从少而壮而老,有如化学元素的循环表一样。可从之察往知来,预见将来人类的运命。但他却又谓,历史是不能以科学方法来研究和解释的。历史与自然科学不同,后者研究的结果,必然是系统的,而前者的研究则应当是"形态的",应当以人的认识为基础。我们在今日只宜感觉历史,而不宜纯用机械的方法去认识历史,因为过去的事件是没有复返之可能的。

就以上所举英、美、法、德四国史家的意见,可知他们对于史学能否成为纯粹的科学的问题,是感觉怀疑的。Flint 对于历史科学和哲学的区别,非常混淆。他实在只承认两者为一体的东西,换言之,他是承认历史的法则,最多只能达到哲学式的统括综合的程度,而没有办法达到科学式的精密的分析的程度。他心目中的历史科学,和我们所认的历史科学相隔尚很远(参看下节)。Robinson 同 Henri Sée 则是希望历史可以定定律,而同时却怀疑到此种定律的可能性的。至 Spengler,虽提出人类文明的几个类型,却又谓历史是命运的、生活的,而不是因果的、自然的,与我们的意见,相去更远了。

总之,在 20 世纪的今日,东西的史学者中,尚很少敢明言史学可成为一种独立的法则的科学的。这一方面固然由于这些学者态度的谨慎,一方面亦由史学所研究的对象与其他的人文科学确有特殊的地方(关于后者,下面当详说),非达到某时期,很难有成功为纯粹科学之望的。

然而史学难道果仍停滞于现在的阶段么？

二、对于历史科学错认者之批评

世界上比较进步的史学家，都不敢明认史学能成为独立的法则的科学，已如上述。但是科学这两个字，总是个动人的名词，除了一些不争气的人们，谓挤入科学之林也不便算"荣耀"之外（徐琚清《谈谈历史》，见《燕大月刊》），谁不想把他所研究的对象科学化，亦即现代化！所以研究历史的人，始终都不断在企图将历史变成科学。不过他们承着传统的思想，缺乏创造的勇气，在努力建设的途径中，常常安于某阶段，便自以为足。于是有以史料学为历史科学者，有以事件的考证为历史科学者，有以历史哲学为历史科学者，有以叙述史本身为历史科学者。其实这些部门的完成，都只能说是建立史学为独立的法则的科学必经的阶段。若于此不更进一步，以求与其他科学达到同一水平线的地位，却未免有反宾为主之嫌了。下面即试将错认历史科学的真正性质的诸学说略为批评一遍。

A. 论史料学不就是历史科学

史料大部分是过去的不全的，所以其搜求与整理，都较其他科学难到若干倍。因此，研究这一部门的学问，自 19 世纪以还，特别发展起来。在西洋，其中有两部巨著，可说是此学之总收获。第一是德国 Greifswald 大学的教员 Ernst Bernheim 所著的《历史研究法》课本 (Lehrbuch der historischen Methode)，该书出版于 1897 年，内分四部：一、绪论；二、方法论；三、史料篇；四、考证篇。第四篇最详，又分六章：第一章，真伪的鉴定；第二章，史料外部的决定；第三章，校正及出版；第四至第六章，内部考鉴。① 其书可称为能集前代史家学说之大成。第二是法国 Sorbonne 大学教员 Ch. V. Langlois 与 Ch. Seignobos 合著的《历史研究法入门》(*Introduction aux Etudes Historiques*)，该书出版于 1897 年，内分三部：一、初基知识，略言史料

---

① 其书甚奥深，至今尚未有英文译本。近日人小林秀雄氏，曾将其译出，陆续登载立教大学《史地杂志》第 1 卷第 1 号至最近号。

之搜集及辅助科学等;二、分析工作,又分为外形鉴定与内容鉴定二篇;三、综合工作。其书可称能吸收当时新学说的精英。我国此类学问,在清代也迅速发展起来。有所谓目录学,即是史料搜集之学;有所谓校勘学,即属于外形鉴定之学;有所谓训诂学,即属于内形鉴定之学。

历史科学既因其特殊性质而大大发达,自难免有婢作夫人之概。一部分不相信历史学法则的史学家,便逃避于这一个园地,明白肯定史学即是史料学,史料学亦即是史学,如何炳松氏即是此种主张的一人。他的意见若谓:

> 因谓历史事实均已过去,已不存在,吾人因此无法直接观察。假使吾人欲希望明了此种事实的真相,当然只有从这些事实所偶然遗存于现今的遗迹上去找。此种遗迹,谓之史料。而历史研究,即研究此种史料,以决定留有此种遗迹之过去特种事实为何,并编比成一种系统,以发见各种事实之关系。因而在历史研究中,史料意义非常重要,离开史料简直就没有历史可言。

又若谓:

> 我们研究历史,并不是搜到史料,就立刻可以著作。亦并不是看见史料,就算是明白事实的真相。因为中间必须超过许多阶梯,排除许多障碍,方才可以达到我们最后的目的地——事实真相叙述。从而史料研究就可以说是研究历史中最主要的工作,或者也可说是唯一的工作。(刘静白《何炳松历史学批判》页31—32)

其实,并不止何氏如是,在西洋著名史学者中,如 James T. Shotwell 亦有相同的意思。他曾谓历史具有科学的与艺术的两面,属于艺术方面者为记述,而属于科学方面者即为搜求。肖氏又谓:

> 事实上,历史中之艺术,适与科学相背。凡文学家称雄之地,对于考订史料之兴趣,必不如其注意文情之生动为多。史家之文章愈工,则其考订之工夫即愈少。此虽不可一概而论,然已足使科学化之史家永久怀疑文学家之撰述矣。(*An Introduction to The History of History*, Chp. Ⅰ)

在一段话里,又很容易看出,氏是以史料考订认为科学的。

《大英社会科学百科全书》(Encyclopedia Britannica)在 History 条下所描述的,只是一些什么历史的分析、综合、事件的选择、史材等等(pp,357—363),也是与上者同一鼻孔出气的。

然而史学果只是史学么?我们知道一切科学的目标,都是想从个别的现象中求出共同的法则,因而开始研究时,也都不能不从搜集材料下手。所谓史料,若就其性质而言,与供给其他科学实验或研究的材料,毫无二致。所以,把史料学认做史学本身的人,与把实验室里陈列的材料认做科学,是同样可笑的。复次,我们知道,历史的本身是现实的运动,而史料却不过是现实运动的遗迹。史料研究只是要想靠思维的能力,去再现或理解已失去的运动。但大家要注意,我们历史学者所欲研究的乃是此种运动本身的法则,而并不以运动本身的再现便为满足。所以,史料学只能说是历史学的预备学问之一。它在历史学中地位之重要,我们一点都不反对,惟是若把其重要性误认为同一性,结果不至否认历史是不止的。

B. 论事件的考证不就是历史科学

考证学在广义说起来,也只是史料学之一部。但此处所指的考证,乃事件之考证,等于 Langlois 与 Seignobos《历史研究法》第八章"特殊事实之个别研究"(The Determination of Particular Facts),等于梁任公《历史研究法》里所谓"史迹集团"的考证。这一种考证,自己亦可成一单元,即一篇独立的文章。

事件的考证,在近代正统(所谓"正统",其实只是"传统"之意而已)派史家中非常的流行。我们展开一个正统史家的史学论文集,或其所出版的杂志,在那里我们看不到一篇关于史学理论的文章,也看不到一篇较有系统解释的文字,有的只是零星事件的考证,地名、人名以及器物的考证,这些例是非常之多的。诸君随便购一本某某先生或博士的史学论文集一看,便知道上述之非谰言了。

这些史家,大概都是对于史料曾下过一番工夫的。他们对于其所考证的题目,多能广征博引,发挥尽致。但他们所错误的,在不知道此种特殊事件的考证,只是提供历史研究时的一个确实的基础,而遽认此种工作即是历史科学本身。所以他们所求的,只是特殊的事件之真实,而不是普遍法则之真实,那样便怪不得人家只以研究特殊为历史的任务,而不承认其有发现法则之能力了。

其实,没有历史科学的辅助,虽史家竭心殚虑,企图达到个别事件还元的目的,仍是非常危险。原来一切史料都不过是人间活动一部的遗留,此种活动,皆一瞬即逝,无再现之理。史家即有特殊的技术,亦只能还元为相对的真实,绝对的真实是很难期的。然此尚就留有丰富史料的事件而言,若史料缺乏之处,则史家致力于孤立事件的考证,尤觉其难于成功。惟能放弃此种狭窄的观念,而着眼于历史法则之寻求,一方面由无数特殊的事实而推出一般的原理,一方面又由一般的原理而补充此特殊事实的缺陷。这样考证的工作,才从枯燥的变作生动的,死的变作活的,而能完成历史科学中任务之一环。

复次,普通所谓考证工作,因考证家缺乏历史科学修养的缘故,所找寻的题目,都是最孤立最无味的事件。例如某名人的生卒年月,及某帝王的疾病、饮食等。这些的知识,除了作者之外,殊难使第二人感到兴味。所以,考证学在今日,已被人看作最无聊的工作。所谓"考证癖",已成为讥笑对方的名词。但我们平心而论,考证是求真的一个方法,其本身殊不可厚非。我们现在所反对的,是他们所考证的对象而不是考证的本身。苟使能在历史科学领导之下,作有系统的考证,其效果却也不可轻视。譬如,我们研究中国货币史,能将各代货币的种类、数量及流通状况等等,详细考证一过,对于货币发展史法则的寻求,当有极大的帮助。

总之,事件的考证,其目的在求特殊事件之精确,以备找寻历史法则的人有一更着实的根据。虽然是比研究普通史料的工作更进一步,但仍是预备的工作,略等于自然科学者精密地修正其每次实验工作的纪录。若只以此自足,不特使史学不能成功为科学,并且有陷于支离破碎之危险的。

C. 论历史哲学与种种史观不就是历史科学

R. Flint 在《法国历史哲学・绪论》里,曾告诉我们说,有的历史学家主张历史可成功为哲学,不可成功为科学。如 Godwin Smith 在《历史之研究》(*The Study of History*)里即说:"历史科学是一件事情,历史哲学又是一件事情。历史科学所根据的东西,一定是要因果关系的,而历史哲学则专门根据互相牵连的关系。"他把历史科学和历史哲学这样区别之后,就竭力否认有什么历史科学,而同时竭力主张有历史哲学。Flint 对此主张虽加以攻击,但我们看他对于历史科学与哲学之间所作的区别(参看第一节),仍觉其概念甚为模糊,而不能阐明历史科学的特色。

其实,像把历史哲学当作历史科学的人,并不止 Flint 一流的人物,如为国人所称道的 Charles Rappoport 的历史哲学,其全标题即为"作为进化科学的历史哲学"。在第一章"什么是历史法则"里又谓:"历史哲学只有当经验的概括①的立场放弃了时,才能成为科学。"而看重史观的人,把某某史观的几条根本原则,认为历史科学者尤多。

大概主张历史哲学的人,都是同意历史有法则的人。但他们急于近功,常常着眼于历史的一二方面,便用以解释全史。我们在历史哲学史上,可看到古时神学的历史哲学,中古时玄学的历史哲学。近代史观抬头,依 H. E. Barnes 的说法,又有所谓伟人史观、经济或物的史观、地理或环境史观、精神或唯心史观、科学史观、人类学史观、社会学史观、综合或群众心理史观等等(*The New History & the Social Studies*, pp. 31—35),他们表面上虽标着各不相同的说法,其想"以偏概全"的态度则完全一样,所以始终跳不出历史哲学的范围之外。

不幸国人承着二千年来思想定于一尊的习惯,对于流行的学说,从不肯加以批判的研究,而只是无条件的信仰。我们在最近关于历史理论的几篇论文中,看到王宜昌的一宗历史科学(?)的主张(《中国经济》第 3 卷第 1 期《论陶希圣最近的中国社会经济史论》),看到王瑛的以"方法当结论"的主张(《食货》第 1 卷第 5 期《研究中国经济史之方法的商榷》),真令人啼笑皆非了。据王氏宜昌的意见,在历史科学上,有所谓宗历史科学、订历史科学、反历史科学的三派,其中唯以历史科学为宗者是对的,其余两者都是要不得。然所谓历史科学是什么呢?则只是不折不扣的唯物史观的理论——否,只是不折不扣的 Karl Marx 先

---

① 经验的概括:据原书上文的意思,乃指依平常肤浅的经验将事件概括成抽象理论之意。

生在其遗著里对于历史断片的主张而已。王瑛氏则谓："我主张把方法当结论是指普遍而言，但普遍中却各有特殊。"又谓："前面所说以理论——即方法——当结论，是就原则及大体而言，故虽有了结论，仍须再求其详细差别，详尽划分及完整之体系。"这是王氏对于已有"原则上的结论"仍须研究的主张。无疑的，其所谓研究，只是以之作其先天的结论（亦即历史哲学）的例证而已。

然而，这果是对么？

我们知道，一种历史哲学或史观，只是某些学者对于整个历史发展的粗略的见解。此种见解，因为未经详细研究的阶段的缘故，极易流于错误。所以从古到今，各家所提倡的历史哲学，不下数十种，然现在尚很难说哪一种有完全不破的真理。即有某些突出的思想家，他有预感之明，在他们大胆的假设之下，也能指出一些大体不错的"倾向"。然注意的，这只是大体的"倾向"。较精确的原理原则，是极难从这样大刀阔斧似的几个基本信条之下演绎出来的。

复次，此种大胆的几个信条，多着重于最普通的事件。在创造者的意思，原想以此概括一切。但历史事件的发生，是极复杂的，我们除求同之外，尚须求异。所以仅仅抓住一般的公式者，结果将毫无所得。现在试问：仅记熟孔德（Comte）的三阶段说，或马克思的社会构成的层次说，果足解释历史事件的一切么？这在研究历史较久的人，无疑要给予一个否定的答案的。

我们并不是反对历史哲学，不过以为要有可靠的历史哲学，必须有可靠的历史科学为其基础。我们对于已成的较可信的历史哲学，最多只能用之为研究时候的领导，决不可认之为绝对可信的真理，要想从其中抽出结论，或当作"宗"教一般来信奉。这样人群演化的法则，才能依科学研究的指导，逐渐明了起来，而不至把哲学当作科学，永往不再前进了。

至于史的唯物论，其中不消说，可信的地方最多，但若谓这已成为世界上唯一的历史科学，却未免大言欺人！史的唯物论，在现在尚不过在历史哲学的阶段，它对于许多历史问题，尚未经圆满解答，换言之，它尚未能进到实证的科学的阶段。前人所为的工作，"例证"的居多,而真正能有助史的唯物论理论的发展者,却如凤毛麟角。这一较可靠的假设,要想它进步为可靠的原理,只有借吾人不息的努力,抽去其夸人的不合理的地方,阐明其特殊的未说及的部分,在一个原则之下,要容纳若干可能的小原则,补充若干的新原则,这样才不至有公式化的危险。若自闭壁垒,将前哲的语言捧作圣经,而将新发现的原理和事实置诸不问。这用于宣传,或尚有一些用处,若在学术界里也这样大言不惭起来,难道果可以一手掩尽研究者之口么?

D. 论单纯的叙述史与印证某某史观的叙述史不就是历史科学

文化社会学者 Kroeber 氏,曾把宇宙间一切现象,分作四级,而每级里都有分析科学与叙述科学两类。如研究第一级物质现象的科学,属于分析者有物理学、化学,属于叙述者有天文学、地质学;研究第二级生命现象的科学,属于分析者有生物学,属于叙述者,有自然史;研究第三级心理现象的科学,属于分析者有心理学,属于叙述者有传记史;研究第四级社会现象的科学,属于分析者有社会心理学,属于叙述者有文化史。在这样的分类法之下,叙述的研究,好像能与分析的研究对立起来的。

其实一切科学的研究,最初无一不由叙述的阶段开始,最终亦无一不由叙述的阶段终了的。在实验室里所作种种试验的报告,实际即等于事件的叙述。由无限次的试验报告中,综合研究,抽出定律,再完成一最完备的结论式的报告,才尽了科学的使命。所以叙述与分析,只能说是研究历程中各别的程序,不能说是性质之不同。所以上面那样的分类,无疑是不对的。

不幸许多人仍继承此种传统的见解,把历史认为特殊的或叙述的学问,而与真正的科学对比起来。如国人梁任公氏曾把宇宙的学问,分为科学的与历史的两系(见氏著《历史研究法》)。蔡孑民氏亦谓,同是用归纳法的科学,因对象不同,而得区为两类:一是自然科学,一是历史科学。前者在剔除歧异之影响而求得反复不变的因果;后者在观察类似之事实,而表现出特别不同的关系。各有领域,不能相易(见朱著《历史学派经济学·蔡序》)。外人亦多作如此的主张,如 Rickert 认自然科学为法则科学，历史学则为事实科学；如 Dilthey 谓自然科学为外面悟性的理解，历史学则为内面想像的体验（亦即个性的研究）；A. E. Tayler 谓科学是普遍的，历史是特殊的。凡此种种，都是承认历史的特征，乃是特殊事件的叙述，与自然科学研究普遍的法则不同的。

但是这样的说法对么？记得李守常先生曾道："研究史学的人，不可自画于此之一境，而谓史学不能侪于科学之列，置一般的理论于史学的范围外，而单以完成记述为务。各种学问的发展，其进展的程级，大率相同。大抵先注意个个特殊事实而确定之，记述之；渐进而注意到事实的相互关系，就个个情形理解之，说明之；再进而于理解说明个个事实以外，又从而概括之，推论之，构成一般关于其研究的系统的理论。史学发展的途程，亦何能外是？史学方在幼稚的时期，刚刚达到就各个事实而为解释说明的地步，自与其他已经达到概括的为理论的研究的科学不同。但此之不同，是程度上之不同，不是性质上的不同；是史学的幼稚，不是史学的特色。只能说史学的发展，尚未能达到与其他科学相等的地步，不能说史学的性质及观察点，与其他科学根本相异"（《史学要论》）。这些话真说得再对不过了，历史学决不能以完成叙述史为满足的。

但有人虽不以单纯的叙述史为历史科学，却以某种历史哲学或某种史观为骨子的叙述史为历史科学。他们的意思大概是历史哲学是过去事实抽象的说明，而历史学却是依此种抽象原理作具体的叙述与说明。这种说法也是错的。因为要有可靠的哲学，必先有可靠的科学为基础。决没有先用某种先入的见解，而可以奠定科学的基础之理。并且把科学只当作有说明的叙述，与前面的意见，仍相去无多，其错误更显而易见了。

然则叙述史在史学中将居怎样的位置呢？大概最理想的叙述史，当等于其他科学在实验有结果后所作的报告。这又可以法律学与法规的关系为例。法律学研究的终极目标，虽在谋创制最完善之法规，但吾人不能说法规即是法律学。因为法律学的研究，是在发现人事关系之法则，而法规则仅是一些人事的规定。虽然良善的法规中，每一条都包有丰富的法律学的原理，但两者仍是有异。同样写成良好的叙述史，虽为史家职务之一,但历史学最大的目标,仍在发现社会演化历程的原理原则。并且只有在这些发现的原理原则指导之下去写史,才有最理想的叙述史出现。因为只有完全明了"一般"的人,才有把握特殊的能力的。现在普通的史家,多不肯经过科学的研究,遽以写史为其唯一的目的。于是上焉者,充其量也只能达到事件之真(其实,不经过分析研究的阶段,"真"亦不易言)。下焉者,更杂乱无章,一凭己意为去取。不客气说一句,在最近我国的中学以及大学的教科书中,名史家的通史以及文化史中,可说没有一本可达到我们理想中的叙述史之百一的。他们的弊病,说起来也很简单,即是不知道什么是历史科学,及计划写史的人应该怎样困苦地去受历史科学的训练而已!

总之,史料学与事件的考证,其目的乃在求个别事件之真,以备从其中抽出共同法则之用。历史哲学,在大家不知道历史有法则之时,颇尽一些启蒙的作用。但在现在,却嫌其太过笼统武断,未能达到实证的地位。叙述史则可分为初步的与完备的二种,前者其目的在叙述个别事件研究之结果;后者又须在历史科学研究有成绩之时,才有成就的可能。这些部门虽与历史科学有直接间接之关系,但因其本身不在企图发现法则,或不在企图可实证的法则,而只图笼括的说明,故都不能说是历史科学。我们研究历史科学的人,虽然对这几门的知识都当具备,但仍当知道我们本身的责任,乃在发现人群演化历程的原理、原则,而不当停留于这些的部门之内,这样才不至惹起喧宾夺主之讥呵!

三、从何以要把历史当作科学研究 说到历史科学的内容

在这里,一定有人质问道:世界上各种学术的研究,都有它的特殊的任务的。历史因其独特的性质,既很艰难成功为科学,那我们又何必强与科学合为一炉呢?明白说,史家之所以为史家,只在其求得事件之真,已完了其职务。今妄欲企图从其中发现法则,多见其不知自量而已!这些话,表面上好象很有一点理由,其实却不然的。

我们要把历史当作科学研究,绝不是因为科学名词之好听,而是因

为历史学发展到今日,假使不再有真正科学方法之指导,其本身便有走入绝路之危险。

原来人类社会进化到今日,已达到非常复杂之地步。就原则上说来,凡在变化中之事件,都可说是史料(注意,不是说过去的事件都是史料)。那在变化最繁的现实社会中,史家应该注意的对象,当不可胜计。假使没有一种把握一般的方法,为之通盘筹划,势必致目眩五色,动辄失措。即有人高揭什么才学识之说,但这都不过是抽象的名词,主观的说法,谁敢说"他的"便是"对的"呢?况且在人文科学昌明的今日,各家都能就其特殊的范围内,寻出其所要知的原理、原则。虽然现在尚未至完全不错的地步,但其求真的精神,是可钦佩的。史家既一样以研究人类社会为职志,难道独可以"固步自封"么?又况且没有历史科学的指导,连旧日历史学家对于历史企图,都无法达到完成的地步。试依次说明之于下:

第一,普通史家最致力的工作,是事件的考证,换言之,即企图发现事件之真。然盈天地间的事迹,何可胜数,哪能够一件一件地作详尽的考证。传统的史学者,为保持其身分计,所选择的题目,多是狭窄的断片的,不愿为普通人所懂的。例如,估设某皇后金钢石项圈的价值,叙述 Charles 第五的食物(Robinson《新史学》里所举的例),把君主的名字结合于主要的时代,耗费巨量的篇幅来描写要人的情妇们(K. Pearson《科学规范》里所举的例)。像这些的命题,特殊固特殊极了,奥僻固奥僻极了,但又几曾满足人们对于历史知识的要求呢?即有一二眼光远大的学者,他能着手于较重要的问题,但因为史实的联系,多藉助于推理的作用,所以仍无法排除纯粹主观的见地。如对于一种事件的发生,甲可以归于军事的因素,乙可以归于经济的因素,丙可以归于政治的因素,丁又可以作一种调和式的综合论,这样,谁又能断定哪一说为真实呢?唯有借助于整个法则的发现,用一般指导特殊,才能将这些问题合理地解决。而在企图发现法则的研究历程中,所选择的事件又必定为普遍而且重要的,这样又不致坠入支离破碎的考证之阱了。

复次,普通史家又希望有良好解释的历史出现。这样意思固然不错,但是一部完整的历史,其基础乃建于种种已解答的专题上面。苟使专题的研究,不能到达圆满的地步,要想有良好的历史出现,无疑是不可能的事。最近新进史家,似亦知道此意,故又企图利用其他社会科学(如经济学、政治学、社会学等等)的成绩,为叙述史打一个坚固的基础。这表面上很对,其实仍有商榷的余地。原来各种社会科学的研究,多是以现社会为对象,因其所发现的法则,是现社会的法则,亦是横的法则。此种横的法则,固然为历史学家所应知道,惟只足供参考而不足供应用。因为历史之所注重,乃在社会之纵面而不是其横面的。所以研究经济学的人,并不一定即会写经济史;研究法律的人,也并不一定会写法律史。而想要最精确的历史出现,又不能不先有历史科学之建立了。

复次,研究历史的人,都企望把历史变成有系统的知识。我们知道所谓有系统的知识云者,并不是篇章整齐,排列有序之谓。是谓其间所描述的东西,能作有机的联贯,息息相通,牵一发而全身动。在记忆方面,又能提纲挈领,把握一般,而不必致力于繁琐的无用的方面。要达到这地步,必然地又要大家对于历史可以成为科学研究这一命题,有大胆的信任而继续努力。像现在零星的考证,和主观的选择,只有给人以凌乱的不快的感觉,要其化为完整的知识,是说不到的。

以上都是就历史必须应用科学的研究方面,加以发挥。然仅仅有"必要"而没有"可能",仍不敢说历史可成功为科学的。下面再就"可能"的方面,加以说明。

第一,历史的发展是有法则可寻的——历史是否有法则,这在旧日虽然经许多人辩论过,但在今日仍提及这一问题,似乎有些无聊。我们读法人 Rougemont 或英人 Flint 关于历史哲学史的著作,知道以前人对于历史法则寻求的尝试,经过如何长期的努力,他们的成绩,也斐然可观。至就历史本身说,其发展的顺序,到了今天,已逐渐趋于明显之地步。例如"进化"一概念,已为大家所公认的原理,亦为历史科学中主要的对象。固然有人谓历史事实不重现,但这也不能作其不配为科学的理由。Wundt 在《哲学概论》里曾说:自然科学里,也不是完全缺乏单一的现象的。例如地质学,差不多是由单一事实成立起来的,可是谁也不会主张——冰河时代的研究,因其在一切盖然性上,只有一回存在了的缘故,就不属于自然科学,而该是历史家的空想的直观,是最对不过了。何况在历史领域里,尚非完全不能重现呢?关于这点,我们在下一段尚当详细论及,这里只是指历史的进化,是有法则的意义而已。

第二,历史科学所研究的,是有其特殊的对象。各门科学,各有其特殊研究的问题。各门科学的划分和成立,亦是以问题之迥异而起的。在现在学者最看轻不起的,是百科全书式的学问,是"周身刀而没有一张利"的东西(Jack of all trades and master of none)。历史所涉及的范围甚大,在表面上有包罗万有的样子,因而亦常常被人看作所谓"综合科学"一类的东西。然而历史果是这样么?我们知道各门科学,得以独立的存在,乃在其各别的观察点的不同。例如同一物质,注重其组合的变化(或实质的变化),则为化学的研究;注重其形态的变化,则为物理学的研究。同一的风化现象,如注重岩石中种种不同形态的蜕变,则为地质学的研究;如注重何以不同风化之作用,形成不同之地形,则为地理学的研究。历史所取资的材料虽广,但它却有其特殊的观点,因而可以说有其特殊的对象。此种特殊的观点是什么?简单可以说是着重事件之变迁或演化一点上面的。历史学借助了这一点,虽容纳了多量的材料,然仍不失其为独立科学之精神,故大家把它看作综合的学问,是错误的。

第三,历史科学成立的步骤,与其他纯粹的科学无不同——一切科学成立的途径,都是要经过:A,材料之搜集;B,材料之分析与叙述,才能达到C.材料之综合的阶段的。历史科学因其复杂的性质,所以经过A与B的预备时间极长,而至今日尚在综合研究阶段的开头。但这只能说明历史科学之难于研究,历史科学家较其他任何科学家应有更巨大的毅力,更广博的知识,才有成功的希望。这只能用孔德(Comte)在学问系列中,将社会学放于科学的最高级的意思,来转赠历史科学,而不能因其困难的结果,而遽疑及其科学的性质的。托尔斯泰(Tolstoy)说得好:"科学和哲学,专去论究所喜欢的一切,而把人所为更好的将来和更好的做法而干的,除开不管了。"企图将来有更善的做法,正是历史科学最高的目标,愿我们不顾困难地向前努力吧!

这里要转入一个新命题,即历史科学的内容,到底是什么呢?

不消说,历史科学是找寻历史法则的科学,但此种法则的内容,却又有种种不同的说法。如 Rappoport 在《历史哲学》里,曾列举出普通

人所说过的几种法则,即:

> 历史的颠覆法则
> 历史的循环法则
> 历史的重复法则
> 历史的进化法则
> 历史的倾向法则
> 历史的从属法则

其中除了进化法则,加以相当的说明可以成立外,其余都很可疑,且过于抽象,并不能说明什么。又如法史家 Henri Berr 在《历史的综合》(*La Synthèse en histoire*)里,曾指出历史上有三种可信的因果关系,即(一)连续的关系;(二)永恒的关系;(三)内部相连的关系。美史家 E. P. Cheyney 在《历史上的法则》(*Law in History* [and other Essays])里又指出历史的法则凡六:即(一)绵延;(二)变易;(三)互倚;(四)民治;(五)自由增大;(六)人道进步。这些法则,其实只是进一步概念的说明,殊不足以概括历史科学的全体。至不用此种横面的列举法,而只示出历史学研究的范围者,则有国人李守常氏。氏在《史学要论》里曾大胆指出"普通历史学"里的历史理论,有下列几种:

1. 个人经历论(比较传记学)
2. 氏族经历论
3. 社会集团经历论
4. 国民经历论
5. 民族经历论
6. 人类经历论

这是以社会组织单位的大小为标准而列举的。其实历史的研究,多是以人类活动的部门为对象(如政治史、经济史之类)。亦唯有个别活动的部门,作详细的研究,才能得更精密的结论。所以李氏此种说法,只就综合方面着想,尚未能示人以下手之处。并且"经历"一语,亦觉太过含混,未能示出历史学主要的内容。至氏关于"特殊历史学"方面,竟举出经济学、政治学、法理学、伦理学种种为历史理论,这却未免太误会史学本身的性质,而将其与其他的社会科学混为一谈了(参看本文第七节论历史学与其他社会科学的区别线)。

我们对于历史科学内容的见解,却是联系我们对于历史的见解的。历史学到底是什么呢? 我们在这里要大胆替它下一定义,即——

历史学者,乃探讨人群演化历程(并包过去、现在、未来)之法则的独立的科学也。

这个定义表面上虽似简单,其实含有五种特殊的见解。第一,我们把史学当作研究演化历程的科学,亦即研究"变"的科学。第二,这里所指的演化历程,只限于"人群"。这虽与所谓"历史者,宇宙现象之叙述录也"(萧一山《清代通史·导言》)的夸大的定义不同,但却指出历史学真正的范围,而促进其成功为科学。第三,我们心目中的史学,是站住"变"的"坐标"来观察社会现象的。因为"变"的第一条件,为时间的推移,故大部乃涉及过去的范围,我们并不是为"过去"而研究过去,乃是为研究"变"的法则而研究过去的。世间把历史学只看做研究过去的学问,乃完全不懂史学的本质的。第四,史学是"法则"的科学,而不限于叙述。第五,史学是独成一门的学问,而不是如垃圾箱一样堆积一切的。最后两者,前头已经解释过,此处恕不赘说了。

在这样的定义之下,我们可把历史科学的内容画为一表如下:

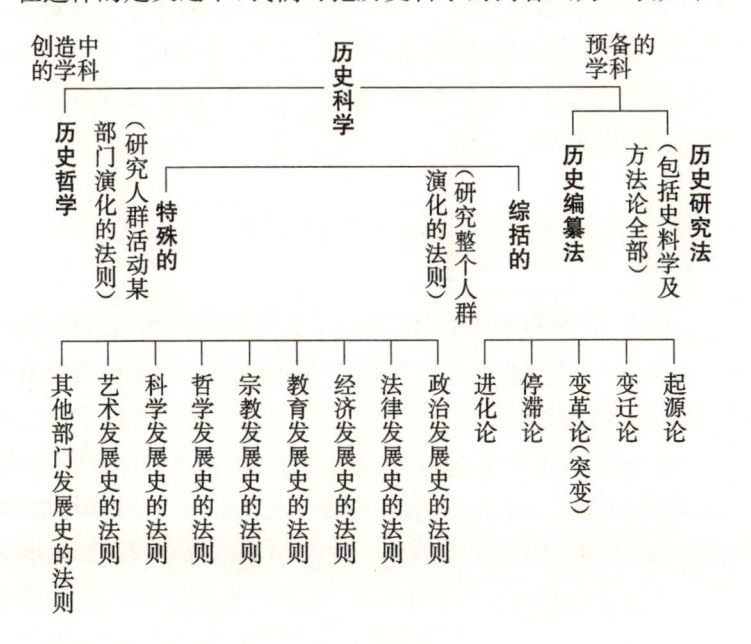

- 历史科学
  - 创造中的学科
    - 历史哲学
    - 特殊的(研究人群活动某部门演化的法则)
      - 政治发展史的法则
      - 法律发展史的法则
      - 经济发展史的法则
      - 教育发展史的法则
      - 宗教发展史的法则
      - 哲学发展史的法则
      - 科学发展史的法则
      - 艺术发展史的法则
      - 其他部门发展史的法则
    - 综括的(研究整个人群演化的法则)
      - 进化论
      - 停滞论
      - 变迁论
      - 变革论(突变)
      - 起源论
  - 预备的学科
    - 历史编纂法
    - 历史研究法(包括史料学及方法论全部)

上表关于综括的部分,乃"变"的几个类型,为历史学中重要的类门。以经济学为比,略等生产论、分配论、流通论、消费论各部;依据研究所得到的原理原则,加以历史体的叙述,才能算得科学化的"通史"。关于特殊的部分,乃根据分工的理论,企图得到更精密的法则和给予综合部分以更确实的基础。以经济学为比,略等财政学、农业经济学、工业经济学、商业经济学之类;再依据研究所得到的原理原则,加以历史体的叙述,才能算得科学化的政治史、法律史、经济史、教育史、宗教史、哲学史、科学史、艺术史等等。至于历史研究法及编纂法,只能说是历史学预备的学科,固然与历史科学有非常密切之关系,但不能便算得历史科学的本身。历史哲学则只能承认其尚在创造的路途中,因为根据学术发展的历史,决没有科学尚未圆满建立,而能先有圆满的哲学出现的。(详述历史科学的内容,我另拟有专篇,这里为行文的关系只指出其大体而已)

最后我们尚须述到社会学中研究社会变迁的一派。此派自 1922 年 Ogburn 开其端,亦颇有人继承之者。但我们知道社会学上所注重的社会变迁,与以整个人群演化历程为研究对象的历史学,其间有绝对之不同。此事在本文第七节,当有较详细的说明,但这里可以先告诸君一事者,即历史学所着眼的,乃通过过去、现在、未来的"变"的法则,而社会则以现社会发生的现象为其中心,过去的研究,最多亦不过供其为研究现代之参考而已。

四、历史科学在此种意义之上可以成立么

我们在上面,大胆地把史学看作独立的法则的科学,并大约指出其内容。这在今日,当然尚有人致其怀疑的地方,这一段即就普通人怀疑之处,加以明白的解释。

大约怀疑史学不能成为真正的科学者,综括之,不外下面几种:(一)历史现象多特殊说;(二)历史现象多偶然说;(三)历史因果过于复杂说;(四)历史记述不详说;(五)历史记述不确说;(六)历史无独特范围说。试分别说明并答复于下:

第一，因历史现象多特殊，致疑及其科学性者——Johann Thyssen 在一个历史的探讨文里，曾谓位于时间中的事实，只能产生一次，而主要的特性又是个别的。即使讲到人群的时候，也是指着个人的共通点而言。因此他不以为历史能认为科学，因为同自然科学的相似点太少了。法史家 Henri Sée 且指出，有个别性的事实在历史上并非都是可忽视的，例如"蛮族的南侵，16 世纪的宗教改革，海洋的发现，法国革命等。这些之中，有些不纯是巧会的结果，可是都是些事变，而不是共通现象"。此外有个别的大人物，如凯撒、拿破仑、俾士麦、路德、加尔文等，其在历史上影响亦然（《历史之科学与哲学》）。其实，像这样的话，我们在中外史学家或哲学家的著作中，所听到的已很不少，最著的如 Schelling 他更明白说：

> 凡是可以先验而计算的，凡是服从固定法则的，都不能为历史的对象。反之，凡是为历史之对象的，都不能承受预料这一回事。

这已完全不承认历史有综合研究之可能了。

我们知道历史固有特殊的方面，但亦有其一般的方面。特殊方面，乃为时间和空间的情况所规定，为可变的；一般方面，乃根据人类有同一的适应性的原理出发，为固定的。举个浅现的例说，平民因生活无法解决而革命，此一个原则，乃中外古今所同。但生活因何故困难，困难到什么程度，除生活困难之外尚有其他促进革命的因素与否，革命暴发的方式如何，经过的时间久暂如何等等，却随不同的场合而异。Rappoport 说得好："因此我们对于提出来的'什么叫做历史'一问题，给以这样的回答：历史现象在表现一般的和永久的原因的产物时，是重复的；在从系于已定的地点、时间的情况生出来时，因为这些情况不是同一的，甚至在两个已知场合中也不是同一的，就没有重复。"而我们历史学家所要做的，"只是承认历史现象的固定原素，正当可变的原素支出历史纪述之费用或'历史图画'之费用时，生出某种规律来证实我们的历史发展之一般法则的要求"。

至 Henri Sée 所谓大事变与大人物，都是有个别性的，这话也只有相当的价值。因谓某大事变与某大人物在历史上的影响，划其一部来看，固然可见到其特殊的地方，但如与其他的大事变及其他的大人物来比,又发现其有许多共同的地方。即如蛮族侵入一事,在施氏看来,好像特殊的。其实在世界史上,蛮族的侵入绝不止欧洲一地,而侵入的原因与侵入的影响,又大都有相同之点。我最近为研究封建制度成立的条件,曾比较阿拉伯、土耳其、埃及、俄罗斯、墨西哥、秘鲁、欧洲古代国家、欧洲近代诸国、日本、中国等处的封建制度,结果发现主要的特征都相同,且都有蛮族侵入之事,可见特殊的说法是不对的。同样主张历史是一次的,完全不能再验的,在这里也失其根据了。Paul Lacombe 先生曾谓,这些特殊事变都在历史科学之外,历史科学只管长久性的现象,各种政治、经济、社会的制度,这些多少是复现的,相似的(《历史科学论》)。这真道出历史科学之本质了。

第二,因历史现象多偶然,致疑及其科学者——这里所谓"偶然"与上面所谓"特殊",略有不同的地方。因为后者虽不承认有公共的法则,尚承认有个别的因果,前者则连个别的因果关系都加以否认的。如国人曹聚仁氏便是主张此说的一人。他在《适然史观试探》一文里,曾说出其基本原理如次:

  A. 宇宙间一切(具有空间性与时间性的一切),它的本身是一个因子,织在纵的时间线和横的空间性里面。因子与因子,在相交的时候,乃成现象,乃显价值。

  B. 宇宙是一个椭圆形的无穷大,时间线与空间线,随处可以相交,在同一轨迹上的,有因果律可以推寻。

  C. 存在就是意义,现象不问是大是小,只要经过时间的堆积,不断的和其他因子相交,而能相和谐的,便包含无上的意义。

  D. 现象是永存的,它的波澜,推广到无穷大。根据以上四个定则,对于史迹作左列的解释:

  甲、凡是史迹,它的起源都是适然而生,既非人力所能决定,亦非物质环境所能支配。

  乙、一切史迹,都是时间的堆积。思想、制度、英雄,都是时间的产儿。

  丙、史迹是连续无可分割的,从一个波澜到其他一个波澜,只是观念上的偶划。波澜与波澜之间,其过渡亦是适然造成的。自有宇宙以来,从没有两个相同的波澜。任便是精神的力量或物质的力量,决不能造成同一的史迹。

丁、一切史迹,价值平等。

这些理论,显然是错误的,神秘的。苟使宇宙的事物毫无因果,毫不齐一,那我们尚能生活下去么?譬如昨天太阳从东起,今天却可从西出;昨天空气有益人类的生存,今天却可以致死人类;在这样一个纯粹偶然的世界里,一切秩序都无可言,一切人们的思想都无可施。我们的理智既失其作用,一切科学的法则便也同时宣告破产。但这无疑与我们平常的经验相差太远的。

固然在常识看来,也有所谓偶然的事情。例如,我在路上偶然为跌下屋瓦所伤。某甲偶然中了彩票之类。其实不然。因为我所以行在某一路上,便是因为在某时候有特别的事情,我不能不于某时候出门,依着所要走的路程,依着时间的快慢,适至于该路;而在屋瓦的方面呢,或因年久失修,或因雨漏致坏,而当跌在我的头上时,又或因受着狂风的吹摇。不消说,此种落瓦的风,又有一定的方向和速率的。两方面既同有这些原因,所以结果并不能算是偶然的事。然我们所以仍把它看做偶然,只是我并不知道屋瓦何时已坏,狂风何时降临种种的原因而已。Bukharin 说得对:"因此,假若有两个或者有无数个原因之交错,设使我们只知道其中的一个,即使这个现象在事实上是合于某种定律的,而我们对于这个现象以为是个偶然的现象。……由此看来,就字义本身上讲,世界上也就没有一个现象是偶然存在的。换句话,世界上也就没有一个现象没有他所以存在的原因。不过,在我们找得事物的原因以前,我们总以为世界上是有偶然存在的事物的。"(《史的唯物论的理论》)B. Spinoza 亦说:"一个现象之认作是偶然发生的现象,惟一的原因,就是由于没有深刻的认识,现象的原因,为我们的知识蒙蔽了。"(《Spinoza 全集》)这是十分对的。

普通人所谓历史多偶然的现象,同样适用上述的理由去驳斥——偶然说未免是太幼稚了。

第三,因历史因果,过于复杂,因疑及其科学性者——普通人常常把历史和科学对举,理由是科学的因果是较简单的,易于把握的;而历史的因果则是复杂的,难于把握的。此意在梁任公的《历史研究法》中有明白的表现。氏道:"说明事实之原因结果,为史家诸种职责中之最重要者……虽然,兹事未易言也。宇宙之因果律,往往为复的而非单的,为曲而非直的,为隔的伏的而非连的显的,故得其真也甚难。自然界之现象且有然,而历史现象尤其甚也。严格论之,若欲以因果律绝对的适用于历史,或竟为不可能而且有害的,亦未可知。何则?历史为人类心力所造成,而人类心力之动,乃极自由而不可方物,心力既非物理的或数理的因果律所能完全支配,则其所产生之历史,自然与之同一性质。今必强悬此律,以驭历史,将有时而穷。故曰,不可能。不可能而强应用之,将反失历史之真相,故曰:有害也。"(页176"史迹之论次")

梁氏关于历史的理论,受德国西南学派的影响很深。他一方面信历史有因果,一方面又以为非普通科学的因果律所可完全支配。这种徘徊于心物二元论的说法,正足表示其思想的矛盾。其实我们不承认历史有因果则已,如承认其有因果,殊不能又因其复杂的缘故,而谓此种因果乃特殊的,而与其他科学的因果律有别。至把此种特殊因果的成因,归于"心力之动",更坠入人类意志自由论的陷阱去了。自由论这一问题,已涉入哲学的范围,这里不愿详说。不过由于近来心理科学的发达,我们敢大声说出,心理的法则绝对服从物理的法则。"人的意志,也与在自然界的一切现象一样,是由于某种原因而定的。人类凡百之所作为,都不脱自然界的因果"。即使心理的现象,较物质的现象为高级,因而通过心理现象的历史事件的因果,也较其他物质科学为复杂。但这最多只能说明建立历史科学之困难,而不能说明建立史学之不可能的。何况因果之复杂与否,也只是相对而言。在我们最初研究宇宙间的物质现象时,又何尝不觉其眩乱。但到法则逐渐求出时,便日觉其单纯化了。所以复杂论的理由,也是不充分的。

第四,因历史上所遗留的记述不详,致疑及其科学性者——据这一派的意见,真正的科学必有完整的研究资料为其基础的。不幸"历史本是一个破罐子,缺边、掉底、折把、残嘴,果真由我们一整齐了,便有我们主观的分数加进了"(傅斯年《谈两件〈努力周报〉上的物事》)。又不幸"我们不得不承认今天存着的社会,其大部分的历史,对于我们,差不多

建立史学为独立的(非综合的之意)法则的(非叙述的之意)科学新议　133

是完全没有认识出来"(Raoul Rosières 在 1882 年《政治和文学》的杂志所说的话)。历史知识既这样难以完全,要想从其中抽出法则出来,不是很危险的事么？

诚然,我们对于过去的知识,所知道的并不算多,但这并不足为我们不能研究人类演化法则的根据。我们知道,即在现在所谓精确的成功的科学中,其所知道的,以及其所利用为研究资料的,都不过沧海之一粟,然而我们并不反对科学家继续不断的研究。那我们又有什么理由来反对历史科学家大胆奋斗下去的精神么？此其一。人体的解剖是猿体解剖的钥匙。因为在猿体中还未发展的部分,在人体中十分发达起来。而在猿体中发达了而衰颓的部分,在人体中也留下了痕迹。社会方面亦然。所以,了解近代的社会,便是了解古代社会的枢纽。今幸进化的最重要的过程,我们已有充足的知识,所以即使过去的事件有遗失的地方,其全部进化的法则,仍是有办法寻求出来的。此其二。在几何学方面,认识圆周之一部,便能找出它的半径及整圆的大小；在人类学方面,人类学者拾了一个古代的骨头,便可以复原已消灭之动物的体式；历史学方面尤然。我们素常看见历史学者在一件古代器皿或一个古文字当中,能推出许多古代人们的经济、艺术各方面的生活而大都中肯。可知记述即偶尔不完全,尚不足为历史学家的威胁的。何况在人们知道看重史料的近代社会里,史料保留的方法,已一天天完备下来；史料消灭的危险,亦一天天减少下去。那么记述不详一事,大概很快已将不成问题吧！

第五,因历史上所遗留的记述不确,致疑及其科学性者——法史家 Seignobos 氏便是主张此说的一人。他谓史学难成科学,不是无法再验,而是所靠的"资料",完全不是由严密的方法编辑的自然科学的观察的纪录。所以历史与"资料"有别者,也在这一点。譬如,"在天文学上要重新考验一时气象经过的观察,却是不可能的,然而一时气象经过观察的记录,决不止是一件简明的资料。这个差别,就是方法上：记录是依据一个严密的与固定的方法编辑起来的；资料是无方法依据编辑起来的,与实验室的一个工人的传说相类。"(《社会科学与历史方法》第一章)

其实，这也是有办法的。在将来依历史学及其他社会科学的进步，我相信一定有严密的数字的统一编辑法，把瞬眼的史迹编成合于科学化的史料。在过去呢，我们依近来历史研究法的进步，知道怎样搜集不同的史料，知道怎样作外部的考证，知道怎样作撰人的考证，知道怎样诠释史料，知道怎样断定史事。经这样精密的工夫以后，离真相业已不远了。我们尤其可以自慰的，是我们所要求的乃社会的"共相"，而不是社会的"特相"。欲剔除不规则的偶然的事实，我们可以借助统计的方法；欲将乙地的现象来作甲地的补充，我们可以借助比较的方法；欲将一般的原理来作特殊的修正，我们可以借助演绎的方法……（参看第六节）。大凡求特相者，多不易得其真。因为就严格说，万物是毕异的；求共相者，则易得其真，因为就大体说，万物是毕同的。这样"由资料种类得来的拙劣的理由"（用 Seignobos 前揭书第十二章语），也就不成其为理由了。

第六，因历史无独特范围，致疑及其科学性者——上面五种的质难，都是就史学不能成功为法则的科学致其怀疑，这里却到达史学不能成功为独立的科学一问题上去。历史因其所涉及的范围的广大，及近来分科研究的发达，很多人致疑历史学本身是否尚有存在的资格的。英国剑桥大学 Seeley 教授在 30 年前已经宣言，历史这样东西，无论如何不过是"一种残余的一个名词。这种残余的东西，就是历史的事实，一类一类被他种科学拿去以后所留下的。这种残余的东西，将来也一定要同其他事实一样，而且不久就要有一种科学起来，将现在历史家残余的财产完全拿去"。历史学存在与否尚是疑问，怎样有成为独立科学的资格呢？

普通历史学家对于此事的答辩，多是以综合研究为历史学的园地的。譬如美史家 Robinson 便这样说："人类这样东西，断不是科学分类的总数。水是水素同酸素化合而成的，但它不像水素，也不像酸素。假使要将人类的原质用科学方法分成宗教的、美术的、经济的、政治的、知识的同战争的，那真勉强极了。各方面固然可以受分类的研究，而且很有利益。但是假使没有人去研究他们的全体，分类的研究，一定要生出极荒谬的结果。研究全体的人，便是历史家。"《新史学》第二篇《历史的历史》)国人梁任公亦说:"今后史家,一面宜将其旧领土——划归各科学之专门,使为自治的发展,勿侵其权限;一面则以总神经系——总政府自居,凡各活动之相,悉摄取而论列之。"(前揭书第三章)

这样的说法,表面上是要代历史学找一地盘,其实却把历史学的真正地盘丢了。我们知道,在各科分工研究发达的今日,百科全书式的学问,已成过去了。历史不欲独立成科学则已,否则一定要寻出其独特的对象,而不当固守综合的说法。历史独特的对象是什么呢?这不消说,是我们前头所说,站住"变"的观点来摄取人类数千年来活动的资料的。历史有了这种独特的对象,所以是一门独立的科学,而绝不是各科的综合。至各类专门的历史,普通以为应属于各专科的范围,在我们新的观点形成之下,却已完全划入历史学的范围去了。因为没有一门科学,是以研究整个变迁的法则为对象的。譬如,经济史研究一门,与其说属于经济学,不如说属于历史学为妥。因为前者是以研究现代经济现象的法则为目标,而后者却以研究各时代的经济现象发展的法则为目标的。固然在经济学中也有所谓历史学派一派,是想企图汇集多量的文献,利用历史的方法,来说明经济阶段发展的法则的。而这一派人们的成绩,在社会科学中也确是极大。但在我们看来,他们的贡献十之八九是属于历史学方面,而不是属于经济学方面。所以,属于奥大利学派的 Karl Menger 曾说:"历史学派的一群,是经济学者呢,还是历史学者呢?他们所完成的,是经济学呢,还是历史学呢?"这种评语确是非常之中肯的。专门史应属于历史学范围内,于此更可见了。何况专门史的研究,应由历史学者分别负起责任,我们尚有种种不得不说的理由在。第一,历史材料的发见、搜集、考证、分析、解释、综合,应有一长期而且特别的训练。这种训练,惟有专门史家才完备。普通人所写的历史,在历史学者看来,无不觉得幼稚空疏,错误百出。即使研究某科的人,写出其本科的历史,除了受过严密的历史学训练以外,仍不免此,所以这种工作是需要史家来补充的。第二,普通人因专门史的研究,需要专门的知识,以为历史学家或有所不足,这实大误。社会的发展,是愈后愈复杂的;学术的发展,亦愈后愈进步。若论以前,则大都非常简单。所以我们即着手写一部自然科学史,都不觉有什么知识不够的地方。

并且历史学家的着眼点,乃某部门发展的状况和法则,而不是某部门的本身。又且将来历史的分科愈发达,一个史家所专精的,亦只一二门的专科的历史,更不虞没有充分的工夫去准备其所需要的知识,所以这是完全没有问题的。第三,专门科学家对于其研究的那种科学的原理,太过接近,所以对于遥远平常未能见的状况,便多误解。例如,某哲学家可以说庄子的"天钧律",便是近代的进化论;而某经济学家亦可谓,孔子的"不患贫而患不均"之语,便是近代的共产主义。这实因为他们只知道以其所熟悉的概念的范畴,来概括前代的事实,而不知从历史本身来看出其所发生的事实的意义的。

在此可见,无论研究整个的或一部的人群演化历程的法则,皆当由历史学家担任,且不得不由历史学家担任。历史没有独特范围之说,不消说,只是一些人的谰言而已。

总之,上面六种怀疑史学科学性的意见,在这里可说已完全不能成立。所以我们仍深信,史学是可以成为一种独立的法则的科学的。

(《现代史学》第 2 卷第 4 期,1935 年 10 月)

封建制度成立的条件及其本质新议

(一) 国内外学者对于封建制度形成论——本质论的见解及其批评

被封建制度迷惑的国内诸学者——由此所引起的种种的混淆——外国学者对于这一问题有无新办法——想从政治方面下手研究者——大英百科全书派的意见——Henri Sée 的意见——碧杜舍夫斯基的意见——Coulanges, Thorndike, Vinogradoff, Herbert 诸人的意见——想从经济方面下手研究者——Bogdanov 的意见——Dubrovsky 的意见——Kunsinen 的意见——山川均的意见——与后面两人某些相同的 Marc Bloch 的意见——他们一个共同的错误——对于前一派诸人的总评——对于后一派诸人的分评——说到问题的中心

(二) 我们对于这一问题的研究方法及其主张

打破以欧洲一部民族史为中心的新的研究法——我们怎样比较这一个制度——先提出一个答案——用事实证明答案——阿剌伯的封建制度(下各国同)——土耳其的——埃及的——俄罗斯的——墨西哥的——秘鲁的——欧洲古代国家的——日本的——中国的——发现封建成立过程的两个共同必具的要素——试下一个封建定义好么——试以定义考验封建经济的内容——明了国家的发生更易了解我们的主张——试融和 Engels 与 Oppenheimer 对于国家发生的学说——新的国家发生说更足看出封建制度何以会在前述的两个基础之上产生的缘故

(三) 两个反对的意见及我们的答辩——前项主张的引伸

第一个反对的意见(欧洲中世纪的典型封建社会不是这样的研究所可满足)——分开三点驳斥——(1)欧洲中世纪的封建制度会逃出我们的结论之外么——(2)欧洲中世纪的封建制度并不能算得封建制度之唯一的典型——(3)欧洲从奴隶社会到"农奴的封建社会"也只是量的变——再分三节来说明第三点——A.奴隶和农奴是同性质的东西——B.奴隶转化为农奴是在封建制度建立之前已开始——C.农奴的封建社会与奴隶社会生产力完全一样——我们观察中古社会应分开农奴制来源与封建制的来源来看才对——第二个反对的意见(这样的说法不是把社会发展阶段的必然铁则打破么)——第二说的驳斥——先说我们对于铁则或公式的意见——再说我们会不会把社会发展形式的一贯的系统打破——我们如何研究经济史发展的途径——提出一个"社会经济史发展的铁则"的表——这个表内应该注意的几点——一个重要的发现及其对于我们主张的帮助

(四) 中国秦汉以后有无封建制度开始建立问题

说到秦汉以后将封建制度问题——一般社会史家何以会主张魏晋或南北朝才发生封建制度——他们马上碰到一个难关——军事决定论的陷阱——几位作家都坠入这个陷阱去——他们的白费力——我对于秦汉以后社会见解——此处应先提及我对于中国社会史特殊的看法——"佃佣"社会论略——魏晋或南北朝时代的生产关系也不出此种表示农业自由劳动的佃佣制度范畴——对于这一时代农奴存在的两种解释——它是旁生的——它是暂时的——再说佃佣社会里何以有巨量的强制劳动存在的理由——第一个农业性质的解释——第二个支配生产者共同要求的解释——本文的希冀

附记一则——我对于中国社会史分期

封建制度这个题目,在国内是早引起许多人辩难过的。不消说社会史论战一类的文章,都有涉及这一个题目,即专门以封建制度(或社会)标题者,也有陶希圣的《中国封建制度史》(单行本)、王亚南的《封建制度论》、[1]

---

[1] 《读书杂志》第一卷第四、五期合刊(《论战》一辑)。

蒋百幻的《欧洲中古封建制度论》、吴乃立的《封建制度之起源及其性质》、[①]王宜昌的《中国封建社会史》[②]以及最近发表的李立中的《封建制度论》[③]等等。这些论文，虽然各想找寻一个新答案，但不是流于空虚（如蒋文、吴文），或混淆（陶文、王亚南文），便是坠于人云亦云的习套（如王宜昌、李文），他们没有找着新的研究法，也永远不能把问题解答（原文俱在可参看）。

由于未能把握封建制度的本质的缘故，大家对于中国是否尚为封建社会，或封建社会在什么时期存在过的问题，便产生了许多不同的议论：有人把封建制度从上古拉到现在，[④]有人承认"周室东迁以后中国社会才由奴隶制转入真正的封建制度"；[⑤]有人以为秦汉以后的社会现象，都无法否认其为封建制度；[⑥]有人又以为五胡十六国，才开始中国的封建制度。[⑦] 而最近在论坛上最活跃的，便是陶希圣氏的封建社会开始于三国而终于唐的议论。[⑧]

除了时期断定的混淆外，大家对于"封建"两字的形容词，更多花样：有所谓"初期封建"、"次期封建"、"后期封建"、[⑨]"半封建"、[⑩]"深封建"、[⑪]"变态的封建"、[⑫]"专制式的封建"、[⑬]"亚细亚式的封建"[⑭]以及流行一时的所谓"封建势力"之说等等。[⑮] 封建啊，封建啊，我们这个老大帝国的学者，已经被你这个怪物完全迷住了。

然而这却不能怪国人的，像封建制度这么一个复杂的范畴——在

---

① 以上二文见《中央大学半月刊》第二卷第二期。
② 《读书杂志》第三卷第三、四期合刊（《论战》四辑）。
③ 《中国经济》第三卷第三期。
④ 沙发诺夫《中国社会发展史》、陶希圣《中国封建社会史》、周谷城《中国社会之结构》都有这一类的主张。
⑤ 郭沫若《中国古代社会研究·导论》。
⑥ 朱其华《中国社会的经济结构》三百三十三面。
⑦ 王宜昌《中国社会史短论》、《中国封建社会史》，均见《读书杂志》。
⑧ 此种主张最初见于陶希圣氏《中国社会形式发达过程的新估定》一文中（《论战》三辑），此后刘道元氏的《中国中古时期的田赋制度》（专书）、何兹全氏《魏晋时期庄园经济的雏形》、武仙卿氏《魏晋时期社会经济的转变》（《食货》半月刊）都是受陶氏同一系统的指导或影响而写出的。
⑨ 以上三名词均见陶希圣《中国社会之史的分析》。
⑩ 《新思潮》杂志论文，是用过这个名词的。
⑪ 见《现代史学》第二卷第一、二期合刊莫大招《论佃佣制与循环》。
⑫ 吕振羽《史前期中国社会研究》第二章。
⑬ 《读书杂志》第二卷第七、八期王礼锡《中国社会形态发展史中之谜的时代》。
⑭ 《文化杂志》胡秋原《亚细亚生产方式论》及吴译《亚细亚生产方式……诸问题》胡序文。
⑮ 陶著《中国社会之史的分析》等书。

一切民族里大都存在过，但它发生的背景和现象，表面上又好似不能一致——何止在中国是一个迷惑人的问题，即在西洋也尚未有一个最满意的说法。

西洋学者研究这个问题，通常从政治的或经济的方面推寻其成立的原因入手。想从政治方面推寻者，其间又略有不同，如《大英百科全书》派是立论于"保护"需要之上的，他们在 Feudalism 条下解释道：

> 历史上任何制度的长成，为谋明白认识其过程及其结果，在其起源上有两件事必须辨认出来。其中之一事便是"使此种制度发展成为需要的"政治或社会环境之变迁；其他便是已存在的制度开始转变而适合此新需要。在我们研究政治的封建制度（Political Feudalism）之起源及其发展时，甚易见出此种特点。罗马末期及中世社会的初期之最有力的需要便是"保护"（Protection）——此种"保护"是反抗侵入的部落或革命的农民之突然攻击，反抗以压迫为事的邻邦，反抗政府官吏之不合法的要求或政府本身之合法的但却太重的要求种种的。①

法国经济史家 Henri Sée 是立论于王权分裂与蛮族侵陵之上的，他论法国封建制度时曾道：

> 法国这一段历史（按：即封建制度的历史）的特点，便是王权分裂。这分裂是由于罗马帝国崩溃而生的变动，由于蛮族的侵陵，由于墨洛凡及加洛伦诸王所不能制止的扰乱。国家既无权柄，社会上只有人与人的关系了。军事的服务以土地来酬庸，便使地产完全割碎了。臣奴的投靠，造成附庸的关系，而采邑便是附庸与酬庸二者连合而成的。②

碧杜舍夫斯基是立论于"把社会适应于国家的过程"的，他曾道：

> 当西欧的野蛮国家中的社会分化有了很快的进步，引起被一切自由的、自然的国家服役，首先是军事上的服役所了结的旧制度

---

① *The Encyclopaedia Britannica*，13th Edition，Vol. 9—10，p.297.
② Henri Sée：*Esquisse d'une histoire economique et Sociale de la France* 第二卷第一编，参考陆侃如氏译文。

的危机，而国家的政权就在隶属于国家的等级制度中，把社会组织起来去适应国家的便利。为这国的起见，就逐渐从整个民众中分出自由军事的及执政的阶级，后者用他自己对农民群众的势力和全权，愈离开军事上的事情，而集中到纯粹经济的职能上去。走向此种结果的封建化过程，是把社会适应国家的过程。这就是把社会适应国家需要的过程，它此种适应是已具备对国家需要的社会的集团和远古的经济及社会的形式，而不是在完全新的原则上破坏它们改组社会。封建制度是立在过去已经形成的关系之上的上层建筑，他是纯粹政治的，公法的范畴。①

此外如 Fustel de Coulanges 在其被称为经典工作的《封建制度的起源》②里的叙述，Thorndike 在《中世欧洲史》③的议论，P. Vinogradoff 在《封土之长成》④里的滥调，S. Herbert 在《法国封建制度之崩溃》⑤里的补充，都是侧重于政治方面的意见，虽然他们中间也各有着眼的地方。

想从经济方面推寻者，多属于唯物史观一派，试略举出其中比较著名的几种意见。第一，我们先看到博学的 Bogdanov 氏在《经济学大纲》里，先指示封建社会的经济构造如下：

> 就一般而说，封建社会底经济构造，可以用下面的形式来表明。以技术低度的小农生产（工厂手工业还不曾发达）为基础，造出狭小而紧密的自然经济（自足）组织——农业共社。共社生产的领域中，要有最高的组织者，故发生封建领主底权力，他兼有生产组织者及分配组织者底任务的。

---

① 碧杜舍夫斯基《封建制度与自然经济》从 S. Dubrovsky 著亚细亚生产方式诸问题转引，该书并谓 Plenchnov 也曾重复此种理论。
② 此我是根据 Sydney Herbert 的 *The Fall of Feudalism in Fance* 转引的，原名为 The Origin of Feudal System。后来我并在中大图书馆找出 Coulanges 所著的两本关于封论封建制度的书：一为 *Historie des Institutions Politiques de l'ancienne France* 一为 *Land Jenure*，但也不见有若何新颖的意见。
③ Thorndike：*The History of Medieval Europe* pp. 221—227.
④ Paul Vinogradoff：the Growth of the Manor, Book Ⅲ：the feudal Period, 原书 pp. 291—332。按此书所述的皆英国事实。
⑤ S. Herbert：*The Fall of Feudalism in France*，他在序言中自谓要从政治的和经济的两种观点，来判断"一七八九年法国封建制度的存在到若何程度的问题"，但读遍他的全书之后，仍觉到处处复演资产阶级学者的老套，并不见有若何特殊见解之点。

至适合此种经济构造的封建制度,则在征服者社会中已存在,他又道:

> 关于封建制度底起源,人们常常拿一种族征服他种族的结果来说明。在某种场合这确是真理。封建领主是征服者,从属人民是被征服者。所以在这种条件之下,很容易发生明确有别的两种阶级,那是很明白的。但是要在被征服国内确立起封建制度,第一须在征服者国内已有封建制度底存在,事实常常是如此的。①

S. Dubrovsky 反对波氏轻视阶级关系及剥削形式的说法,他指示封建制度的形成基础,应在生产者及生产条件占有者之间去寻。他明白道:

> 在上面,我们已经说到要解开封建的及农奴的社会的谜,必须在特殊的生产方法中,在直接生产者——农民——与生产条件占有者,首先就是土地占有者中去找。就是那种建立在小自然的农业与家庭工业联合上的生产方面,及被 Marx 在实物地租中所表现出来的那些生产关系,在封建制度的特征。②

这一说的特征,是看重了生产方法。

Kunsinen 在《社会形式发展史》中讨论西欧封建社会的形成,不主张偏于一面的说法。他大略道:③西欧封建制度的形式,比较复杂,它是发生于两种过程之下的:一为日耳曼种族的氏族制度之崩溃;一为罗马帝国西部的交换关系之断绝。关于前者,富户的农庄,是后日采邑的萌芽;承租的户口,是纳税人民的先驱。乡村公社仅保有外观上的一致,实际也分做二个经济集团:第一集团是剥削者,第二个集团是被剥削的人。少数未剥削他人与未受他人剥削的户口——独立的户口——并不能变更分社的现象。关于后者,交换经济又逐渐变为自然经济,封建制度的成立自更容易了。山川均在《资本主义以前经济史》对于西欧封建制度成立的过程,也提出三个因素,即"(一)立脚于奴隶制度的罗

---

① Bogdanov《经济科学大纲》第一篇第三章第二节。
② S. Dubrovsky《亚细亚生产方法,封建制度农奴制度及商业资本主义之本质问题》第四章。
③ Kunsinen《社会形式发展史大纲》关于讨论封建制度的经济基础诸节。现手边适没有这一部书,下面所述的,是根据自己民二十年的笔记而略加以系统化。

马帝国;(二)还没有突破氏族制度限界的罗马的属领;(三)在氏族制度最高阶段的侵入蛮族"。① 这与康斯聂的说法,是有几分相同的。

其实像这样并重罗马社会与日耳曼社会因素的说法,也不止唯物史观派为然,如 Marc Bloch 在《社会科学百科全书》(The Encyclopedia of the Social Science)里论及欧洲封建制度时,即作如下的说法:

> 在人种的两难论法(An ethuical dilemma)之下,欧洲封建统治的起源,常为人所辩论,即是此种制度到底是罗马的呢,还是日耳曼的呢?就事实论,那叫做封建制度的社会型式,是产生于他所自出的欧洲的特殊环境里,因为封建社会并不在明了的次序之下进行着,而但逐渐与旧的习俗相适应或修正,所以想发现最初构造的体系之痕迹,并不算得难事。在封建的语汇里并包着罗马的因素(例如"诸侯"(Vassel)名词,便是罗马从古代色勒特(Celt)民族处得来的)和日耳曼的因素,表示着混和性质的社会于此种社会内"封建制度"便发生了。②

够了,我们不必再事征引了,在这里试把他们略评一评吧!

我们在细读以上各说之后,将看出一个共同的地方,即他们所讨论的,都只限于欧洲中世纪的封建社会,所得的结论,也是从这样的对象中寻绎出来的。就从政治方面来考察封建社会的诸人说,他们对于中世纪封建社会的特殊事实是看到的,而不知道此种特殊事实的发生的渊源,尤其重要的,是不知道发生封建社会的一个共同的经济基础(这个基础是什么,我下面再说)。结果乃流为政治或军事决定论,更彻底说一句,是历史的不可测论。他们的错误,是大家都能看到的,而主张经济一元论的人,对于这一类的说法,每有无情的批评(如杜博洛夫斯基即是一例),所以我们倒也不必太费力量去摘指它。下面所着重的,是在从经济方面来考察封建社会的主张。

这一类的主张,表面上好像比前者为高明,但他们亦不能避免一个共同的缺陷,即所看到的,只是欧洲中世纪的封建社会。因为他们所看

---

① 山川均《资本主义以前经济史》第三章第二节。
② *The Encyclopedia of the Social Science*,Vol.6,pp.203.

到的只限于欧洲封建社会，所以必然地主张封建社会是封建以前的奴隶社会进展到农奴阶段时的产物。S. Dubrovsky 不是把封建制与农奴制看为合一的东西么？就他的意思，在封建制度下的生产者必然是农奴，而立于农奴生产上的制度亦非"封建的"不可了。Kunsinen 与山川均虽知道看重外来的因素，但仍不能忘记传统的说法，就他的理论推衍下去，必弄成除非有了同罗马社会一样的种种因素，虽有日耳曼人侵入的事实，也不会发生封建制度的——最少不会发生最完备的封建制度的。Bogdanov 好像知道封建制度与农奴制度不一定是同一的东西，所以在《经济学大纲》里，把"封建社会"归入"自然自足社会"的范畴，而将"农奴制度"归入"商业社会"的范畴里去，并明言道"发展的第二方面，是由封建社会进到农奴关系的制度"。① 他却又太大胆了。我们试反问他一句话，欧洲中世纪的封建制度，抽开了农奴制，尚有什么生产关为其内容呢？（此句反问好像与前不同意"封建制是农奴制"之说相矛盾，其实不然，请读者耐心看下文）

在这里已集中到一个问题，即封建制是否即为农奴制？它是否由奴隶制社会突变而成并为后者必然联属的阶段？

我为想解决这个问题（不消说这个问题是研究社会史的人所必须解决的，否则决不能更进一步），乃企图打破前人以欧洲一部民族史为唯一中心，以欧洲一部民族史理论为唯一史学理论的狭窄研究法，而想利用广博的世界各民族中封建阶段的历史，作一比较的综合的研究②计，所选择的有下列十几个单位：

（1）希腊

（2）罗马（这两个国家，人家只知道它是奴隶社会，而不知其中一时期亦普遍地行着封建制度的）

（3）德国

（4）法国

（5）英国

---

① Bogdanov《经济科学大纲》第五章第五节。
② 此种研究法，是建立史学为严密的科学，最可靠的方法之一。我最近拟写一篇《建立史学为特殊的法则的科学新议》，有颇详细的论列，该文将在《现代史学》第二卷第四期"史学方法论专号"发表。

（6）俄国（以上欧洲诸国）

（7）中国

（8）日本

（9）印度（以上亚洲诸国）

（10）回教诸国。如 Ottoman 及 Sarcen 之类（以上介于欧亚之间）

（11）非洲古代国家（如埃及之类）

（12）美洲古代国家（如古代墨西哥及秘鲁之类）

在此我不客气自白一句，自己的学识是很有限的，以读书能力论，除了英、日两国文字可以自由翻阅及法文得朋友的帮助可以参考外，其他各国的直接史料，我便无法接近它（我最近很想集合几位精通德文、俄文、梵文、欧洲古代文字、其他小国文字的朋友来再作一番更深入的研究）。但仅凭自己所能利用的材料及精密的史学研究法的帮助，我已能将所提出的问题解答，即封建制度的建立决不限农奴生产占绝对优势的区域里，而奴隶社会到所谓封建社会亦决不表示历史进到另一阶段。

这些话自然需要事的证明，证明的方法也很简单，便是指出在欧洲中世纪以农奴生产为基础的封建社会之外，尚有许多不同形态的封建社会存在着——这些都不是成立在奴隶制度发展到极端而开始崩溃之际的。试举例于下：① （下面只是一些例子，详细说来便可成一本书）

1. 阿剌伯、土耳其、埃及——这些信仰回教的国家，封建制度的建立是很早的。他们并没有经过从奴隶到农奴一段冗长的阶段，而自阿剌伯人（The Arabs）侵入并占有土地之后便已开始了。后来阿剌伯（Saracen）的封建制度是又逐渐为土耳其（Ottoman）的封建体系所代

---

① 下面的例里尚缺乏一个印度。我从福田德三氏《唯物史观经济史出立点之再吟味》第五章论马克思关于印度村落之混同误解里，知道有下列各书可以参考：
1. George Campell, *The Tenure of Land in India*
2. Elphinstone, *History of India*
3. Baden-Powell, *The Origin and Growth of Village Communities in India*
4. Baden-Powell, *The Land System of British India*
5. ....

但这些书我手边一本都没有，而广州各大图书馆关于印度史的书一本都找不到（有的只是现代印度概况之类）所以这一部分，只得暂缺了。按此帝国乃土耳其人所建的，其统治区域为西亚大部，参看 Oxford 出版之 *A New English Dictionary on Historical Principles*, vol. 8, p.428, Seljuk 条。

替的。而此种土耳其封建制度的来源,则在早年的苏丹(Sultan)允许以土地报偿为军事服务的人并建立一种避免 Seljuk 帝国①瓦解的制度开始。埃及(Egypt)关于土地分配问题,也与土耳其行着相似的过程,当远征队得到胜利时,侵略者便统治着他们所劫来的土地而开始封建。"无疑的,回教诸国的封建制度,多方面——与西欧的封建制度(也)相同,它们领地的基础都从军役变来的,而领主对于佃户也一样有政治权。但是回教国家的封建制度,因地理、气候及传统的习惯种种的关系,尚未有西欧封建制度下那么紧密的纽带及永久不变的教会政治。那些封建义务、继承权及婚姻报酬等复杂事物,也都有达到西欧的程度"。甚至"西方封建制度的经济基础,是自然经济的,而这些东方国家的封建制度的经济组织,却类似于货币经济"。② 读者们,正是因为其本质是相同的,所以我们可以承认它是封建制度;又因为其成立的社会背景与内容又不尽相同,所以乃容我们有研究之余地。

2. 俄罗斯——在俄国也有其特殊形态。据称为历史专家的 Michail Pokrovski 氏在其所著《俄国史》里便谓莫斯科国的封建社会,实发生在农奴制之前,其劳动者的基础为奴隶与小农。原书谓"这种状况(按即指封建制度)之核心,在于整个的土地及人口落在少数军事领袖手中,一切劳动的群众,均受这些领袖及其武装军队之支配。……农民所得者,多半入于支配一切的战争者之手。不过这些战士阶级,正与西欧者一样,其本身间并不是统一的。封建领主所支配的农村愈多,则其势力愈大。彼时俄罗斯最大的封建领主,称为诸侯,较小者称为贵族,更小者称为贵族子弟。在西欧方面,其阶梯较长,关系较杂,有公、侯、伯、男等种种,不过事实之核心,仍旧是一样的。"但是作为封建基础的"农民本身,我们实不能视为身体属于他人的农奴。六百年不能有农奴之原因,是因为土地方面没有固定的所有关系"。③ 尤其足使诸位骇怪的,是作者竟谓封建制度之灭亡,是由于商业经济及农奴制引起的。同样,S. Dubrovsky 在"《亚细亚生产方法……诸问题》"一书中,也明白主张于封建社会之后,另立所谓第三形式的农奴社会,并由实物地租

---

① Albert H. Lybycr: *Feudalism: Saracea and Ottoman*.
② Albert H. Lybycr: *Feudalism: Saracea and Ottoman*.
③ Michail Pokrovsky:《俄罗斯简史》第一编第二、三、四各章。

与力役地租的区别上,指出两者之间有绝不混淆者在。尤足证明封建制与农奴生产,殊非同一的东西(按杜氏的说法,也略有错误,参看下面经济发展阶段表便可知)。

3. 墨西哥、秘鲁——"在古代墨西哥,已实现了封建制度,它对于那屈服的种族的首长,定住于墨西哥的时候,也把他们原来土地之一部,作为领邑分给他们……这些土地并地主贵族的私有地,或僧侣的寺领以及称为国有地的'杜拉杜加米利'和'杜拉杜加利',一概都是由那些不给何等贡税于国家的自由土著农民,隶属的农民,奴隶等耕作的。"①

在秘鲁、印加帝国,亦可看到封建组织的初期形态。该地在西班牙侵入以前,大体上对于土地,还能维持古代共产制度,侵入以后,便发生采邑制度了。②

4. 欧洲古代国家——人们只知道希腊、罗马为古代奴隶国家,而不知道它们都经过封建制度的阶段。这事并不是我谰言,凡留心西欧文献的人应都知道。所以,F. Oppenheimer 在《国家的历史及其发展之社会学的考察》一书里将封建国家分为两种,一种是原始的封建国家(Der Primitive Feudalstaat),如印加、斯巴达之类,它是表示内部团结而密切联盟的少数战斗集团,巍临于确定领土及其耕殖者之上的统治,一种是发达的封建国家(Der Entfaltete Feudalstaat),即中世纪的封建国家。③ 同样,Kunsinen 也谓封建制度有初期的与高期的之别。通常,它是发生于原始经济与交换经济之过渡期间,这是生产力自然的过程,有时因交换与商品关系衰退,自然经济又代替了前一种经济,于是封建制度发生退化的现象,在这种场合下,封建制度表示生产低落的过程。④ 是库氏明认未经奴隶经济阶段的封建反为常态了。Bogdanov 更彻底,他曾说:"封建主义的发展,依其历史条件底不同,向着两个相异的方向进行。其一发展为农奴制,如像中世欧洲所发生的;还有在特

---

① Heinrich Cunow《马克思历史、社会、国家学说》。
② 前揭书。
③ Franz Oppenheimer: *The State: Its History and Development Viewed Sociologically*,第三篇各章。按此书国内有译本。
④ Kunsinen《社会形式发展史》(下)。

殊条件之下,向另一方向发展,成为奴隶所有制的基础。"①是更明白肯定古代国家是发生过封建制度。而此种封建制度,也可与中世纪的封建制度等量齐观了。

5. 日本——日本的封建制度,也不是从奴隶社会的废墟之上建立起来的。日本和中国一样,它没有和希腊、罗马一样典型的奴隶制度存在过。研究日本经济史最著名的本庄崇治郎氏在氏族经济时代与庄园经济时代(即封建制度之形成期)之间,只划立一个"班田收授时代"或"郡县制度时代"。② 而此种班田制或郡县制,据我的意见只可说是从氏族社会到封建社会一个过渡的产物,这与其说是摹仿中国唐朝的制度,无宁说是建立氏族社会里固有土地的换耕习惯的基础上,③所以如野吕荣太郎的《日本经济史》,直把"大化的革新"和"氏族制度之崩溃"列入同一范畴,④可见其性质之一般了。

日本封建制度之长成,是以庄园制度为其前导,庄园是在平安朝开始发生的,其特征为贵族、豪族及寺院所领的庄园,中央不能行使征税权,而庄园以内的人民,只服从领主的支配,耕种土地,每年对领主缴纳一定的租额,而对于政府则逐渐不发生关系。在此种强制劳动之上,已给予封建制度提供一个可能性,但封建制度的正式的建立,却在平安朝末期各地族与族间剧烈的争斗开始。原来庄园制度发达到极端便形成了地方的割据,地方豪族各扶植党羽、锻炼武士以自卫,武士逐渐居于主要的位置,而战斗和吞并的事实乃日出不穷。其间最著名的,便是平族与源族的战争。据历史学家的记载,自一一五九年起以后的四十年为"源平时代",因为这些年中,源族打着白旗,平族打着红旗,彼此苦斗不休。此次争斗的结果,源族终胜了平族,把平族所有的土地,通通拿来分配自己从征的战士,成了镰仓幕府的政治(按镰仓为地方名,为当日所择定的都城;幕府即将军式的政府之意),而所谓分权的封建制度即从此开始了。分权的封建制度,包括镰仓时代、室町时代以及战国时

---

① Bogdanov《经济科学大纲》第二篇第五章。
② 前者见日本评论社版《现代经济学全集》第六卷,本庄荣治郎、黑正岩合著《日本经济史》第三编;后者见改造社著《经济学全集》第三十卷,本庄荣治郎著《日本社会经济史》第三章。
③ 福田德三在其所著 *Die Gesellschaftliche und Wirtschaftliche Entwickelung in Japan* 已主此说,该书为坂西由藏所译,名《日本经济史论》。
④ 野著《日本经济史》第一章第一节,新生命书局有译本,收入《各国经济史》一书内。

代，先后约四百年，及到了庆长八年德川家康掌握军权统辖诸侯之后，才开始集权的封建制度，而为日本封建制度最典型的时代。①

详说日本的封建制度，不是本段的任务，却好日人对其本国经济史的研究，非常发达，②读者不妨参看，不过我可以告诉读者，日本封建制度的成立，是由氏族社会经过一个短短的过渡时期发展出来的，与西欧封建制度基于繁盛的奴隶制度之后，略略有异，这一点却不可不注意。

6. 中国——中国的封建制度，不消说是建立于西周时代，这本来是无所可疑而为大家所公认的事实，不过近来却有人提出异议。他们以为封建制度是高级社会的产物，所以中国不会这么早便会有。其错误且留待以后再评，这种只将当时的情形说说。

周兴自西土，自王季之后，疆土渐大，氏族社会的组织已日在崩溃之中，到了武王征服中原，将所得殷族的土地和人口，分给从征的宗族亲戚，典型的封建制度的国家，便成立起来了。关于分配土地的事实，古籍上留着许许多多的记载，为大家所熟悉的，如《左传》昭二十八年所载："武王克商，光有天下，其兄弟之国者，十有五人，姬姓之国者四十人。"《荀子》所载："周公……兼制天下，立七十一国，姬姓独居五十三人。"（卷第四《儒效》篇第八）《吕氏春秋》所载："殷以前尚矣。周封五等，公、侯、伯、子、男，伯禽、康叔于鲁、卫，地各四百里，亲戚之谊，褒有德也。太公于齐，兼五侯地，尊勤劳也。武王、成、康所封数百而同姓五十，地上不过百里，下三十里，以辅卫王室。"等等。差不多俯拾即是。关于分配人口的事实，周金文中也有巨量的记录，如《孟鼎》便说：

锡汝邦嗣（司）四伯，人鬲（即《书经》"民献有十夫"的民献）自驭至于庶人，六百又五十又九夫，……锡夷嗣王臣十又三伯，人鬲千又五十夫。

这里所谓若干"夫"，即是以殷民族为奴隶的数目的。此外如《令鼎》、《克鼎》、《井侯尊》、《齐侯镈》、《子仲姜镈》、《周公敦》、《阳亥彝》、《不嬰

---

① 分权集权之说，系据本庄荣治郎《日本社会经济史》第五章、第六章。
② 关于普通经济史之类，有福田德三的《日本经济史论》，竹越与三郎的《日本经济史》，内田银藏的《日本经济史研究》，佐野学的《日本经济史概论》，本庄荣治郎的《日史经济史概论》、《日本经济史原论》及上述二书。其他如一部门的研究及断代的研究，更不计其数。

敦》、《县妃彝》、《克尊》等器，都有明白的记载，以本文专论中国封建制度，故不备录。

由上面的史料，很明白知道中国的封建制度是建立于种族奴隶劳动之上的（郭沫若君不识封建制度可在奴隶劳动之上建立，所以在提出西周有多量奴隶劳动之后，便不敢说西周是封建社会了）。后来因奴隶供给的缺乏，虽然转化为农奴（这是必然的，否则此种劳动者何能继续），但是奴隶劳动仍是普遍地存在着。我们关于此事已找到许多的证据。第一，春秋时代许多战争，可说大半都是为夺取奴隶而起的，如《左传》所载隐六年郑伯侵陈大获，成八年郑伯门于许东门大获，昭十三年晋侵鲜虞及中人大获而归，昭十八年邾人袭鄅，尽俘以归，哀四年楚围蛮氏，尽俘而归，皆是好例。尤妙的是下列一段的记载：

> 晋伯宗、夏阳说、魏孙良夫、甯相、郑人、伊雒之戎、陆浑、蛮氏侵宋，以其辞会也。师于鍼，卫人不保。说欲袭卫，曰："虽不可入，多俘而归，有罪不及死。"伯宗曰："不可。……"乃止。（《左传》成公六年）

军队过了中立国的地界，都想冒着罪名，多得俘虏，其重视奴隶的劳动可知了。第二，春秋时代，尚有奴籍的存在，下面是一个好证据：

> 初，斐豹，隶也，著于丹书。栾氏之臣曰督戎，国人惧之。斐豹谓宣子曰："苟焚丹书（按即奴籍之类），我杀督戎。"宣子喜曰："而（尔也）杀之，所不能请于君焚丹书者，有如日。"（《左传》襄公二十三年）

第三，在汉代，尤其秦汉之交，富人尚畜有巨量的奴隶，如《史记·货殖传》所载卓氏富至僮千人，刁间以奴隶致富皆是（此事近人多有论列之者，可一读梁任公《汉代奴隶考》、马玉铭《西汉奴婢制度》、西山荣久君《中国奴隶制度概说》第一、第二节，①并知道这只是一个很平凡无奇的意见，不是王宜昌、陶希圣诸先生最近才发现的）。一种历史事件，都是有其背景的，假使西周没有利用奴隶去生产，便为不可思议了。

---

① 马著登《清华周刊》三十六卷五百二十七期；西著登《东亚经济学研究》十四卷第一号，该文国人已译出，收入 Ingram《奴隶制度史》附录内。

所以我以为西周的封建制度，大体是建立于奴隶劳动之上，不消说其中一部分是早转化为农奴了。

把上面许多封建的例子，与西欧中世纪各国封建的例子比较研究一下，不特可以打破前人以欧洲中世纪封建制度为唯一对象的狭窄说法，与仅看到政治形态的空虚说法。我们并将发现封建制度成立过程的两个必然具备的要素：其一是强制劳动的经济基础，但此种强制劳动，却不限于农奴制，尤不限于由奴隶制度里直接导引出来的农奴制，它可以为名义上未尝隶属，而骨子里已有强制劳动性质的小农制，如俄国；它可以为不由奴隶阶段经过的庄园劳动制，如日本；最为普遍形式的，乃为种族奴隶制，如埃及、阿剌伯、土耳其、墨西哥、秘鲁、中国等等都是，这一种族奴隶因来源缺乏之故，固然可以转化为农奴，但这已是封建制度成立以后的事，与主张农奴制的存在，乃封建制度成立的前提或即等于封建制者，其间已有天壤之别了。其二是甲民族对于乙民族之侵入，大体上甲民族为发展到氏族高期的游牧民族，而乙民族又常为定居的农业民族。基于上述，我们很可以大胆为封建制度下一定义，即——

封建制度者，乃在强制劳动的经济基础上，发展到氏族高期的胜利民族对于被征服的土地和人口所施行之一种统治形式也。

所以依我们的意见，封建制度亦可认作强制劳动之典型化、组织化。

有了此种定义，再来看封建经济的内容，便非常容易明白。乌里耶诺夫关于封建经济，曾作如下的描写：

> 第一，自然经济的独霸。封建的地产，必须构成一种自足自给的，与外界很少结合的总体。领主对于市场的五谷生产在农奴制的后期特别发达，然这已是旧制度崩溃的先驱。第二，这种经济要求直生产者准备生产工具，特别是经营土地，并附属于土地。因为只有这样，领主才有可靠的人工。此外，所得剩余生产物的方法，在徭役经济中完全和资本主义的经济相反：第一种方法建筑在生产者经营土地上；第二种方法则在乎使生产者从土地上解放出来。第三，这种经济制度的前提是农民对于领主的私人隶属关系。地

主对于农民如果没有直接的支配权,即不能强迫经营自己经济的自耕农替他作工。因此像 Marx 描写这种制度所说的一样,"超经济的压迫"是不可少的。这种强迫的形态与程度可以有多种,与农奴制一直至农民的阀阅权利限制为止。第四,此处所描写的经济制度的条件和结果,毕竟是技术的程度非常低劣停滞,因为这种经济的经营是在小农的手中,他们为穷困所迫,个人的隶属关系所限制,在精神是陷入黑暗之中。①

这里所举的四种现象,第三和第四是强制劳动上所必然的现象,第一和第二也只有在有系统的分配土地和人口的前提之下,才能完全得到了解。我们若能明了国家的发生,对于此种意见,当更易信任。原来国家的发生,据 Engels 的研究,有两种形态,即(1)"国家是直接地又主要地由在氏族社会内部发展的阶级对立中发生的",如雅典是;(2)"国家是当作非氏族制度所能支配的直接由广漠外国领土之征服的结果所发生",②如日耳曼是。而据 F. Oppenheimer 的研究,则仅有一个形态即"自形式上观之,是获胜利之一群对于被征服之一群所加的一个法律制度,自内容观之,是上级对于下级的统治"。③ 奥氏的书较恩氏为晚出,其证据较恩氏多若干倍,所以我们以为在此点上奥氏比恩氏为对。其实两者也并非不可调和的说法,因为恩氏所述的第一形态,也常与第二形态混淆的,氏之同书同章即说:

> 人口增多之后,为着对付内敌与外敌,大家有结成更密切的关系之必要。于是近视部落之联盟就成为不可避免的事情。不久,他们的合并乃至各别的部领土之合并就跟着发生。军事的领袖成为不可缺少的常设的官职。民会发生在尚未存在过的处所。军长,协议会及民会形成为那由氏族制度中所产生的军事民主主义的诸机关。军事民主主义——因现实战争及为战争的组织,是社会生活之正规的职能。邻人的财富挑拨了那开始视获得财富为他

---

① 乌里耶诺夫《俄国资本主义之发展》,该书国内有译本,本段系据李季译文。
② Engels《家族私有财产及国家之起源》第九章论"野蛮与文明"。按氏原文虽谓"我们已用具体的实例(即雅典、罗马、日耳曼三者——啸)表示在氏族制度的废墟上建立国家之三种主要形态",其实氏所述的第二种,本质上完全与第一种同一的东西,原书可参看。
③ 这种主张在 Oppenheimer 的《国家论》里有非常多的证据,大家可参看。

们生活目的之一的民族的贪心。他们是野蛮人,掠夺在他们看来,是比从事生产劳动为更容易且更荣耀。以前仅仅为对于侵略的报复或为扩大太狭小的领土穷手段之战争,如今只为了掠夺而行,且成为正当的事业。①

可见在氏族发展高期时,决不能没有战争的发生,即决不能没有一族征服一族、一群侵服一群的现象发生,单独的自身的发展,是不可思议的,所以我们很可以代他们作一贯通的说法,即奥氏所谓开始建立国家的"获胜利的一群",须限定恩氏所谓"达到一定的阶段"的。

国家既由种族征服种族之条件下产生,所以最初的统治形式,多采取征服者内部的有力的战斗集团分配土地治理的办法,而这些土地后来即成领土,而领土内的住居者便成为领民。一方面侵服的种族又多在氏族的高阶段(即所谓达到一定发展的阶段),尚保留着氏族制度的特殊组织——这些组织发展起来,又形成层次的隶属的、互尽义务的封建关系。这是初级国家发生的过程,亦即是封建制度何以会发生的真正的渊源。

这样大家对于我前头所说的封建社会不一定要从奴隶社会崩溃发展出来及封建制不即等农奴制的意见,当可恍然了。　（未完）

(《中国经济》1935年第3卷第11期)

---

① Engels 前揭书第九章。

封建制度成立的条件及其本质新议(续完)

我预料这里一定有人提出反对的意见说，封建制度本有初期的与高期的之分，你上面所称述的事实与理论，都是属于初期封建的范畴，与我们所谓西欧中世纪的封建社会是不同物啊！那你所说的封建制度，固然可以用你的理论来容纳它，但我们的心目中典型的封建社会，却是奴隶制度崩溃以后所形成的一个较高级形态的社会，并没有你所称述的那样原始的意味啊！

其实这些话也是错的，在下面请再进一步，将所谓典型的中世纪封建社会分析看看。

我先问所谓欧洲中世纪的封建社会，它的形成条件和本质是否能逃出我们的结论之外？析言之，即它的成立，是否由一方面强制劳动的存在，一方面游牧民族的侵入而起？这些游牧民族又是否在氏族阶段的最高期？至这个制度形成时在游牧民族本身看来，又是否表示从氏族变成初级国家的一种进步形态？……假使这些前提都完全适合我们的论述，那真没有办法谓我们的结论不适用于所谓"高级"封建社会了（我们只承认封建制度是同一性质的东西，并不承认有什么初级高级之分的）。其次，把西欧中世纪的封建社会，认为典型的封建社会，这也有问题，因为从发达的交换经济，复归到自然经济，这是欧洲史中的逆态，这种逆态，不一定一切民族都要复演的。固然从农奴制（加强制劳动的高级形态）上所建立的封建制度，或较奴隶制以及小农制上所建立的封建制度为进步，但只适足证明西欧中世纪的封建制度为封建制度中之一特殊形态，非一切封建制度之公共形态。若执此一个特殊的形态，而谓这是封建制度唯一可据的标准，那便非坠入嘉米特的"就事实说封建制度完全是西欧的并且是中世纪",保罗巴的"封建制度是纯西欧的存在"①的论调不可了。然而这是主张社会发展阶段有相对的共同性的人们所应取的态度么？其三,我们对于西欧从奴隶社会进到农奴的封建社会,也只承认是量的变化,而不承两者有性质之不同的,更不能说后者是什么较高级形态的社会了。这一点是非常之重要的,虽博学如卢森堡,尚不能除去传统说法的因袭而谓两者之间有极大的区别,②其他可知了。下面试将两者没有性质不同的理由,再分为三点说明于下：

（1）我们知道奴隶和农奴一样只是"会说话的工具",一样只是在高压力量之下进行着生产,一样只是个人的依赖和在自然形式中的剥削,一句话归结,一样只是属于强制劳动的范畴。固然两者并不是没有区别,如农奴略有自己一部的劳动力及一些的财产之类,但这决不能形成质的区别,并且也不是绝对的,因为我们熟读希腊史、罗马史,知道主人对于奴隶的待遇,也并不永远是那么机械、那么典型的,他们中的一部,业已有达到后日农奴的地位了(尤以都市奴隶为然)。固然又有人谓,农奴是仅束缚于土地,奴隶则整个人格都被束缚(即终身被束缚),然试问在封建制度下的农奴,他终身会有脱离土地束缚的可能么？可见两者之差,其间是不能以寸的,若只争"有人格"、"无人格"的区别,我想这只在幽间的法律专家的脑子中,才会意识到这个问题的,若劳动终生不能一饱的他们,是连梦想都不到的。所以,奴隶制度史专家 Ingram 氏曾明白说："这种阶级(指农奴阶段——啸)不但不一定能够从奴隶制度区别出来,而且还要引取两者混合的一种极大的误解。不说这种机能完全丧失以后,继其后而起的农奴制度,不过是一种单纯的过渡状态,归根到底,除将劳动民众引到完全人格的自由境界外,没有其他任何到达点。"可见奴隶与农奴本质之相同了。

（2）即就此种量的变化说,也不是封建制度完成之后方完成着,反之,在罗马帝国末年即封建制度成立之前,已行着剧烈变革的过程。此

---

① 前者见 Calmette 所著的 *La Sociéte Féodale*；后者见 Cunow 前揭书转引。
② 卢森堡《经济学入门》,p.125,但他对于两者的区别,只能说出他们去路之不同,而不能说出它们生产基础之不同处。

种变革的因素，可归为四种事实：即 A. 奴隶供给减少；B. 自由劳动复活；C. 职业及地位之个人的及世袭的固定；D. 田园奴隶的解放。这些事实都在罗马社会存在着而不由于日耳曼之侵入。所以奴隶制度史作者曾明白肯定道："若回顾以上所述，可以明白北方民族之侵袭，关于由奴隶制度转化到农奴一事，差不多是没有关系罢！"又道："关于被封建制度所限定的个人自由之特别尊重，北方民族的影响，也是不足道的；而且无论那种变化，都并不是急剧的，可以说完全没有侵袭，也是要同样发生的。"然则大家又有什么理由，把它看做一个突变呢？

（3）此外我们尚有一个更大的理由，即中世纪封建社会的生产力并未能胜过罗马社会的生产力。岂止生产力不能胜过，经济的表面现象如交换之类，反有倒退的样子。所以历史学家称这一时期为黑暗时代（Dark Age），而社会学家则把它看作历史的重复（重复的看法，自然也是不对的）。若我们承认生产关系的改变，是由生产力引起的话，那对于这两种制度，更不能承认有质的无异了。

总之，我们以为中古期的"封建农奴社会"，应分开两面来看：就农奴制本身说，它是由奴隶制逐渐变化来的，他与奴隶制度，只是同一生产力基础之上的两种略异的体系；就封建制本身说，它一样是尚在强制劳动阶级的社会里，外族侵入的结果，它与其他民族的封建制度，本质上是没有什么区别的（又因为它是外力作用的结果，所以不能造成社会质的变迁，而此种制度在日耳曼民族本身看来是一种进步，而在罗马社会本身看来，却是一种停滞）。

我预料在这里一定又有人问道：你的理论和证据，我都领教了，但依你这样的说法，不是把社会形式发展一贯的系统打破么？不是把前后阶段必然连属的铁则打破么？

读者诸君，我们所讨论的是社会史，我们最后的判断人，便是公正的最科学的社会史实。所谓铁则，所谓公式，都不过是前人分析许许多多史实所归纳给我们的一些条理，这些条理，固然是比个别的少数的史实有更高的价值，但我们如发现另一大堆的事实而为这些条理无法解释，而我们又有更完满的解释时，那我们自没有义务为前人死守这些公式。所以假使社会的发展果没有一贯的系统，前后的阶段是没有必然的连属，那我们即放弃系统的说法，而听从所谓文化学派也者一点一滴，零零碎碎的研究，①也未尝不可。但是人类的环境与适应能力是相差无多的，而历史呈示给我们者，并不容我们那样做，所以诸君对于这一点可不必担心了。据我精密研究的结果，不特没有把社会一贯发展的系统推翻，而且弄得更精密、更可靠，这里试略说我研究的经过。

我对于经济史发展途径的研究，初时便感到非常之兴味的。但自我读编了 List、J. S. Mill、G. Schmoller、W. Sombart、W. Roscher、R. Bücher、Müller-Lyer、Patten、Lamprecht、Giddings，以及 K. Marx、F. Engels、Bogdanov 等等诸人分期之后，知道至今尚没有一个最可靠的分期，于是不自已地乃对于各国经济史作一番比较的综合的研究，经过长期的努力与失败，结果倒很完满，并且对于封建制度成立的时代，亦能有适当的位置，现在试把我研究的结果，草成一个表先给大家看看：

经济史发展的铁则
以生产关系及生产力之质的差异为每段划分之标准

特征 阶段	表示生产关系的主要劳动形态		表示生产力的主要生产形态
第一阶段	原始共同劳动	A. 原始群团（如霍德之类）份子的劳动时期	采集经济到初级生产经济
		B. 母系氏族份子的劳动时期	
		C. 父系氏族份子的劳动时期	
第二阶段	强制劳动在这一阶段里任何小阶段之上都可产生封建制度。而此种制度又可说最能表现强制劳动的典型状态	A. 团体奴隶劳动时期	农业生产经济
		B. 私人奴隶劳动时期（在西欧这一小阶段特殊发达）	
		C. 农奴劳动时期	

---

① 参看《新社会科学》季刊第一卷第三期黄文山氏《对于中国古代社会史研究的方法论之检讨》，此文不特充满许多美国气味的错误见解，并且将"毫无建立的"李季当作社会史论坛中惟一可"检讨"的对象，尤足见黄氏对于社会史常识之缺乏。

续表

阶段\特征	表示生产关系的主要劳动形态		表示生产力的主要生产形态
第三阶段	自由劳动	A. 半自由劳动时期 — 在西方,劳动者从手工厂工人的状态向纯粹自由劳动的状态发展;在东方,〔一〕些国家因特殊环境成就高级农业生产之故,劳动者向"农业自由劳动"即所谓佃佣之路发展	工业生产经济
		B. 纯自由劳动时期(即资本主义时期)	
		C. 自由劳动世界化时期(即帝国主义时期)	
第四阶段	社会主义的共同劳动	A. 以所能易所需的劳动时期	有整个计划的农工业合一生产的经济到经济力量在历史上之让位
		B. 各尽所能的劳动时期	

这个表详细的说明,不属本文范围之内(我近在写《经济史分期原理》一书,当可担负此种任务),不过我们在这里也可以指出其中重要的几点。即(一)我们以为从古到今社会性质最明显的变迁,只有三次:第一次的界线,是从原始共同劳动到强制劳动,从初级的生产经济到农业经济;第二次的界线,是从强制劳动到自由劳动,从农业生产经济到工业生产经济;第三次的界线,是从自由劳动复归到共同劳动,从工业生产经济到农工业合一生产的经济。在一大阶段之内,固然有许多小阶段,但小阶段与小阶段之间,只造成量的差异而不能造成质的差异。(二)这样性质不同的四阶段,这一切人类社会所必须经过的,至其中的小阶段,则可有伸缩之余地,这可说大体上肯定历史进化的说法,但与旧日机械的一线进化论不同。(三)在自由劳动第一期里(即半自由

劳动期），农业和手工业的部门里，都开始有半自由劳动之存在，如中国之类的国家，则全从农业方面发展，这即是它何以不能和欧洲一样走上工业资本主义之路的原因。此外尚有一个重要的发现，即我们前头仅空洞洞说封建制度不一定在农奴基础之上会发生，而在强制劳动之基础上都可发生，此处则把强制劳动看做人类历史的一个必经的阶段，而主张在这一个大阶段下的任何小阶段里都给予封建制度发生的可能性：这一方面既能全释一切民族一切时期的封建制度的事实，一方面又给与封建制度一个必然的经济基础。这样我们除答复第二质疑之外，并把前面的主张，更弄成具体化了。

这便是我比较研究各国的封建制度成立时的背景及经济发展的道路后的新意见。

不幸研究中国社会史的诸位先生，不先把封建制度的本质弄得清楚，却只把《政治经济学批判》中的"奴隶的——封建的"系统，拿来乱套中国的历史，由是陶希圣氏乃主张封建社会（精确言之，应说封建制度）始于三国，王宜昌氏乃主张封建社会始于五胡十六国，甚至如沙发诺夫氏也在"汉朝的封建奴隶私有制"之后，又来一个"封建制度的矛盾"。他们的错误很简单，即在误认封建制度为高期社会所发生的东西，而疑及西欧封建社会，既在中世纪才建立，中国决没有在那么早的周朝便发现之理。

但他们马上碰到一个难关，即奴隶社会何以会突变为封建社会呢？生产关系变了么？但生产关系又何以会变呢？（其实即据他们的系统，也只能说量的变，而据我的系统，则此时支配的生产关系，并没有变）生产力变了么？由两汉到魏晋或南北朝生产力果有变么？这个事实是任何诚心研究中国史的人都不会承认的，而他们自也不敢妄说。由是在没有办法之中，他们乃堕入一个不可饶恕的军事决定论的陷阱去了。且看他们对于这个转变的关头，怎样说法：

> 黄巾之乱，对于庄园制度的成立，是大的关锁。因为黄巾乱起，各处农民暴动，行将崩溃的奴隶主的政权，已表现无力，大族遂起而自卫，一面以军法部勒族内的徒众，加强了隶属的关系，另一面以保卫安全之故，吸收了散居的小地主及一般人于大族藩篱之内。……同时国家在大乱暴发，人民迁徙的时候，取得了大量土

地,以军事的需要为军兵屯田,因此形成有力的国家庄园。在这样的条件下,并到了自足经济的时候,庄园制度才真正的存在。国家庄园与大族庄园对立,大族庄园并分割了国家的租税权。由这样来的庄园制度,才能了解社会逆转时期将租税制度,也才能了解逆转过来的社会。(刘道元:《中国中古时期田赋制度》第一章"绪论")

在魏、晋的二百余年中,正是乱多治少! 这些战乱的结果,使人口骤减,土地荒芜,都市破坏,致令社会经济的情况逆行倒转,由交换经济的状况重返到自然经济,因是在秦汉奴隶社会的废墟上建起封建制度。(武仙卿《魏晋时期社会经济的转变》,按以上刘、武二君的文,都是依照陶氏系统的,刘文并"得到陶希圣先生的教正",见原书自序)

按照这个时期的特征,在这个时期藉国家和自由市场帮助的那种奴隶与农奴的独占,已为军事贪欲所代替了。这是从三国时代开始的。

这种军事猎取工作人员的转变,是与一般经济衰落有联系的,它明显的暴露出中国封建制的根本特点:以集合的方法,而独占劳动力——农奴与奴隶的劳动力——的必然性,是一般经济条件不稳固的结果。(沙发诺夫《中国社会发展史》第十六章"回复到自然经济")

从经济史的追溯,会看见中国的封建社会是起于五胡十六国的。

五胡十六国底异族扰乱中原,把当时中原的文物之邦的文化几乎毁灭完了。第一,他是打破了汉代遗来(——遗留?)的贵族世家的统治制度,打破了以前的奴隶等级。而在扰乱之中,汉代以来的佛道两教,便在乡村中组织着农民,而宗教得了培养的地盘。乡村中为保卫自己而有庄园组织,军事地点加多,商业发源的城市加多。这不只北方是如此,而中原人民底迁移于南方,使南方也如此地变动着社会的组织。在隋唐以来,中国统一,国内交通发展,南海海外贸易兴起,文化中心渐移于长江下游,又开始了封建社会的

发展。(王宜昌《中国社会史短论》,《社会史论战》一辑)

读者诸君,苟使军事果有这么大的力量,会造成一个社会质的转变,那我们宁愿搁起笔来,一任那班军阀继续打几十年或几百年的仗再说,谁肯屏除一切的娱乐,受尽人家的忌恨来研究什么经济史社会史呢?却幸历史的事实并不这样,就我所读过的魏晋南北朝的史实看来(这一期的正史,我已完全点遍),决不表示与秦汉社会有质的差异,所以以上诸位先生对于这一期的新看法及新解释,恐怕只是白费力而已!(这里要补充一句,我不是说战事都没有影响的,不过不承它有使社会变质的能力而已)

然则我们对于秦汉以后的社会,将作怎样的看法呢?

要说到我对于秦汉以后社会史的看法,便涉及我对于整个中国社会史的看法。我对于中国社会史特殊的意见,是在典型的强制劳动的社会崩溃之后(依国内通行的用语即封建社会崩溃之后),主张中西各走不同的路。这个意思说来很长,这里只能最简单地将大意说出。

我以为世界各国历史发展的法则,有共同的地方,亦有特殊的地方,我们研究历史的人,非能将共同方面与特殊的方面一齐把捉,便不能获得历史的究竟。就中国历史发展的形式说,初时亦是从共同劳动的阶段,走到强制劳动的阶段,但在强制劳动转变为自由劳动之际,中国历史发展的方向,便异于欧洲了。原来欧洲的土地是不适于农业的发展的,所以它很早便想从工业方面求出路,结果乃从封建社会胞胎里孳育了种现代社会的因素,而正式走上了工业资本主义的道路,就劳动形态说,封建时代强制劳动的制度崩溃时,便向半自由的手工厂劳动发展,而终于达到了完全自由的现代工银制的劳动。反而中国在农业发展的方面,则有肥沃的黄土层,温和的气候,密集的人口,及种种完备的条件;在工业发展方面说,却受国内南北交通之隔阂,国际良好市场之缺乏,经济中心初时限于北部等等事实所限制:自然很容易安于向内,即农业方面的发展了。所以中国在战国至汉之间,农业技术上已起了一个绝大的变革,而在此种发达的农业生产力基础之上,又加以巨量人口之存在,强制劳动已逐渐成为不需要,农业自由劳动即所谓"佃佣"

劳动已在生产过程中,获得支配的位置了。①

此种"佃佣"社会,当在西汉时代已得到完成的地步,在拙著《西汉社会经济研究》一书中已有巨量的证据及具体的说明,我想除非能推翻历史的事实,谁都无法否认西汉社会与封建社会(即代表典型的强制劳动的社会)有绝对的不同吧!魏晋南北朝的社会是继承汉代的,它的整个性质与汉代一样,最多亦只表示在大乱中一般的停滞,若即谓它是两个阶段的区分线,未免太过于夸张吧!

固然这一时代有农奴存在着为我们所承认,但农奴的存在,并不能证明即是封建制度的存在,我们上文业已说过,何况这一时代的农奴比起西欧的农奴制完全有异,即它是旁生的现象,又是暂时的现象。

先说旁生的意义。在欧洲封建社会之下的农奴制,是带有强烈的普遍的性质的。明言之,即封建制度盛行之区,无一块地不是封土,亦无一个农夫,不隶属于他的主人。但中国在秦汉以后农业自由劳动即占优势。魏晋时虽然发生了荫人制度,有类似农奴的衣食客出现,但一面便有为后日均田制度根据的占田制度之存在——此种占田制度,若非有巨量自由农的存在为前提,是不能想像的。除占田制度外,要说明此时的生产劳动,农奴不能占优势,我们尚有其他种种的证据:

1. 国家的租税,是建立在自由农民身上,观当时的户调之法,即可知道;

2. 为国家耕田的农民,与国家是立于契约关系的地位;

3. 普通地主的佃户,多募贫民为之;

4. 雇工巨量之存在;

5. 游民巨量之存在;

6. 自耕农巨量之存在。

这些都是有丰富的史实证明的,在拙著《三国经济史》(改正稿)及《两晋土地制度及其他》,皆详细论列过,读者不妨参看。在此可见所谓衣食客也者,只是大乱后所促成的特殊现象,不见得一切自由农都变为那样子的。若以部分的事实,断定这一时代为农奴劳动的社会已不对,

---

① 以上一段,只是我的佃佣社会说缩写之缩写,读者如愿将鄙意作一参考者,可参看下面两篇拙著:(一)《封建社会崩溃后中国历史往何处去》(《现代史学》第二卷第三期);(二)《为寻求中国历史何以走不上资本主义之路者进一解》(《现代史学》第二卷第一、二期)。

若更认为封建社会,未免太把"封建"的名词乱用了。

再说暂时的意义。农奴和奴隶同属强制劳动的范畴,这是我们前头已经说过的,所以奴隶要变成自由民,才算得质的转变,而仅化成农奴的形态,这只能说是过渡的现象。在欧洲,此种过渡现象所以有长期的形态者,是因为蛮族恰当此种过渡时期侵入,而于其上建立封建制度,中国农奴存在的过程,则仅如通常的状态,带有过渡的性质,所以在魏、晋之后,便很难见有真正的农奴了。

至在佃佣社会里,所以尚有巨量的强制劳动存在着,这却极易解释。第一,农业技术的变动,是很慢的,而农业自身又带有地域的性质,所以从农业的强制劳动,化为农业的自由劳动,是不能和工业资本主义发达时代有那样的鲜明性的。详细言之,即生产者的大部,虽已化为自由劳动者,但一部仍停留于强制劳动的圈子里,所以在汉代,一面是佃佣劳动占优势,一面尚有奴隶劳动的残余;在魏晋,一面是佃佣劳动占优势,一面尚有佃客劳动的存在;甚至在十五六世纪的明朝,尚有巨量奴隶的遗留,而酿成许多次的奴变。不过我们肯留心观察,则从整个的阶段里,固然很容易看出表示农业自由劳动的佃佣社会与表示强制劳动的封建社会之不同,即从个别时代里,亦可看出中国秦汉时的奴隶、魏晋时的农奴,不能与西欧的奴隶社会或农奴社会等量齐观,因为后者占着生产过程中主要的形态,而前者仅表示次要或旁生的形态的。

第二,任何时代里的支配生产的人,在可能范围内,对于生产者都是采取最残酷最压迫的办法,以企图获得最多量的生产品。换言之,即他们在环境可以允许之时,无不想恢复强制劳动的办法的。所以在西洋即于封建制度崩溃之后,资本主义制度已萌芽之时,尚向非洲等地攫取非常巨量的奴隶,以供劳动之用,殖民地最普遍的国家(如英吉利、西班牙、葡萄牙之类),便是使用奴隶最普遍的国家,而引起南北战争的黑奴制度,尤为大家所共同知道的事实。这些奴隶在资本主义制度建立上的贡献,岂止不亚于大工厂里的工人,若据下面几段关于原始蓄积的秘密的描述,无宁说前者较自由工人尤居重要的地位:

> 美洲金银矿的发见,矿山中土人底被剿灭,被奴役,被埋没,对于东印度的征服与掠夺的开始,以及非洲之化为猎取黑奴场,这些

都是表示资本主义时代底曙光。

　　在欧洲以外,用直接掠夺,奴隶化,杀害的方法,榨取得来的财宝,流入母国,化为资本。[①]

同样中国在大乱后人口稀少之际,及异族侵入之时(秦汉后受异族统治的时代,凡三次:① 北魏,② 元,③ 清)环境既使统治者有占有人口的需要,发现着一部的强制劳动,简直是最容易而且最平常的事。但我们不说资本主义萌芽时代所依赖的奴隶劳动谓之奴隶社会,自然也不能谓佃佣制度建立以后所发生的一部奴隶劳动,农奴劳动或其他强制劳动,谓之奴隶社会,封建社会了(至这些游牧民族侵入时,所以不会再建封建制度,亦是因为秦汉以后,主要的生产劳动者为佃佣,封建制度成立的第一要素,在中国是不存在的)。

这样,我们当不至为佃佣社会里所发生的一些强制劳动所迷惑吧!

本篇是我研究封建制度的一个开端,虽然有许多新见解,却不敢谓没有可以批评的地方,但如能因此"抛砖"之意,引起大家利用新的研究法对于封建制度下一番苦工,而不再为这个"怪物"所迷惑,便是作者最大的愿望了。

　　附记一则:读者看过本文之后,或且会再进一步,问我对于整个中国社会史发展的意见,所以在这里,附带将我的分期的主张,列成一表揭示于次:

中国社会史分期表

大阶段 特征及时代	表示生产关系的主要劳动形态	朝代及年数	表示生产力的主要生产形态
第一期	原始共同劳动时代	夏、殷、周民族之开始,年数无可考	采集经济到初级生产经济
第二期	强制劳动时代(封建制度即在此期内成立)	夏、殷两代的大部都可包纳此阶段里,以西周至战国一期为最典型。全期至少二千年	农业生产经济

---

① 引自 Karl Marx, *Kapital*。

续　表

大阶段	特征及时代 表示生产关系的 主要劳动形态	朝代及年数	表示生产力的 主要生产形态
第三期	半自由劳动时代（农业自由劳动时代）	秦、汉至清约二千四百余年	高级农业生产经济
	A. 佃佣劳动之形成与奴隶劳动之残余	A. 秦　汉	
	B. 佃佣与农奴劳动并行时代（前者占优势）	B. 魏至唐	
	C. 佃佣劳动全盛时代（这一小阶段里不消说仍有曲折的状态）	C. 唐中叶至清	
第四期	自由劳动时代	清末至民国，才有数十年的历史	工业生产经济

　　这种分期的意见，是我多年研究中国社会史的结论，不消说是与本文的主张及我对于世界经济发展阶段的区分为一贯的。我想此种分法，至少可以解释下列几个事实：

　　（一）历史上明白存在过而为大家所共同承认的周朝封建制度，不至轻易用这是"中国古代使用的'封建'二字，和现译Feudalism的封建相混之故"抹杀下去。

　　（二）至少已有二千余年的先秦历史，不至仍把它看做仍在氏族的阶段。

　　（三）战国到秦间之火一般的变革，及先秦和秦以后社会之铁一般的差异，得到说明。

　　（四）二千年来中国社会有量的变而没有质的变，可寻出其原委。

　　（五）中国几次受着异族的侵入，何以不会重建封建制度。

　　（六）中国为什么走不上工业资本主义之路。

　　此外两汉时之奴隶劳动之存在，三国至唐（是否至唐仍须研究）之农奴劳动之存在，在此系统中，亦有它们的位置。我想这些事实，乃是把中国史看到和欧洲史一样模型的细分的说法,及立于不变观点的长期封建说或过渡说所无法全盘解决的。至详细解释它及证实它,除拙著《西汉社会经济研究》、《三国经济史》、《两晋土地制度及其他》诸书和散篇论文外,我近在草一部《作为中国经济史研究中心的中国劳动制度史》来担负此种任务。

二四.二.二七完稿于国立中山大学文史研究所

(《中国经济》1935年第3卷第12期)

《西汉经济史研究》工作纲领

大旨：近来研究社会史、经济史之风气极盛，但一般每将中国经济史发展法则与欧洲等量齐观。其结果每视中国社会进展所及之阶段甚低，且对于中国未与西洋文化接触时，何以不能发生工业革命一问题无能解答。作者从历史学及社会学观点，详细比较研究中外历史，深信我国社会发展到半途时，因内在外在诸原因已另易方向，与西欧所走之道路不同。此种方向为何？以生产形态言，即从普通农业生产进为高级农业生产；以劳动形态言，即从农奴劳动进为佃佣劳动是也（西欧社会则从农业生产进为工业生产，农奴劳动进为工银劳动）。西汉时代，即居此种转变之开头，实为二千年来历史之关键。本书就此二百三十年史迹中，作深入之研究，凡关于经济诸现象无不究及，而尤注重于社会经济之解剖。全书数量虽颇巨，但其中心思想尚能集聚于上述一点，故不仅为考证，叙述之作也。此外中西文化不同之根原，在结论中亦企图以经济史之眼光，附带解答之。

内容：全书计绪论一篇，由明全书大意。正文十二章：第一章、西汉经济之背景；第二章、西汉经济展开的三期；第三章、西汉生产技术底改革和生产力的飞进；第四章、西汉社会支配生产和被支配生产的关联；第五章、西汉社会劳动形态的转变；第六章、转变下的西汉社会组织；第七章、西汉社会分配和费用的特征；第八章、西汉社会商业资本的发展；第九章、西汉社会商业资本发展的限制及其转化；第十章、缓和危机之对策及其失败；第十一章、危机暴发及佃佣社会之推移；第十二章、从研究西汉经济所见到的中国社会发展的道路。内有

表二十一,图三,征引所及之书,不下二百种,都凡二十万言。

附注: 本书业已草竣。

(《国立中山大学日报》1936年2月6日,第4版)

《魏晋经济史研究》工作纲领

大旨：一线进化论者以欧洲封建社会，在中古时期才开始成立，中国应无在古代便行存在之理。于是陶希圣等诸氏乃有中国封建社会开始于魏晋之说。作者对于封建制度曾排比希腊、罗马、德、法、英、美、俄、日、埃及、土耳其、墨西哥等十余国家之史实而研究之，深知此种制度并非高级社会之产物，而吾国旧日所称封建制度盛行于周之说，亦非不合理之事。至魏晋时期，因种种关系，引起流通过程之停滞，荫人制度之出现，固俱为不可否认之事实，但即此而谓中国就开始进入封建社会，容或太早。本书依后者观点，且继承《西汉经济史》所得之结论，否认前说并解释各种停滞事实之缘故，而于本期中经济现象之特征，尤三致意焉。再陈寿《三国志》有传无志，清人虽有续补，但于食货一门，尚缺而未作，故本书前册又负有补《三国志·食货志》之使命也。

内容：全书分两册。上册专述三国时代之经济，另名《补三国志食货志》。内分十章：第一章、从不断的变乱说起；第二章、地旷人稀的农业生产（上）；第三章、地旷人稀的农业生产（下）；第四章、工业生产及其他；第五章、人口流散到安集的过程；第六章、一般流通的状况；第七章、政府的财政；第八章、社会财富的分配；第九章、两种不同人们的生活；第十章、怎样缓和危机和混一。另导论一篇，内容为"从详论封建制度之本质，说到三国时代的社会性质是什么"。下册专述两晋时代之经济，内分九章：第一章、邦家多难中的人民生活状况；第二章、作为这一期社会特征的大移徙（一）——异族的内迁；第三章、作为这一期社会特征的大移徙（二）——汉族的外移；第四章、生产界是什么状况；第五章、谁为社会组织的基础；第六章、困难的财政；第七章、停滞的流通;第八章、困苦中所表现的贫富俭奢的现象;第九章、一些结论与前瞻。全书约二十四万言。

附注:上册(即《三国经济史》)业已草竣,下册在撰述中。

(《国立中山大学日报》1936 年 2 月 6 日,第 4—5 版)

中国社会经济史研究的总成绩及其待决问题
——献给开始研究本问题的朋友们

一

中国经济史这一个学科，在我国是非常新兴的。以前正史里面，虽然有十三史列及平准书及食货志，①政书(如《通典》及《通考》之类)，也有田制(或田赋)及钱币诸典(或诸考)，可是所述的不特太过于散漫，若衡以近代经济史学的标准，更可说是偏而不赅。这些堆积式而且不完备的著述，把它当作史料的一部分来看或者可以，若谓其堪称为"史"，未免离"史"的真谊太远了。

近人开始注意到本国经济社会史的研究，当回溯于一九二五—二七(即民十四至十六年)时期，②那时代因时势的逼迫，使人们有清算社会的要求。在理论书籍方面说，如 Engels 的《家族私有财产及国家之起源》，已由蔡和森冒用"社会进化史"的名字介绍到中国来(此书直到十八年六月方为李膺扬君正式译出，由新生命书局印行)，如 Bogdanov 的《经济科学大纲》，亦在廖划平的《社会进化史》和张伯简的《社会进化简史》的化名之下节译出来了(此书亦到十八年六月才为施存统君正式译出，由大江书局印行)。此后我们时常在流行的杂志上，看到

---

① 这十三部史书是：《史记》、《汉书》、《晋书》、《魏书》、《隋书》、新旧《唐书》、《旧五代史》、《宋史》、《辽史》、《金史》、《元史》、《明史》。
② 民国八、九年间，胡适、胡汉民、廖仲恺诸氏，已有关于井田制度有无问题的辩论，载于《建设》杂志。但当时考证的意味，实重过经济史研究的意味，第一挑战者胡适，便是为欲证其所谓"层累地造成古史"的公式而提出此问题的。

许多讨论中国社会性质的文章,尤其使人注意者,有《新生命》、《新思潮》、《前进》、《双十月刊》诸杂志。单行本中比较著名的,有拉狄克(Radek)的《中国革命运动史》(后改名《中国历史上之理论的分析》),陶希圣的《中国社会史的分析》、《中国社会与中国革命》、《中国社会现象拾零》、《中国问题之回顾与展望》(编),朱新繁(即朱其华)的《中国资本主义之发展》、《中国社会经济及其结构》、《中国农村经济关系及其特质》,周谷城的《中国社会之结构》、《中国社会之变化》;次如马札亚尔(Madjar)的《中国农村经济研究》、《中国经济大纲》,郭沫若的《中国古代社会研究》,严灵峰的《中国经济问题研究》,任曙的《中国经济研究绪论》等书,也相继出版了。这可说是中国社会经济史研究的第一期。这一期的特征,是每个研究者都大胆提出他自己的主张,并各是其是,好像中国社会种种的问题,在他们的一二小册子里,已完全解决似的。在这几人中马札亚尔是亚细亚社会论者,陶希圣、拉狄克等是商业资本社会论者,朱新繁是封建社会论者,严灵峰、任曙是资本主义社会论者(他俩中又有若干不同之处),郭沫若则已将四阶段公式完全应用到中国社会史上去。

个别研究时期过了若干时,论战时代开始到临。为大家所知道的,便是《读书杂志》社所主持的四次沸腾腾的中国社会史论战。其中争论得有声有色的有李季对于陶希圣、郭沫若、陈邦国之批判及陶、陈之反攻,胡秋原对于李季之批判及李季之答辩(此文另收入李著《中国社会论战的批判》的单行本里),他如严灵峰与朱其华之争,朱其华与陶希圣之争,孙倬章与胡秋原之争,刘镜园、刘梦云与任曙、严灵峰之争……亦各针锋相对,势不两立。计此四辑中,除通信数通及编者的话不计外,共有论文五十编,内容分配如下:①

关于过去社会的……二十五篇;

---

① 详细分配如下:

辑数	关于过去社会的	关于现社会的	泛论的
第一辑	六篇	六篇	一篇
第二辑	二篇	四篇	四篇
第三辑	九篇	六篇	×
第四辑	八篇	二篇	一篇
共计	二十五篇	一十八篇	六篇

关于现社会的……一十八篇；

泛论的……六篇。

此种风气的影响，批判式的文章，便大为流行，一时比较出风头的作者和书籍，每为人所攻击，例如郭沫若的《中国古代社会研究》一书，便受到下列各论文的批判：

1.《对于〈诗书时代的社会变革及其思想的反映〉的质疑》（周绍溱，《论战》一辑）

2.《对于中国社会史论战的贡献与批评（一）》（李季，《论战》二辑）

3.《古代中国研究批判引论》（杜畏之，《论战》二辑）

4.《中国古代社会研究之发轫》（王伯平，《论战》三辑）

5.《中国社会各阶段的讨论》（内评郭著并述己见）（梁园东，《论战》三辑）

6.《〈易经〉时代中国社会的结构》（副题：《〈郭沫若周易〉的时代背景与精神生产》批判）（王伯平，《论战》四辑）

7.《评郭沫若的〈中国古代社会研究〉》（李麦麦，《读书杂志》第二卷第六期，此文后收入李著《中国古代政治哲学批判》书里）。

8.《读郭沫若〈中国古代社会研究〉质疑》（王扶生，《厦大学报》第一期）

9.《〈周易〉的时代背景与精神生产》（副题：评郭沫若所论并抒己见）（李星可，《中法大学月刊》七卷一、二期）

10.《郭沫若的〈中国古代社会研究〉》（程憬，《图书评论》第一卷第二期）

11.《评郭沫若〈中国古代社会研究〉》（文甫，《郭沫若评传》）

12.《卜辞时代的文学和卜辞文学》（内第一段"卜辞时代的社会和文化"即评郭著）（唐兰，《清华学报》十一卷三期）

此外文章或书籍中略为评及的尚多，兹不备录。同时如胡适批判、张东荪批判、何炳松批判，亦继此风尚，重叠而来，这虽不属于经济史范围，亦可见论战影响之大了。

苏联方面，在此时期似亦有同样的工作，其中亚细亚社会与封建社会问题等争论尤烈。闻名的一九三一年二月马克思主义东方学者协会对于亚细亚生产方法的讨论，一九三三年六月列宁格勒国立物质文化史研究会总会对于东洋封建制度史的讨论，便是好例（此二书均有日译本，见下）。

论战就好的方面说，是能扫清不正确和不负责的言论，并适合辩证的原则，逐渐将问题引到解决之路，所以论战时期亦可说是从个别研究进到共同研究时期的初步。

不过论战虽有上述的好处，但它的坏处却更多。最明显的，如1. 失去学术合作的精神；2. 为辩护自己的短处，不惜曲解事实，迁就成见；3. 为驳斥敌人的论点，不惜将其长处一笔抹杀；4. 急于战胜对方，每未能平心静气，费较多的时间和精力搜集材料；5. 所论争的往往所涉范围太大，甚至在一篇短文中，要泛论上下古今数千年的大事，自无怪其成就之有限了。为避免此种不良的影响，于是乃有第三阶段专题研究时期之降。

本来依照普通学术发展史的先例，一门学科的成立，初时多经过广泛的议论期而后才转入专精的研究期，另一方面又每先经热烈的论争而后才转入沉着的努力。我国经济史学发展的途径，可说亦走着与此相同的路线。

最先有意促成这个倾向的，可说是拙编《现代史学》杂志在二十二年五月所出版的《中国经济史研究专号》。该专号共载论文十一篇，字数约二十余万言，每篇皆就一小题目，加以深入的研究，并一改论战时一味谩骂的态度，而着重平心静气的讨论。笔者并在编后说：

> 年来中国社会史的研究，随着国际间社会经济史研究底热潮，冲进了国内学术界的中心，突然使这沉寂的古国，又透出一些新生气来了。
>
> 东北底炮声，震动古国人们底耳鼓后，大家更觉得非彻底改造中国不可。然而改造又何从着手呢？排在眼前的问题，逼迫着人们有清算中国社会的必要，于是社会史研究底严重性，更随时势底进展而有实践的意味了。
>
> 然而打开天窗说亮话，社会史实是范围太泛的东西，若它果有坚固的基础，那便是作其底子的经济史。所以与其说中国社会史

已为新时代人们所注重,不如说中国经济史已为新时代人们所注重,尚觉确切罢了。

本期专号最大的意义,是认清中国社会史底核心。

复次,近来谈社会史者,多是一般研究历史学以外的社会科学的人们,他们在理论方面,或许能占些优势,然而应用到实际,他们底弱点,便完全暴露了(例如搜集史料知识的薄弱、鉴别史料技术的幼稚等等皆是,这并非他们底罪过,因为学问本是分工的)。而同时所谓历史学者呢,却始终跳不出考古学、考据学底圈子,把历史看为破罐子,大做其补"边"、修"底"、添"把"、增"嘴",一类的工作而无已时——亦不会有已时——好似一说历史,便可完全与现实脱离关系者然,宁不痛心之极!然而事物底变动,是不能凭他们底愿望的。现在"古墓底门",总算被我们这一班急进的先锋们一脚踢破了,此后他们若不再睁睁眼看看世界,恐怕连"金字塔"里,都不能容他们久居呵!

所以这一期另一方面的意义,便是"新兴史学运动"实践的开头,若我们放胆说一句话时,它便是将来中国史学史新旧分期的界线!(下略)

在这篇编后里,除去批评"古墓式"的历史学者不算外,它却指出两个要点:一是注意材料的搜集,不作空洞的论列;一是着重社会史中经济的要素,不作漫无边际的检讨。① 可说是已开后此科学化研究的先河了。

朱谦之先生在其《中国史学之阶段的发展》一文里,曾将此派研究的特征与论战派及考证派作一比较表,立意甚为新颖,并引于下,以供参考。

过了些时,在社会史论坛中早露头角的陶希圣氏,亦改变其前此敢于立说及多量出产的态度,而注重在材料方面多下苦工了。氏在新生命书局出版的《中国社会史丛书·刊行缘起》里曾愤慨地说:"史学不能创造历史,反之,历史的研究生产史学。这个道理太显明了,显明到一

---

① 在论战期中,所谓社会史意义,范围可谓广泛非常,如郭沫若、胡秋原诸人,都是把社会史认作通史或文化史而著述的。

比较节目＼派别	考古考证派	唯物史观派（按：即指论战一派）	现代史学
史之基础	事实	理论	事实与理论
史之认识	以历史补助科学为史学	以唯物史观或经济学为史学	历史科学为社会科学之一
研究法	过小	过大	小大兼容
着重点	古代史	现代史	过去即存于现代中之全史
优　点	史料的搜集和整理	历史的进化方法	均有
劣　点	无中生有，徼幸成名	公式主义	均无
论理的次序	正	反	合

般多瞧不见。他们要凭他们的史学，创造历史。"因此他要"发下一个小小的誓愿"，而谓"宁可用十倍的劳力在中国史料里去找一点一滴的木材，不愿用半分的工夫去翻译欧洲史学家的半句字来，在沙上建立堂皇的楼阁"；而谓"多做中国社会史的工夫，少立关于中国社会史的空论"；而谓"多找具体的现象，少谈抽象的名词"；①而谓"一分材料，一分见解"，"一分见解，一分材料"。亦可见一般研究者的意见了。

此后《中国经济》杂志在第二卷第九、十两期里，亦出版了《中国经济史研究专号》两册。其特征亦在肯从具体的题目下手，少作空泛的理论，这在上册编者的《前言》里，即可看出：

> 谁都知道，目前中国经济史的研究不但幼稚，而且研究的方法和结果也各各不同。所以到处充满了互相排斥的意见。过去中国社会史论战之毫无结果，即其明证。……幸而这里所集的文章，关于史料的整理和考证者居多，而泛论社会史公式者极少，这虽然对于中国社会经济的发展形态并无何等具体的决定，但我们认为史

---

① 此意后虽为朱亦芳、王宜昌两氏所批评，但此种主张大体仍可说是对的，参看本讲稿绪论第二章。又朱评文名为《为什么研究和应该怎样去研究历史》，王评文名为《论陶希圣最近的中国经济社会史论》，均见《中国经济》。

料的整理和考证,乃是决定历史形态之先决条件,在这方面多花些工夫,总比草率地决定历史形态较有意义。

不过这两册的成绩,严格说起来,仍未见有若何满意的地方。

廿三年十二月一日,《食货》半月刊创刊号出版。此刊标明为中国社会史专攻刊物,而其中所登的文字,十九属于经济史范围,故亦可说是中国经济史的专攻刊物。此刊的特色在:(一)登载同一性质的论文;(二)愿意致力"不能急,不能讨巧"的搜集史料的工作;(三)愿意致力狭窄问题的研究;(四)极力提倡合作的空气,反对谩骂式的文章。所以主编人在创刊号曾明白宣说:

> 这个半月刊出版的意思,在集合正在研究中国经济社会史,尤其是正在搜集这种史料的人,把他们的心得、见解、方法,以及随手所得的问题、材料披露出来。大家可以互相指点,切实讨论,并且进一步可以分工进行。这个半月刊用意只是这样,并不像过去所谓"中国社会史论战"那样的激昂,那样的趋时。

可见其性质之一斑了。

在此刊稍前,而亦专以搜集中国经济史料为目的的,尚有北平社会调查所出版的《中国近代经济史研究集刊》,每年初出二期,后改为一期,现仍继续出版。但因该杂志的作者多不注意历史理论的修养和运用,且所登的文章,只偏于政府财政而甚少注及社会经济方面,故在经济史论坛中,影响并不怎么大。

以上几种专门刊物,很足代表现阶段中国经济史研究一般的趋势。固然有人反对这种趋势,以为有微小琐碎之嫌,亦有些杂志尚不时刊载论战的文字(如《文化批判》对于中国有无奴隶阶段的争议等是),但是要使中国经济史走上科学之路,这种披沙采金、点滴集累的基础工作是必需的。至社会性质的论争,我们虽然丝毫不表示反对,但是等到大家各各充实自己的阵线,然后再来最后的一战,不是更好么?(其实若能等到材料充足及许多小问题解决后,中国经济史性质或已完全明了,毋庸再事论战,亦未可知)

这便是十年来中国经济史研究的经过,我们客观地把它分为三个阶段：（一）萌芽期（或个别研究期），（二）论战期（或共同研究期），（三）专题研究期（或科学研究期）。① 我想尚不至有什么大错误吧。

二

如上面所述，我们知道中国经济史尚在研究形成的过程中，完备的甚至仅比较可称人意的全史，现在可说尚没有，至断代或部门的专史，近来出版虽多，但可以努力的部分，仍是不少。下面，拟将我多年来所搜集到的或看到的有关中国经济史的中外著作，分类表列如下。这种目录，在中国眼前可说尚难找到，预料对于读者一定有很大的用处的。

现在试将这些著作分开（一）全史、（二）断代史、（三）部门专史、（四）泛论的体裁、（五）杂志论文五项叙述。

（一）全史——这类的著作，以通论全史为标准，已成的册子并不多，勉强举来，只有下列几种：

1. Lee, Mabel Ping-Hua, *The Economic History of China: With Special Reference to Agriculture*, New York, 1921.

2. G. Safaroff, *Klasse und Klassenkanpf der Chinesischen Geschichte*, Maskan-Leningrad, 1928.

（中文李俚人译本称为《中国社会发展史》，新生命书局印行，原文直译应作"中国历史上的阶级与阶级斗争"）

3. K. A. Wittfogel, *Wirtschaft und Gesellschaft Chinas*, Leipzig, 1931.

（此书只出第一卷，现有平野义太郎监译日文本，书名称作《解體過程にサる支那の經濟と社會》，中央公论社版）

4. 田中忠夫：《支那经济史研究》（大正十一年）。

---

① 拙著《西汉社会经济研究·自序》第一四页说："我以为社会史底论战，应经过三时期：最早是事实嵌合理论时期，这一期以理论为主，所有提出的事实，俱不过利用以证明其理论而已。其次是事实修正理论的时期，这一期以事实为主，理论不过作为领导而已。最后才是理论事实融和合一的时期，社会史到那时才算论定了。以前中国社会的论战，我以为尚在于第一期，所以多空泛无际，难得圆满的结论，但现在却已需要更进一步，以事实来指导理论了。"这是以萌芽期、论战期归入第一阶段，专题研究期归入第二阶段，而以论定期归诸未来的第三阶段的。聊附于此，以供诸位参考。

5. 加藤繁：《支那经济史》（此书收入《社会经济大系》及《经济学全集》）。

6. 森谷克己：《支那社会经济史》（此书收入章华社《各国社会经济史》第四卷，昭和九年版）。

7. 吴贯因：《中国经济史眼》（现代书局版，定价四角五分）。

8. 宋文炳等编：《中国经济小史》（文化社版，定价二角五分）。

9. 熊得山：《中国社会史研究》（昆仑书局版，定价六角五分）。

10. 张军光：《中国社会发展史纲》（中华书局版，定价八角）。

11. 易君左：《中国社会史》（世界书局版，定价七角）。

12. 王志瑞：《中国经济政治演进史》（亚细亚书局版，六角）。

以上十二书第一种为国人李炳华女士所著，内所述的只是关于中国农业史方面，并企图以 Soil Depletion 或 Soil Exhaustion（土地枯竭）来解释中国历史上一治一乱的源泉，但所述太为简略，史料征引及鉴别，亦俱嫌不足。后面附录，翻译中国古书里有关经济史研究之重要文献，占全书三分之二强。① 所以这一本书，在外国人研究中国史来看，当极有用，但用为中国人之读物，则太觉不够了。第二种沙发诺夫的著作，它本来只作阶段斗争史用的，所以好些方面未曾述到。并且沙氏是一个"不懂中文的俄国人"（据李俚人君译序），材料方面，只是间接由英、俄、德、法各国所迻译的中国古籍里得到，更难希望他能有如何了不起的成绩。固然他的分期说在后此中国社会史坛中曾发生一些影响（细分论者如王宜昌、陶希圣诸氏对于魏晋期的看法，可说是有意或无意地由沙氏引起的，这俟绪论第四章再说），但该书本身却有许多值得批评的地方。第三种魏特夫格尔的《中国社会与经济》，这本书是企图用唯物的观点，纯粹从经济发展过程来解释中国社会之特殊发展的伟大尝试。日译本副标题作"对于亚细亚一大农业社会分析的企图，尤其生产诸力、生产——流通过程"，可见其内容着重之一般了。全书分上下两册，下册因受德国政局的影响，尚未能出版，上册（日译本又为二册）分为二编：第一编从历史上考察中国生产诸力的体系，内又分二

---

① 全书七百六十一面。Part Ⅰ. History 占一百三十六面；Part Ⅱ. Selection From Sources 占二百八十六面；Part Ⅲ. Special Topics 占三十九面。Ⅱ、Ⅲ两部，俱属附录性质。

章,所述的有人种的条件,外表的自然诸条件,作为劳动过程的社会的条件等等。第二编,中国经济过程的诸种基本特征,内又分五章,前三章全部注重中国农业生产过程的叙述,尤其注意指出其特色,以为氏所主张的"亚细亚生产方法"的佐证。第四章,论中国工业生产过程,第五章论中国运输商业及利附资本的经济机能。全书结构严整,材料充足,不愧为一巨著。所可惜的,该书所采取的体裁,是横的解剖,而不是纵的叙述,所以只能供我们研究中国经济史时的参考,而不能帮助我们了解整个历史发展的过程。再,下册迄今未能出版,致氏所特有之主张,尚未能致于吾人眼前,亦为大憾。第四、五两种均为日人所著,出版颇早,内除供给一些材料外,无甚独特的见解。田中忠夫的著作,更残缺不全,只限于中国茶业史及货币史的叙述,其书在"支那经济史"标题之下,又加上"研究"两字,当亦是故。第六种森谷克己的著作,算是最新的一种了。国内最近已有两种译本,一为生活书店编译本,一为商务馆本。该书共分六编,除第一篇论及原始时代外,第二至第六篇,俱把中国看作封建社会而加以描述,①平心说起来,与陶希圣的《中国封建社会史》实为性质相同的东西,只不过较为详尽了。第七种为已故吴贯因先生的著作,吴先生为国内史学家很早注意到中国经济史的一人,其识力是有可取的。不过该书只为一种导论的性质(观其标题即可知),所以充其量亦只足供吾人参考而已。第八种至第十二种,虽为国人之著述,但大都分量浅薄,见解平庸,实无甚可述之处,例如张军光著《中国社会发展史纲》,该书为去年出版,而所持分期的见解,仍是"氏族社会→封建社会→商业资本社会→工业资本社会"那一套,而商业资本又是贯串中国自秦至清社会一长期的,这与《中国社会之史的分析》出版的时代,又有什么进步?不客气可说是"自郐以下"之作了。

综以上所述,我们知道一部较可人意的中国经济史,至今是尚没有的,这一块肥沃的处女地,正是吾人可以为中国学术界致力的所在。

(二)断代史——凡专论一代或一时期之经济史,及一代或一时期经济史中之某部门者属之。此类著作较多,略举于下:

---

① 第二篇标题为"未成熟的封建社会之成立时代";第三篇为"官僚主义的封建制之成立时代";第四篇为"均田制之成立时代";第五篇为"官僚主义的封建制之发展时代";第六篇为"官僚主义的封建制之完成及其崩溃时代"。

1. M. Kokin, *über das Grundeigentum im alten China*, Leningrad, 1928, 中文岑纪译本作《中国古代社会》, 原文应作"古代中国土地制度"。

2. 吕振羽:《史前期中国社会研究》(北平人文书店版, 定价一元三角)。

3. 郭沫若:《中国古代社会研究》(联合或现代版)。

4. 田崎仁义:《古代支那经济史》(改造社版, 收入《经济学全集》)。

5. 同人:《支那古代经济思想及制度》(大正十三年刊, 商务有译本)。

6. 佐久达雄:《东洋古代社会史》。

7. 曾松友:《中国原始社会之探究》(商务版)。

8. 马乘风:《中国经济史(一)》(中国经济研究会版,二元), 此书所述, 只及西周、春秋、战国三时期, 故列入本条下。

9. 廖仲恺等:《井田制度有无之研究》(华通书局版), 此书系集《建设》杂志胡适、胡汉民、季融五等诸人的单篇论文而成。

10. 加藤繁:《支那古田制之研究》(大正五年版)。

11. 谢无量:《中国古田制考》(商务版, 定价三角)。

12. 姚素昉:《中国古代土地制度研究》(建华版, 八角)。

13. 曾謇:《中国古代社会(上)》(新生命书局版, 定价五角)。

14. 藤田丰八:《中国南海古代交通丛考》(何健民译, 商务, 一元八角)。

15. 黎世衡:《中国古代公产制度考》(世界版)。

16. 刘节:《中国封建制度考》(钟山, 六角)。

17. 吕振羽:《殷周时代的中国社会》(不二书店版, 一元二角)。

18. F. Hirth, *Notes on the Early History of Salt Monopoly in China*, 1887.

以上古代。

19. 陈啸江:《西汉社会经济研究》(新生命书局版, 定价一元)。

20. 陈啸江:《三国经济史》(附录《魏晋时代的族》)(本校研究院

版,定价六角)。

21. 陈啸江:《两晋经济史》(商印中)。

22. 陶希圣:《西汉经济史》(商务版,定价四角)。

23. 刘道元:《中国中古时期的田赋制度》(新生命版,定价八角)。

24. 冈崎文夫:《南北朝的社会经济制度》(宏文堂书房,定价日金二元五十钱)。

25. 陶希圣、鞠清远合著:《唐代经济史》(商务版,定价四角五分)。

26. 鞠清远:《唐宋官私工业》(新生命版,定价五角)。

27. 加藤繁:《唐宋时代金银之研究》(东方文库版)。

28. 黄现璠:《唐代社会概略》(商务,六角)。

29. 王志瑞:《宋元经济史》(商务)。

30. 桑原骘藏:《宋末提举市舶西域人蒲寿庚之事迹》(大正十二年刊)。

31. 同人:《唐宋贸易港研究》(杨鍊译,商务版,三角)。

32. 有高岩:《元代农民之生活》(黄现璠译,蓓蕾学社版,五角。另贺灵扬译同人著《元代奴隶考》,系此书之一部)。

以上中古及近古。

33. 侯厚培:《中国近代经济发展史》(大东,一元)。

34. 施复亮:《中国现代经济史》(良友,四元)。

35. 贾士毅:《民国财政史》(二册,商务,八元)。

36. 同人:《民国续财政史》(七编,商务,共二十元)。

37. 江恒源编:《中国关税史料》(人文,三元五角)。

38. 杨德森:《中国海关制度沿革》(《大公报》,七角)。

39. 童蒙正:《中国陆路关税史》(商务,二角)。

40. 汤象龙:《清季五十年关税收入及其用途》(预告)(北平社会调查所)。

41. 罗玉东:《中国厘金史》(商务,三元五角,内所述为七十七年厘金的历史)。

42. E. Kann: *The Currencies of China*,按此书商务馆有译本,名

为《中国货币论》,价三元。

43. 周保銮:《中华银行史》(商务,三元)。
44. 王志莘编:《中国之储蓄银行史》(新华行,三元)。
45. 潘子豪:《中国钱庄概要》(华通,八角)。
46. 张心澂:《中国现代交通史》(良友,四元)。
47. 谢彬:《中国铁道史》(中华,二元)。
48. 张心澂:《帝国主义者在华航业发展史》(日新,八角)。
49. 谢彬:《中国邮电航空史》(南京,二元五角)。
50. 朱其华:《中国近代社会史解剖》(上海新新出版社,二元)。
51. 周谷城:《中国社会之现状》(新生命,一元六角)。
52. 任曙:《中国经济研究绪论》(神州,二元五角)。
53. 严灵峰:《中国经济问题之研究》(新生命,七角)。
54. 何汉文编:《中国国民经济概况》(神州,一元五角)。
55. 孙倬章:《中国经济的分析》(神州)。
56. 朱新繁:《中国资本主义的发展》(联合)。
57. 李达:《中国产业革命概观》(昆仑)。
58. 伊藤武雄:《中国产业组织和资本主义的发展》(黄逸群译,乐群)。
59. 长野朗:《支那资本主义发展史》。
60. 贺岳僧:《中国罢工史》(世界,三角)。
61. G. E. Taylor, "The Taiping Rebellion: Its Economic Background and Social Theory", *The Chinese Social & Political Science Review*. Vol. XVI, No. 4, 1923.
62. Marco Polo: *The Book of Ser Morco Polo*, by Yule, 3d edition, revised by H. Cordier, 2 Vols, London.
63. 田中忠夫:《中国农村经济研究》(汪馥泉译,大东,一元)。
64. 吴克典:《中国农村经济概论》(吴克典,民智,一元)。
65. 冯和法编:《中国农村经济论》(黎明,一元五角)。
66. 田中忠夫:《中国农业经济资料》(汪馥泉译,大东,一元)。
67. 冯和法编:《中国农村经济资料》(黎明,四元八角)。

68. 张一心:《中国农业概况估计》(金大,二元)。

69. 实业部编:《中国经济年鉴》(三册,商务,十五元)。

70. 实业部编:《中国经济年鉴续编》(二十四年,三册,商务,十四元)。

71. 中行研究室编:《全国银行年鉴》(中行,八元)。

72. 李介武等编:《中国劳动年鉴》(二十一年版,实部,二元五角)。

73. 财政部编:《财政年鉴》(商务,十元)。

74. 国民政府主计处统计局编:《中华民国统计提要》(廿四年辑,商务,十八元)。

以上近代及现代。

上面"近代及现代"一项可参考之书籍较多,尤其关于现代方面。但此处目录系准备供研究经济史者之参考,故录及讨论现代经济的书籍,不能不加以限制,否则将不胜列举了。大体这里所举的,多适合于下列诸标准,即:(一)有史的性质者;(二)通论各部门者;(三)所述不限一地者。第66种以下,则属于资料方面。这点请读者注意及之。

(三)部门专史——凡专论经济史中某一部分而时间上有通过全史之性质者属之(或虽未通过全史但能自成起讫并得以类相从者亦附其后)。此类门别颇多,再区分为:1. 农业史,2. 土地史,3. 民食及人口史,4. 农民争斗史,5. 工业及工艺史,6. 交通史,7. 商业及国外贸易史,8. 行会史,9. 货币及金融史,10. 财政史,11. 区域经济史,12. 经济思想史,十二种列之。

1. 张援:《中国农业新史》(世界书局版,一元五角)。

2. 张涤珊:《中国农业新史》(世界版,一元五角)。

3. 王兴瑞:《中国农业技术发展史》(《现代史学》版)。

4. F. H. King: *Farmers of Forty Centuries, or Permanent Agriculture in China, Korea and Japan* London, 1911.

5. 宋希庠:《中国历代劝农考》(正中,四角)。

6. 张念祖:《中国历代水利述要》(《大公报》,五角)。

以上为农业史。

7. 陈登元：《中国土地制度》（商务版，一元六角）。

8. 万国鼎：《中国田制史（上）》（钟山版，一元八角）。

9. 长野朗：《中国土地制度研究》（陆璞译，新生命版，一元二角。另有神州国光社雷啸岑译本，价同）。

10. 张霄鸣：《中国历代耕地问题》（新生命版，一元四角）。

11. 聂国青：《中国土地问题之史的发展》（华通版，八角）。

12. 陈伯瀛：《中国田制丛考》（商务，九角）。

13. 徐式圭：《中国田制史略》（商务版，二角五分）。

14. W. H. Mallory, "China: Land of Famine", *American Geographical Society Special Publication*, No. 6, New York, 1926. （此书本校图书馆有藏）

15. Jamiesen, "Tenure of Land in China & the Condition of the Rural Population", *In The Journal of North China Branch of the R. A. S.*, Vol. XXIII, No. 2, 1888.

以上为土地史。

16. 郎擎霄：《中国民食史》（商务版，八角五分）。

17. 冯柳堂：《中国历代民食政策史》（商务本，二元四角）。

18. 黎世衡：《历代户口通论》（世界，一元二角五分）。

19. Safaroff: *The Numerical Relations of the Population of China, during the 4,000 Years of its Historical Existence*, Hongkong, 1862.

以上为民食及人口史。

20. 蔡雪村：《中国历史上的农民战争》。

21. 薛农山：《中国农民战争之史的研究》（神州国光社版，《中国社会史论战丛书》第七辑）。

22. 熊得山：《中国农民问题之史的叙述》（神州国光版）。

23. 东亚经济调查局编：《支那近代农民经济史研究》（同局出版，一元七十钱，内容系集国人薛农山、张霄鸣诸人著作而成者）。

以上为农民争斗史。

24. 陈家锟：《中国工业史》（商务版，四角）。

25. 许衍灼：《中国工业史》（上海新学社，一元二角），该书原名《中国工艺沿革史略》，商务印书馆出版。

26. 龚骏：《中国新工业发展史大纲》（商务版，一元）。

27. 龚仲皋：《中国近代工业发展概论》（太平洋，三角）。

28. St. Julien, *Industries Anciennes et Modernes de L'Empire Chinois d'après des Notices traduites de Chinois*, Paris, 1869（《记录上之支那帝国古代及现代的工业》）。

29. A. L. Hetherington：*The Early Ceramic Wares of China*. London, 1924.

30. Berthold Laufer, *The Begining of Porcelain in China*. Chicago, 1917.

31. 吴仁敬、辛安潮：《中国陶瓷史》（商务，一元五角）。

32. 尹良莹：《中国蚕业史》（新学版，一元二角）。

33. 马韵珂：《中国矿业史略》（开明，四角）。

34. 丁文江：《中国官办矿业史略》（地调所，六角）。

35. 乐嘉藻：《中国建筑史》（个人印行，三元）。

36. 中国营造学会编：《大同古建筑报告》（同会出版，一元）。

37. 阚铎：《元大都宫苑图考》（营造会出版，二角五分）。

38. 梁思成：《清式营造则例》（同上会出版，五角）。

以上工业史及工艺史。

39. 张星烺：《中西交通史料汇编》（辅仁大学，四册六元）。

40. 木宫泰彦：《中日交通史》（陈捷译，商务，二元六角）。

41. 桑原骘藏：《中国阿剌伯海上交通史》（冯攸译，商务，六角），按此书即唐、宋、元时代中国交通史。

以上交通史。

42. 郑行巽：《中国商业史》（世界版，二元）。

43. 陈灿：《中国商业史》（商务，八角）。

44. 陈家琨：《中国商业史》（商务，四角五分）。

45. 王孝通：《中国商业小史》（商务，三角）。

46. 王孝通：《中国商业史》（商务，二元四角）。

47. "Inland Communications in China", *Journal of North China Branch of the R.A.S.*, ⅩⅩⅧ, No.1, 1893—94.

48. E. H. Parker, *China: Her History, Diplomacy & Commerce, from the Earliest Times to the Present Day*, London, 1901.

49. 武堉幹:《中国国际贸易史》(商务,一元)。

50. 侯厚培:《中国国际贸易小史》(商务,三角)。

51. H. B. Morse, *The Chronicles of the East India Company Trading to China*, 1635—1834, 5 Vols, Oxford, 1926—1928.

52. 同人: *The Trade and Administration of the Chinese Empire*, London, 1908.(此书一九二一年 London, Longmans, Green & Co. 版,书名末二字改为 China,本校图书馆有藏)

53. A. J. Sargent, *Anglo—Chinese, Commerce and Diplomacy*, Oxford, 1907.

54. W. W. Rockhill, "Notes on the Relations and Trade of China with the Eastern Archipelago and the Coasts of the Indian Ocean during the Fourteenth Century", *T'oung Pao*, Vol. ⅩⅥ. Leiden, 1915.

55. C. A. M. Smith, *The British in China and Far Eastern Trade*, London, Constable & Co., 1920.(此书本校图书馆有藏)

以上商业史及国外贸易史。

56. 全汉昇:《中国行会制度史》(新生命版,六角)。

57. H. B. Morse, *The Guilds of China*, London, 1909.

58. D. J. Macgowan, "Chinese Guilds, or Chambers and Trade Unions", *Journal of North China Branch of the R.A.S.*, Vol. 21, 1886.

59. J. St. Burgess, *The Guilds of Peking*, New York, 1928.

60. S. W. Williams, *Chinese and Mediaeval Guilds*,此书系将一八九二年八月份、十一月份的 *Yale Review* 里的论文重印。

以上行会史。

61. 张家骧：《中华货币史》(民大版，四元)。

62. 侯厚培：《中国货币沿革史》(世界版，七角)。

63. 戴铭礼：《中国货币史》(商务，五角)。

64. 章宗元：《中国货币沿革》(作者出版社，六角)。

65. 周伯棣：《中国货币史纲》(中华版，一元五角)。

66. 三上香哉：《货币前后编》(雄山阁版)，按此书系以考古学眼光，叙述中国自上古迄现代之货币状况者。

67. Terrien de Lacouperie，*Catalogue of Chinese Coins from the Ⅶth Century B.C. to A.D. 621, including the Series in the British Museum*，London，1892.

68. 王宗培：《中国之合会》(中国合作学社版，一元四角)。

69. 杨西孟：《中国合会之研究》(中研院社会科学研究所丛刊第四种，一元二角)。

以上货币史及金融史。

70. 常乃惪：《中国财政制度史》(世界，一元)。

71. 刘秉麟：《中国财政小史》(商务，五角)。

72. 徐式圭：《中国财政史略》(商务，三角五分)。

73. 欧宗祐：《中国盐政小史》(商务，二角)。

74. 曾仰丰：《中国盐政史》(商务，一元八角)。

75. 陈登原：《中国田赋史》(商务，一元五角)。

76. Huan Hang-Liang，*The Land Tax in China*，New York，1921.

77. 马君武：《中国历代生计政策批评》(中华，四角)。

以上财政史。

78. *Economic History of Manchuria*，Seoul：Bank of Chosen 1927.

79. G. Philipps，"Two Mediæval Fuh-kien Trading Ports：Chüan-chow（泉州）and Chang-chow（漳州）"，T'oung Pao，Vol. Ⅵ，1896.

以上区域经济史。

按：中国幅员广大，各地经济之发展不尽平衡，故区域经济史之研究，实至重要。近日经济史、社会史家，屡提分读地方志之议，也是这个缘故。惜此类著作，非常缺乏，搜集不易。兹特备一格，藉示注重之意。

80. 唐庆增：《中国经济思想史（上）》（商务，二元二角）。

81. 甘乃光：《先秦经济思想史》（商务，三角）。

82. 熊梦：《晚周诸子经济思想史》（商务，六角）。

83. 李权时：《中国经济思想小史》（世界，四角）。

84. Chen Huan-Chang（陈焕章），*the Economic Principles of Confucius and His School*, 2 Vols, New York, 1911.

以上经济思想史。

按：经济思想史如严格说起，当不入经济史领域，兹以此类著作无多，且两者关系，究甚密切，故附于此。

四、泛论的体裁——凡泛论各代社会经济，而又未成全史之系统者属之。此类著作多涉及现代，数量亦多，略举如次：

1. 陶希圣：《中国社会之史的分析》（新生命，七角）。

2. 同人：《中国社会与中国革命》（新生命，九角）。

3. 同人编：《中国问题之回顾与展望》（新生命，一元八角）。

4. 同人：《中国社会研究拾零》（一元二角）。

5. 驹井和爱等：《中国历代社会研究》（杨鍊译，商务）。

6. 长野郎：《中国社会组织》（朱家清译，光明，一元）。

7. 周谷城：《中国社会之结构》（新生命，一元二角）。

8. 同人：《中国社会之变化》（新生命，一元二角）。

9. 李季：《中国社会史论战批判》（神州，六角）。

10. L. Madjar：《中国经济大纲》（新生命，一元六角）。

11. 同人：《中国农村经济研究》（陈代青等译，神州，二元二角）。

12. 朱其华：《中国社会的经济结构》（新生命，一元八角）。

13. 陶希圣：《中国封建社会史》（南强，三角）。

14. Radek：《中国革命运动史》（光明）。

15. 樊仲云编：《东西学者之中国革命论》（新生命，五角）。

16. Wittfogel, "Die Probleme der Wirtschafts Geschichte", Archive

für Sozialwissenschaft und Sozialpolitik，Bd 56，Helt 2. 1927（中译应作"中国经济史诸问题"）。

17. E. F. Richthofen，*China*，5 Vols，Berlin，1877.（中译应作"中国论"，内纪载中国政治经济材料甚多）

18. I. Mamajev und Kolokolor，*China：Land，Volk und Geschichte*，Moskau，1924（中译应作"中国土地人民历史"）。

19. W. Wagner，*Die Chinesische Landwirtschaft*（此书已由王建新译出，在商务馆出版，定名"中国农书"，价三元五角）。

20. 苏联 Marxism 东方者协会：《关于亚细亚的生产方式问题之讨论》（有早川二郎日文译本，白扬社版）。

21. Tanmk 编：《东洋封建制史论》（有西村雄三日文译本，白杨社版），此著与上著同一性质，系集团研究之产物。

以上的分类，并非绝对。如泛论的体裁与现代史两项，有些不能区别，而部门专史中亦有与断代史混淆之处，这里勉为区划，亦只为参考上的方便罢了。此外"社会"与"经济"两名词，在近代作家中（尤其物观派），其意义相混之处甚多，所以以"社会"标名者，内容每涉及经济问题，这似又无容多说了。

（五）杂志论文——近年来研究经济社会史之风甚盛，故各种杂志亦多刊载这一类的论文。如欲详细举出，当非这里篇幅所能胜任（本人对于此类论文，搜集颇多，得便当公之于世，以供同好者之参考）。现在只就刊载此类论文较多及较为著名的中、日杂志分别列下：

（1）与中国经济史研究有关之本国杂志：

A.《食货》半月刊（北平食货学会）

B.《中国经济》（南京中国经济研究会）

C.《现代史学》（广州中山大学史学研究会）

D.《文化批判》（南京文化批判社）

E.《东方杂志》（上海东方杂志社）

F.《中山文化教育馆季刊》（上海中山文化教育馆）

G.《清华学报》、《社会科学》（北平清华大学）

H. 北大《国学季刊》、《社会科学季刊》（北京大学）

I. 中大《社会科学季刊》(中山大学)

J. 武大《社会科学季刊》(武昌武汉大学)

K. 中大《社会科学丛刊》(南京中央大学)

L. 《金陵学报》(南京金陵大学)

M. 《燕京学报》及《史学年报》(燕京大学)

N. 《辅仁学志》(北平辅仁大学)

O. 《岭南学报》(广州岭南大学)

P. 南开大学《政治经济季刊》(天津南开大学)

Q. 《师大月刊》(北平师范大学)

R. 《中法大学月刊》(北平中法大学)

S. 《中央研究院历史语言研究所集刊》(南京中研院)

T. 中山大学文科研究所《史学专刊》(广州中山大学)

U. 《中国近代经济史集刊》(北平社会调查所)

V. 《地政月刊》(南京地政学会)

W. 《新社会科学》(南京新社会科学社)

X. 《中国社会》(南京中国社会社)

Y. 《禹贡》(北平禹贡学会)

Z. 其他

已经停刊杂志可参考者,尚有：a.《建设》杂志,b.《新生命》杂志,c.《读书杂志》,d.《新思潮》杂志,e.《史学杂志》(中国史学会编),f.《历史科学》,g. 本校《语言历史研究所周刊》及《文史研究所月刊》等,亦当注及。

(2) 与中国经济史研究有关之日文杂志：

A. 《史学杂志》(明治二十二年始刊)

B. 《史林》(大正五年始刊)

C. 《史学研究》(昭和四年始刊)

D. 《史潮》(昭和六年始刊)

E. 《史学》(大正十一年始刊)

F. 《史苑》(昭和三年始刊)

G. 《史渊》(昭和四年始刊)

H.《经济史研究》(昭和四年始刊)

I.《历史科学》(昭和七年始刊)

J.《东方学报》(昭和六年始刊)

K.《东洋学报》(大正元年始刊)

L.《东亚经济研究》(大正三年始刊)

M.《支那研究》(大正九年始刊)

N.《支那学》(大正九年始刊)

O.《东亚》(昭和三年始刊)

P.《满铁调查月报》(大正十一年始刊)

其他较为次要者尚有多种。东京大冢史学会出版之《史潮》，每期皆附有"最近史学关系文献目录"，可以参考。

至西文杂志有关系者，虽有 A. *The Royal Asiatic Society Journal*，B. *The Economic History Review*，C. *Economic History, A Supplement of the Ec. Journal*，D. *History*，E. *The Asiatic Review*，F. *The China journal*，G. *Asia* 等数种，但所载此类论文，并不甚多，兹不备录。

就前面所举出的前人的成绩来看，好像中国经济史的研究已达很完成似的，而与上头所谓尚在开始中的话，略有不符，其实不然。因为：（一）这些著作大部分只是作着搜集材料的工夫，尚未能真正认作"史"。（二）其中一部虽能知道运用新兴史学的眼光来研究，但其方法正确与否，尤其方法能与材料统一与否，仍是问题。（三）经济史范围甚广，而中国经济史所占的时间又长，前举著作，虽作着一部准备工夫，但离完成之期尚远。（四）尤其可以指出的，是堪称为"全史"著作之缺乏。所以我们所谓"开始"，就严格的学术立场来说，是实在而非冤枉。何况论战虽有十年，而待决的问题尚多着呢？这更不能不望我们之继续努力了。

三

我们记得在《中国社会史论战》第一辑出版的时候，编者王礼锡氏曾在序幕里提出下列几个未决待决的问题：

1. 原始共产社会在历史上的根据。
2. 中国的封建制度从什么时候开始？什么时候开始崩溃？
3. 中国商业资本的发展及其在历史上的作用。
4. 什么原因使中国不能自动的发展到工业资本主义时代？
5. 现代中国经济性质问题：

　　A. 现代中国的社会有若干经济层级？以何种经济占领袖的地位？

　　B. 帝国主义的外力对于中国经济发生了什么作用？将来还会发生什么影响？

　　C. 封建势力是否还遗留于中国社会中？其作用如何？

　　D、E. 中国农民问题与土地问题。农民暴动的前途如何？

　　F、G. 资本主义在中国是否有前途？产业工人力量的估量。

6. 其他——如历史上几个农民暴动问题、士大夫阶级问题、亚洲地租形态问题等。

廿三年九月《中国经济》杂志《中国经济史研究专号（上）》出版时，石决明氏在《中国经济史研究上的几个重要问题》一文里又把中国经济研究上各种形态、各种生产方式之较重要而成问题者，提出论列于下：

1. 农业共产体与井田制。
2. 亚细亚的产生方式问题。
3. 奴隶制之检讨。
4. 前资本主义时期。
5. 欧洲资本主义侵入后之中国社会经济。

二氏所举，虽颇扼要而未详尽，说明更有不足的地方，兹试依时代的顺序，将历年来学者所认为足以商榷的问题胪列于左，并附带述及各派的主张或假设，藉供读者着手研究时之助。

1. 原始共产社会，氏族社会问题

A. 时期的争论

a. 主张唐虞以前至虞末为原始共产时代者——李季。

按：李季在《对于中国社会史论战的贡献与批评》一文里本主张商以前至商（指盘庚以前）为原始共产主义生产方法时代，后在《中国古代社会史的研究》一文里（发表于《中山文化教育馆季刊》）方改为上述主张。

b. 主张夏以前至夏初者——王宜昌、吕振羽、熊康生等。

王氏意见见《渤海与中国奴隶社会》（《中国经济》第三卷四、五、六期连载），吕氏意见见《史前期中国古代社会》，熊氏意见见《中国社会之蠡测》。

c. 主张商以前者——陈邦国、梁园东、李麦麦等。

陈氏意见见《中国历史发展的道路》，梁氏意见见《中国社会各阶段的讨论》，李氏意见见《中国古代政治哲学批判》。

d. 主张商以前至商者——郭沫若、王礼锡、胡秋原等。

郭氏意见见《中国古代社会研究》，王氏意见见《古代的中国社会》，胡氏意见见《中国社会＝文化发展草书》。

e. 主张西周以前至西周者——陶希圣等。

见陶作《中国社会形式发展过程的新估定》、《战国至清代社会史略说》等文。

这五派如依时期的排列，正可作成一个梯形图，煞是好看！

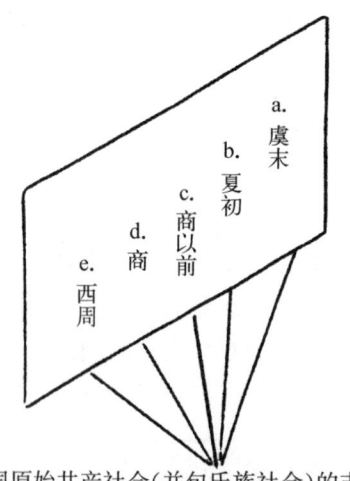

```
          a. 虞末
        b. 夏初
      c. 商以前
    d. 商
  e. 西周
```

中国原始共产社会（并包氏族社会）的末期

B. 材料的争论（三派）

a. 否定古书记载的材料者——顾颉刚、胡适之等（陶希圣最近亦

有此种倾向）

　　b. 肯定古书记载的材料而用作讨论原始社会的者——李季、吕振羽、王宜昌等。

　　c. 一半否定、一半肯定者——郭沫若等。

2. 亚细亚社会问题

A. 肯定论者与否定论者

　　a. 完全肯定东洋史上亚细亚生产方法存在者。
　　b. 承认亚细亚生产方法诸特征在东洋史某一期中存在者。
　　c. 完全否定东洋史上亚细亚生产方法存在者。
　　d. 虽然肯定马克思曾经提到亚细亚的生产方法，但认这仅是当日东洋历史知识一般水准制约下的一种不可靠的假说；迨马氏阅到Morgan的《古代社会》后，已将此种假说放弃者。
　　e. 亚细亚的生产方式，仅属一种技术的生产方式，与形成独特社会形态的其他生产方式不同者。

　　以上为前揭苏联某学术团体主编的《关于亚细亚生产方式》书中（有早川二郎日译本）一部分人们的意见。其中至国人凡主张四阶段或三阶段说者，当亦属于否定论一系。

B. 时期的争论（六派）

　　a. 以亚细亚生产方法＝原始共产社会生产方法者——郭沫若、佐久达雄、莫哈鹭兹基等。

　　郭氏意见于《中国古代社会研究》一书，最近在《文物》杂志上，重申此说。佐久达雄在《亚细亚生产方法论》，莫哈鹭兹基在前引《关于亚细亚生产方式问题》速记录中。

　　b. 以亚细亚生产方法等于奴隶制前期之形态者——雷哈德、相川春喜等。

　　雷氏意见见《前资本主义社会经济史论》，相川春喜意见见其近著《历史科学的方法论》。

　　c. 以亚细亚生产方法与古代生产方法（即奴隶生产方法）并行，同为封建社会之母体者——李季等。

李氏意见见《对于中国社会史论战的贡献与批评》一文,依其所说法,则东西社会发展形式当如下示:

$$
氏族社会 \begin{array}{l} \rightarrow 亚细亚的 \rightarrow \\ \rightarrow 古\ 代\ 的 \rightarrow \end{array} 封建社会
$$

d. 以亚细亚生产方法为原始共产社会以后、资本主义社会以前之特殊形态者——Madjar、Kokin、Papayan、Varga 等。

此派意见散见 L. Madjar《中国农村经济研究》、《中国经济大纲》,M. Kokin《中国古代社会》(中译名),E. Varga《中国革命的诸根本问题》、《中国革命之经济诸问题》等书。依其说法,则东西社会发展的形式,有如下示:

$$
氏族社会 \left\{ \begin{array}{l} 亚细亚的 \\ 古代的——封建的 \end{array} \right\} 资本主义社会
$$

e. 视氏族社会崩溃之后必继以封建社会,而封建社会之后,则有亚亚细生产方法及其他各种生产方法并行者——K. A. Wittfogel。

魏特夫格儿此种意见,见其大著(Geschichte der Bürgerlichen Gesellschaft,1924)(《市民社会史》,有新岛繁日译本,丛文阁版),并应用之于前举《中国经济与社会》等书中。依其说法,则东西社会发展,走着如下的路线:

$$
\begin{array}{l} 原始共产社会 \\ 到农业共产社会 \end{array} \rightarrow \begin{array}{l} 封建 \\ 社会 \end{array} \left\{ \begin{array}{l} \rightarrow 亚细亚的专制社会(由于缺乏自由劳动而长期停滞) \\ \rightarrow 早期资本主义社会到现代资本主义社会 \\ \rightarrow 古代奴隶资本主义社会(由于奴隶供给断绝而崩溃) \end{array} \right.
$$

按魏氏此说,与 c 说有相同之点,又有不同之点,试细玩之。

f. 视亚细亚生产方式为封建生产方式之沿续,是指示"极端的农奴性与后进性"(伊里奇语),而与后者属于同一范畴者(所谓亚细亚的封建社会)——Yolk(约尔克)、S. Dubrovsky(杜博格夫斯基)、M. Godes(哥德斯)、胡秋原等。

杜氏意见见《亚细亚生产方式、封建制度、农奴制度及商业资本之本质问题》书中,约尔克与哥德斯意见见前集《关于亚细亚生产方式》讨论集,胡氏意见见《亚细亚生产方式论》及《专制主义论》。

3. 奴隶社会问题

A. 否定中国有奴隶社会存在者(二派)

a. 三段论者——此派承认一般社会史发展的途径,多采取"原始共产社会→封建社会→资本主义社会"的形式,而西欧奴隶社会乃一种特殊形态,甚至谓"奴隶制度不是古代之特殊生产方法"(胡秋原《亚细亚生产方式论》),那对于奴隶劳动不甚显著的中国历史上,自持其否定论来了。此派著作,略举于下:

丁迪豪:《中国奴隶社会批判》(《历史科学》一卷五期"奴隶史特辑");
王礼锡:《中国社会形态发展中之谜的时代》(《论战》三辑,16—17页);
胡秋原:《中国社会=文化发展草书》(《论战》四辑,23—24页);
李麦麦:《中国古代政治哲学批评》(第9页);
刘兴唐:《中国奴隶社会论》(《文化批判》一卷四、五期合刊),《奴隶社会还是封建社会》(《中国经济》三卷九期);
傅筑夫:《中国经济结构之历史的检讨》(《中央大学社会科学丛刊》第一卷第二期)。

至此派理论的来源,我们又可举出 Bogdanov 的《经济学科大纲》、Kuschiner 的《社会形式发展史大纲》等书。

b. 亚细亚社会论者——此派承认中国社会发展的途径,与西欧不同,那西欧有奴隶社会一阶段,中国不一定也有,自为其逻辑的结论。不过此派中对于"亚细亚的"一段,在社会史上的位置,又有种种不同的说法,所以对于奴隶社会的意见,复有略异之处,前举时期争论六种论中,除 a、b、f 三说不算外,其余三种,虽同样否定奴隶社会,但却有:(甲)以亚细亚的代替古代的(即奴隶的);(乙)以亚细亚的代替古代的及封建的;(丙)亚细亚的与古代的,同由封建社会的母体产出而相互并行的三式之别。(参看上节)

B. 肯定中国有奴隶社会存在者(五派)

Engels 在《家族私有财产及国家之起源》一书里,曾称古代的奴隶制、中古的农奴制、近代的工资劳动制,是文明三大时代之主要的三大隶属形态。在同书又有古代的国家、封建的国家、近代的国家之称,所以一般相信四阶段公式的人,多以为奴隶社会为历史发展上必要的一环,而有普遍存在性的。① 国人明白承认中国史上有奴隶社会一阶段者,初为郭沫若,继之便有王宜昌、陶希圣、吕振羽诸人,其中王宜昌主张尤力。王氏在《中国社会史论史》一文中,曾称:"郭沫若底功绩,在于肯定地指出,而且研究了中国古代奴隶社会底起源这小阶段。"而此后社会史坛中所提出奴隶社会有无的论争,亦以王氏为肯定论的主角。不过在肯定论的营垒中,对于奴隶社会终始的估计,却有种种不同之说法,兹试依估计时代的先后及久暂,分为下列五说:

　　a. 以有商一代为奴隶社会者——陈邦国、梁园东、吕振羽等。

　　陈氏意见见《中国历史发展的道路》;梁氏意见见《中国社会各阶段的讨论》;吕氏意见见《史前期中国社会研究》第二章"中国社会形势发展的阶段"。

　　b. 以西周一代为奴隶社会者——郭沫若等。

　　郭氏意见见《中国古代社会研究》导论"中国社会之历史的发展阶段"。

　　c. 以有汉一代为奴隶社会者——沙发诺夫等。

　　沙氏意见见《中国社会发展史》第二编"汉朝的封建奴隶私有制"。

　　d. 以战国至后汉为奴隶社会者——陶希圣等。

　　陶氏意见见《中国社会形式发达过程的新估定》及《战国至清代社会史略说》等文。

　　e. 以夏至东晋为奴隶社会者——王宜昌等。

　　王氏意见见《中国社会史短论》、《中国奴隶社会史》、《渤海与中国奴隶社会》、《论治史方法及中国之用铁时代》等文。

4. 封建社会问题

A. 关于时期的争论

　　中国封建社会一论题,在社会史坛上是引起许多人的争辩过的。其中关于时期起讫问题,争论尤烈。兹为明白起见,试将各派主张列成一表于下:

---

① 近刊柯瓦列夫《古代社会论》(西村雄三日译本,白杨社版)、雷哈德的《前资本主义社会经济史论》(永住道雄日译本,东京丛文阁版)等书,更把此意强化。

各家对于中国封建社会起讫时期估计表

开始期	崩溃期	其余意见	理论家	论文或专著
邃古至周初	秦以后至清	周初至秦初为封建时代	周谷城	《中国社会之结构》（单行本）
唐虞	春秋战国	秦以后为商业资本社会	梅思平	《中国社会变迁概略》（单行本）
虞夏	秦以后至现代	秦朝打破旧时的封建局面,但迄民国初年仍是地主阶级政权	熊康生	《中国社会之蠡测》
夏	春秋战国	秦汉以后为奴隶制	周绍溱	《对于〈诗书时代的社会变革及其思想的反映〉质疑》
夏	战国	战国以后迄清为商业资本社会,其中又可分为十个循环期	非斯	《中国社会史分期的商榷》
夏	最近	战国时为暂时没落期,秦汉以后到最近仍可说是延续封建状态	熊得山	《中国社会史研究》（单行本）
夏殷周	周末	秦汉以后至清为亚细亚社会	魏特夫格尔	《中国经济史的基础和阶段》（日译文刊于《历史科学》第四卷10、11、13各期）
夏商周	清		杨一帆	《中国社会的解剖》
三代	春秋		陈公博	《中国历史上的革命》
殷	春秋	西周一代为全盛时期	李麦麦	《中国古代政治哲学批判》（单行本）
殷	清末	中间又分为六个阶段	波里耶柯夫	《关于中国封建构成的发展之合则性问题》（收入 Tanmk 编之《东洋封建制度史论》一书里）

续　表

开始期	崩溃期	其余意见	理论家	论文或专著
殷末	西周末		陈邦国	《中国历史发展的道路》
殷末	春秋战国	周为全盛期	王礼锡	《古代的中国社会》
周	春秋战国	秦至清末为专制主义社会	胡秋原	《中国社会=文化发展草书》及《亚细亚生产方式论》
周	周末		张荫麟	《周代的封建社会》
周	周末	秦汉以后为前资本社会	李季	《中国社会史论战批判》（单行本）
周	周末	秦汉以后为商业资本主义社会	张军光	《中国社会发展史纲》（单行本）
周	周末	秦汉以后为半封建社会	梁园东	《中国社会各阶段的讨论》
周初	周末	秦至清鸦片之役止为过渡社会时代	戴行轺	《中国官僚政治的没落》
周	清末	中间又有几个曲折，如以汉朝为封建奴隶私有制，元朝为新的封建化等	沙发诺夫	《中国社会发展史》（单行本）
周	清	周以前为封建第一期（按原文所述看来，并不是封建，乃是氏族制之误认），周至秦为封建第二期，秦至清为封建最后期	叶非英	《中国之封建的势力》
周	清中叶	周为初期封建社会，秦至清中叶为后期封建社会	刘兴唐	《中国社会史上诸问题之清算》
西周	清	西周迄春秋为最典型期，秦迄清为延续期或半封建制期	吕振羽	《史前期中国社会研究》（单行本）

续　表

开始期	崩溃期	其余意见	理论家	论文或专著
西周	战国		王亚南	《封建制度论》
西周	清	西周迄战国为封建初期，秦汉迄清为完成期	森谷克己	《支那社会经济史》（单行本）
春秋	清		郭沫若	《中国古代社会研究：中国社会之历史的发展阶段》（单行本）
周	鸦片战争		马乘风	《中国经济史》第四篇"与陶希圣论中国社会史诸问题"
周	近代	周为封建的纷争期秦以后则具备了集中国家的形态	米尔（Mir）	《马札亚尔〈中国农村经济研究〉序文》
×	周末	秦以后为商业资本主义社会	拉狄克	《中国革命运动史》
×	十九世纪下半	秦汉迄清俱属此阶段	朱其华	《中国社会的经济结构》（单行本）
×	清初	乾嘉（原文作"道乾"，恐误）以后为没落期	祝百英	《我国封建社会问题》
三国	唐末五代	五代以后迄清为先资本时期	陶希圣	《中国社会形式发达过程的新估定》
五胡十六国	清末		王宜昌	《中国社会史短论》

若将上表三十三家对于中国封建开始期的主张，依时代的排列，可得如下图（内三家未述及）：

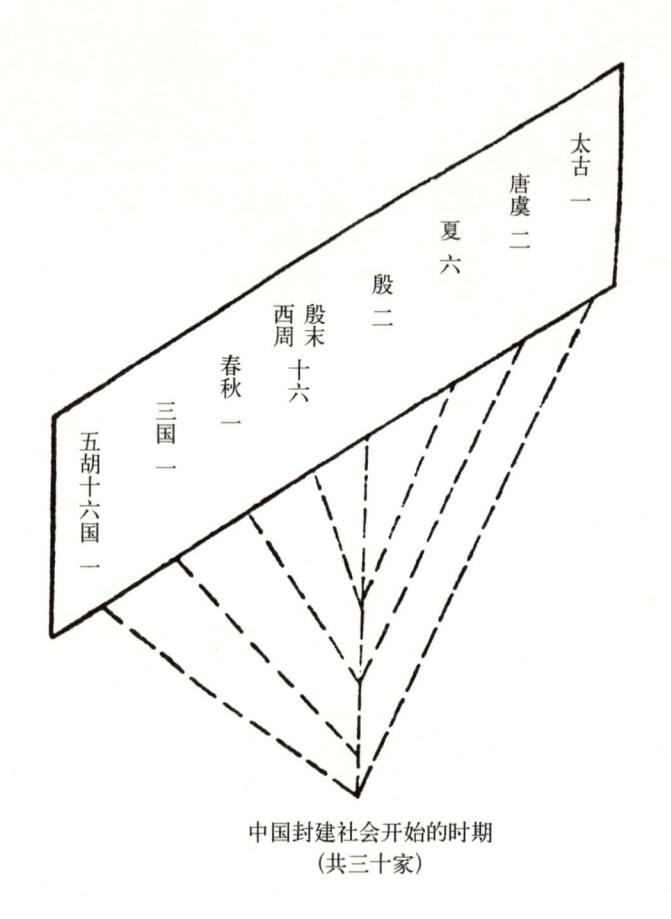

```
            太古  一
          唐虞  二
        夏    六
      殷    二
    殷末西周 十六
  春秋    一
 三国     一
五胡十六国 一
```

中国封建社会开始的时期
（共三十家）

或再并合如下三类型：

主西周以前开始者……………………………………	十一家
主西周时开始者………………………………………	十六家
主西周以后开始者……………………………………	三家

对于中国封建社会崩溃期的主张，依时代的排列，又可得如下图：

```
                    春
                    秋
                  春 二
                  秋
                  战
                  国
                战  五
                国
                或
                周
              秦 末
              以
              后 十
              迄 一
              清
              唐
              「
              末 或
              五 现
            清 代 代
            初
            、 二 」
            清
            中 二
          十 叶
          九 、
          世 清
          纪 末
          、
          近 九
          代
          、
          最
          近

          二
```

中国封建社会崩溃的时期
(共三十三家)

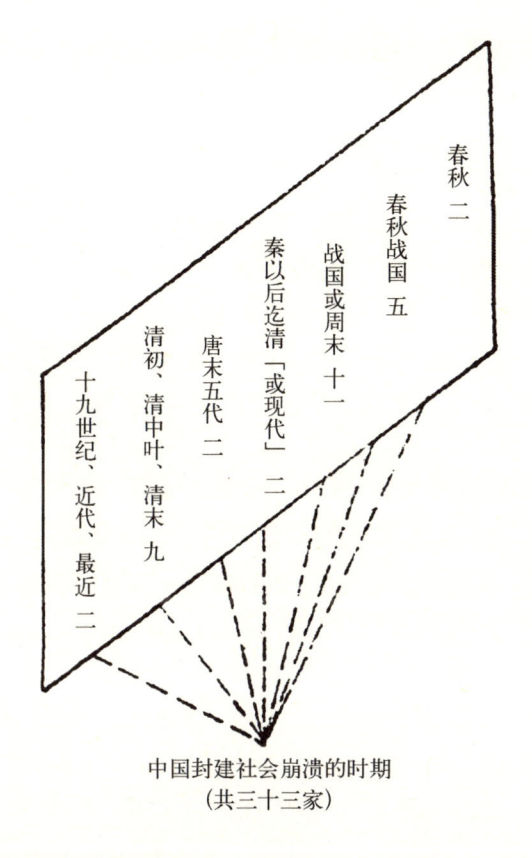

上图除唐末五代一说外，又可并合如下三类型：

主秦以前崩溃者……………………………………	十六家
主清以后崩溃者……………………………………	十五家
主秦迄清间俱在崩溃中者………………………………	二家①

这个问题实具有相当复杂性的，能否解决，却有赖吾人之继续研究了。

B. 关于封建社会连续的争论（四派）

a. 主张封建社会出自奴隶社会者。

---

① 凡主张此期为半封建说、封建势力说、专制主义说等，俱可列入此类型，故实际上并不止此二家。

这是正统的唯物史观派的意见。此种意见的来源,是出自《政治经济学批判》序文对于世界史区分的公式而起的。后此虽有人提出反对,但仍为一般人所支持。普通经济史或社会史中应用此种公式者甚多,兹不赘述。至国人著述中国经济史、社会史亦有意识地强调此两种社会的连续者,我们可举出郭沫若、陶希圣、(后期)王宜昌等诸人。

b. 主张封建社会出自氏族社会者。

这为经济史中的三阶段论派。国际上有 Kuschiner 的《社会形式发展史大纲》、普莱勃拉仁斯基的《世界社会史纲》等主持此说。国人赞同此种理论者,则有胡秋原、丁迪豪等诸人(参看前节述"三段论者"一派)。

c. 主张封建社会出自氏族社会而与奴隶社会并行者。

这是主张氏族社会崩溃之后,因其所处环境之不同,可以走上奴隶社会之路,又可以走上封建社会之路的。日人山川均是支持此说的人(见《社会主义讲话》等书),国人李立中亦为此说的赞同者(见《奴隶社会研究》一文)。

d. 主张封建社会出自氏族社会而为奴隶社会及资本主义社会之母胎者。

主此说者,俱是认欧洲奴隶社会前期有所谓"原始封建"一阶段,而中世纪之封建社会则为历史之回归。我们在 Bogdanov 的《经济科学大纲》、Oppenheimer 的《国家论》等书,俱可看到此种思想,而 Wittfogel 的《市民社会史》,尤为强调此说的人。国人陶希圣氏在其所编北大《中国社会史讲义》中,视周为原始封建社会、两汉为奴隶社会、三国以后为封建社会,当亦属于此派。

以上四说,除第一说外,其余 b、c、d 三说有一共通的地方,即承认奴隶社会与封建社会之间,并无关联的必然性。①

5. 前资本社会问题

关于这一问题,根本上便有肯定其存在与否定其存在的两大派之

---

① 关于奴隶社会与封建社会问题,鄙颇有新见,除前已发表之《封建制成立的条件及其本质新议》一文外,尚希读者注意下列拙作二文:(1)《从奴隶制与封建制的关联问题说到中国史上有无奴隶阶段》;(2)《再论封建制成立的条件及其本质》。

分。大概坚守四阶段说的壁垒，不承认封建社会与资本主义社会之间有"第三形式"存在的人们，多属于后者。而尊重事实不重成见的人，便属于前者了。但同属于肯定一派，中间又有种种不同的说法，尤其对于中国自秦迄清一段历史的见解为甚。兹试将近年来比较著名的几种主张略述于下。下面一段系"酌录"拙著《中国社会史论战声中两大系》一文中的一小节，内有几处称为"特殊说者"，乃别于普通否定"第三形式"存在而以（的）阶段公式为一般说之意。

A. 商业资本社会说——最早在社会史论坛中崭露头角的，便是此说。依据此说，中国在秦汉以后，因商业资本的发展，已冲破了封建制度的藩篱，但却未能即达资本主义社会的境界。此后中国社会史的性质，既不是封建社会，复不是资本主义社会，而是介于两者之间的商业资本社会，反映于政权方面则有官僚政治及"士大夫阶级"的产生等等。

商业资本社会说的来源，在理论方面又当溯及 Bogdanov、Kuschiner 诸人对于社会史的划分；在肯定中国秦汉以后为此种社会一事，当溯及 Radek《中国革命运动史》。国人中主张此说最力的人有陶希圣、梅思平诸氏。陶氏在其初期著作中，如《中国社会之史的分析》、《中国社会与中国革命》等书，差不多都是守着此种观点的。

商业资本说，因其本身的不健全，后来即受许多严厉的批判，在以后几年的史坛中，几乎销声匿迹了，但最近在《食货》上，又出现了李立中君《商业资本主义辩》等文，极力为此说辩护，并明白主张"商业资本划分历史阶段的可能性与现实性"，可说是此说的死灰复燃。

B. 亚细亚社会说——关于此说，本来有多种讲法。我们此处为注重前资本社会形态计，只提及以亚细亚生产方法为原始共产社会以后，资本主义社会以前的东方特殊经济结构者，及以亚细亚生产方法为东方封建后期的特殊形态者二说。关于前者，是马札亚尔一派人的主张。他们谓中国历史自原始共产社会崩溃以后，迄及最近西洋资本主义侵入以前，只有一个特殊的形态，所谓亚细亚社会者是。此种社会，凡有下列几个最重要的特征：a. 土地私有之不存在；b. 人工灌溉为耕种的第一条件；c. 握有灌溉组织之农村公社变成统治机关；d. 专制政体为国家的形式。此派中著名的人物，有 M. Kokin、Papayan、E. Varga 等诸人。关于后者，是哥德斯（Godes）一派人的主张。他们根据伊里奇的说法，以为"亚细亚的国家"、"亚细亚的秩序"的意义，只是表示中世的丑陋的落后的半封建国的农奴制，"极度的农奴性与后进性"，固然此种形态，与典型的封建的不同，但仍不能逃出封建的范畴之外。有名的学者约尔克（Yolk）、杜博洛夫斯基（S. Dubrovsky）等大都同意此说，但其中又各有不同的意见。国人如胡秋原等诸人亦然。此外其他各种讲法，另详拙《亚细亚社会新论》一文中，这里从略。

亚细亚生产方法说，在国际上曾引起巨大的论争，大家多引经据典，藉以巩固自己的论点，迄今尚未到结束的地步。此说在中国虽无十分大影响，但却同样不能轻视它。

C. 专制社会说——好像前举两说有国际性一样，专制社会说亦同样由国际传染而来。波克洛夫斯基（Pokrovsky）在《关于俄国封建主义、专制主义之起源及特质》一文里，曾明白指出介于封建制与资本制之间尚有一个专制主义的存在。此种专制主义与封建主义不同的地方最大的有三点，即：（1）官僚，（2）常备军，（3）货币地租的存在。此种说法后来即为王礼锡、胡秋原诸人所引用，王礼锡在《中国社会形态发展史中之谜的时代》一文（《论战》二辑）里，即想利用专制主义来解释这个谜。胡秋原更大胆了，他所拟作的《中国社会＝文化发展草书》，除古代社会不算外，竟成为"专制主义社会＝文化发展草书"。此外赞成此说的人尚有李麦麦、严灵峰诸人。李氏的意见，见于《中国古代政治哲学批判》一书，严氏则说："若果把专制主义看作与政治组织上的封建主义有别的政治制度，或更正确地说，是封建社会内部阶级统治形式之一，应是绝对正确的。"（同书序文）

专制主义说与商业资本说，其根据点和出发点，各有相同的地方，在中国社会史论坛上，恰是一对双生的姊妹。

D. 前资本社会说——前资本社会的用法，若依照《资本论》原意说起来，只是指资本主义以前的社会的意思。李季氏在《对于中国社会史论战的贡献与批评》一文里（《论战》二辑）却把它看作介于封建社会与资本主义社会之间的一种社会，并肯定两者之间可以另立第三种形式,所以亦可视作"特殊说"的一种。本来此种名称,陶希圣在《中国社会与中国革命》里已经用过,如谓"此二千五百年的中国,由封建制度言是后封建社会,由资本主义言是前资本主义社会"便是。但明白肯定此说的人,常推李氏。氏曾举前资本社会的特征七点,即:(一)小农与家庭工业直接结合,构成一个地方小市场的网;(二)高利贷资本和商人资本,很占优势;(三)商业宰割工业;(四)地主阶级和其他上等阶级的存在;(五)独立生产者—手工艺工人的存在;(六)向来各种生产方法的残除;(七)农工的破产流为贫民和生产工具的集中。并谓秦至清一段的社会为前资本社会。李氏此说得到附和的甚少,即他自己亦未有充分的证明,但因其已经提了出来,亦无妨附述于此。

E. 变态的封建社会说——变态的封建社会说,本来只是封建说的延长,算不得什么特殊说。但主张此说的人,都是默认此期社会与典型封建社会有不同之点,所以他们表面上好像不是特殊说,实际却亦是特殊说之一支。他们间又有各种不同的用语,如后封建(见陶希圣《中国社会与中国革命》)、半封建(见梁园东《中国社会各阶段的讨论》及"新思潮派"论文)、深封建(莫大招《论佃佣制与循环》)、后期的封建(见刘兴唐《中国社会史上诸问题之清算》)、变种的封建(见吕振羽《史前期中国社会研究》)种种的称呼,但意思却大体一致。此派在未曾详细研究中国史而却想作全体叙述的人,最有用处。作者曾看到几种大学校用的《中国社会史讲义》,都同样用这一类名词来容纳秦到清这一大段落的社会。所以我们也不可忽视它。

以上五种特殊说,除亚细亚一说外,他们有共通的一点,即只认这一期是典型封建制与资本制之间的一种过渡期,此种过渡期在西洋亦曾经过,只是不及中国这么延长而已,所以它们亦可谓是一般说中的特殊说。

在此我应特别提及一种有较严正的理论根据和较充实的历史证据的特殊说——"佃佣社会说"。

本来要判别一种社会是否与其他社会有特殊的地位,我们要特别注重生产方法。所谓生产方法,据我的意见应并包生产力与生产关系两范畴,尤应着重后者的意义。设使不能举出特殊的生产方法,而只注重一些皮毛的现象,此种说法,根本便没有成立的可能。所以像商业资本说注重一些流通的现象,专制主义说注重一些政治的现象,前资本说与变态的封建说注重一些与封建社会大同小异的现象,虽各也说出某些特质,却未必能为建立特殊说的根据。至亚细亚社会说,虽道出一些边际,但其中瑕瑜参半,如没有土地私有制一点,在我们本国人看来,却易指出其错误的地方。且其中有谓中国自开史迄今,始终未变,尤为不通之至。特殊说在一般人普遍的注意之下,仍未能成一完整的系统者,我想其缺陷即在大家忽视生产方法或对于生产方法理解的不健全这一点上。

佃佣社会说对于这问题有无更进一步的解答呢?

佃佣社会说即是在大家所忽视的生产方法的部门里,加以深入的研究,从而提出一种新说。它大概承认人类的历史是从共同劳动时代走入强制劳动时代[包含被征服公社者(即初期农奴)劳动、发达的奴隶劳动、农奴劳动三小阶段],所谓封建制度即在强制劳动基础之上成立,①为各民族历史上所必经的阶段。但在封建制度崩溃后,即强制劳动开始向自由劳动转化时,中西略走不同的道路。原来欧洲土地是不适于农业的发展的,所以它很早便想从工业方面求出路,结果乃从封建社会胞胎里,孳育了种种现代社会的因素,而正式走上了工业资本主义的道路,就劳动形态说,封建时代强制劳动的制度崩溃时,便向半自由的手工厂劳动发展,而终于达到了完全自由的现代工银制的劳动。反而中国在农业发展的方向,则有肥沃的黄土层、温和的气候、密集的人口及种种完备的条件;在工业发展方面说,却受国内南北交通之隔阂、国际良好市场之缺乏、经济初时限于北部等事实所限制,自然很容易安于向内即农业方面的发展了。所以中国在战国至汉之际,农业技术上已起了绝大的变革,而在此种发达的农业生产力基础之上,又加以共同体崩溃之迟缓及巨量人口之存在等因素,强制劳动已逐渐变质,而农业自由劳动亦逐渐在生产过程中,获得支配的位置了。②

此种农业自由劳动,分析起来大概有下列五种成分,即:

---

① 参看《中国经济》第三卷第十一、十二期拙著《封建制度成立的条件及其本质新议》文中对于世界经济史分期的表。
② 详细论证参看拙著《西汉社会经济研究》。

1. 佃农；
2. 半佃农；
3. 雇农（或佣农）；
4. 半雇农；
5. 自耕农。

其中无疑是以佃佣劳动占着优势的（自耕亦多兼为半佃农或半雇农，纯粹自耕的很少），所以称为佃佣社会。

我们若把佃佣社会的生产关系，与其他社会的生产关系加以比较，尤易看出此中的特色。试列表于下：

大阶段①	小阶段	生 产 关 系	劳动特征
原始共同劳动社会	A. 原始群团	共同协作，无支配者与被支配者之分	共同的
	B. 母系氏族		
	C. 父系氏族		
强制劳动社会	A. 初期封建制	领主支配被征服者公社成员（即初期农奴）	强制的
	B. 发达的奴隶制	奴隶主支配奴隶	
	C. 中古封建制	领主支配农奴	
半自由劳动社会——佃佣社会		在崩溃迟缓的共同体外衣下，所直接形成的地主与各种自由小农的关系	半自由的
自由劳动社会	A. 初期资本主义	商人（资产者前身）支配手工业者（无产者前身）	自由的
	B. 资本主义	资产者支配无产者	
	C. 资本主义末期（法西斯底时期）	资产者在政府干涉的形式下支配无产者	

以上系就生产关系方面加以说明，同样如就生产技术方面来看，亦可指出其特殊的地方。

依我们的研究，在强制劳动社会里，是以农业生产为生产的主要形

---

① 此种分期亦请参看前揭拙文中世界经济史分期的表。

态；在自由劳动社会里，是以工业生产为主要的形态；至于此种佃佣社会，它虽不能走上工业生产的道路，却亦不安于低级的农业形态，它是进了所谓"高级农业生产"的道路的。

此种高级农业生产，最容易看出的，是"集约经营"之极端的发达（参看拙著《西汉社会经济》第九章及魏特夫格尔《中国经济与社会》第二编第一章第四节）。在集约的意义下，我们尚可指出下列几个特征：

1. 农器应用之专门化（参看拙著《西汉社会经济·导论》）。

2. 畜力、风力、水力利用之发达（参看同上著《导论》）。

3. 灌溉的特殊系统及其应用之普遍化［参看同上著《导论》及第九章；又参看魏特夫格尔（K. A. Wittfogel）《中国经济与社会》（Wirtschaft und Gesellschaft Chinas）第二编第一章第一节、第二节及第五节第一目］。

4. 耕殖范围之广大（参看前揭拙著《导论》）。

5. 施肥技术之精进（参看前揭拙著第九章，魏特夫格尔前揭书第二编第一章第三节第一目、第五节第二目）。

6. 农产物收成之旺速（参看前揭拙著第九章）。

7. 轮耕（一名组合耕种法）之善用（参看前揭拙著第三章及魏特夫格尔前揭书第二编第一章第三节第二目、第五节第三目）。

8. 园艺农耕及锹耕（Hackbau）之发展（参看魏特夫格尔前揭著同编同章第五节）。

在这样的生产技术之上，当然会形成一种新的生产力，及一种新的社会形态。果然，我们无论从经济各过程上（如生产手段、占有对象、剥削状态、流通状态、分配状态等等），从上层建筑上（如政治、法律、军备、教育及宗教、哲学、科学、艺术等），都可看到其与封建社会甚至初期资本社会有完全不同之处，这在拙著《西汉社会经济研究》及《三国经济史》二书中，已有详细的证据，这里恕不赘述了。

由上所述，可知佃佣社会说，是具有下列诸特征：

1. 它是着重下层的剖解（即生产方法的剖解）并能指出其特点；

2. 它是着重整个的剖解（即从最下层到最上层的剖解）并能一一指出其特点；

3. 它不承认中国自有史以来即走着完全不同的道路,而承认中途因种种关系才与欧洲分道扬镳的。中间且时时有从商业方面发展的要求,不过因此种社会结构的坚固性,不易达到成功的地步而已;

4. 它是承认此种社会,已成为一种新形态的社会,而不是过渡社会。

此外,另有一点,即佃佣社会说与其他过渡说或长期不变说不同的,即它承认秦汉至清这一阶段的社会中,主导的社会形态,虽不变更,但其中亦经过种种曲折的情形复杂的状态,决不是用一种单纯的理论,便可将二千年来的社会容纳得下的,这俟以后再说。

我们以为特殊说虽有种种,但其证据及理论多甚薄弱,不堪一击,其中唯佃佣社会说才能给与特殊说以一种科学的基础,所以即承认佃佣社会说是特殊说的代表,似亦无不可的地方。这话表面上虽似有夸大的嫌疑,但大家如果以真理为前提,平心静气细思一下,便不难首肯了。

6. 现阶段的社会性质问题

关于这个问题,因与现实关系极为密切,所以讨论的人更多,而解答的方案也更为复杂。在民国十九年,陶希圣氏曾编有《中国问题之回顾与展望》一书,依其论文的性质,分为六类答案。不过陶氏编此书时,似犯有一个颇不小的错误:即其所辑论文中,有的是解答现阶段的社会性质问题,有的却是解答历史上的社会性质问题(即现阶段的社会背景问题)。假如我们承认中国最近数十年间,有重大变迁的话,自不能将历史上的答案,冒充为现阶段的答案。陶氏一时大意,未加以区别,表面上虽似小疵,其实很容易给初学人以一种淆乱的印象。此外应当说及的,是同样主张一说的人(如半封建的社会说)而对于现阶段与前阶段的关系问题,实有很不同的估计。所以我们在明白各家对于现阶段社会性质说之前,尤应先明白下列两个基本的看法,即:

A. 承认现阶段社会已经变质者;

B. 承认现阶段社会虽在转变中,而旧社会的机能仍占主导地位者。

上面两说，我们姑把前者称为"甲说"，后者称为"乙说"——此种划分，是有很大的用处的，在后面当可一一看到。

现在即开始列举几种最流行的主张：

A. 封建社会说（纯乙说）

大体主张现阶段社会尚属于封建经济范畴者，多是承认廿纪的中国与前世纪的尚无本质上的差别，换句话说，即新的力量尚未能取旧的力量的位置而代之。他们虽然也看到国际帝国主义对于中国的作用，但却以为这种作用不特不能促进中国向资本主义之路发展，且可延长旧日封建势力之寿命，而为中国进步之障碍的。所以可说是属于纯"乙派"，苏联学者以前多有此种见解，例如莫斯科中国问题研究院编译处序《中国农村经济研究》时，便以"中国是一面包含着独特的封建制的残存，一面又有逐渐发展的资本制"的概念，来反对马札亚尔的说法是。中国方面，数年前所谓"新思潮杂志"派，即为此说的大本营。朱其华（即朱新繁）对于此说论述亦多，著有《中国社会的经济结构》等书及《关于中国的封建制度》（《读书杂志》一卷一期）、《关于中国社会之封建性的讨论》（同《志》一卷四、五期）等论文。此外如刘梦云《中国经济之性质问题研究》、钟恭《刘镜园的中国经济新论》、吴明《中国社会史论战底检讨》诸文，亦同意此说。

B. 半封建社会说（有甲说、乙说二种）

所谓半封建的意义，大体是指典型的封建形态已不存在，但残余的封建势力在社会上尚占有相当的优势者。此说依前示途径，又可分为甲、乙两种。

"甲说"以旧阶段为封建、新阶段为"半封建"，或"变质的封建"，或"半殖民地半封建"，从旧到新是表示从封建社会到半封建社会，或从封建社会到变质的封建社会，或从封建社会到半殖民地半封建社会者。至这里所谓半封建、变质的封建、半殖民地半封建，用词虽略异而意义则相同。作品中用第一种名称者，有吕振羽的《史前期中国社会研究》，用第二种名称者，有罗敦伟的《中国统制经济论》，用第三种名称者较多，以前有朱伯康的《现代中国经济剖析》，刘苏华的《唯物辩证法与严灵峰》等文，最近则有《中国农村》一派的文字。

"乙说"以旧阶段(秦至清)为半封建,新阶段仍为半封建,从旧到新,仅表示仍停留于半封建社会中者。此说与甲说表面用语虽同,而内容不同,盖甲说看出现社会的"变",而此说则否。此说在民十八、九年时颇流行,如叶非英的《中国之封建势力》、熊康生的《中国社会之蠡测》、黎际涛的《中国社会构造的史的观察》等文,皆本此旨。即上段所举朱伯康一文尚可说是依违于甲、乙两说之间者。

C. 资本主义社会说(纯甲说)

大体主张资本主义社会说的人,都是承认近数十年的中国社会,已越出封建的藩篱而另入新阶段的。他们对于外国资本主义不特不谓其有维持封建势力的作用,且把它与民族资本主义加以无区别的统一的考察,认为同是破坏封建经济使中国踏上新阶段的要素。所以可说是属于纯"甲"说。但同是主张资本主义说的人,其中亦略有不同之处,兹依其性质区分为如下三种:

a. 主资本主义经济已占有支配地位说者——这一说在国际上,是所谓吐落茨基一系的见解,国内的支持者则有严灵峰、任曙等人。严氏著有《中国经济问题研究》、《追击与反攻》等书,任氏著有《中国经济研究绪论》等书。此外如杜顽庶(即郭沫若)的《中国社会的历史的发展阶段》、王宜昌的《中国社会史短论》、学稼的《资本主义发展之中国农村》等文,俱属此派。最近农村社会性质论战中的"中国经济派"又为此说张目。

b. 主初期的或落后的资本主义说者——这是看出现阶段中国资本主义发展的特殊性,与前者略有不同的地方。李季《对于中国社会史论战的贡献与批评》文中对于现阶段的估计,是采取"初期的"资本主义社会的名称;刘镜园的《评两本中国经济的著作》及《中国经济的分析及其前途之预测》一文,对于现阶段的分析,是采取"落后的"资本主义的名称。

c. 主社会下层已资本主义化、上层尚滞于封建状态说者——这亦是从中国资本主义发展的特殊性上着眼,较前a、b二说更为让步。此说的支持者,是已故的孙倬章氏。他著有《中国经济的分析》等篇(另辑成一书,名《怎样干》),又因此事与胡秋原论战,作有《秋原君也懂马克思主义吗》一文。

D. 前资本或商业资本说（有甲说、乙说二种）

前资本或商业资本说与半封建社会说有相似的地方，两者俱看出现社会的过渡性，亦有不同的地方，即后者较着重"封建"方面的性质，而前者则着重"资本"方面的性质。此说亦可再分为甲说、乙说两种："甲说"是以前段为封建，现阶段为前资本，从旧到新，是表示从封建社会到前资本社会者。例如胡秋原的《亚细亚生产方式论》与《专制主义论》（单行本）对于现阶段的估计，有所谓从"专制主义（按系指封建社会末期）转为半殖民化的先资本主义社会"之说者是。"乙说"是以前阶段为前资本或商业资本，现阶段仍为前资本或商业资本，从旧到新，仅表示仍停留于前资本社会或商业资本社会中者。例如梅思平的《中国社会变迁之概略》一文，主秦汉到现世俱为商业资本说；及愈之《中国农民问题》一文，主中国"封建制崩溃直至现在"，俱为"封建思想所支配的初期资本主义"（按即先资本主义），"虽和西洋通商百年"，"依然没有根本改变"者是。

E. 亚细亚社会转换为资本主义社会说（略近乙说）

亚细亚说一派（指正统派），对于中国旧日社会的看法，是采取特殊论的立场的。在现世，他们以为此种特殊的亚细亚生产方式，仍占制压地位，而帝国主义侵入中国时所遭遇中国经济制度的顽强抵抗，即是此种特殊的生产方法作怪。直至最近，此种旧日生产方法，才逐渐崩溃，有转换为资本主义的趋势，但它的前途，依瓦尔加（E. Varga）的估计，却只有"唯一可能的道路"，即"非资本主义的发展"的。主持此说的重要论文，我们可举作马札亚尔《中国农村经济研究·导言》——"亚细亚生产方法与帝国主义"，同人《中国经济大纲》第十章"中国革命的前途"，瓦尔加《中国革命诸根本问题》第二节"进向资本主义的转换过程"，魏特夫格尔《中国经济史的诸基础及诸阶段》的末节等等。国人王志澄的《中国革命与农业问题》，亦略同此看法。

F. 佃佣社会转化为"外"资本主义社会说，或从"佃佣社会转为半殖民地半佃佣社会说"

此说系我对于现阶段社会性质的见解，既不主乙说，又不偏甲说，颇有另成"丙说"之概，其意甚长，另有专文述之，此处从略。

7. 各阶段的其他重要问题

中国社会经济史是一种新兴的学问，所以其中未解决的问题甚多。但人类知识是整个的（Human Knowledge is One），社会科学方面尤然。假如我们能将几个大问题先行解决，则其他小问题多能迎刃而解，不必另费大力了。下面试将论战过程中较为重要的几个问题提出，并依时期先后，一一附属于四个时代之下（参看我对于中国经济史的分期），以供参考。至每一问题下的各家的主张，限于篇幅，暂略。

第一时代：
共产制与乱婚制等存在与否问题
原始共产制与氏族制应否划分问题
父系母系先后问题
上古史研究的方法与态度问题
其他

第二时代：
古史真实性问题
井田制度有无问题
利用铜器铁器的时代问题
五等爵及五服问题
其他

第三时代：
中国农业有无特色问题
中国商业资本在历史上有如何作用问题
中国何以不能走上工业资本主义之路问题
外族侵入对于中国社会发生如何影响问题
中国史上有无循环问题——秦汉以后封建制有无再建问题
中西文化不同说能否成立问题
其他

第四时代：
转入资本主义社会之外铄性与内在性问题

民族资本与外国资本有无区别问题(或半殖民地的资本主义问题)

中国资本主义发展有无障碍问题(或帝国主义能否完成产业革命的任务问题)

帝国主义是否与封建势力相勾结问题

中国民族资本能否发展问题

都市与农村孰为主要问题(或工业化与农业化问题)

中国社会的前途问题

其他

以上述中国社会经济史主要的待决问题。

本文要说的话,于此已经完毕了。但未结束之前,要特别声明的是:本文的任务,只是要给与开始研究本问题的人们,以一种极利便的参考资料的,所以处处只注意前人成绩的类列,各种问题的提出,派别意见的枚举,并企图作最简洁而明白的说明,而未曾加以主观的判断。这或者未能满足某部分读者的要求,然而相反地却正是本文草作的本旨。

草径儿已辟在这儿了,良好的建筑师请出来继续努力吧!

(《社会科学论丛季刊》1937年第3卷第1期)

"亚细亚生产方法"问题新研

小引
一、亚细亚生产方法说的来源及其发展
二、亚细亚生产方法说的内容(附述威特夫格尔的谈话)
三、亚细亚生产方法说的论争——内容的论争和居于社会发展阶段中位置的论争
四、我们对于亚细亚生产方法说的意见
附参考书举要

"亚细亚生产方法"问题,在国际上是引过不止一次的严重辩论的。在眼前,可说是仍在继续发展中。虽然有人以为一九三二年列宁格勒(Leningrad)讨论会后,[①]本问题已告一段落,其实不然。因为当时批判此说的哥德斯(Godes)一派,虽然企图以东洋封建社会发展的独自历程,来否认此说,但对于东洋封建社会何以会有此种发展的特殊性,则尚留着未答;而为此说辩护的柯金(Kokin)一派,虽一面不否认中国近代社会有封建诸关系的存在,但一面仍保留其亚细亚生产方法存在于中国古代之说,且谓此种生产方法是不会直接转化为其他的生产方法而却遗留于后此社会的。同时,德国东洋学者威特夫格尔氏(K. A. Wittfogel)在其大著《中国经济与社会》一书里,亦是企图以亚细亚生产方法来解释中国社会的本质。氏于前岁来华,继续作此种研究,尚未放弃其主张,预料不久之后当另有更大规模的作品出现,以证实其前此

---

① 一九三二年二月苏联研究东洋史的学者,在列宁格勒召集"亚细亚生产方式"讨论会,当场发表意见者有哥尔德斯、柯金等名家十余人,详情见下。

坚持的意见。

"亚细亚生产方法"问题,是仍在继续发展的途径中的。

在国内具体研究此问题的人尚少,而赞同者尤少。有的人根本便置诸不理;有的人略加以外表的介绍之后,便施以一阵谩骂;有的人却在所谓各种各色的主张掩护之下窃取其论点。① 大家既不敢明明白白对本问题加以深刻的研究和讨论,问题的解决,自然是无期的。我个人以为这十年来中国社会史论战的派别和意见,可以从本质上将其二分。无论论战者意见如何分歧,派别如何复杂,当不能跳出这二个分法的范畴之外。明白说即他们系把中国社会发展的道路看作和西洋社会一模一样的呢,抑各有不同的所在呢？我曾称前者为论战中的"一般说",而后者为"特殊说"。② 此种一般说和特殊说的论争所连系的问题是非常重大的,例如中国历史的停滞问题、中国历史的分期问题、中国阶级性质问题、中国不能走上资本主义的道路问题、东西文化的不同问题以及中国社会的出路问题等等。非在此种论争解决之后,是无能得到正确的结论的。亚细亚生产方法论却正是主张中国社会特殊发展说中有力的一支,虽然其间尚含有不少的错误,可是此种问题之重要,却不容吾人以不睬的态度对之的。

在本文,除企图将亚细亚生产方法问题的全面及各派的意见,作一系统的介绍之外,并谋提出一些新见解,藉供研究诸君的参考。假使能因本文的提出而使问题较近于解答之路,那便是笔者所引为深幸了。

一、亚细亚生产方法说的来源及其发展

关于亚细亚生产方法说的来源,可分为两面来看：一种是间接的,即凡企图以自然的因素来解释历史发展的倾向者,都可说是与此说有相当关系;一种是直接的,那便是卡、思诸大师的文献中对于此方面的说法。这里即就直接的来源说说。

---

① 如近有以公社的反覆再生产及专制主义统制手工业,来解释中国社会发展的停滞者。其实此种思想早一再见于柯金《中国古代社会》书中(参看原书第八九页、第一〇一页又将此意复述),只是主张此说者不肯明白道出而已。

② 关于此意,当另文详述。

谁都知道卡尔(Karl Marx)的思想在许多方面是与黑格尔(G. F. Hegel)有关系的。卡氏对于亚细亚各民族的特殊说法，亦可说是源自黑氏。在黑氏闻名的《历史哲学》中，我们已寻出其对东方诸国的特殊见解，与此后有息息相通的地方。兹试将比较明显的几点指出，不消说这里是已经脱去黑氏神秘的观念论的外衣了。

第一，黑氏《历史哲学》对于世界史的区分，是非常着重地理的因素的，这在原书第二编"论历史之地理的基础"已可见到，第三编"历史纪载的区分"更将此种意思现实化。所以整个世界史，在黑氏看来，是依着如下的历程发展的：

第一部	历史的幼年期	东方世界 a. 中国 b. 印度 c. 波斯	（亚洲东部）① （亚洲中部） （亚洲西部）
第二部	历史的少年期	希腊世界	（欧洲东部）
第三部	历史的成年期	罗马世界	（欧洲中部）
第四部	历史的老年期（完成之意）	日耳曼世界	（欧洲中部及其西部）

此种分期合理与否，我们暂置不论，但有一点要注意的，即卡尔后此在《政治经济学批判》序文里对于世界史的四分法，是与此深有关系的，试将两者比较如下：

黑格尔的分期	东方世界	希腊世界	罗马世界	日耳曼世界	
卡尔的分期	亚细亚社会	古代社会		封建社会	近代市民社会

在这里可见到所谓亚细亚社会，实出于黑格尔的东方世界。

第二，黑氏对于东方世界的描写，虽有许多歪曲的地方，但有些却道出亚细亚社会的几个特征。例如② A. 把中国看成不变的。原书曾说"中国系最古老的国家；它的'原则'又是具有那一种客观性，所以它既是最古的同时又是最新的。中国很早已进展到它今日的情状；但因

---

① 括符内所标明的区域位置，是笔者自加的。
② 此处所举黑格尔的话，只以有关中国者为限。

它的客观的存在与在它内部运动上的主观自由之间,仍缺乏一种对比,遂无从发生任何变化,而一种终古如此的固定性,已代有了一种真正的历史性。""从世界存在的那个时候起,这些国家只能在自己的内部发达起来。他们的观念是原样和停滞不前的。"B. 指出中国政府对于河流调整之注意。他谓中国人的物质生活只限于农业,因此,水利问题是顶重要的,而河流调整,在此种前件之下便成为政府主要的任务了。C. 指示专制政体之存在。如谓在中国是有平权而没有自由的。如谓"这全部政治内固然缺乏主观性的成分,同时它在臣民的道德心理内,又缺乏一种基础。'实体'简直即是一个人——皇帝——他的法律便是一切。可见中国的'国家'的一尊,是至高无上的,那个实体仍极坚硬刚强,与其他一切概不相似——并不包括其他的成分的"等是。D. 以"家庭的精神"为中国政制之特色。如谓"因此这种关系表现得更加切实而且更加符合它的概念的,便是家庭的关系。中国纯粹建筑在这一种道德的结合上,而国家的特性,便是客观的家庭孝敬"。中国人自视为属于他们的家庭,而同时为国家的儿女。在家庭之内,他们不是人格,因为他们在其中生活的那个团结的单位,乃是血统关系与天然义务。在国家之内,他们一样缺乏独立人格,因为国家内大家长的关系最为显著,皇帝犹如严父,为政府的基础,治理国家的一切部门。又谓:"这种家族的基础,也是'政体'的基础。要知皇帝虽站在政治机构的顶尖,且有君主的权限,但他像严父那样行使他底权限。他便是大家长,国中首须尊敬他。他在宗教事件及学术方面,都是至尊,这个后面当详加论列。为皇帝这样严父般的关心,以及他的臣民的精神——他们像孩提一般不敢越出家族的伦理原则,也不能自行取得独立的与公民的自由。"像这样的话,在原书是数见不鲜的。

以上四点,对于后此主张亚细亚生产方法说的人,是有其直接间接的关系的。

至就卡氏本身的著作来看,对于本问题的意见,显然可分为前后两期。在前期的文献中,如《雇佣劳动与资本》、《哲学的贫困》、《宣言》等等,对于世界社会史的区分,只有古代的、封建的、近代市民的三种连续的形态。《德意志意识形态》一书,虽将财产形式,分为"氏族的"、"古代公社及国家的"、"封建的"几种,但仍未提出亚细亚的名称。迨一八五九年《政治经济学批判》出版,在该书序文中才将亚细亚的生产方式,当为社会发展形式的一段。原文道:

> 从大体说起来,我们可以把亚细亚的、古代的(希腊、罗马)、封建的及近世市民的各生产方法,看做经济的社会组织的进步的阶段。

同书他处并有"资产阶级的经济学,只有在资产阶级的社会之自我批判开始的时候,才达到了对封建的、古代的及东方的社会之了解"之语。亦可为卡氏承认亚细亚社会存在之一旁证。

从此之后,在卡氏心目中,始终未放弃"亚细亚社会"为历史上特殊形式的观念。虽然读了美国学者 Morgan 的《古代社会》之后,曾改变东方社会与古代社会相连属的见解,但却把这二者视为氏族社会崩溃之后的两种并存的经济发展的形式。① 假如读者诸君对于此事尚有怀疑的时候,我们尚可在卡氏最后杰作的三册《资本论》中,举出一些语句为证:

> 在古代亚细亚,古代希腊及罗马等等的方式之下,生产物被转化为商品,……这种任务,在共同体愈近于消灭时,便愈益重要。(一)

> 简单的协作的意义,在极大的范围内,是表现于那些庞巨的建筑物上,那些建筑物是为古代亚细亚的人民、埃及人、爱特鲁人等所建立的。(二)

> 小规模农民经济及独立手工业经济,是与它同时的——本来东洋共同体所有解体以后,奴隶制还未真正支配生产的当时的最盛期的古典的共同体的经济的基础。(三)

> 如果不是私有土地的所有者,而是国家以土地所有者帝王的资格直接和它对立,像在亚细亚所看到的一样,那末,地租与赋税是一致的。(四)

> 又,在亚细亚、埃及等处农村公社的代表人物为土地所有者,

---

① 参看下引蒲列汉诺夫(Plekanov)的话。

在奴隶制度或农奴制度之下,土地的私有只是代表直接生产者的人财产的结果。(五)

亚细亚和埃及的帝王或爱特鲁的僧侣的这种政权,在现代社会内已转到资本家方面了。(六)

基督教的日耳曼的家族形态,与古代罗马的,古代希腊的及东洋的形态,相互的联成一个历史发展的系列。(七)

在这里我们除看出卡氏坚持亚细亚社会的存在外,并能指出卡氏心目中的亚细亚社会的几个特征:

1. 共同体之存在,及商业资本发展之迟缓(第一条);
2. 大规模公共事业之经营(第二条);
3. 农业与手工业的结合(第三条);
4. 土地国有或土地私有制之缺乏(第四、五条);
5. 专制政体(第六条)。

在同书里,卡氏并谓水的调剂是这些无联系的小生产组织上面的国家政权之物质基础之一,这个特征,亦是非常之重要的。

此外较有系统的叙述,我们当引其对于印度农村公社描写的文献为证:

到现时部份地还继续存在的印度的极原始小农村公社(Communite),它是根据公社土地的占有,农业和工业间的直接联系及固定的分工,在产生每一新的农村公社时,它供作公社创始者现成的设计和模型。这些农村公社中,每一个都构成一个生产整体,完全满足它自己的需要和需求,同时在这些农村公社的生产领域里,约占地一百至几千亩之间。生产物的主要部份,直接是为满足公社自己的需要,而不是商品。因此这种生产本身不依系于被全印度社会分工的商品交换所制约。只有生产品的多余部份才变成商品,但甚至于这种变成商品的多余生产品,只有一部份在政府手里,而且从远去的时候起,在政府手里的生产物的某部份,采取自然物地租的形式。

至这些农村公社的形式,虽然各地不同,但大体是这样的:公社的成员共同耕种它自己的土地,以所得生产品在社员间分配,同时纺织一类的手工业是与农业联系起来而为家庭的附带职业。在这些公社中,我们可以找出各种各色的人物们,如:1. 管理税收和审判的村长(The Chief Inhabitant),2. 会计员(The Bookkeeper),3. 追捕囚犯的另一法人(Another Official),4. 防御公社边界的站冈(The Boundary Man),5. 分配水量的看守人(The Water OverSeer),6. 执行宗教上职务的僧侣(The Brahmin),7. 乡村儿童的教师(The School Master),8. 指示农业工作日期的星象学家(The Calendar Brahmin),9. 铁匠和木匠(A Smith & a Carpenter),10. 陶器匠(The Potter),11. 理发师和洗衣人(The Barber & The Washerman),12. 打银匠(The Silver Smith)等等。这些人们,都是仰给于公社的,当移殖的人口超过当地所能容纳的分量时,他们便移到未垦殖的新的地方去,在那里,又依照旧农村公社模型而创立新的农村公社。有时亦经过某种偶然的破坏而没落,但不久在同一地方及同一形式之下,又重新表现出来。(参看 Samuel Moore & Edward Aveling 译《资本论》,第三九二—三九三页)

这便是作为亚细亚社会根本组织的农村公社之内容,亦即是卡氏所认为了解东方社会"不变性的谜"的锁钥。

复次,在恩格斯(F. Engels)的著作中,有人谓其一生只坚守三大劳动形态形成三大文明时代的主张,而未提及亚细亚生产方法一事,其实也不尽然。在卡、恩文集中,我们找到一八五三年六月五日恩氏复卡氏讨论东方问题的信,其中已说出东方社会的几个特征如下:

1. 土地私有制的缺乏;
2. 公社的存在;
3. 农业建筑在人工灌溉的基础上;
4. 灌溉为公社或中央政府的事;
5. 东方政府的组织里,常有社会事业部,管理再生产的事务。

这些特征与前揭卡氏所举的,实为大同小异。尤可注意的,恩氏在同信里并指出气候旷野及土地性质等因素,来解释东方社会特殊发展的理由,这与后此蒲列汉诺夫的说法,已更为接近了。

至《反杜林论》(*Anti-Duhring*)第二篇"政治经济学"末节——《批

判史论述及家族私有财产及国家之起源》第九章"野蛮与文明"关于原始共同体的叙述,亦可认与此说有息息相通的地方。

以上简略地论列黑、卡、恩三氏对于亚细亚社会的见解,这并不是无益的工作,因为后此主张亚细亚生产方法的理论家,其理论的来源,都是出于这里的。

在下面我们将进一步叙述亚细亚生产方法说本身的发展。

亚细亚生产方法说,其本身是有一段深长的历史的。略去卡、恩以前不算,仍可将其分为三期,即:1. 萌芽期,2. 成立期,3. 批判期是。兹以次述之于下:

1. 萌芽期——亚细亚生产方法说,虽然是启发于卡、恩诸氏的著述之中而完成于马札亚尔(Madjar)诸家著作出版之后。但在两者之间,有意无意的承认此种社会形式的存在者,我们却要另提及几位学者,而把他们作品发表的时代,认为此说的萌芽期。

这些人中应特别注意者,当为蒲列汉诺夫,蒲氏在《卡尔主义的根本问题》中,有一段常为人们征引的话:

> 然而我们必须想到当卡尔后来读过摩尔根的《古代社会》以后,他是改变了对于古代生产方法与东方的生产方法的关系问题的见解。实际上,封建的生产方法发展之逻辑归结到社会的革命,即资本主义胜利的表现。然如中国或古埃及经济发展之逻辑,并不会走到古代生产方法之出现。在前一种场合,就前后继起的两种发展的阶段,而第二个场合就表现给我们有两种并存的经济发展的形式。古代社会代替了氏族的社会组织,而此组织也在东方社会制度发生之前。这两种经济结构型式之每一种,都是氏族组织胸怀内部生产力发展之结果,而此氏族组织,最终必趋于灭亡。若说此二种型式彼此间是有莫大区别的,则其区别点,是因地理环境之影响而来的:在一种场合,是支配了生产发展到一定程度的社会,支配了一种的生产关系之总和,而他种支配了与第一种完全不同之社会。

在这一段里我们很明白的看出蒲氏的几种意见,即:(1)对于亚细亚社会形式的确认,(2)此种社会系出自氏族社会而与欧洲社会的发展并行,(3)东西社会所以走着不同的道路,是由于自然环境之各异。

复次著名经济史家卫柏(Max Weber)亦是很注重东方社会共同体的存在,及水利调整等要素。氏在《社会经济史》曾道:"氏族制之命运亦殊不同,在西方,它已完全灭绝,反之,在东方则差不多仍照旧保存……。中国的经济制度,至今尚为半共产的氏族经济。氏族在各村落内,设有学校仓廪,须整理农地耕种,可干涉继承,对于族人的败行,则有裁判责任。各人之经济上的生存,全靠其属于氏族。个人的信用,名义上亦即是氏族的信用。"又道:"国家与氏族同时并存,是不可能的……在中国,国家的权力,不足以打破氏族的权力。"又道:"国家之政治及社会的组织……主要由经济关系所决定。关于此一点,东方和西方是完全不同的。东方(中国、小亚细亚、埃及)的经济与水政有关的农业占优势,而由开垦而成立拓殖的西方,则森林文化有决定的意义。"本上面特殊的看法,氏在《古代世界农业史》一书,并主张历史上有"东洋的"、"欧洲的"、"古代的"诸类型。

复次如邱诺(H. Cunow)在《卡尔的历史社会及国家学说》一书里,企图以地理条件解释东洋古代史并弥补卡尔学说轻视地理因素的缺点;如里阿查罗夫(Riazanoff)在《中国印度论》序文中,企图说明帝国主义侵入后,亚细亚社会才开始了急速的崩溃形态;如拉狄克(Radek)在《中国革命运动史》里,企图以中国不是海上国家来解释中国不能发现殖民地而发生产业的革命的缘故等等。在某些观点上,亦可认为此说的前驱。

2. 成立期——一九二五——一九二七年中国革命的种种曲折,引起许多理论家对于这个古老的谜样的国家,加以新理解,于是中国到底是什么社会的问题,便呈现着多种不同的看法。亚细亚社会亦于此时应运而生了。大胆的放出第一炮者,可说是马扎亚尔一九二八年出版的《中国农村经济研究》。该书以丰富的材料,完熟的技术,对于中国经济结构的特质加以一种大胆的系统的分析。全书凡二十七章,除以农村经济为研究中心外,并及各种与农村经济有关系的问题,如高利贷资本、商业、手工劳动、家庭工业、国内市场等等,尤注意帝国主义侵入后,对于中国农村所发生的影响。另《导言》一篇，以"亚细亚生产方法与帝国主义"为标题，在该书整个系统上，居于提纲挈领的地位，亦极重要。该文先述及研究中国问题之困难，并提出亚细亚生产方法为答案，次述及亚细亚生产方法诸特征，如氏族的、农村的、宗教的公社之存在，永佃制的发达，奴隶居于附属的范畴，土地所有权的缺乏，社会事业是中央政府的职务等等，末述及帝国主义所引起亚洲殖民地之危机。亚细亚说的规模已于是具备了。

马札亚尔的意见，后又发表于一九三〇年出版的《中国经济大纲》一书。该书共计十章：第一、二两章论中国农村经济及土地制度；第三—第七章，论中国行会手工业、家庭工业及大机器；第八章论中国在世界经济体系中的地位；第九论城市与农村；第十章论中国革命的前途（此章为瓦尔加所作）。全书企图对中国经济的全面，加以一种新分析，藉以证实其亚细亚说的论点，视前仅以农村经济为中心者，似又进了一步。同年氏在农业研究家会议席上，复提出《社会构造与农业问题》一文，在其中，此种说法更系统化了。

当时赞成马札亚尔主张者，有瓦尔加（E. Varga）、柏林（E. Belin）、柯金（M. Kokin）、巴巴燕（G. Papayan）诸人，瓦尔加在《中国革命的根本问题》一文中，最先采纳此说，该文分八节，开头指出中国社会之特质，谓中国的农奴制不带有欧洲封建的性质，而是亚细亚式的。次便叙述百年来进向资本主义的转换过程，复次便以资本主义侵入亚细亚式社会中所发生的各种不良的影响，如：（1）国家原有机能之被破坏，（2）农村经济的分解（由水利肥料系统破坏乃向农民单纯掠夺的加深而引起的），（3）城市手工业的衰落，（4）劳动阶级的可怖的穷困及被榨取，（5）汇兑市场的紊乱等，作全般的描写，而以中国未来发展的道路为终结。这是企图以亚细亚社会对于帝国主义顽强抵抗而失败的过程，来解释中国现阶段纷乱之现象的。此外另有同人的《中国革命之经济诸问题》，马著《中国经济大纲》序文及第十章，柏林（Belin）《东洋的封建主义及亚细亚生产方式》诸文，亦堪注意。

至柯金、巴巴燕诸人，却另图在中国古代史方面，予亚细亚社会说以强有力的佐证，两氏通力合作的《古代中国土地制度》（中译本作《中国古代社会》)便是此种企图的表现。全书分为两部,依作者在导言所说:"上篇为绪论,在说明欧美近代科学思想的概况,同样也说及近代中国思想的概况,下篇则企图根据从那时候保存下来的材料,及最近的著作,来叙述古代中国的土地制度。"若展读其内容,则上篇系对于中外井田论争的文献,加以有系统的叙述和批评;下篇则叙述其主张,从亚细亚生产方法的理论出发,而达到中国古代自然环境、农业、土地分配、税制、国家机能诸问题的解答。虽然马札亚尔在序文中,并不否认其有个别的错误,但对其根据最新的历史理论与古老的中国历史概念对立,则称之为"一个大胆的企图"。又柯金本人在后此亚细亚生产方法讨论会席中,是肯定派的领导者,所以其理论亦是不容吾人忽视的。

同时在德国方面,又出现了一部以亚细亚生产方法说为骨子来解剖中国社会的巨著——威特夫格尔的《中国经济与社会》,原书全称如下: *Wirtschaft und Gesellschaft Chinas: Versuch der Wissenschaftlichen Analyse einer grossen Asiatischen Agrargesellschaft*,该书出版于一九三〇年,在量与质方面都较前此同类书籍为优胜,系威氏遍览巴黎国立图书馆、柏林国立及市立图书馆、莫斯科国际农业研究所等等十余藏书机关中关于中国方面资料后的劳作,日译本副标题作"对于亚细亚一大农业社会科学分析的企图其尤生产诸力,生产=流通过程",可见其性质之一般。兹试略将其书内容全貌介绍于次:

全书分上下两册:下册因受某种关系尚未出版。上册分两大篇。第一编,从历史上考察中国生产诸力的体系,内又分为两章:第一章论中国经济过程中生产诸力之属于自然方面者,所述的有人类学诸基础,外表的自然诸条件如土地、温度、水、矿物等;第二章论中国劳动过程中生产诸力之属于社会方面者,所述的有劳动过程之社会组织,劳动力上之性能的特质,前资本制之中国劳动手段等。第二编,中国经济过程之基本诸特征,第一章论农业的生产过程,所述的有农业生产之物的技术的方面(如人工灌溉、治水组织、集约经营之类),直接农业生产者之土地的关系(如小土地所有制、徭役劳动及奴隶劳动的地位之类)等;第二章论作为农业生产之干涉机关的国家,所述的有治水事业、水利工事、天文学等;第三章广义的农业,所述的有牧畜、养鱼、植树等;第四章前资本主义的中国生产过程之工业方面,所述的有中国农业社会对于工业上的欲求、中国工业之史的考察、手工业及工厂手工业、社会内部的分业与工业经营内部的分业、手工业的小经营、家内工业(Heimindustrie)早期资本主义发展的萌芽等;第五章亚细亚式的中国里,运输、商业及利贷资本的经济机能,所述的有运输产业、中国商业资本之经济的机能,从来中国的高利贷资本,货币交易资本及货币——金融业资本等。篇末另以"亚细亚的中国的经济总行程的概观——中国经济表"为殿。共约五十余万言。

此书的特色,系从经济构造的各面,来证明中国社会发展的特殊性,实为亚细亚说有力的支柱。除此书外,威氏尚有《中国经济史诸问题》《中国劳动运动的基础》、《中国农业的前提条件及其基础要素》、《中国经济史的基础及诸阶段》、《黑格尔论中国》诸文,俱为一贯主张之作,足以参考。

以上对于几部重要的主张亚细亚说的作品,不惮加以详细的介绍,为的此说在社会史论坛中影响颇大,无论我们赞同与否,对其阵垒中的实力,不能不先加以一番检讨的。

此外应提及的,便是当此派盛时,曾企图将其理论应用于中国政治上(例如闻名的《农业问题草案》)但却很快的被否定了。

3. 批判期——亚细亚生产方法说在开始提出时,便受到攻击,迄至今日,尚未终止。吾人如将其被批判的过程加以考察,则显然又可分为三个小段落:

A. 初期批判——初期批判的特征,在一面否认亚细亚社会说,一方面又保留此说中的某些特点,并发挥之。例如 a. 中国问题科学研究院编辑米儿(Mir)在《中国农村经济研究》序文中,虽不承认马札亚尔说法,但对其土地国有说却予以同意。b. 约儿克(Yolk)在《亚细亚生产方法问题》文中,虽强化四阶段公式而反对特殊说,但却承认作为东洋落后诸国前资本主义特征的地租——田赋之存在。c. 杜博洛夫斯基(S. Dubrovsky)在《亚细亚生产方法、封建制度、农奴制度及商业资本之本质问题》书中,虽对亚细亚论者,加以无情的攻击,但自己在第五章里及第七章里,却主张封建社会之后,有所谓农奴制度或专制主义的阶段来了。

至国内方面,如胡秋原之《亚细亚生产方式论》等,一面否认此说,一面又抄袭杜氏及波卡洛夫(Botcharov)之专制主义,亦当属于初期批判之范畴。

B. 列宁格勒(Leningrad)会议时的批判——一九三一年二月,苏联东洋学研究协会列宁格勒支部及列宁格勒东洋学研究所两机关在当地召集亚细亚生产方式问题讨论会,被邀而参加发言者,有名学者十余人。会场中显然分为赞成与反对两大派。赞成方面有柯金、柯瓦列夫、斯鲁维、普洛多尼可夫、加列尼、莫哈鲁兹基、巴巴尼诸人,反对方面有哥德斯、徐金、约儿克、斯坦因、波凉可夫、鲁列、阿西波夫等诸人。[①] 会议的进行,以哥德斯《关于亚细亚生产方法之讨论的总决算》一文开头。该文分八节:第一节述讨论的源泉及其意义;第三、第六两节阐明卡、列关于社会构造的学说;第二、第四两节指出马札亚尔一派理论上的错误;第五节解释卡尔文献中,何以有依亚细亚生产方式议论——依哥氏见解这只认为当日东洋学未发达时的一种假说;第七、第八两节提示封建主义的本质及研究东洋封建主义的根本问题——依哥氏见解东洋的封建社会是有其独自的历程,但本质上与其他封建社会并无不同之处,亦没有什么亚细亚社会之存在。继之者则为柯金《亚细亚生产方式理论的拥护》一文,对哥氏的驳难加以答覆。继之者便为徐金以下十二家的讨论,终复以柯金及哥德斯的结语为结束。论战后问题虽未完全解决,但依当日的情形来说,无疑是哥德斯一派较占优势。所以此后出版的社会经济史一类的书籍,多是拒绝"第三形式",而强调历史的规律性。例如下列各书:

雷哈德(V. Reikhardt):《前资本主义社会经济史论》;

甘蒙克(Tanmk):《东洋封建制史论》;

波卡洛夫(Botcharov):《阶级斗争史教程》(第一分册);

普里柯秦(据日译音):《社会构成论》。

可见其影响了。

至论争的详细内容,可参看苏联卡尔主义东洋学者协会编纂的《关

---

① 以上人名译音,系据日文转译。

于"亚细亚的生产方法"》一书（按，该书有早川二郎日译本，白扬社出版）。

C. 第三种说——第三种说是因哥德斯对于卡尔文献的侮辱所起的一种反动。例如雷哈德便是支持此说的一人。雷氏一面虽承认哥氏对于马扎亚尔派所加的批判，一面却要将《政治经济学批判》序文所列举社会发展形式的第一种（即亚细亚的）加以合理的说明，氏曾将亚细亚生产方法解释为先行于奴隶所有者社会的一定的社会构造，换言之，这个构造是介于原始无阶级社会与发达的奴隶社会之间的。这个构造的特征，是"原始共同体"的存在，但他决不是东方诸国的特殊物，而是各国普遍经过的，不过东方诸国因其发展的停滞性，遗留部分较多而已（见前揭书）。日人相川春喜、早川二郎、平野义太郎等及国人何幹之、吕振羽等近亦相继赞同其说——吕君且因此放弃其以前否定亚细亚生产方法存在的主张。

以上便是亚细亚生产方法说本身发展的概观。

二、亚细亚生产方法说的内容

亚细亚生产方法说之史的发展，我们在上节里业已详细说过，至其内容问题，则各家意见略有出入之处，兹特根据各种典籍先制成一个各家所举亚细亚生产方法特征比较表如下。

在上表中除去王志澄《中国革命与农业问题》文中所举"有货币可成地主"一点明与亚细亚论者所主张的"缺乏土地私有制"的内容矛盾不计外（至该点合于事实与否为另一问题），其余可归为七项，依序胪列于下：

A. 土地国有及土地私有制之缺如（十二处共同）；
B. 水利调节及其他公共事业之需要（十二处共同）；
C. 农村公社或村落共同体之存在（十处共同）；
D. 为指挥公共事业而形成的专制政治（九处共同）；
E. 整个局面停滞不前（三处共同）；
F. 家庭工业与农业直接结合（四处共同）；

"亚细亚生产方法"问题新研　231

来源	政治制度	水利/灌溉	土地所有	公社/共同体	经济/停滞	其他
Hegel《历史哲学》	1. 专制政体	2. 灌溉及河流疏通之注意		3. 从政制上所表现出家长精神（这实为原始共同体遗存之证）	4. 停滞不前的局面	
Marx《资本论》第一卷、第三卷	4. 专制政体为国家形态	2. 人工灌溉相适应的大范围之公共事业的组织	1. 土地国有或土地私有财产之缺乏	3. 农村公社	5. 社会的经济的基本，没有为政治的风暴所摇动	6. 农业与手工业的结合
Engels致Marx《论东方社会的信》		4. 灌溉及其他再生产的职务为东方政府的事业	1. 土地私有制之不存在	3. 农业建筑在人工灌溉的基础上／2. 公社的存在		
Madjar《中国农村经济研究》(1928第一版)	3. 专制政体	2. 水利调节和人工灌溉	1. 土地私有制之缺乏——国有土地为普遍形式	4. 氏族与专制政体和调的公社		3. 永佃制度
Varga《中国革命根本之诸问题》及马著《中国经济大纲》序文	3. 防御外敌、保全水利、管理粮食是东方政府的任务	4. 水利经济及独特的肥料系统	5. 国家是一切土地所有者，地租交纳国家是之唯一的贡税	2. 自足的共同体之存在		1. 基于劳动力的过剩，中国的农奴制不带有欧洲封建的性质

续表

作者/著作					
Madjar《社会构造与农业问题》(1930年在共产主义学说农业研究家同盟会议讲,可说是此说的第一次公式化)	4. 东洋专制政治	3. 欠缺私有土地制,土地最高占有权,属于国家	1. 人为灌溉(发生于以农业为第一前提之处)	2. 在人为灌溉的必要情势下产生阶级社会	
王志澄《中国革命与农业问题》		1. 国家支配土地——没有欧洲封建时代的土地支配制	4. 灌溉农耕与西欧旱耕相反		3. 没有欧洲那样的农奴制——劳动力不缺乏
张忆:《马扎尔式生产方法的检讨》		2. 土地国有制	1. 灌溉事业之中央管理	3. 公社为社会之基础	5. 家庭工业与农业结合,为公社之基础
Kokin《古代中国土地制度》	2. 中央集权因指挥灌溉事业及游牧民斗争而形成	4. 土地国有,国家以贡税形式征取农民剩余生产品	1. 土地的特质和灌溉的作用		2. 有货币可成地主

续表

M. Godes《关于亚细亚生产方法讨论的总决算》（在1931年二月列宁格勒会议）	4. 作为国家形态的专制政治	1. 土地私有的废除	2. 人工灌溉之必要及相应的大范围的公共事业组织之必要	3. 农村共同体		
李立中《亚细亚生产方法批判》		2. 土地国有制	3. 灌溉制度	1. 农村公社		
张志澄《亚细亚生产方法透视》	4. 社会事业为中央政府或乡村公社之职务（按此当即为专制政治成立之理由）	1. 土地国有（地租与贡税合一）	4. 水利调节（由公社或政府处理）	2. 农村公社	5. 整个生产方法有带极多原始的色彩	3. 农业与手工业直接结合
李季《对于中国社会史论战的贡献和批评》		1. 土地国有（主点）				2. 农业与工业结合（附点，又主附者相反即为前资本社会）

附注：亚拉伯数字傍有△符者，系示与同项各说有略异之处

G. 永佃制与没有封建式的农奴制（三处共同）。

关于以上几个特征，我们需要分别加以说明，在可能处我们并想引用主张本说的几位主要理论家的语句。

第一，土地国有及私有制之缺如。这两者意义是相连的，因为土地占有主要是采取国有的形式，所以引起私有制度缺乏；同时又因为私有制发展的迟缓，便加倍使国有的形式延长。关于土地国有存在的证据，最容易看出的，是赋税与地租合一。"我们在东方的专制国家内看到什么呢？自然，土地私有这个字，并不是就近代的意义而言的。此地所说的私有，就是一种获得租税的权利，这种权利在原则上属于国家，国家又将自己的权利酬劳官吏等等。土地授与公社，家族去耕种而生产品的一部则归政府，在这几句话之下，就可了解整个国家机关的总和。"（Kokin 语）恩格斯在一八八二年致伯恩斯坦的信曾称小暴君或总督就是主要的东方的剥削形式。卡尔在《资本论》三卷里亦称"此地（指亚细亚）国家是最高的土地所有者，此地最高权就是集中到民族阶段上的土地私有"，同是此意。此外在一九三二年亚细亚讨论会席上，柯金并征引伊里奇在《农业纲领批判》中批评蒲列汉诺夫语，作为伊里奇肯定亚细亚生产方法存在的证据，原文如下：

> （上略）只因莫斯科有土地国有事实的存在（或假设莫斯科存在过）而谓其经济基础是亚洲生产方法。其实俄国的资本主义生产方法，在十九世纪后半已经巩固，在廿世纪更无条件的占优势。蒲列汉诺夫的论证怎样呢？在亚细亚生产方法上的国有化和资本主义生产方法上国有化混同了。他从文字相同上，来观察根本不同的经济亦即生产的诸关系。（早川二郎日译本第六五页）

这里亦可证明伊里奇看重亚细亚生产方法里土地国有的事实，所以马札亚尔曾明白肯定土地国有化，是东方社会的基础。

不过所谓土地国有其意义较为广泛明白说，实含有土地公有的意思。卡尔在《资本论》第三卷第二部第四十七章中，一面虽说及私有制的缺乏，但一面亦并不否定集体的占有及利用形式之存在。至马札亚尔本身，则更将此意发挥尽致了。氏在《中国农村经济研究》中曾将此种"非私人占有的土地"分为八种：

1. 侯地　　　　　　　2. 旗地
3. 寺院和教会的土地　4. 军事的移民地
5. 血族或氏族的土地　6. 公地(即未被任何人占据的土地)
7. 庙宇或公社的土地
8. 国有的土地(如荒地、芦地和苇地、砂土地,或冲地等)

在《中国经济大纲》中所述的十种土地所有权中,除了私人占有的土地一式外,复分为如下的九种:

1. 加冕地　　　　　　2. 皇命领地
3. 旗地　　　　　　　4. 寺院土地
5. 机关与书院的土地　6. 国有土地
7. 公社土地(有：a. 古代庙宇的土地；b. 宗族或氏族的土地；c. 土人的公社土地三种。)
8. 军事的屯地　　　　9. 祖先祠堂的土地

在这里可知土地国有之含义了。在这样环境下,土地私有制发展之迟缓(甚竟不存在),不消说是必然的结论。他们曾引《反杜林论》中语句,而谓在整个的公社或国家是土地之私有者的东方,即在土语之中亦未见有"私有者"之一语,足见其肯定态度之一般。至土地私有在这些地方出现,在他们看来,这已是亚细亚生产方法解体时的事了。

第二,水利调节及其他公共事业之需要。水在东方社会中之需要,这是研究东方史的人都知道的。在亚细亚一派看来,尤有决定的作用。卡尔曾以东方政府力量的集中,归功于水的经济的利用,恩格斯曾以水为东方农业的第一个条件。这些话都是他们所喜欢引用的。在中国,他们更以为"秩序井然的水利经济,是其死活问题。(中国)水利经济含有两种任务：第一对于洪水的防卫,即江河之调节,中国的大河床因为比沿流的溪谷的地平面还要高,所以这在中国更为重要。中国的河流较数百年前增筑了不知多少次的高堤还要高的流着,一旦堤防溃决,则其意义便是养数百万人的地域,立刻变为湖泊。第二是灌溉设施,这以中国的园圃式的耕作为基础,故其崩坏在中国农业实即是破灭"。(Varga 语)我们若更由生产的过程来看,尤能发现水的意义。根据地质学家 Richthofen 的研究,中国北部的土壤,是带有粘土的性质的所谓黄土区的，一切粘土本身所具有的最鲜明的特色，只有在他获得充分的水量时，才能够表现。如果水分不足，则深伏地层与表面地层间的毛管运动停止，而植物之营养亦消失。田的一时荒废，即变为赤色，而这个黄土区却正是历史的中国民族栖息之地。又根据农学家 Gopland 研究的结果，"米和一切其他的植物一样，是在自己营养着和呼吸着的。为了这些生命必须的进程，米……比较任何其他的植物要求更多的水，在自己成熟的时候，发散出水量（也）很多的"，而这个"米"都又正是中国民族的主要食品。可见水的重要性之一般了。因此他们常把水利作为中国经济及全文化的中心基础，而将四千年来的中国史看为中国人与水争斗的历史。

水的利用的结果，最重要的有两点：一是豫定了公社在东方社会发展的基础——这种公社，在罗马、日耳曼、爱尔兰以及美、澳各地都有过，但不具有东方的特征；一是促进官僚制度之成立，使以前的社会服务者变成社会的统治层级了。关于此两事，以下尚当细说。

此外尚有其他公共事业，亦为东方社会所需要而实行者，如粮食价格调剂，仓库制度等等，但较之水利，却居于次要的地位。

第三，农村公社或村落共同体的存在。农村公社又是这一派学者所认为了解东方社会的开始点。马札亚尔曾说："为着要找出这个关键（按，即指东方社会阶级关系的关键），我们必须以农村公社作出发点，因为东方社会是从它里面发生，并把它作为基础，在它上面发展起来的。"原来在公社内，因执行公共事业之必要，便由其中造出一批人。他们初时尚是公社的公仆，为了执行其职务而获得相当的权力，后来却渐由公仆的地位，而变为公社的统治者了。这便是公社中上层阶级形成的经过。至下层方面，因分工被制定为社会的法则。所谓农、工、商诸阶层，乃亦渐出现。这种等级制度，是不大容易变动的，《资本论》第一卷称"使于工业成为世代相传的，把它硬化为等级及行会的形式，某些历史的条件，造出不容许等级形成的个人之变易"，却正道出此种社会性质的一面。

复次，此种公社本身，并具有几个特征，这些特征又都能增加其崩溃迟缓的作用。如：（一）它是占有大量的土地。据马札亚尔《中国经济大纲》一书的估计，在现代中国里，私人占有的土地，是一切有用的和可耕种的土地之最大部分，而足与此种私人占有对抗者，却只有氏族土地和旗地。《中国农村经济研究》又指明乡村公社，在历史上亦土地的占有者，后来此种形式虽然逐渐解体，而氏族占有制仍占有极大的作用。此种氏族公社有时又正同乡村公社相适合，因为一个氏族或血族常常是包括整个乡村的（尤其南部情形是如此）。（二）它会抵抗商业的侵入。据柯金的研究，亚细亚生产方法因商业而解体的过程是长期的而又残酷的。旧的生产方法有相当的坚固性，使它能不断挣扎直到最近才完全为商业资本所克服，在欧洲商业资本作用发达的时候，公社业已解体，绝没有对抗的力量，在亚洲此种力量是有的。（三）它与专制政体相调和。专制政体在表面看来，好像是反对地方自治的，其实也不尽然。假如各地和专制政府并没有直接利害的冲突，而反能分担起他们的一些义务及减轻其吏治的麻烦时，政府当是赞成此种制度的存在。况且个个公社的孤立，便减少联合的力量以抵抗政府，这可说反是专制政体成功的一个要件。所以历代政府对于公社是只有保障而没有破坏的。至于公社长期遗存之最后的因素，这却要藉助于自然条件的解释了。

第四，为指挥公共事业而形成的专制政治。欧洲在所谓前资本时代，亦曾一度经过专制政治，此种专制政治的确定，人多归功于商业资本的作用。中国历史上的专制政治，是一个存在的事实，这是无可怀疑的。可是对于形成此种政体的因素，却有不同的说法。在以前拉狄克曾亦以商业资本的发展，来解释秦汉以后专制主义的成功，又有人把中国的专制的政治，只看作封建社会里的集权形态（如森谷克己）。这些说法，在亚细亚一派看来，是不对的。他们既分别封建社会与亚细亚社会为两个不同的范畴，对于后者的说法，自不承认，而对于前者亦只承认商业只起了附属的作用。他们说，造成亚细亚专制政体的时期，是自然经济的时期，当时交换只限于剩余品，当时一切都是为满足生产者自己的消费而生产。显而易见的，在这一时期商业在国家统一中，并不是决定的因素。然而造成亚细亚的专制政治是什么呢？他们的著作中，对于此事并没有系统的答案，我们综合各处的意见，约可归为三点：

（一）是公社的孤立。因为在原则上讲，公社所需要的，多在公社中生产，与其他公社并不发生联系，而自形成一独立的世界。可是社会的发展，有许多地方却需要统一的有计划的合作，这样公社上面的集中政权，便非常需要了。恩格斯在《反杜林论》中曾说：古代的公社，只要在他们继续存在的地方，都构成最残酷的国家形式——东方专制政体的基础。这话是深足吟味的。（二）是灌溉及其他公共事业的设施。灌溉这一事实，是利用经济之某种有计划有顺序为前提，并已引起农业调整的作用，所以是需要统一的机关为其领导的。在中国水田多过旱田数倍，灌溉的事业，尤为重要。同时因水源稀少、支流有限的缘故，水利之独占其价值即等于土地的独占，于是政府乃在水的斗争的过程中，逐渐攫取其优崇的地位。此外因仓廪的设备及对外贸易的统制等等，亦更使政权加倍巩固。（三）是对于游牧民的战争。就理论上说，农业国家的周围常住居许多畜牧的民族，当他们生活感到恐吓的时候，农业国的许多生存的资源，便为引诱他们侵略的目的物。在亚洲因水利发达造成许多肥沃区域的缘故，尤易造成此种状态。在事实上说，则中国北部的游牧民，是不断扰乱中原的，汉的匈奴、乌桓、鲜卑，魏晋的挹娄、勿吉、鲜卑、匈奴、羯，隋唐的突厥、回纥，宋的女真、辽，明的鞑靼、瓦剌，皆为边患，甚如北魏、元、清三朝，且入主中原。政府为御侮计，势不得不将国家权力集中，这亦是促成专制政治的一个因素。

专制政体强化之后，一面发挥其指导公共事业的作用，一面却对社会进步，加以阻碍。如：（1）干涉手工业的发展，要使城市与农村分了家，不使其有动摇田租的倾向。（2）压迫商人不使其与手工业联系。（3）统制文化，使其适应自己等等。亦是吾人不可轻视的。

第五，整个局面停滞不前。东洋社会发展的停滞性，这是研究东洋史的外国人都感觉到的。其停滞的情形，《资本论》第一卷论印度公社下有一段文字，所述颇为切要，试引如下以资说明：

> 在这些自给自足的农村公社里的单纯生产组织，经常在同一形式上，再生产起来，当其偶然破坏时，又每在同一的场合及同一的名称上重新表现出来。这给我们一把钥匙去了解亚细亚社会不变的秘密。此种不变显与亚细亚国家经常没落和复兴及朝代不断

地更迭的现象矛盾。原来此种社会的经济要素的结构,仍然保留着而未为政治风云中的大风暴所摇动。(S. Moore & E. Aveling 英译《资本论》第一册三九三——三九四页)

这里应当指出的,约有几点:一是基本经济结构的不变,纵使政府有更换,可是农民却一样耕种土地,所更动的只是收税的人,这对于农民是不感觉到丝毫的趣味的。一是公社与专制政府不相干涉,他们两者各有其自己的权限,政府只能责成公社缴纳税收,而不能接触其生活的内部,中国历代官署,都以"无为而治"为最高的理想,便是好例。另有一点,便是偶然被破坏的公社的再建,而仍不失其原来的机构,这真要令人想到百足之虫死而不僵的状态来了。

固然历史总是不断的动的,这里所谓停滞,事实上却也只有相对的意义,有如柯金所说似的:"事实上无论埃及、印度同中国,都不是在一个位置上调换。他们是向前走走的,虽然发展得确实很慢。我们看见商业之发展,农业的缓慢的进步,城市之出现手工业,行会甚至作坊之发生,这样看来,我们不能说它是停滞的。我们可以说它发展的速度,像乌龟走路一样。"又有如威特夫格尔所说似的:"中国经济社会的制度,并不是时时相同的。反之,在它未形成停滞形态之前,它已经过几个很清楚的一定的发展的阶段。而欧人所看到的,却只是它的停滞形态。"但即有相对的停滞,已足显出欧亚社会不同的地方,而不容吾人加以否认了。

第六,家庭工业与农业直接结合。农村公社本身是一个自足自给的体系,在其中,家庭工业与农业直接结合而构成一个经济的单位,是必然的结果。关于此事,我们不愿多作说明,只引出一个具体的例便得了。其例如下:"这里(按指中国及印度)生产方法的广大基础,由小农业和家庭工业的联合所形成,而在印度还要加上那种建筑在土地共有上的农村公社的形态,不过这也是中国过去的原始形态。英国人在印度以统治者和地主的资格,把住他们直接的政治和经济的权力,同时并企图击碎这些小经济组织。英国的商业,对于这些组织发生一种革命的影响而把他们撕碎。但亦仅能藉商品的低廉价格去摧毁纺织业,这些工业便是联合体内一个原始的完整部分。即使如此,这种分解工作的进行,亦甚迟缓。这种进程,在中国尤为缓慢,因为英国人在那里并无何等直接的政治权力,可资凭藉。这种由农工业直接结合而生之经济上和时间上的节省,对于大工业的生产物表示极顽固的抵抗。因为大工业品的价格,中间到处含有他们流通进程的固定费用。在另一方面,俄国的商业与美国不同,它没有动摇亚细亚生产的经济基础。"(英译《资本论》第三卷)

上例虽仅是描叙帝国主义侵入殖民地时企图破坏此种工农业结合的困难状况,但更足证明亚细亚社会此种直接结合之严密。至其作用除抵抗商业资本侵入农村外,并对城市手工业的发展,亦加以不少的障碍,实与上述专制政治的作用,有相通的地方的。

第七,永佃制与没有封建式的农奴制。据 Varga 的研究,中国虽然现在尚有类似的农奴制,但此种农奴制,却不真正带有封建的性质。其生产关系的本质,与封建社会的领主以暴力把劳动力限制于土地上面不同。原来西欧社会因劳动力缺乏的缘故,占有土地者并须同时占有劳动力才能生产,所以不得不把农奴紧紧缚束于土地上面,不容许其有逃遁的机会,东方尤其中国的情形,却于此刚刚相反。中国是劳动力过剩的国家,此地绝没有觉到劳动力不足之苦的,同时适于灌溉的土地,却有限量而为一般人所渴望,结果便造成不是地主将农民束缚于土地,而反是农民把土地束缚于其自身的现象。在此种情势之下,所谓永佃制度也随之出现了。永佃制又称"共同土地领有制",其特色在于地主的权力,不能支配土地的全部。普通的情形是,地主是底面的所有者,农民是地面的所有者,地主和农民按照一定的比例,分配收成的生产物。"依据中国的法律观念,永久的佃户有对于地皮收获的权利,而地主则有私有地里的权利。这两种权利之结合,便形成土地私有之完全的权利"。因此地主对此永久的佃户,是没有驱逐的权限的。因此中国土地的卖买,有两种基本的形式:一种是土地的完全出卖,一种是仅卖出地皮或地面。尤其是可注意者,佃户并有权利转佃或出卖自己的租佃权,在佃户负欠地主的地租或其他债款时,他也可以将自己对于地皮的权利卖给地主,而地主在利用此种机会下,方有办法将土地全权归其支配。

此种承佃制度出现区域,据《中国农村经济研究》作者告诉我们是很普遍的,如广东、福建、湖南、江苏、浙江、安徽、直隶(即今之河北)、山东、山西、陕西、河南、内蒙等地,此种租佃形式,都占着颇重要的位置。若以华中、华南各省与北部各省相较,则前者尤甚。有些地方,如江苏、安徽等,并已取得法律上的规定。

在现在,则南方及沿海诸省,此种永佃形式有为近代的租佃形式所代替的趋势;而北方及西方诸省,许多自耕农出卖土地者,却又向着此种永佃形式的转变进行。这实深足引起吾人的注意的。

以上对于亚细亚社会七特征的说明,大概尚颇扼要。本来亚细亚社会说,是一九二八年后国际社会史上一个新说,当时几位支持此说的学者,多忙于搜集材料及论辩,故对于系统整理上,甚少注意,我们试读Madjar、Kokin以下诸人的作品,其中零乱和重复之处,当不一而足。这里企图将其要点加以系统的综合,虽然尚未能达到成功的地步,但亚细亚生产方法说的精意,当略尽于此了。

下面拟一述及亚细亚社会说中重要的战将——德人威特夫格尔先生(Dr. K. A. Wittfogel)的见解。

威特夫格尔是有名的中国社会史、经济史专家,他的作品译成中、日文字不少。[①] 我们间虽未曾谋面,但彼此神交已久。去冬十一月,氏由平来粤进行调查工作,到日即致书笔者约到其寓处交换意见,先后晤谈数次,觉其思想与普通亚细亚社会论者,颇有独特之处,兹试将当日谈话,就记忆所及撮述于下:

氏对于社会性质的区分,是根据"生产方法"为标准,这一点表面上来看,原与进步的社会史论家没有什么不同的地方。但其深入处却不在用着不同的名词,而在对于同一名词的新解释。氏以为吾人理解一种生产方法的内容,是要并重主体(Subject)、客体(Object)两方面的要素的。主体的要素(意即指参加生产的劳动者),又可从资格(Qualification,意谓

---

① 笔者所看到的有:(1)《中国经济与社会》,平野义太郎日文监译本,中央公论版。(2)《市民社会史》,新岛繁日译本丛文阁版。(3)《中国经济史研究》,横川次郎编译本,丛文阁版。(4)《地理学批判》,国人沈因明中译本,上海辛垦书局版;又川西日译本,有恒社版;又坂田吉雄日抄译本,刊载《思想杂志》。(5)《黑格尔中国论》国人某君中译本,刊载《建设杂志》。(6)《孙逸仙与中国革命》简井英一日译本,永田书店版。(7)《中国经济史的阶段和基础》,森谷克己日译本,刊载《历史科学》;国人冀筱泉中译本,刊载《食货》半月刊。

劳动者本身之技巧及知识）及组织（Organization）两方面来看；客体的要素，又可从技术（Technique）及自然力（Nature——意指土地、水力、风力等）两方面来看。这些要素，亦即所谓生产诸力（Productive Powers）。某社会发达到某种程度的生产诸力之有机的综合，即某社会之生产方法（Mode of Production），亦即认识某社会性质之指标。因此生产方法之内涵，有如下图：（图一）

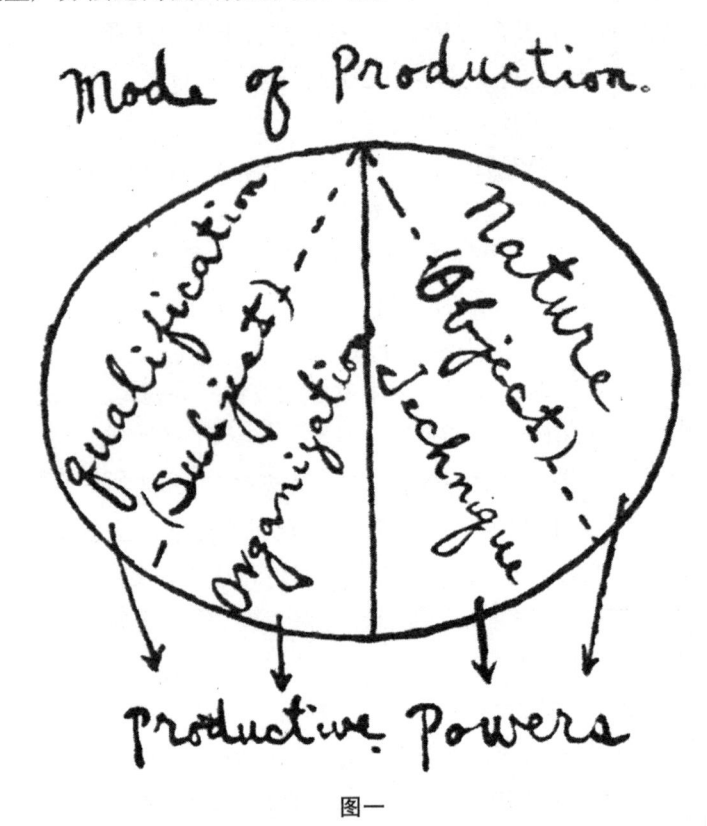

（图一：Mode of Production，包含 Qualification (Subject)、Organization、Nature (Object)、Technique，指向 Productive Powers）

图一

普通人多把生产方法当作生产关系（Relation of Production），而不知两者的区别，当在其对于生产方法了解的不足。若依以上所述，则生产关系与生产方法虽有非常密切的关系，而究非一物，再为示图如下。（图二）

威氏此种说法的特色，计有三点，即：（1）对于生产方法内容之明白的叙列；（2）着重了自然因素；（3）"生产力"、"生产方法"、"生产关

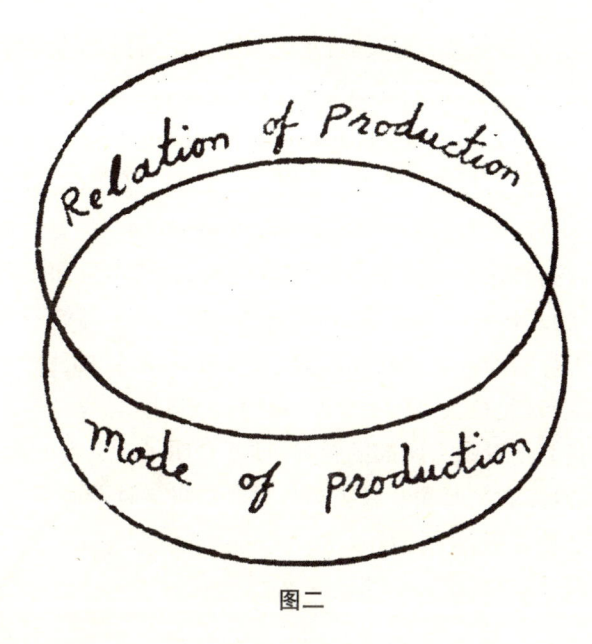

"亚细亚生产方法"问题新研 243

（图二中手写文字：Relation of Production / mode of production）

图二

系"三者关联的阐明。

威氏本此种理解出发，更加以具体史实的研究，便深深觉得亚细亚生产方法内容与封建生产方法内容，确有不同，并能指出其不同的所在。兹试引其当日所绘各阶段生产方法特征图于下：（图三）

Mode of Production	Labourer		Technique	Nature
	Qualification (Subject)	Organization	(Object)	
Slavery	−	+	−	−
Feudalism	+ −	−	+	+
Asiatic Feudalism	+	−	− +	+
Asiatic Society	+	− +	− +	+

Productive Powers

图三

图三：威氏对于人类社会发展各阶段生产方法特征的理解（依氏手录）

本图内加减符号，是表明该阶段内有无此种特征。例如奴隶社会的劳动是有组织的，则于（Organization）栏下面作一"＋"号，封建社会的劳动是孤立的，则作一"－"号是，余类推。在图中亚细亚社会（Asiatic Society）内容，与封建社会（Feudalism）不同之处：一在于自然因素之特色，再在于劳动者有相对的组织，而技术方面依其意见，似有些地方反较封建社会为低落（按日译本《中国社会与经济》第四六九面，亦有中国与欧洲农业经营比较表，可参看）。在亚细亚社会上面，有所谓亚细亚的封建社会（Asiatic Feudalism）与典型的封建社会，亦有略异之处，我们细看图上所加的符号，便不难明了。然则此两种封建社会是否为同阶段的东西呢？威氏当日另绘有世界社会经济史发展的图式，可资参证及说明：（图四）

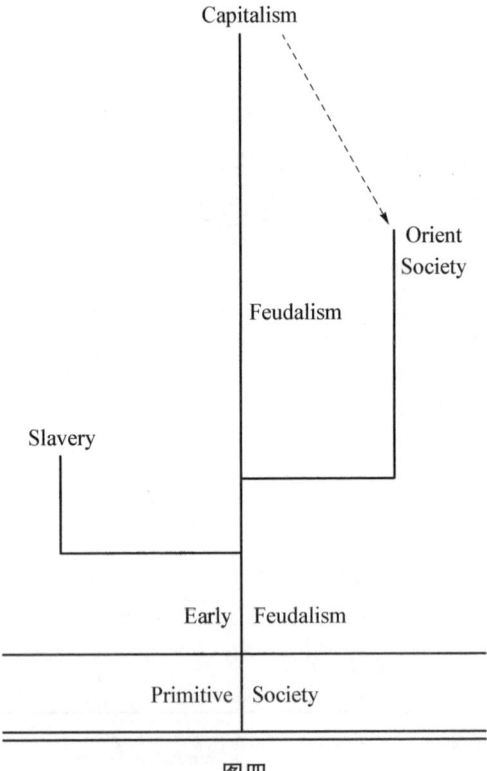

图四

图四：威氏对于人类社会经济发展阶段的理解（依氏手录）

按《市民社会史》上册第三二二页（新岛繁日译本）亦有此图，但不尽同。

试将图二与图一比较一下，则所谓亚细亚的封建社会，实与初期封建社会居于同一的位置，而此种初期封建社会似在欧洲古代奴隶社会形成之前，亦曾经过的。① 至于亚细亚社会本身便是由此亚细亚的封建社会嬗变而出，其嬗变的过程，威氏另在《中国经济史的基础和阶段》一文中（日译文刊载《历史科学》第四卷第十、十一、十三三期，中译文刊载《食货》第五卷第三期）有详细的叙述，不再赘说。这里所要使读者注意的，便是威氏对于亚细亚生产方法内容的解说，及其与封建社会差别之点的指明罢了。

复次威氏谈及中国社会经济史的分期问题，他仍本前旨，将中国社会发展的形式，分为如次的四期：（图五）

（Ⅰ）	（Ⅱ）	（Ⅲ）	（Ⅳ）
Primitive Society	Feudalism	Orient Society	Transition from O. S. to Capitalism
Before Chow Dynasty	Chow Dynasty	From Han Dynasty to 1850 A.D.	From 1850 A.D. to……

图五：威氏对于中国经济发展阶段的理解（依氏手录，略加整理）

图中足以注意的，第一，便是奴隶社会之缺如。关于此点，威氏解释道：奴隶劳动虽然各民族都出现过，但却不一定都能成为独特的阶段。因为奴隶在极度的压迫之下劳动，对于工作常常不感分毫的兴味，而需要遣派大量人员去监督他们。这种监督制度，在古代人们看起来，是一种很大的劳动力的浪费，而只有在大农场的经营方式之下，才肯运用的。欧洲希腊、罗马所以有发达的奴隶制，与其大土地所有制实有密切的关系。在中国各地，却是小农场经营占优势，稍有中国经济史知识

---

① 关于欧洲初期封建制存在，威氏并说这是根据近来古代史、民俗学许多新发现的材料所得到的结论，因所涉问题太广，这里不愿加以讨论。笔者另作有《封建制成立的条件及其本质新议》、《从奴隶制与封建制关联问题说到中国史上有无奴隶阶段》二文可供参考。

的人，谁都知道集约的紧张的耕作，是中国农业的特色，而此种耕作的方式，却不是粗放的奴隶劳动所能胜任的。中国史里不是没有奴隶，但此种奴隶多不参加生产过程，而只在家庭服务，一部加入生产过程者，却已失了原来的意义，而变成类似中世纪的农奴了。因此在中国史上看不到奴隶的阶段，是合理的。第二，便是亚细亚社会之确定。关于此点，除威氏前头已述及外，氏并郑重介绍其《中国经济与社会》一书，请笔者再为细读（因笔者告其已读过此书），谓从其中能得亚细亚社会的发展的全貌及具体的证据的。第三，便是现阶段估计。关于此点，威氏是坚持其从亚细亚社会转化为资本主义社会的论点的。氏谓亚细亚社会具有顽强坚固的组织，当帝国主义未侵入以前，此种经济机构，尚占着主导的作用。直待西方几个先进国家，挟其廉价商品及炮火政策东来，此种社会方逐渐解体，但其残余作用，即在今日尚可处处看到的。中国沦到半殖民地的地位，是中国近代史上最重要的事实，但此种事实，却不能单从眼前情状去了解，而要从旧日社会即亚细亚社会本身去了解的。

此外对于亚细亚社会产生的原因，氏则大部借重自然因素的解释，其大旨与其所发表的《经济史上之自然因素》（"Die natürlichen Ursachen der Wirtschafts Geschichte"，*Archive für Sozialwissenschaft und Sozialpolitik*，Vol. 67，1932）及《地理学批判》（*Geopolitik, Geographischer Materialismus und Marxismus*，辛垦有译本）二著略同。

以上便是当日谈话大概的经过，其中无疑是以亚细亚社会为讨论的中心的。现在将其附述于此，我想对于诸位了解亚细亚生产方法内容一事，当不无少补吧！

（《社会科学论丛季刊》1937年第3卷第2期）

中国经济史研究室计画书

（内分目标、理由、研究方针、研究步骤、设备、工作人员、第一期工作纲领七事）

（一）目标　本室拟于若干时期内，逐渐编纂下列各类专著：

(A) 中国经济史；

(B) 中国经济思想史；

(C) 中国经济史丛书，此丛书又可分为数门：

a. 断代经济史（如上古经济史、中古经济史或汉代经济史、宋代经济史之类）；

b. 各种经济部门专史（如农业史、工业史之类）；

c. 专题研究（如《唐宋贸易港研究》之类）。

（二）理由　吾人努力此项工作之意义，约可分下列数方面言之：

(A) 从解决中国社会危机上说　海通以后，西人挟其方兴之资本主义力量东来，以东亚为其市场之一，无何吾国沦于次殖民地之地位。在今日，民族之危迫，国运之陵夷，已为尽人皆知之事。复兴之道，虽有万端，惟若谋下药之精且速，则非先从探悉社会病源入手不可，此经济史之研究，所以为当急务也。数次论战以还，此项问题虽渐为国人所注意，然当时之所辩论者，实为名词之争，往往空言盈幅，无裨实际，即有一二巨篇，亦皆未经精密究之阶段，遽持主观之见以炫人，故谓其有前导之功则可，若谓其已有科学之价值，似乎尚未遑也。本室有鉴及此，窃拟联合同好作更进一步之研究，而谋对于社会有更大之贡献。高山仰止，景行行止，虽不能至，心向往之。

(B) 从经济学上说　古典经济学派囿于演绎一法，妄思建立永久不变之经济原则,其结果每与后此发生之现象不符,其实社会变迁,川流不息,世无百年不移之事,焉有万世皆准之法?此历史学派经济学所以足以独树一帜也。计自十九世纪以还,Friedrich List、Karl Knies、Wilhelm Rozche、Bruno Hildebrand 相继崛起,借重归纳的统计法,已为斯派建立一坚固不拔之基础。复此如 Bücher、Schmoller、Wagner、Sombart、Rosler 诸氏,亦能各抒己见,发扬新说,斯学之在经济学上,似有蒸蒸日上之势矣。虽毁之者,谓其过分憎恨抽象之研究,结果致于否认法则(Bukharin 语)。然此仅反对者之言,不能得斯学之精义也。资此派各家对于经济发展阶段说,无不竭力研究,而求有一最可靠之说法,安能谓其否认法则?特其所谓法则,与普通认作天经地义亘古不变者不同耳!我国经济学者,近已有应用经济原理,研究本国事件之倾向,则对于本国过去之经济背景,更不能漠然无视,吾人纵不敢以历史学派之说,奉为唯一圭臬,但努力搜集过去经济事实,并解释其因果,以供经济学者之参考,似乎亦经济学界内所应作之事也。

(C)从历史学上说　依历史学者之研究,世界各国史学发展之过程当如下表:

(一)故事的历史期	(二)教训的历史期	(三)发展的历史期		
		第一期　宗教式文化史	第二期　哲学式文化史 a. 唯理主义 b. 浪漫主义 c. 国家主义	第三期　科学式文化史 a. 考证派 b. 综合史学派 c. 社会史经济史及科学史派

可知经济史之研究,在各国历史学界中,实为最新兴之一派。此派自十九世纪之后半期起,始露头角,其中有专门注意纯粹经济现象而以叙述为务者(W. J. Ashley、W. Cunnignham 等);有企图证明与例解唯物史观之理论者如(M. Beer、Bo 等);有以社会学为基础,以研究历史中经济原素与其他因素之关系者(如 M. Weber、N. S. B. Gras 等)。然其注重经济史之研究则一也。我国近年来,外受国际之影响,内迫本身之要求,此项研究之风亦甚。在现行史学及社会科学刊物中,多有此

类著作出现,而专书之出版亦时复一见。旧日史家虽欲闭门不纳,不可得也。则本室之努力,当更有提倡新型历史之任务,明矣。

(D) 从其他社会科学上说　经济史指示人类社会及文化发展之真实的基础,故与其他社会科学关系均密切。举例言之,研究中国教育者,必须明了中国教育之背景及特征,然此种背景及特征,并非凭空而有,而乃前此经济结构之产物也。推诸其他社会科学亦然,处今日科学发达之世,学术贵分工,吾人只能希望一切社会科学者,对于本国经济史,有明了之认识,决不能强其先作一番经济史之研究。然则此项工作,固又本室之责也。

(三) 研究方针　本室鉴于时下研究风气之弊,或急近功,或囿成见,其结果虽亦缀拾成文,但绳以严正科学之眼光,则多不值一读,故拟标举下列数方针,以为研究者之参考:

(A) 切实搜集材料　一切研究俱从材料着手,无充实之材料而冀有充实之结论者,未之见也。前此论战诸君,多为速成所误,才有一分之材料,便作十分之见解,甚至所论断之事与所征引之文有完全不符者,可笑孰甚,近日学人已略知前误,但所搜集者仍缺乏广大之眼光,而有流入繁琐无用之弊。本室拟一洗此病,企图作一有系统之搜集,务使不遗不滥,恰适其用。此种搜集纲目,初稿业已草成并经试用,现正在改善中。

(B) 注重科学方法　历史科学方法,可分两部:一为材料本身之研究,所用为构成方法;一为根据已鉴别后之材料,藉以研究当时社会之状况,所用为进化方法。前者之工作较为机械,前人所发明之方法亦斐然可观,故似难而实易。后者则迄今尚无最可靠之观点可资依赖,偶一不慎,错误百出,故似易而实难。近来我国学人,过分重视社会史发展形式论,研究者每以公式为前提,而以事实嵌入其中,其结果则成为公式之例证史,而非真实之社会经济史,反之者又每完全否认法则,致成历史不可知论。其实皆误也。公式为前哲究之结果,其本身自有其价值,但以前哲所知之范围,尚未及吾人今日之广,故亦有其缺陷,不宜拘泥。吾人既以科学研究者自居,对于一切学说,当持平等态度,不先以成见自限。苟为真理,靡必不邻,固毋须吾人之先事张皇也。再历史有其共通性,经济史尤然,各国史实可资吾人借鉴者极多。故吾人欲避免论断之错误,最好对于各国经济发展史有广博之知识,从而运用比较方法而研究之,①则所得当更可靠,幸毋硁硁于一国之学问自喜焉。

（C）缩小研究对象　自然科学贵分工,尤贵精一。研究者虽有巨大之计划,但着手仍须从小处起,经济史学亦然。在今日,即欲思以数千言文章解决数千年之社会性质,皆愚妄之流也。本室既以追求真理自居,则对于浮诞之行为,当先戒绝。研究在勿妨静气平心,尚小处入手,一事既毕,再事其他有关联之部分,务使分之则为独立之文章,合之则成充实之巨著,步步踏实,有条不紊,斯本室之望也。

上三点,系就材料、方法、对象三方面,略为说明,藉示本室求真之至意。至其他种种,研究者固有充分之自由,不宜于此重为哓哓矣。

（四）研究步骤　我国经济史时期甚长,范围甚广,欲希望有完整之著作出现,当非一二人、一二时所能竟功,故欲求工作顺利之进行,必先自分期或分步研究之计划始。但分期之法,似易实难,历来学者对于此事所耗之心血,不知凡几,然迄今尚未有最完备之说法也。窃意欲求分期之准确：第一,当对于世界各国经济发展之过程有完备之知识。第二,所持之分期标准当明白而重要。同人等尝研究各国经济史,同中求异,异中求同,并得一比较可靠之经济史发展阶段,试举表于下。②

我国方面,在第二时代之第一小段里,因种种自然条件及社会条例之影响,③奴隶劳动微弱,公社分解迟缓,其已破坏之一部,则由其中直接形成地主与佃佣关系。无何此复起之关系,又蒙上新公社之形式而停滞。综观全史,实与西欧经济发展之道路,略有不同之处。明言之：即生产方面,不向工业发展,而滞留于高级农业之阶段；劳动方面,强制劳动发展不健全,而滞留于共同劳动与强制劳动合□之所谓"半自由劳动"阶段,自亦无能进为自由劳动者也。至在此半自由劳动阶段中,却亦有渐变之痕迹可寻,而非如一般人所看为毫无变动者。兹试以上述

---

① 可参看拙作《建立史学为独立的法则的科学新议》。
② 以下两表,所涉范围极广,详细解释,当另以专书任之。此处仅提出以供参考而已。
③ 参看拙作《中国社会发展的特殊道路》、《中国为什么走不上工业资本主义的道路》、《封建制度成立的条件及其本质新议》等论文。

经济史发展阶段表

以生产方法①之质的差异为每一时代（即大阶段）划分的标准

大阶段 特征	第一时代	第二时代	第三时代	第四时代
表示生产关系的劳动形态	原始共同劳动	强制劳动在这一时代的任何小阶段之上，都可以产生或保留封建制度，而此种封建制度之存在，又可以说是最能表现强制劳动的典型状态	自由劳动	社会主义的共同劳动
	A. 原始群团份子的劳动阶段（如霍德□uio□□之□□类） / B. 母系氏族份子的劳动时代阶段 / C. 父系氏族份子的劳动阶段	A.（被征服者公社租赁）劳动阶段（即初期农奴劳动阶段） / B. 发达的奴隶劳动阶段（在西欧这一小阶段特别发展，后此中世纪的封建农奴阶段，即在此基础上建立） / C. 农奴劳动阶段	A. 半自由劳动阶段（即初期资本主义阶段） / B. 纯自由劳动阶段（即资本主义末期及其帝国主义阶段） / C. 自由劳动转形阶段（即帝国主义末期及法西斯阶段）	A. 以所能易所需的劳动阶段 / B. 各尽所能各取所需的劳动阶段
		在东方某些国家因特殊环境造就高级农业生产之故，公社分解迟缓停滞，其已经破坏者，则由其中直接形成地主与自由佃佣间的关系		

① 关于生产方法意义之意义，欲以最简洁明了之语句示之，可说是：劳动者在某种生产关系之下与达到某种程度的生产手段结合而进行生产之方法，故应具有生产关系与生产手段两方面的内容。

续　表

特征 \ 大阶段	第一时代	第二时代	第三时代	第四时代
表示生产手段的技术程度的技术程度	人类自身的体力及其简单工具之利用	人类又"畜力＋土地力、水力＋风力"利用之开始	人类＋"畜力、土地力、水力、风力"＋机器"包括发动机，配力机，作业机三部"之利用	全部机器及自然力的劳动，人类仅是劳动的指导者
生产形态及生产形态	原始采集到初级生产	农产生产为支配的形态	工业生产为支配的形态	有整个计划的农工业合一的生产到经济力量在历史上之让位

中国经济史发展阶段表

大阶段\特征	第一期	第二期	第三期	第四期
表示生产关系的劳动形态	原始共同劳动时代	强制劳动时代（此期即等于经济史中第二期阶段中若干阶段，但为时甚短。所谓东方西欧之誓，即在此期中成立）	（这一期严格起来，与第二期亦没有质的差异，但因其方社会发展分歧性所在。一切东方社会史特殊性反停滞性问题俱要在此前提之下方能得到了解，故特另划一期，藉以表示其特色） 半自由劳动时代 （此期生产关系的特征即在公社外衣之下所形成的地主与佃佣（非衣奴）的关系） A. 佃佣劳动之形成与逆转 B. 佃佣劳动之再兴再度逆转 C. 佃佣劳动之全盛	半自由劳动转化为自由劳动时代（此期资本主义侵入，旧日生产方法逐渐为新生产方法所代替，但因帝国主义不断的压迫，不能如一般资本主义国家发展之顺利，乃滞留于此种转形期的状态中）
朝代及年数	史前期及夏殷周民族之起源年数无可考	夏、殷二代都可包纳在此阶段里，以西周至战国为最典型——全期约二千四百余年	秦汉至清——约二千二百余年 秦至五胡侵入以后 唐中叶至金元侵入以后 明清	清末至民国——才有数十年的历史
表示生产手段的技术程度及生产形态 — 技术程度	人类自身的体力及其最单纯的工具	人类及"畜力+土地力+水力+风力"利用之开始	人类及畜力、土地力、水力、风力等之善用，尤其土地及水	机器运用开始
表示生产手段的技术程度及生产形态 — 生产形态	原始采集到初级生产	农业生产为支配的形态	高级农业生产为支配的形态	工业生产的开始

特征,将中国经济发展史区分如次。

吾人为研究之方便起见,可依前表析为八节,即:

(1) 上古为一节(并包括史前经济史)——以一人或若干人任之;

(2) 殷至战国为一节——以一人或若干人任之;

(3) 秦汉魏晋为一节——以一人或若干人任之;

(4) 南北朝至唐中叶为一节——以一人或若干人任之;

(5) 唐末迄宋为一节——以一人或若干人任之;

(6) 辽金元为一节——以一人或若干人任之;

(7) 明清为一节——以一人或若干人任之;

(8) 现代为一节——以一人或若干人任之。

以上对于时代之划分,系同人等前此研究之结果,虽未敢云全中,当亦离鹄不远——惟工作者,若研究之后,更有新获,亦尽可另行改编,而毋庸拘泥之也。复次,历史之道,经纬万端,纵横并重,故研究者除认定一期专攻外,尚须就某部门专史,作特殊之研究。此种材料,可互相交换,藉收事半功倍之效。此种部门专史重要者,亦先举六种于下:

(1) 农业史;

(2) 工业史;

(3) 劳动制度史;

(4) 商业史;

(5) 货币史;

(6) 财政史。

苟此两类研究,俱有可观,然后可开始编纂《中国经济史》矣。

(五) 设备　工欲善其事,必先利其器。如欲得良好之成绩,固不可不有良好之设备也,经济史之设备最重要者,厥为图书,兹试将应备之图书,分类述之如下:

(A) 史书类　正史中蕴藏史料最富。食货志及本纪内,在在的有当时经济状况之记载,如能善读列传,所得当亦不少,故本室应置二十四史一部、《二十四史补编》一部、《宋会要》一部、《新元史》一部、《明史稿》一部、《清史稿》一部、《资治通鉴》一部、《续资治通鉴》一部。政书如"十通",虽多取材于正史,但所述较有系统,故亦为不可少之参考书。

（B）类书类　类书之为物，虽不为学问家所重，但如能活用，其效力则较浏览普通之书籍远甚，盖以其曾经相当分类故也。类书之尤要者，如《图书集成》（清）、《册府元龟》（宋）、《太平御览》（宋）、《玉海》（宋）、《初学记》（唐）等，皆宜置一部，《永乐大典》（明）中涉及经济部分者，亦当请人抄之。

（C）方志类　正史所记载之部分，多注重于大都会，如欲更进一步，认识各地经济发展之状况，则又当读方志。中国方志之种类繁多，数量亦巨（北平图书馆所藏者，有二万四千册）。今为便利计，可先集各省省志，如有余力，则旁及县志，其他区域较小之志，暂可不置，以规模太大故也。近闻北平食货学会有分读地方志之议，如能与之合作尤佳。

（D）散集类　此类指有关中国经济史料之书籍（如农书等）及一切前人之笔记、文集等等。前者之重要尽人皆知，后者亦每有非常宝贵之材料，而为前举书籍中所未有者（如宋周密《癸辛杂识》里曾藏有宋人买地价格之石刻文等），惜人多忽视之耳。本室对于此类书籍，当预定有系统之计划逐渐添置。最近可先购买中华书局之《四部丛刊》及商务印书馆之《丛书集成》二书，以备急需。

（E）时人著作类　近数年来，经济史研究之风盛行，故此类著作亦不少。拙著《中国经济史讲义》曾将是类著作，分为：（1）全史，（2）断代史，（3）部门专史，（4）泛论体裁四大类，而部门专史中，又区分为农业史、土地史、民食及人口史、农民争斗史、工业史及工艺史、交通史、商业史及国外贸易史、行会史、货币史及金融史、财政史、区域经济史、经济思想史十二目，都凡二百种左右，搜求尚备。凡本室所无者当依序全购一套。

（F）杂志类　国内各大杂志，多刊有经济史一类之论文。其中尤有关系者，如《食货》、《禹贡》、《中国经济》、《现代史学》、《文化批判》、《地政月刊》、《东方杂志》、《中山文化教育馆季刊》、《清华学报》、《清华社会科学》、北京大学《国学季刊》、《社会科学季刊》、本校《社会科学论丛季刊》、武汉大学《社会科学季刊》、中央大学《社会科学丛刊》、《金陵学报》、《燕京学报》、燕京《史学年报》、《辅仁学志》、《岭南学报》、南开大学《政治经济学报》、《师大月刊》、《中法大学月刊》、《中央研究院历史语言研究所集刊》、北平社会调查所《中国近代经济史集刊》、本校文科研究所《史学专刊》等，本室当长期与之交换。外国文杂志中如日文之《史学杂志》、《历史科学》、《史林》、《史潮》、《经济史研究》、《东亚经济研究》，英文之 The Royal Atlantic Society Journal、The Economic History、History、The China Journal、Asia、The Asiatic Review 等等，亦当长期订阅或交换。

（G）外国经济史类　经济史研究，应重比较，故可资借鉴之材料，均当尽量搜集。外人关于此类著作甚多，吾人现拟购置者，暂限下列三类：（一）通史类：如 N. S. B. Gras, An Introduction to Economic History, Knight Barns & Frugel, An Economic History of Europe 等等；（二）国别史类，如 Cunningham, Progress of Capitalism in England; Mavor, An Economic History of Russia 等等；（三）部门专史类，如 A. P. Usher, The History of the Grain Trade in France; Gras, The Evolution of the English Corn Market 等等。

以上七类，皆就本室力能购置者略为叙，且所举仅以示例，一俟本室经费有着，当一一另开详目，以供参考。此外如金石档案之类，亦为研究所需者，则设法与本校研究院及图书馆合作，不再置办。

（六）最近工作人员　本室为求研究效率迅速起见，凡对于此类工作有兴味者，俱欢迎其加入。依目前之情形，试将研究工作性质分为下列四类：

（A）指导员　其任务在筹划本室工作方针，指导研究，如愿参加此项工作一部，尤所希冀。

（B）聘任研究员　其任务除认定一、二期或一、二部门专史研究外，并负筹划材料之搜集，分类编纂之方式及全盘联络之责。

（C）研究员　其任务在专攻某期经济史或某部门专史。

（D）练习研究员　其任务为与研究员合作，或认定专题研究。

学问上一切平等，以上分类，纯就增加效能上着想，而非有普通社会层次之意味也。至入室工作，余由本室供给图书及指导外，并与种种研究上之便利。学术门开，有志者盍兴乎来！

附：第一期(民25年秋季至27年春季)工作纲领八项：

1. 搜集中国经济史料——以完成三大经济史料汇编为目标，以纂集"A"汇编为本期工作中心。三大汇编名称如下：

　　A. 廿六史经济史料汇编；

　　B. 各省地方志经济史料汇编；

　　C. 各代丛书散集经济史料汇编。

2. 搜集与研究有关之杂志及报纸周刊——关于此项，工作细目如下：

　　A. 补购旧杂志；

　　B. 交换新杂志；

　　C. 编纂经济史论文索引。

3. 搜求图书——如各省地方志及各代丛书散集等。

4. 现实调查——以能参证经济史研究之论断为主，如现存血族制度，现存村落共同体，现存佃佣制度调查之类。

5. 出版周刊及季刊——周刊定名为"中国社会经济史研究周刊"，每星期出版一次，暂假粤港各报纸副刊为园地；季刊每学期出版一次，暂假《社会科学论丛》为园地。

6. 编纂丛书——编纂《中国经济史丛书》，本为本室最高之目标，此处所云，仅以研究已完成之部分为限，质言之，仅为此项工作之开端而已。

7. 征求学生研究员(即练习研究员)若干人。本室工作人员有限，故须藉大学部同学之合作，方有巨大成绩，而大学部同学在求学之中，能有此良好之研究机会，计亦良得。至此项研究员之优待办法，试为代拟如下四项：a. 供给书籍；b. 指导研究；c. 少量津贴；d. 尽先留用。c、d两项以有特别成绩者为限。

8. 请求庚款补助——一俟本室成绩能表现于社会时，即可进行此事。

(《现代史学》1937年第3卷第2期)

从社会史观点考察五四运动

根据最科学、最精确的见地,一种有划时代意义的文化运动的产生,都是有其经济背景、政治背景来支持的。经济、政治、文化的联系,依论理的层次。有如下图:

$$\text{文化} \rightleftarrows \text{政治} \rightleftarrows \text{经济}$$

注:双矢头表示决定作用,单矢头表示反作用。

可是通常的情形,每每经济变动之后——因文化界感受性较强,且障碍活动的阻力没有政治方面之大之故——却系随举一个热烈的文化变动,政治的改革反跟在后头了。所以依时间的顺序,三者出现的先后,又有如下图:

$$\text{经济} \longrightarrow \text{文化} \longrightarrow \text{政治}$$

注:单矢头代表影响或"跟随",图三同。

社会是整体的,各部门的彼此关联,有如水乳交融,莫可分割,所以为了解的方便起见,虽可绘出以上二图,而依实际的情形来看,文化、政治、经济三大部门的相互贯通之处,又只能以下面之连环图表示之。

(图三)

我们利用上面的道理来考察五四运动,便知道五四运动绝不是如某些人所了解似的孤立的、偶发的、"逼上梁山"式的新文化运动,而是当时经济基础上的必然产物,且有影响于后此革命的。又知道要明了

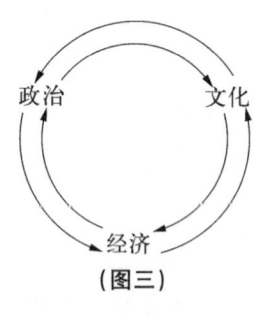

五四运动的地位和价值,绝不是截断一时期来研究可以得到,而应有广博的近代社会史的知识,前瞻后顾,比较综合,然后才能将其真意义显现出来。

孙中山先生在民权主义演讲里,曾用坐汽车赴虹口的故事告诉我们一个道理:即从甲地往乙地,有时打一个湾,反比依平常路径走去来得快,现在为求阐明五四运动的前因后果计,也试打一个湾来看吧!

我国二千年来的社会,因受内部、外部种种原因限制之故,始终未能从"高级农业社会"自动走向工业革命的道路。可是到了鸦片战争之后,情形却不同了。那时西欧挟其方兴的资本主义的威焰东来,将中国当为其远东市场,任意宰割。我国在此种潮流激荡之下,却也明了工业化的好处,于是军需工业与官办轻工业,也次第建立起来,代中国产业革命播下一些种子。另一方面国内较有眼光之人士,尤其耳濡目染西洋工业化的华侨,他们都很希望本国工业能够急速的发展。可是在当时封建气氛笼罩之下,非来一番彻底的改革,产业革命,是无从谈起的。再加以几次对外战争之失败,更证明了农业国之弱点,而促进工业化的要求,于是维新运动乃在感觉敏锐的文化界里发动起来了。维新运动有广狭两义,狭义是指康梁一流人所领导的运动,广义则从李鸿章、张之洞所提倡的洋务运动起以迄中山先生建立现代共和国之运动都可包括在内。但是不论狭义也好,广义也好,都可说是直接或间接由民族资本要求发展的基础上产生出来的。维新运动蓬勃之后,更促进了人民对于新中国的认识和希望,中杂以戊戌政变的事件,又使人民觉悟依附旧系统与维新两个概念之绝对不能相容,而有革命行动的需要了。辛亥革命之花,即在此种文化的土壤上一天天萌长出来!

我们看了这一串足为五四运动前导的事实,我们暗暗惊奇道:原来社会之变动,是经济在先,政治在后,而文化运动却正是两者之间的一个重要的媒介物呵!

民国建立不久之后,在欧洲爆发了一次空前的战争。这战争使帝国主义者轻松了对中国的经济压迫,这战争使中华民族资本有较好发展的机会,于是各种工业在民四至民十数年间使它非常活跃起来了。在轻工业部门里(如纺织业等),因设备较简、销路较大之故,发展尤为迅速,使人有黄金时代之感。但是当时的经济,虽因时势影响,进展大有可观,而当时之政治,却仍停留于封建的阶段,无能与前者配合。民族资本家和具有发展民族资本意识的智识份子,一面既感觉封建势力对其前途发展有相当的障碍,一面又痛恨政府无能抵御帝国主义力量的侵入,甚至且加速帝国主义(尤其日本)在华侵略的作用,于是由对于现状的不满而进一步对于维持现状的根本力量下总攻击令了。这是五四运动发生的真因。

五四运动在表面上虽然套上反抗屈辱外交的外衣,而其骨子里却正是上述形势的结果,并且即就直接引起运动的山东事件本身来说,亦不止有政治的意义,而是具有多大经济的意义的。五四运动在表面上虽然又好像只是一种文化运动——新文化运动。其实"新"文化本身之所谓"新",亦即含有扬弃旧日封建文化,而迎接适合民族工业发展要求的新兴的资本主义文化之意。所以明白说,五四运动的产生,亦即适合上述"经济变动引起文化变动"一原则的。

五四运动的影响,在全体智识份子动员之下,很迅速地、普遍地为全国大众所接受,更加北洋政府之日趋腐败,惊天动地的国民革命便跟着发展了。我们虽然不敢说,十三年北伐之迅速成功,完全受五四运动之赐。可是两者关系之密切,是不容否定的。"政治变革出现于文化变革之后"的原则,又为五四运动的后果所证实了。

五四运动以后,中国经济的状况,受帝国主义再度东侵的结果,一天天衰颓下来。到了最近几年,更加日人毫不放松的压迫,已逐渐有由半殖民地化到全殖民地化的倾向。国内文化界先觉之士在此种急遽变动之下,已感到民族总消灭、经济总崩溃之危机,于是乃发动热烈的救亡运动,此种救亡运动,无疑是五四运动后最大的一个运动。

关于救亡运动的经过情形,因是最近之事件,所以不拟详述。不过有一点值得提出与五四运动对比者,即五四运动乃在民族资本幻想发展的形势下发生的。而救亡运动,则在民族资本发展完全无望的形势下发生的。五四运动的结果,是十三年北伐;而救亡运动的结果,则为空前的全民抗战的实现。所以检讨救亡运动的经过,亦当有助吾人对于五四运动的研究。

以上除叙述五四运动的原因和影响外，且转了两个湾子，提出在五四运动前后的两个文化运动的因果以为陪衬。其目的不徒证明前头所提之文化、政治、经济相互影响的公式，且欲使读者在相似事件的比较下，对于五四运动的本身得一更深切的了解。兹试再综合上面所述，绘成一比较表于下：

变动的次序：经济的变动→文化的变动→政治的变动
第一个循环：民族资本的萌生→维新运动→辛亥革命
第二个循环：民族资本发展的开始→五四运动→十三年北伐
第三个循环：民族资本发展的障碍→救亡运动→七七后全面抗战

在这个表里，我们看出这在三次文化运动里，相同之点凡三：第一，是这三次的变动，都是由经济的变动引起的，而所谓经济的变动，又是以民族资本发展与否为关键。第二，在三次文化运动后，都随之以惊人的革命行动（第三次的抗战，在某种意义上亦可作完成民族革命解），这可证明文化运动与政治运动之联系及其重要性。第三，尤其可以注意的，是这三次运动的目标，都是向反帝反封建的道路前进，这实与中国半封建半殖民地的性质，有密切的关系的。

然而，只看到五四运动与前后两次文化运动相同之一面，尚有未尽。我们本着比较研究法之精神，除求同之外，且需求异。然则所谓五四运动之异点（即特点）又是什么呢？在我们看来，五四运动与其他文化运动不同之处亦有三：第一，五四运动因发生在民族工业可能发展的基础上，所以它有黄金前途的幻想，而对西洋资本主义的文化，无批判地迷恋起来了。在那时我们看到全盘西化论之到处风行，看到德、赛两先生之气焰万丈，看到新文化提倡者态度之肯定和武断，这些那些，无非大家热望新中国（用我们的术语是：资本主义化的中国）马上降临的意识之反映。这是前后运动所没有的。第二，资本主义的最大敌人，是前阶段的封建主义，要想代资本主义打开一条发展的道路，必需对封建主义，加以无情的扫荡。新文化运动有意无意地接受了这一个任务，所以对于过去封建社会的制度思想，都作了猛烈的攻击，尤其代表封建思想中心的儒家著作，当为封建制度骨干的伦常礼教，都被击到体无完肤。这种凌厉无前的精神,这种全面进攻的魄力,都可表现出市民阶级对于残余封建势力的憎恨、前途发展的信心,这亦不是前后文化运动里所能见到的。第三,前此的洋务运动、变法运动、维新运动等,都是以上层份子为中心,而其影响所及,亦只限于上层圈内。可是,此时因经济性质开始转变之故,各阶层人士都意识着新旧两个社会在转移中,而热烈地来参加此种运动了。就地域说,有平、沪、粤、汉等诸大城市,来开展这个运动;就人物说,有公务员、有上层知识份子、有大中学生、有商人、有工人,来支持这个运动。固然说起这个运动的大众性,比起我们所理想的尚距离千万倍,但是,在中国文化运动史上,已可算是空前了。这种空前的盛况,亦可说是受资本主义发展的曙光所赐予。

上面我们用最客观的态度、最正确的事实和最科学的方法,来研究五四运动,我们既不把五四运动神秘化、玄学化、夸大化,同时亦给其真正的价值和地位。固然在五四运动纪念的今日,写出这样太过理智化的文章,或不为人们所喜欢,然而真理是无情的,要想正确了解五四运动的意义却只好接受这样无情的真理。

最后,我们要特别再行提出的,中国近百年来因外受帝国主义的侵略,内受封建势力的障碍故,始终未能好好地走上现代化亦即资本主义化的道路。历来有价值的各种文化运动、政治运动,无一不是以反帝反封建为对象的。但是自太平天国革命到五四运动,以迄最近,我们因种种关系,却始终未能脱去这两重累人欲死的枷锁而独立起来。在民族存亡绝续关头的今日,来作文纪念这富有冒险性、前进性、原始性的五四运动,更令人伤感交集了。

我们应该怎样重新鼓起五四运动的勇气,来完成历史所给予我们的两个重大的任务啊!

(《读书知识》1940年第1卷第2期)

我怎样研究"中国历史何以不能发生产业革命"

——鸳鸯绣出与君看 "并"把金针度与人

一、题目性质

中国社会经济史研究的当中,有一个非常重要而急待解决的问题,即中国为什么不能和西欧一样发生产业革命而走上工业资本主义的道路。这个问题联系到中国之病源问题,西洋力量何以能够东进问题,中国怎样降到次殖民地问题(本中山先生用语),东方文化之本质及其有无存在价值问题,中华民族之出路问题,它的重要性,是谁也不能否认的。

我们知道西周以后,中国已同西欧中世纪一样发生过封建制度及封建时期的文化。① 战国末期,此种典型的封建制度,并已有崩溃瓦解的现象(参看拙著《西汉社会经济研究》第一章)。在西欧,封建社会之后,是继之以资本主义的社会的,在中国,却始终未曾呈现着一些产业革命的影子,问题便于是发生了。

国内外学者对于本问题是引起相当注意的,有的把中国历史过份特殊化,企图用种种特殊的社会形式来解释它;有的把中国历史过份一般化,谓中国未曾发生产业革命,只是时期未至;有的列举许多原因;有的却故意夸大某个要素。这些那些,虽然各有各的立场,各有各的论证,可是迄今尚没有一个较满意的答案。

---

① 关于周代是否为封建社会问题,虽有人提出疑问,但据近来各社会史家对于周代封建社会证据的提供,及笔者对于封建社会本质之研究(参看《中国经济》三卷第十一、十二期所刊拙作《封建制成立的条件及其本质新议》),此种疑问,是不能成立的。

我们以为要解答本问题,最好即对本问题自身,作一番深刻专精的研究。举凡一切主观的臆测,附带的论断,都不能引问题于解答之路。本篇即拟担负此种任务,藉为此后研究中国社会史、经济史,甚至研究通史者,开一方便之门。

另一方面,近年来经济建设之说,甚嚣尘上,抗战以后尤然。但如徒作空言建设的普通理论,而不想进一步研究建设所在国度的社会背景及经济背景,以求配合,即使上下一致努力,亦将有"事倍功半"的危险。所以本篇另一任务,即是给与努力经济建设的志士们,以若干有价值的参考。

本篇是纯学术的性质,可是研究的结果,自信亦饶有应用之价值的。

二、研 究 方 法

笔者受历史学派经济学者影响颇深,但亦自有新解,不尽相同。十年来研究经济史所常用之方法,值得提出者,有如下三点试条述之。

A. 历史比较法　历史法(Historical Method)系从历史发展自身中找求其前后的关系;比较法(Comparative Method)则从历史类似事迹上寻绎其共通的原理。这些方法,近代史家(尤其经济史家)颇有运用之者,但尚未臻缜密完善的地步。笔者曾将两法融合于一炉,在目标下,除接受普通之"求同"外,且提出"求异"、"求变"两观点;在对象下,又析为三型九目。这里为篇幅限制,只将其意缩成一表于下。

至于历史比较法应用于本研究,地的方面,便是对已发生产业革命的先进国家作一比较,看其怎样发生;时的方面,便是对中国经济史各阶段的特征作一比较,看这些阻碍产业革命的因素怎样出现,怎样发展,怎样延续;事的方面,便是对经济史特别有关的部门专史作一比较,看其怎样受"不能发生产业革命"的经济机构的影响,及其又怎样反过来加强此种机构。详细情形从略。

B. 新配合论　新配合论系对历史因素说作一新贡献。旧日对于某一"史迹集团"的解释,千头万绪,归纳起来,不外两种:一种是一元

三型	地的比较型			时的比较型			事的比较型		
九目	1. 国别史与国别史的比较	2. 国别史与世界史的比较	3. 国别史中区域史与区域史的比较	4. 阶段史与阶段史的比较	5. 阶段史前段与阶段现段的比较	6. 阶段史内各小期的比较	7. 部门专史与部门专史的比较	8. 部门专史与整个通史的比较	9. 部门专史中各分支部的比较
范围	同等的比较（第一型以本类为主）	一部与全部的比较	支部与支部的比较	同等的比较（第二型以本类为主）	一部与全部的比较（注：现阶段为全部者，以现阶段中包括前段一切阶段的因素在内，所谓滚剥即了解人体即了解猿之锁钥是也）	支部与支部的比较	同等的比较（第三型以本类为主）	一部与全部的比较	支部与支部的比较
举例	例如英、法、德、美、俄、日、中诸国均经过或开始产业革命事实，将此同类者一比较，求其同、异，变即是。	例如世界经过民族国家封建制度。可知封建制度为世界史普遍型式，中国封建制曾普遍实行，将此普通型与中国封建制作一比较，求其同、异，变即是	例如一农业经济在中国黄河流域与长江流域及珠江流域发展中有异，将此发展情形之同异、量质一比较，求同、异，变即是	例如商业在各种社会阶段中所起作用不同，将商业性质和发展经过各阶段发展一比较，求其同、异，变即是。	例如中古时代帝国主义力量侵入阻碍现代的国民经济的发展，与历代外族人侵破坏中国原有经济之情形极相似，将前后两者作一比较，求其同、异，变即是。	例如在中古时期如北魏、北齐、北周、隋、唐皆实行均田制，将此各期均田制作一比较，求其同、异、变即是。	例如中国经济史不能脱出封建经济之范畴、与中国政治史不能脱出封建政治之范畴，极有关系，将两者作一比较，求其同、异，变即是。	例如中国经济史是从整个中国通史中看出来的，亦然，彼此息相相关的，整个通史中有消息与经济史说话的地方，将两者作一比较，求其同、异，变即是。	例如属于中国经济史支部中的农业发展特色，与工商业发展的特色有许多相通的地方，将它们作一比较，求其同、异，变即是。
备注	第一型系比较法中含有历史法者			第二型系历史法中含有比较法者			第三型亦比较法中含有历史法者		

论,如伟人史观、唯心史观、地理史观、科学史观等是;一种是多元论,如心物并行观及最近流行之综合史观等是。一元论只着重因素之一面,而忽略社会之复杂性;多元论只知并列许多原因,而不知原因中有轻重的区别和有机的关联。新配合论便在此种情形之下生长起来,它有以上两说的长处而却没有其短处。它主要的原则,有下列三个:

1. 多因的原则　这是承认社会的多样性,各种学说都看出一部分真理——但亦只看出一部的真理。所以不能专偏一说而要兼收并蓄它们。

2. 主导的原则　这是承认多样的因素中有一主导的力量,亦即所谓历史的动力。此种主导的力量,在整个社会中虽只有一种,但在个别场合上,却可有种种的不同。

3. 系统的原则　这是承认造成一切史迹的因素,常保持有机的联系,所以研究者除指出主导因素外,其余因素亦当根据排列原理,给与其应有之位置,造成完整的体系,如造物安排阳电子与阴电子然。

至于新配合论应用于本研究,便是肯定中国不能发生产业革命有许多因素,但其中却有一主因,且彼此构成极有机的联系。如何列举这些因素,如何找出主导因素,如何排列其余的因素,便是本研究最大的工作。

C. 新演进论　新演进论系对历史发展阶段说,作一新贡献。旧日解释历史进化的学说,最重要者,不外旧进化论(Evolutionism)、传播论(Diffusionism)、批评论(Critical or Historical School)诸派。旧进化论坚持一线进化的见解而不了解历史发展过程中退化、停滞、部分循环等等曲折的情形;传播论坚持外来影响的说法而不知本身创造的能力;批评派过分慎重,虽对搜集材料不无贡献,而却有理论不生产之讥。它们均是有缺点的。新进化论本"进化"及人类反应相同两基本观点,主张历史发展是不断前进而且有法则可寻,但却吸收传播派和批评派的长处而改正旧进化派机械的看法。它主要的原则亦有三个:

1. 阶段划分为认识历史性质手段说　这是承认阶段的划分并不是先天的、不变的,如有新事实发现,尚可修改之意。

2. 大阶段发展不逾越律　这是本说的基本根据。在没有新事实发现之前，此说所划分的大阶段，必定各民族均要经过，否则本说便不能成立。

3. 小阶段发展不平衡律　这是承认在大阶段之中可容纳各样各色的形态，不尽相同，所谓一般性中的特殊性是。

至于新进化论应用于本研究，便是：（一）知道探讨本问题应从何时开始，因为在封建社会以前，根本便没有本问题的存在；（二）知道解决本问题，应搜集各先进国产业革命的经过事实参考，因为历史有一般性故；（三）知道完全解决本问题，尚要从中国经济史本身作一番精密的分析，因为历史有特殊性故。

以上三种方法，新配合论宜于作横面研究时（即分析因素时）的参考；新进化论宜于作纵面研究时（即分析阶段发展时）的参考；历史比较法，则进行各方面的研究，均当参考。我们不是说研究一切历史问题只有这三种方法，却因为这三种方法甚合本问题的性质，且大部分为笔者所发现，所以此处特地提出说说。

三、进行步骤

前节所述的系抽象的方法方面这里则讨论实际进行的步骤。说到进行步骤，我们可以先分工作为两大部：第一部为搜集材料、考释材料的工作；第二部为缜密研究、完成论文的工作。关于第一部的工作，又可分为四段如下：

第一段——搜集各家的意见　前□□□本问题已为一部分学者所注意，这里为集思广益计，第一步便把他们的意见集合起来。我们知道他们解释本问题，通常不外从社会形式或内容入手。属于前者，有 Radek 等之商业资本社会说，Pokrovsky 等之专制主义社会说，李季等之前资本社会说，Madjar 等之亚细亚社会说，郭沫若、陶希圣等之封建、后封建、半封建、深封建、后期封建、变种封建社会等说，王礼锡等之循环社会说……属于后者，有郭沫若之没有自然科学说，顾颉刚之人种衰老说，拉狄克之没有海外殖民地说，朱其华之原始积蓄受阻说，杨东莼、王亚南诸人之多元说……统计起来，不下二三十家之多。虽然他们各有偏见，但是加一番有系统的搜集，却极有参考的价值。

第二段——搜集问题本身的材料 历史由材料造成，离开史料，便没有历史。我们为避免近来社会史、经济史之空疏的趋势计，对于材料，不能不加以特别的注意。我们所要搜集的材料，计有如下三类：

第一类——原料 这是材料最重要的来源，例如二十五史、十通、《通鉴》、纪事本末以及类书、笔记等等，凡有关本问题的研究者，均在搜集之列。书目繁多，不备引。

第二类——时人著作 因为本问题是中国社会史、经济史的中心问题，所以时人此类著作与之有关者甚夥，在笔者所搜集的二百余种的中国社会史、经济史中，有三分之二应该参考，书目详拙作《中国社会经济史研究的总成绩及其待决问题》一文中，兹亦不备引。

第三类——外籍 这是指外国著作之有关中国经济史者，例如 H. B. Morse, *The Chronicles of the East India Company Trading to China*, 1635—1834 (5vols, Oxford), 加藤繁《唐宋时代金银之研究》等是。尤其商业史与交通史部分，可参考者甚多。

总之，要使没一句话没来历，没一字断案没根据，便是本段工作最高的指标。

第三段——搜集各国产业革命史料 这一段的工作是预备作参考比较用的。我们这里所要搜集关于此类的材料，大概有三种：第一种是最初发生产业革命的国度（即英国）的材料，第二种是受外面影响而发生产业革命的国度（即法、德诸国）的材料，第三种是生产落后而挣扎向产业革命之路进行的国度（即俄、日诸国）的材料。这类材料，对于我们皆极富有参证的价值的。

第四段——实地考察 现社会是历史造成的，所以在现社会里，尚保存许多丰富的历史事实。障碍中国发生产业革命诸因素，一方面应该从文献里面去找，另一方面亦可从现社会中寻出。例如历史上的"公社"（或称共同体）是延续农业经济体系的一个有力支柱，但此种制度在现阶段里，遗留尚多，我们很容易的看到北方村落共同体和南方血族共同体之存在。又如永佃制是保持土地私有双重性而延缓向近代私有形式发展的制度，但据时人的研究，现中国许多省份如广东、福建、湖南、江苏、浙江、安徽、河北、山东、山西、陕西、河南、内蒙等,均有此制存在。又如艺术性的工业,亦为中国历史上工业的特色,而阻碍其向大量生产之路前进,此种情形,现在社会里亦可看到,例如江西的磁器、福建的漆器、广东的象牙、湖南的刺绣(所谓湘绣)皆是。所以这一类的实地考察,实足帮助我们研究而予我们的论断以更有力的佐证。

至材料搜集以后所应施的外部鉴定(External Criticism)、内部鉴定(Internal Criticism)等工作,我们一依最新"史料学"所指示的步骤进行,这里不赘。

关于第二部的工作,亦可分为四段如下:

第五段——横面的研究 这是第二部中最主要的工作。目的在从整部历史中,尤其秦迄清一段中,抽出来阻碍中国向产业革命之途发展的因素。最初我们对于所选择的因素,决定谨守"慎重"的原则,凡在史实上没有大量的证明或在理论上有矛盾者,皆加以严密的考虑,以定去留。复次,便在各种因素中,研究那一种或那几种所构成的"因素团"(此名词是新创的,因为有些因素孤立时,只有可能的作用,拼合时,才有现实的作用)在本问题上所发生主导的作用。复次,便是研究各种因素相互连系,相互影响的地方,将其作成一有机的整体("En Bloc" or "an Organic Whole")。经此三步,本段工作,便大体告成了。

第六段——纵面的研究 其次的工作,便为纵面的研究。此种研究的作用,在发现各因素在各阶段中的产生来源、影响和遗留,藉以加倍证实前段所说。主要的步骤凡三:其一,在秦迄清一长期的各小段中,我们详细研究每小段所受这些因素影响的程度及其具体的情形。其二,这些因素并不是从空而下的,我们可从先秦社会中寻求其来源。其三,这些因素并不是忽而消灭的,我们可从现社会中,寻求其去路。这样,第五段的论断便不至有一丝丝模糊之处了。

第七段——旁面的研究 历史是统一的,假如阻碍中国产业革命的进展,果是这些因素,那末,这些因素绝不会只在经济方面发生作用,而不在政治、文化各方面,也发生若干的作用。本段便是从东方政治、东方文化特质里,探求其与"停滞不前"的经济机构所发生交织的关系。从狭义说,虽已不属本题的范围,但从广义说,却极有助本题的了解。

第八段——全面的综合　以上横面、纵面、旁面三方面的研究,不消说是息息相关的。统一之者,便是这里全面的综合,所以这一段可说是研究工作的最后一步,亦是各段工作结晶的所在。

经过最后一段的工作后,便可以开始写作了。

四、预期结果

在研究完毕后所拟写之论文凡三,计:

本篇一:《中国历史何以不能发生产业革命》(十万言)。

外篇二:《中国地理对于中国经济史特殊发展之影响》(七万言),与《亚细亚生产方法问题新研》(五万言)。此类论文化对于学术界以及社会微薄之贡献可得而言者,似有如下诸点:

1. 了解中国社会史、经济史发展之特质以及中国通史发展之特质;
2. 帮助中国历史之分期;
3. 揭示中国社会之病源;
4. 与努力经济建设者以一理论的参考;
5. 完成世界资本主义发展史(世界经济史上关于中国产业革命问题的叙述,迄今尚为白纸);
6. 给予地理对于历史影响以正确的位置;
7. 提供东方文化之锁钥;
8. 为运用新历史研究法之开端。

(《读书知识》1940年第1卷第2期)

从经济史立场对于东方文化的新认识

最近二三十年里,中国学术界发生两个重要的论战,其影响都非常广大。一个是东西文化问题论战(所谓科玄之争即可视作此论战的序幕),一个是中国社会性质问题论战(不消说经济性质的争论又被视作此论战的中心)。今天我想借此机会把这两个论战,作第一次综合的检讨。但为了演讲时间及旅途无书的限制,不能说得太详细,下面只能算是提纲而已!

本讲拟分为四段,现即依次述之:

一、东方文化否定者和肯定者的批评

要了解中国文化的新动向,我们应对旧文化或所谓"东方文化"作一般彻底的检讨。①

"东方文化"这一名词到底能否成立呢?在论坛上曾展开了两种完全对立的见解。

属于否定论的阵线中,又可分别为三小系:

第一,是一部新文化运动者。五四前后,一般智识份子为对旧文化作无情的批判,结果常变本加厉,连其存在的价值和地位,亦一笔抹杀。如常乃德氏曾谓东方化与西方化,只是一古一今的,一前一后的,冯友兰氏亦起"东西文明的差异,是等级呢抑是种类呢"的疑问,均是好例。

其次,是所谓"全盘西化论"者。随着中国"次殖民地"化的加深,这一派的说法同西方帝国主义国家的商品,一样地出现于学术市场之上。

---

① 东方文化虽包有中国文化和印度文化两体系,但本文以前者为主。

他们的基本主张很简单,只是"土货"要不得而"洋货"则非要不可而已。所以谓与其打麻将不如赌扑克,与其娶小妻不如学跳舞。固然他们间尚有程度的差异,但本质是一样的。在这样前提之下,东方文化之被忽视或废置,是可能而且当然的。

其次,是社会史论战中各种型的封建社会论者,这一般战士们,虽然表面上并没有否定东方文化的说法,但文化是依系于社会机构的,中国社会既然只在中古期打圈,那末,中国的文化自然也只是中古的文化而已,又怎能说得上独立的体系呢?

简略介绍了否定派的实力,反过来再看看肯定派的阵容。

在目前,够得上为东方台柱的,只有中、日、印三大国,所以这里便就三国中各举一二人的说法为例。

印度方面,我们试以泰戈尔氏(Tagore)为代表。泰氏是倡东方文明主静,西方文明主动说的。氏道:"真理有动(Active)、静(Passive)两方面。譬如声音是静,歌唱是动;足力是静,走路是动。动常变而静不变。……东方文明,譬如声音;西方文明,譬如歌唱。两样都不能偏废。有静无动,则成为惰性(Inertia);有动无静,则如建楼阁于沙上。现在东方所能济西方的是知慧(Wisdom),西方所能济东方的,是活动(Activity)。"(见《新潮》三卷一号)

日本方面,我们试以北聆吉氏为代表。北氏是倡西方文化征服自然、东方文化与自然融洽说的。氏道:"西洋之文化为求精神之自由,先倾其全力以利用自然,征服自然。……而东洋诸民族皆有一共同与西洋民族不同之所,即不欲制御自然、征服自然而欲与自然融洽,自然游乐是也。"又谓:"此二者皆为人间文化意志所向之标的,吾人于斯二者均不可蔑视。"(是《东方时论》三卷六号)日人金子马治及米久博士,亦有类似的见解。

中国方面,讨论本问题的虽多,但属于肯定派系列中,我们仍不能不以梁漱溟氏为代表。梁氏对于本问题的解答,是以人生的三路向出发的。氏谓生活中解决问题的方法有三种:第一是本来的路向,就是奋力取得所要求的东西,设法满足他的要求——这是西方人生活的路向。第二是遇到问题不去要求解决,改造局面,就在这种境地上,求自己的满足——这是中国人生活的路向。第三是遇到问题他就想根本取销这种问题或要求——这是印度人生活的路向。因此这三大系别文化,可以下述三种根本精神表现其特征:

  西方文化是以意欲向前要求为其根本精神的。
  中国文化是以意欲自为调和、持中为其根本精神的。
  印度文化是以意欲反身向后要求为其根本精神的。(详见《东西文化及其哲学》一书)

这是梁氏对于东西文化的根本认识。

  肯定派和否定派虽然都持之成理,言之有故,但我们同样觉得未曾把问题完全解答。在提出我们的新研究法和主张之前,试对他们加以批判。

  我们对否定派的批评有三:

  第一是指出他们"知一般而不知特殊"的错误。"万物毕同毕异",虽是一句老话,里边却含有大道理。因为一切事情,就"科学"的眼光来看,都可找出其"同"点,而就"历史"的眼光来看,又都可找出其"异"点。这是第一层说法。再进一步说,中国过去的社会为农业社会或封建社会(广义解释),但此种农业或封建社会与一般的农业社会或封建社会却不同。因为其对此方面发展最完备、表现最典型,所以我们常称之为"高级农业社会",若借用新实在论者的术语,便是最接近理想业中社会的标准。那么,在此种社会之上所建立的文化,当然也有其独特之处,而未可一概以农业或封建文化抹杀之(此意下段详说),否定者对此,是完全无识的。

  第二是揭出他们"歪曲事实"的错误。李守常氏在《东西文明之异点》一文中,曾列举两者之不同如次:一为自然的,一为人为的;一为安息的,一为战争的;一为消极的,一为积极的;一为依赖的,一为独立的;一为苟安的,一为实进的;一为因袭的,一为创造的;一为保守的,一为进步的;一为直觉的,一为理智的;一为空想的,一为体验的;一为艺术的,一为科学的;一为精神的,一为物质的;一为灵的,一为肉的;一为向天的,一为立地的;一为自然支配人间的,一为人间支配自然的。……李氏所举的,虽未必个个精确,但两者有其异点,却是铁一样的事实,无可否认。我们现在的任务，是在解释不同的根源而不是强不同而为同。徒作武断的否定，又何尝摸着问题的边际呢？

第三是指出他们"轻视压力"的错误。我们虽不必学一般守旧者对旧文化付以热烈的感情，但过去历史是一种压力，却为社会科学者公认的事实。试看近六十年来的国史，有维新运动，便有戊戌政变；有辛亥革命，便有民六复辟；有五四新文化运动，便有本位文化运动。处处显示着旧对新的反抗，便处处显示着旧文化的压力。我们对于旧文化的态度如何是一问题，旧文化的存在却为另一问题。否定者因轻视文化压力以致主张不能与现实配合，这一点吾人亦不可忽略。

这样我们是否完全赞成肯定派的说法呢？

否，否，相反地，我们对于肯定派的批评，亦有三点：

第一要指摘的，便是他们"知特殊而不知一般"。假如谓否定派不知"异"的观点，那肯定派便是不知"同"的观点。肯定派对于东方文化常过份夸张，以为一切都与西方不同。精神不同，政制不同，甚至解决中国问题的办法也要完全不同。这一派的思想付诸实践的，有梁漱溟氏领导的乡村建设运动，其成就如何，已为大家有目共睹的事实。推根到底，便是因为他们不识人类文化的同点，结局反把他们所看到的特殊的优点，也埋没了。

第二要指摘的，便是他们不懂事实的本质。他们所举出东西文化不同的事实，有许多是对的，但是何故致此不同，每抬出精神或动静类的看法来解释。依我们的见解，精神虽不必完全为物质所决定，但精神却不能脱离物质的基础。向前向后的精神，主动主静的态度，已经是派生的现象而非原始的现象，已经是事实的外表而非事实的本质。我们如真要主张东方文化的体系，那便非找出产生东方文化体系的物质基础不可。这一点是前此的肯定派不能为力的。

第三要指摘的，便是他们不知特殊的渊源。上项系从横的观点批评他们，本项则从纵的观点批评他们。文化之能形成体系，总是在社会发展到某阶段以后，而不是从天而降。在一般肯定者眼里，常把东方文化看作不可分的整体，以始有史以来，业已完全具备，这是错误的看法。医救此弊，只有藉助各段社会的研究，分析其来源和形成的经过，便知道他们所述的特殊,没有一点不可解释,从天空的问题掉到地上,这是一个社会科学者应有的态度,亦是一个社会科学者具有的能力。

将对两方面的批评比对照一下,便见到前者的长处即是后者的短处,而后者的长处,却又是前者的短处。可知并不是他们认识的完全"不对",而只是他们认识的"不够"。

更进一步解答的责任,便落在我们的肩上了。

二、我们研究新的方法——从中国经济史发展的特色说起

我们常常自称为"新配合论"者,①新配合论者对于文化问题的见解,是怎样呢?

新配合论者研究文化,是从分析入手。因为普通所谓"文化",多从广义立说,包有人类活动的全面,如不加以分析,其对象便成为一个"全牛"——全牛是无法研究的。分析之后,我们可把整部文化,归为三层:即一物质文化层,经济生活属之;政制文化层,社会生活属之;精神文化层,精神生活属之。

---

① 新配合论是一个完整哲学的体系,它是集古今各派唯物论、唯心论的大成而"一以贯之"。稍为具体说说:在本体论方面,它是采取"心物一元论"的;在认识论方面,它是采取"反映、创造论"的;在方法论方面,它是创出了簇新的"新配合方法论"的;在人生观方面,它是融通了(不是调和)矛盾与统一的说法。如允许我们师袭数理逻辑的意旨,以"A"代表"物"的方面,以"B"代表"心"的方面,那末,从原始的哲学以迄新配合论,可以下列一图示之。

表示符号	A	B	A+B	B+A	A+B×B+A 或 A×B
派别	机械唯物论	主观唯心论	辩证唯物论,新实在论等	康德二元论,客观唯心论,实验主义,经验批判论,生命论等	新配合论

最后一栏(A×B)的符号,是涵有丰富的意义的。析言之,A 在左边是指示仍以"物"为基础,B 用大号字是指示容纳更多"心"的要素。AB 之间联以乘号(×),是表示两者的配合,表示两者全面的配合,是表示两者内外渗透的配合。与三、四栏中加号(+)表示仅袭取对方之部分优点以为己用者不同。又应声明的,真理虽只有一个而表现常有两面,新配合论者即是企图将此真理全面指示出来,故虽容纳双方的优点,而绝不是折衷主义。详细内容见撰写中之《新配合论哲学发凡》。

这三层的文化，相互间的关系是怎样呢？这是研究第二步的主题。唯心论者是以精神文化层为主，谓这一层可以决定其他二层；唯物论者则以物质文化层为主，谓这一层可以决定其他二层。前者的错误，显而易见，批评者多，可不复述；后者虽已扒着若干真理，但所谓"决定"一语，显示着其他二层只有受动作用，没有能动作用，实有可以商榷之处（虽然他们后来说出"反作用"一辞，但受动的意味的仍甚浓，不足表示事实，这与他们的认识论是"反映论"，而不知反映基础之上另有"创造"，其"不够"的程度是一样的）。

新配合论者也非常看重物质文化层，甚至以为不了解本层，便无从了解整部的文化；但另一方面却只把本层作"基础"，而承认其他两层也有相对独立的作用。试以下图示之：

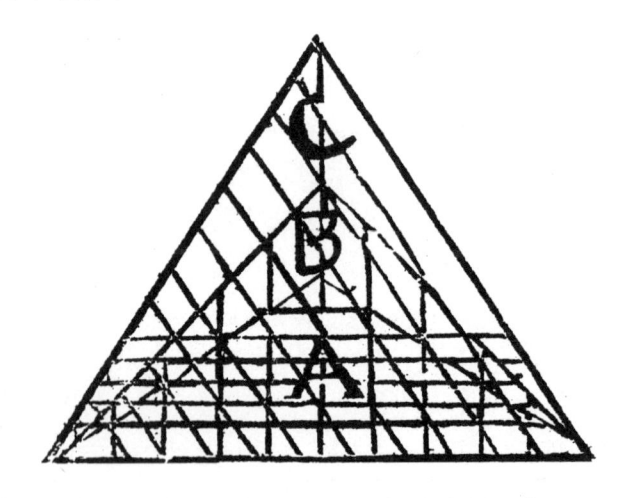

本图 A 层即代表物质文化层，B 层代表政制文化层，C 层代表精神文化层。其意若谓假使没有 A 层便没有 B 层、没有 C 层，但是 B 层、C 层对 A 层又有"指示"的作用。举例说，儒家哲学和专制政体虽然是农业社会基础之上的产物，但此种哲学和政体建立之后，却对农业社会有强坚的指示作用而使其特别巩固，不是轻描淡写的"反作用"一语能够表示。一般精神史观、伟人史观者，都是看上了这一系列的现象，虽然他们难免受以偏概全的责难，却也不是无的放矢的。

以上是普说三大层文化的关联，但真正研究的下手处，却应从物质文化层开始，因为它居于基础的地位，并有"端初"的作用，这样中国经济史的检讨，便为了解东方文化的前导了。

详细叙述中国经济史发展的过程，牵连的问题太大，不是这里所能胜任。但简单地可说，中国经济史的发展，亦是受一般性中的特殊性底定律所支配的。较具体说，它曾经过了氏族阶段（夏以前），与奴隶阶段相等而不同的"被征服者公社"阶段（夏、殷），封建制阶段（周），在每阶段中均发挥其东方的特性，不与西方完全相同。到了战国末期典型封建制衰落之后，特殊性更显著了，秦迄清的二千年社会，均停留于一种类似的形态中，虽然也有相当的进步而可将其划分为几个小阶段，但本质却无变动。若与欧洲封建制崩溃之后即继以资本主义社会的情形比较，其迅速是不可以道路计的。然则怎样解释此种现象呢？历来中外社会史家，对此绞了不少的脑汁，也下了不少的解释，他们常常喜欢用一专门名称，来说明这二千年来既不是典型封建制又不是资本主义制的社会，试举其较著名的说法如次：

1. 商业资本社会说——Radek、陶希圣（初期）、李立中等主之。
2. 前资本社会说——李季等主之。
3. 专制主义社会说——Dubrovsky 氏只泛说一般及俄国情形，但为此派理论之源，王礼锡、胡秋原等主之。
4. 亚细亚社会说——Madjar、Kokin、Papayan、Varga 等主之。
5. 特殊封建社会说——属于此类者，又有种种不同的名称，如用"后封建"一语者，有陶希圣等；用"后期封建"一语者，有刘兴唐等；用"变种封建"一语者，有吕振羽等；用"半封建"一语，有旧日之新思潮派等；用"深封建"一语者有非斯等；用"亚细亚的封建"一语者，有 Yolk、Godes 等；用"封建势力"一语者，有黎际涛等。

以上各家的意见有个共同点，即都看到秦到清这一期的特殊，这是对的，但他们或着眼流通过程（第一说），或注重政治制度（第三说），或过份夸张特殊的情形（第四说），或只仅描述过渡的状态（第二说）；或虽提出种种异名而不能将其真正的异点具体叙说（第五说），所以尚未能将问题引上解答之路。笔者以为真正要了解这一期的特征，最好能将其"社会经济结构"先作一番深入的研究，看看其与封建社会有否不同，这样，其他的特殊现象，才能找出一个根源，不致见仁见智，解说纷纷了。

十年前笔者写《西汉社会经济研究》一书时（新生命书局版），已注意到此种研究法，并对秦清一期的社会，下一新解释。当日的意见，现在虽有若干修正（如过份特殊的看法等），但基本观点，尚觉得有保留的地方，试配合最近的见解，叙述如下：

笔者以为秦清这一期的社会，从"同"的观点看，虽然不能提出与一般封建社会或农业社会有绝对不同的地方，但如从"异"的观点看，则某种相同的限度以外，却明白排列着许多不同的或特殊的事实。此种的不同，绝不止是英国封建社会与法国封建社会的不同，或法国封建社会与德国封建社会的不同而已。而是"东"与"西"的不同，若允许我们用一句哲学史上的术语来说，便是"白马"与"马"的不同（白马虽是马的一种，却不与一切马相同，故站在某一观念上，可说"白马非马"）。

因此，我们常喜欢用另一术语来指示它，说明它。我所用的术语是"高级农业社会"（从生产技术上着眼），或"佃佣社会"（从生产关系上着眼）。高级农业社会含有两个重要的意思，因为它是"农业社会"，所以和一般农业社会，没有本质的不同；又因为它是"高级的"，所以它是站着农业社会的最尖端或最高端，它是最接近"理想中"的农业社会的标准的。佃佣社会的意义亦然，它含有"封建社会"与"佃佣的封建社会"两意义。

怎样说明此种特殊情形的存在呢？试从这一期的生产技术和生产关系来看。

在《西汉经济》一书中，我已提出秦清社会生产技术的特色四点，在《中国经济史发展的特殊道路》一文中又提出如下的八点：

1. 农器应用之专门化；
2. 畜力、风力、水力利用之发达；
3. 灌溉的特殊系统及其应用之普遍化；
4. 施肥技术之精进；
5. 轮耕之善用；
6. 深耕勤耨等事之注重；
7. 耕殖范围之广大；

8. 农产物收成之旺速。

以上所举的八事，都是有极丰富的证据的，读者可参看。此外在这一方面与我们意见有某点相同的，国外有威特福格尔氏（K. A. Wittfogel），可阅其《中国社会与经济》一书（有日文译本）对于中国农业技术的描述。

以上是从农业生产技术方面观察中国农业之特色，若我们换一方面，研究其农业生产关系亦可得同样之结论。

在西欧，封建社会里担负生产的劳动是农奴，农奴制的解除，即是表明封建制的破灭，在中国情形，却不如此简单。我们知道典型的农奴制，在战国后即已崩溃，这二千年中作为生产界的柱石的，既不是封建制下的农奴，又不是工银制下的赁工，而却为介于两者之间的"佃佣制"。

这种佃佣制下的劳动者与农奴制下的劳动者有什么不同之处呢？依我们的研究显而易见者，有如下五点：

1. 农奴与领主间互为义务纽带所束缚，换句话说，他们的生活，是相互保证的：农奴供给领主以必要的劳动，领主对于农奴，亦有维持其最低生活费的责任。反之，佃佣与地主间，为契约的关系，却没有此种义务的存在。

2. 农奴与领主的关系，是身分的关系，换句话说，农奴是没有完全独立的人格而隶属于领主的。反之佃佣与地主，却同为国家的人民，骨子里实在的情形如何暂且不说，表面上总算是平等的。

3. 封建的领主，须同时占有"土地"及"劳动"，才能生产，佃佣社会中，因劳动力并未被谁私占，故获得土地即有办法生产。

4. 农奴制下，农奴完全束缚于土地，要想另逃他处，实法律所不许。佃佣制里的劳动者，却有选择适宜地带工作及迁徙之方便。

5. 农奴制下的农奴，他们的职业是固定的，是世袭的。士之子恒为士，农之子恒为农，是此时社会里的铁则。反之，佃佣社会里的职业，变动性却甚大，佃佣如一旦富有起来，可以上升为地主，而地主若到破落时，亦有降为佃佣地位之可能。

总之，佃佣制与农奴制相比，是较与近代工银制的精神接近（当然并不完全相同），是一个较进步的制度。中国这二千年来便停留在这么一种形式的社会中。另一方面，中国不能发展（更精确说，不大需要发展）为资本主义的工业国，其道理的一部分，亦当于此求之。

以上是我们研究中国经济史特殊发展的结论，[①]下面试以此种结论为基础，来检讨其与东方文化体系的关联。

三、透过经济史来看东方文化

经济史虽不能"决定"文化史，但文化史的大部渊源，却应于经济史中求之——这是新配合论者的看法。

本此，我们对于东方文化的基本见解是：东方文化体系是"相对"存在的，此种存在所以可能即由于中国高级农业社会或佃佣社会的建立。更简单说，我们是主张"东方文化原于东方社会经济机构说"的（我们说"原于"不说"决于"，这是一个绝大的不同，读者应细味，否则"毫厘之差，谬以千里"）。

在此高级农业经济机构存在的前提之下，我们又可为东方文化提出三个总特征：

1. 就物质层说，它是"少变的"，或静的，或与自然融洽的，这与西方变的、动的或征服自然的，恰在相反的地位。[②]

2. 就社会层说，它是"小单位的"，在此小单位之中，"共同性"的色彩却极浓厚，我们常笑呼它为"小社会主义社会"，这与西方看重较大的社会组织而又看组织中分子的个人主义者，又在相反的地位。

3. 就精神层说，它是"向内的"或"整个的"、"拢统的"，明白说，它遇到困难环境或问题，只求在当前可能的局面下得到模糊拢统的解答，及自我"精神上"的满足或慰安，不想进一步去分析它，克服它，这与西方人向外竞争及鞭辟入里的精神，又是一个对立的比照。

[①] 笔者关于此意的发挥，已写有《西汉社会经济研究》、《三国经济史》、《中国地理对于中国经济史特殊发展的影响》、《中国社会经济史讲义》诸书及《亚细亚生产方法问题新研》、《封建社会崩溃后中国历史向何处去》等十余篇论文，这里只是扼要的叙述而已。

[②] 许多人谓西方此种态度是现代的，不是原来即已如此，这话不全对。因为我们只能说西方此种态度在现代发挥尽致，并不能说在现代突然出现。如对西洋历史有彻底的研究，并不了解后述之"纵横类型说"，即知此意之不错。

这三个总特征,只有从"农业社会"观点出发,才能得到理解。因为农业生产最正常反复,并且有赖天时,所以是少变的,而且与自然融洽的农业生产所能养活的人群,其量度是有相当限制,而在此小团体里,必定彼此互助方能生存,所以是小单位的而且共同性的;农业生产只限于小区域不须向外发展,同时从耕耘到收成,皆一人经手,无精密的分工,所以是向内的而且整个的。至将这些特征,发挥尽致者,则有靠"高级农业社会"的建立。欧洲中古虽亦经过农业阶段,但根基没有中国的雄厚,不久便让位于工业社会,所以不能与中国的农业阶段相持并论。又前述之肯定论者,虽亦看出一二特征,但他们不能找出特征的渊源,所以都变成神秘之谈,这里则完全改正过来了(又"小单位"一点是笔者研究社会史的发现,他们未曾说过)。

　　下面再从东方文化的各部门作全面的具体的说明。

　　我们仍依前举标准,将文化分为三层。除东方物质生活层的特征,前节已说过外,这里再试将社会生活层与精神生活层的特征,一一示例。

　　社会生活层范围虽大,但仍能以三分式概括之:凡防范社会生活出轨于未然者,有教育伦理等部门;防范于已然者,有法律等部门;正在运行社会生活者(或可称社会生活的"即然"),有政治等部门。这些部门在中国的特征是怎样呢?

　　先说"政治"。中国政治有个最崇高的理想,便是"尚无为"。"垂拱而治",是古代圣君的颂词;任其有然,也是理想亲民官的准则。记得唐时柳子厚有一篇《捕蛇记》,其中藉捕蛇者之口,将中国政治哲学发挥尽致。全文的大旨是任老百姓自守其业,自乐其生,便是一个好官,如今天派一个吏,明天出一个差,劝百姓作这样作那样,表面说是为民利民实是扰民害民。懂得这一基本形态,对于历朝变法之失败,便能获得某种程度的理解。我们平时常怀疑王莽的新政、王安石的新法,大体说来,都是针对时弊的善政,何故结果适得其反? 其实这并不难解释。宋时反对变法的旧党,不是说过"祖宗之法不可变"的话么? 这种"不可变"的说法,是一般人的心理,亦是新法通不过的一个重要的症结。与此无为主义相辅的,便是专制政体,因为如不是在一个专制的系统之下,人家一"有为","无为"便不能站得住了。此种无为形态的出现,实与农业社会性质相连,因为农业社会是靠天吃饭的,它不必有为,亦不能有为。而专制政体之得以长久保留,尤与各地孤立农村的存在,息息相关,因为设如西欧一样,城市团结力一发展,专制政体便无法继续了。至在此种形态之上,却能建立一套治国平天下的完整政治哲学,及相当统一的局面,这又是"高级农业社会"独特的地方。

次说法律。中国法律史一主要特征,便是极浓厚的联带责任主义。历代刑法志上所载的"三族""五族""九族"之罚,便是此种意思的具体表现。记得笔者前曾写过一篇文章,题作《魏晋时代的族》(《史学专刊》一卷一期),对此颇有说明,可参阅。除宗族外,亦负有联带责任的,便为邻里乡党,事实的表现,有历代的保甲制度及法律上对于犯罪者的邻居所规定的种种义务。何以有此种特征呢?原因是中国农业社会的基础,是建立在许多小"共同体"之上。① 这些共同体可分为两大类:一种是以血缘为主的血族共同体,一种是以地缘为主的村落共同体,两者每相互错综,而前者则为更基本的形态。既然在共同体内,人与人间有这么密切的关系,自然在法律上也要负起联系的责任了。至中国法律系统之谨严(或为东亚一大系)及历代法治精神某种程度上的显现,却又为高级农业社会与众不同的所在。

复次,说教育。中国教育的特征是:重"做人"处世,知识的传递反在其次。试从第一大教育家孔子说起。孔门的弟子人数甚多,据说有三千,这一班人不专从孔子学问,而主要还是从孔子学生活。我们看他们常从孔子周游四方,并常为孔子作琐事。甚至管理家事(例如颜渊殁时,门人竟把孔子的车卖去为椁之类),可见生活是在一起的。所以他们师徒间感情极浓,颜渊死,孔子哭他比丧儿子还甚。孔子死,门人为其心丧三年,还恋恋不肯去,亦似比丧他们的老子还甚。这都是平日以人格感化的显现,正足代表中国的教育作风。此风继续流布,宋代以后书院林立,讲学大行,一个私家的学者,长期常拥有大量的学生,以日常行谊相陶冶,其影响比虚有其名的官学,常大无数倍,可说是中国教育

---

① "共同体"的含义是:在某时间、空间下的人群所形成的自给自足的经济整体,在此之上,并建立了共同的政治、法律、风俗、习惯及思想的整体。例如中国南方的宗族或北方的村落是。此类共同体,在中国过去社会里极发达,对于中国历史的发展,亦甚有影响。

的正统。此种特色的由来,亦是因为中国是个农业社会,此社会并不想征服自然而只求维持其原来秩序的安宁,所以对于知识的需要还不及做人的道理来得迫切。此外如教育的相当普遍化及崇高的理想等,却又是高级农业社会的副产物。

复次,说伦理。中国旧日伦理的体系,可以一个字包括之,这一个字便是"孝"。根据《孝经》所说,一切的行动,如事君不忠、莅官不敬、朋友不信、战阵无勇之类,都可归入非孝的范畴之内,因为这些行动,都可使父母得恶名的。虽然"忠"亦可说是社会上的另一道德大标准,但在理论上说,第一孝在忠先,第二人臣事君兄是移孝作忠,尤其重要的,依时人见解,孝是为己的道德,而忠却只是为人的道德,"所以人可以事君,可以不事君",臣如与君不合,可以"乞骸骨",可以"告老还乡",但事亲则不能如此,子对于亲,不能"乞骸骨",亦不能"告老还乡"。为什么呢? 因为事亲是自己的事,并不是别人的事也(冯友兰《新事论》),所以"忠"的标准,不能与"孝"抗衡。"孝"在中国伦理体系里,何以有这么崇高的地位呢? 这恐怕亦非用我们的解释不可。因为中国农业社会最基层的单位,是大家族,它同时又是经济的单位,如要维持此组织的坚固,便非有一系特为此组织建立的伦理不可,这样"孝"的体系的提出,便为最当然的事了。此外在中国所认为合于伦理的事,虽其本质亦为对上级的服从(如忠孝之类),但却视为完成自我的行为,这一点亦非一般农业社会的伦理标准所能企及。

至精神生活层呢? 师前意,此层的全部,亦可三分。凡对问题认为非人力所可解决,而只能信任宇宙中某种更伟大的力量者,属于宗教部门;凡对问题认为可以用人力克服之者,属于哲学或科学部门;凡对问题在以上两种态度之外,而以欣赏态度出之者,属于文艺部门。这些部门在中国的特征,又是怎样呢?

先说宗教,可算为中国宗教的特色的,便是内修工夫的极度精进。表现于具体事实的,便为"内丹派"的出现。中国宗教中的炼丹派,本有内、外丹之分的。外丹纯以采取药石为目的,历代玩骗帝王者,多属于这一流人,内丹则纯以养性立命为目的,对于外鹜是极力排斥的。且看他们的宗经《参同契》(汉魏伯阳著)怎样说:

内以养己，安静虚无。原本隐明，内照形躯。闭塞其兑，筑固灵株。三光陆沉，温养子珠。视之不见，近而易求。黄中渐通理，润泽达肌肤。初正则终修，干立末可持。一者以掩蔽，世人莫之知。(《炼己立基章第五》)

这一段话，殊可表示其内修之精神的。此派源于道教，但后来佛教一部分也采取了，他们的力量殊不少，甚至有人承认这才是释氏的真传的。我们且不说它的发展，只说它的来源，这明明又是农业社会向内发展的反映。所以如以中国的宗教尚未发展为一神的阶段（这是商业发展的区域才能达到），而迳谓其幼稚者，是完全不知高级农业社会里宗教的本质的。

次说哲学。中国正统哲学的特征，可借用孔子的一句话表示，便是"极高明而道中庸"。因为中国哲学悬一中庸为鹄的，所以处处主张调和。"其大意以为宇宙间实没有那绝对的、单的、极端的、一偏的、不调和的事物。如果有这些东西，也一定是隐而不现的。凡是现出来的东西，都是相对，双、中庸、平衡、调和。一切的存在，都是如此。这个话都是观察变化而说的，不是看着呆静的宇宙而是看宇宙的变化流行。所谓变化就是由调和到不调和，或由不调和到调和。……又调和与不调和不能分开，无处无时不是调和，亦无处无时不是不调和者。"这种一贯的调和说，正是中庸主义的本色。又因为中国哲学是"极高明"的，所以同样的中庸主义，发展却不同，大抵愈后愈进步，宋儒的理学较孔孟本来的学说有所发明，而明儒的心学又能补宋儒的不足。根据时人的研究，则许多现代哲学的大道理，每已被中国前哲说过（只是所用的术语不同）。这实足特别注意的地方。若追究其根源，则中庸之道，实是农业生活的反映，因为农业社会，是平稳的、安定的，自不需要极端的偏激的道理；而"极高明"之处，却又为高级农业生活的反映——这不消说已有中国人哲学创造力的因素参加在内了。

复次，说科学。许多人每以为中国完全没有科学，便是中国这一方面的特征，这一看法是错的。我们研究中国科学史，知道中国人对于科学的造诣，是不弱于历史上的欧洲人的。例如就科学的基础算学来说，汉代的《九章算术》，已建立一次联立方程式，并有正负之术语，此种办法在欧洲,直到十八世纪法人 Bezout 出,才达到完成的领域;又刘宋(五世纪)祖冲之发现直径与圆周比例的算法,比欧人 Antonisson 早一千年;又明朱载堉发现十二等律,比欧人 M. Mersenne 早四十年。再就世界上有地位的几种发明来说,指南针、印刷术、地震仪、火药,都是中国人所创始。再就理论科学来说,唐代曹绍夔已了解同情震动,这是物理上一个很艰深的部分。再就应用科学来说,建筑方向的拱桥,运输方面的木牛流马,医药方面的许多"单方",也极有名。然则,中国科学何以不能发展下去呢?我们以为这一问题正确的解答,才是中国科学文化的特征。原来农业社会的生产,一方面是靠天行动甚有规则;另一面是自给自足,无需多产。所以对于科学的需要,并不热烈,发明是由时代需要而起的。这样,科学自然便被藐视而废置了。然而在高级农业社会里,毕竟因文化水准较高,生活较充裕,所以尚有一小部人士在闲暇之时,来弄这一套玩意儿,于是生产了上述一点点的成绩。这可说是中国科学方面的特征。

复次,说艺文。艺文的范围甚广,不能面面说遍。艺术方面,试以绘画示例。中国旧日的绘画,最重意境。如画山画水,并不是像西方画家一样,将其维妙维肖描画里(自然西方画家有许多派别,这里只指一般而言)而只写其神态。中国旧日称赞上乘的画为"神品",此神品二字甚有意思,因为中国画所注重者为"神"而不是"形"也。文学方面,亦试以诗歌示例。大概最得中国诗的正统意味者,是淡雅高澹融化自然一格,清人所选的《唐贤三昧集》,奉王维、孟浩然为主,站在纯文学的观点上来批评,或觉尚有问题,若站在中国诗的观点上,鄙意却以为甚对。时人常以中国没有"史诗",来讥笑中国诗之不够气魄,此意若只在鼓励今人,去写现时代的"史诗",却也没有话说,若真以此嘲笑古诗人,我却觉得嘲笑者之更可嘲笑,中国古诗坛中,如果有似荷马一流人所写的长诗出现,尚能成为中国诗么?这一类艺文的特征,亦惟站在农业社会的观点方能解释之。因为农业社会的生活是向内的、朦胧的,所以最爱意境;与自然调和的,所以最爱物我两忘的境界。至此种境界之达到最高峰,这却又不能不说高级农业社会之成就了。附带述及的,中国文字以象形为主,虽然后来发展到"形声"阶段,而终不能转入拼音阶段,亦与农业生活有关。因为在农业社会里，人民对于文字的需要不大，无须个个去认识它，所以文字亦有意无意地保留此种艰深的形式，并成为士大夫集团的保护线。而西方最初发明拼音文字的，是腓尼基，腓尼基却是典型的商业民族，为记帐通信等关系，它是不能不发明，不能不利用拼音式的简单文字的。两者对照，便可了然。

以上系从社会生活和精神生活的全面，来分析中国文化的特征，并从"农业社会""高级农业社会"两点（后者实只是前观点之更进一层）加以说明。我们虽不敢说已道尽中国的全貌，亦不敢说所有的特色只用此观点已可完全解释，但我们却自信已抓住中国各部门文化的精华及其根源，由此路努力下去，大底是不会错的。

在此，拟对东西文化异同说作一研究，以为本段的结束。

关于东西文化异同的见解，本有"程度的不同"与"种类的不同"两种说法，上述之否定派属于前者，肯定派属于后者。

这二种见解以那种为对呢？

要批判两者的看法，应请听者先明了"纵横类型说"。

科学者研究事物，常在许多错综的现象中，抽出"同"点，为分类的标准，否则研究便无从进行下去。历史科学者亦然，他可根据历史发展阶段的不同，将它分成许多类。普通所谓游牧社会、农业社会、工业社会或氏族社会、封建社会、资本主义社会等，便是此种根据"同"或"类"的观点，来划分社会的具体表现。否定者亦是根据此种分法，将东方文化归入农业或封建的范畴中，将西方文化（明白应说现代的西方文化）归入工业或资本主义的范畴中，所以乃得东西文化的程度差异的结论。不过他们却忘记一个重要的事实了，即分类的差别，系根据其所用的标准。一个社会，本具有纵横二面，阶段的划分，只是横的方面，在此以外，尚有根据各民族特色的纵的分法，如是可得法国社会的类型、德国社会的类型等，这些小类再依其"同"点加以归纳，那末我们便可得到世界上两大类型的文化即西方文化与东方文化。此外，证明此种东方型文化的存在，尚有另一根据，即是历史演进到农业型的阶段时，东方尤其中国因种种特殊的条件，经过的时期最长，生活其中的人数最众，发展亦最完备，完备的东西，与不完备的东西，当然尚有巨大的差别；再具体说,农业社会的特征及长处,西方在农业阶段时尚未发挥的或发挥尚未彻底的,东方都发挥而且发挥得很彻底了。总之,依纵横配合的观点来看,我们可说东方型文化(中国为代表)的特征,有史以来,业已存在,但其发挥透彻或成为典型时,却在高级农业社会的阶段。这与西方型文化的特征,亦存在于历史的开头,但发挥透彻或成为典型,却在工业社会建立时,其道理是一样的。

因此我们对于东西文化异同的答案,可分为三层:第一层是"程度的不同",这是根据"横的类型"的观点出发的。其所指的西方是现代的西方。第二层是"种类的不同",这是根据"纵的类型"的观点出发的,其所指的西方是全史的西方。这二层答案,在其所根据的观点而论,都可说是"不错",但都"不够"。若依纵横类型的观点或全面的观点,我们对于本问题所得的答案为:"东西文化在程度的不同中渗透了种类的不同。"

这里所指的西方,是含有全史特征的现代西方。就目前说,他们已进到工业阶段,我们尚未离农业阶段(虽然是高级农业阶段,但本质仍是农业),所以不能不说是"程度的不同",否则便是讳疾忌医。但另一方面却又因农业阶段的优点,西方未发现的,中国都已发现,传留并成为一种伟大的历史的压力。苟使这些优点,在人类文化史上尚有某种的价值,它是不会消灭的。所以纵使中国以后也完全进到工业阶段,仍保持有许多本来的特征(这些特征有些是有永久性的,不会随农业阶段俱去),而呈现着与西方不同的色彩——这种不同,绝不是英与法的不同或法与德的不同而已,而是世界文化史上(或纵的观点上)两大体系的不同的。这便是我们对于答案的简单解释。

东方文化的本质及其具体的内容,似已在此获得一个较完整的说法了。

附启:原讲尚有"我们对于东方文化的态度"一段,内并述及我们对如何接受西方文化及创造新文化的主张,现因整理未完。限期已届,拟待下期再与读者诸君相见。

三十年二月二十日改正于武水之滨

(《新建设》1941年第2卷第3期)

中国地理对于中国经济史特殊发展之影响
——"中国历史何以不能发生产业革命"之地理方面的解释

小　引

历史中地理的因素,很早便为人们所注意,但是两者间正确的关系,迄今尚没有可靠的说法。

在我国,文献上不少属于"历史的地理"之典藉,惟所述及者多不过政治区域的分合,与地势行军之关系等等,且其中每运用主观的臆测,以少量之地理事实,供其作历史哲学之发挥,这与科学的历史地理学的精神,相去尚不知几千万里!

在西欧,希腊时代已有人以空气水与地位来解释人民的性格与政治的倾向等,罗马时代以迄中古时代,此种风气仍继续发展。唯其缺点亦与中国相类似。自近代人文地理学建立后,人地关系之说,方有科学的根据。然一般学者对于地理在现社会以迄历史中所发生的作用,仍有过重过轻两极端的看法,未能一致。

大抵过分看重地理因素的人,每喜欢将历史上发生的事件,都用地理来解释,形成所谓地理决定主义(Geographic Determinism)的学说。根据 Sorokin 在当代社会学学说第三章所述及的,举凡人口、住宅、道路、运输方法、衣服、食品、饮料、经济生活、经济组织、财富、工业特性、商业循环、种族、健康、人类储能及效能、精神效能、自杀、颠狂、犯罪、生育、死亡、结婚率、宗教、文学、艺术、社会组织、政治组织、天才、文明进化等等,这派无一不运用地理因素来解释。这派内著名的人物,Montesquieu 以外,德有 C. Ritter、F. Ratzel 等;法有 F. Le Play、H.

de Tourville等；英有H. Buckle等；美有E. Ch. Semple等诸人。

另一方面，轻视地理因素的人，则否认物质的环境有这么大的作用。Bufon公开说，人类不是细泥，自然怎能丸弄；Marett亦说，人类是理智的动物，他的行动并不是直接地为环境所支配；社会学家Sorokin所持的理由尤为具体，他谓一切地理因子的作用，往往受非地理因子中和化，所以纵使相互关系，也非严格性（见前揭书）。近来物观的学者为尽力描述生产关系（Productive Relation）的重要性，尤对地理因素轻视过份。他们常谓决定社会发展是生产方式（Mode of Production）（但他们并不问造成生产方式的因子是什么），而不是自然，自然在全部社会发展过程中，最多只尽了若干帮助的作用。他们虽不敢公然否认地理的影响，但地理的影响在他们体系中已是微乎其微，成为无关紧要的东西了。

这二种说法，其实都是一偏之见。细心分析一下，主前一说者，多是研究地理学的人，主后一说者，多是研究社会科学的人，尤易发见他们错误之源。

笔者在研究经济史外，并治经济地理，对于史地间相互的关系，平时亦颇下相当的工力，暇日甚愿能草成一尚书或尚文发表，这里只拟将一二重要的意见，摘述于次，藉以纠正两偏的看法，并为本篇的序幕。

第一要提出的，便是地理只为一部分的原因，社会是复杂的有机体。欲对某种历史事件作完全的解释，必须注意各方面的因素——虽然这些因素有主要次要之分。即如"中国历史何以不能发生产业革命"一事，除地理方面的影响外，最少尚有下列各方面的影响存在：

1. 农业方面的影响
2. 商业方面的影响
3. 工业自身的影响
4. 外族方面的影响
5. 政治方面的影响
6. 文化方面的影响

固然我们并不是把这些因素等量齐观，或孤立来看，但它们各有若干的作用，却无可否认。以前地理学者因不懂此旨，过分夸张地理的作用,以偏概全,结果乃闹出许多的笑话,若能明白指出地理只是原因之一,便不至那样了。

第二要提出的,便是地理却为"究极"(或端初)的原因。这里触及历史科学上一个最基本的问题,即最后决定社会发展形式的差异和迟速,是自然契机呢,抑社会契机呢?我们知道在大地上,有许多不同的种族或国度分布着,有些进步得非常快(如欧洲诸大国),有些进步得相当慢(如亚洲诸国),有些却停滞在某种原始情形之下不再前进(如非、美、澳洲若干部落),这是什么道理呢?以前的学者或以"神意"来解释,或以人种来解释,或以偶然来解释,这些说法,早已不为人所信,可不具论。现在最新的说法,却直截谓这是因为各种生产方式之不同。这种解释,表面上似已答覆本问题,其实却仍同样未曾答覆。因为我们若再问他们何故有些地方生产方式早已变动,有些地方变动很慢,有些地方却完全未曾变动呢?他们便无法解答了。依科学的说法,生产方式便是生产者与"生产手段"结合的方式,分析起来,便有劳动力,劳动手段,劳动对象三大要素,这三大要素各有社会的侧面和自然的侧面,①而最初在历史中发生作用的,又每是自然的侧面。举例来说,原始社会的崩溃何以在东西大陆相距竟有数千年之久呢?主要原因是在西大陆动植物生育俱不适宜,而东半球则否。又一个例,同一在东半球何以欧洲与亚洲发展亦不相同呢?主要原因是,欧洲有较适合工商业发展的环境,而亚洲则否。我们虽然知道造成东半球的发展以及欧洲的特别发展尚有种种的原因,但最初使其向某一途径前进的倾向,却不能不归地理的作用。否则只好请出"上帝"来答覆了,此意在 Plekanov 氏的《一元论》一书中,业已提及,读者可参看。

第三要提出的,便是地理因素大部须通过经济机构方生作用。这

---

① K. A. Wittfogel 对这方面分析得最完备,试引氏著《地理学批判》第三篇第十章所述劳动过程中基本的三个契机图解如次:

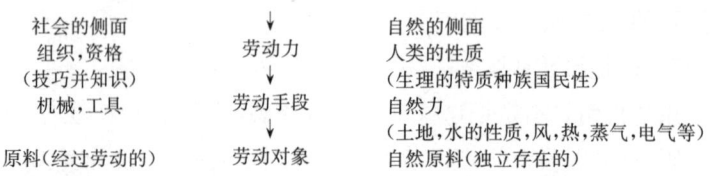

社会的侧面		自然的侧面
组织,资格	↓	人类的性质
(技巧并知识)	劳动力	(生理的特质种族国民性)
机械,工具	↓	自然力
	劳动手段	(土地,水的性质,风,热,蒸气,电气等)
原料(经过劳动的)	↓	
	劳动对象	自然原料(独立存在的)

一点较以上二点尤为重要。旧日地理学者每谓地理的影响是直接的，如孟德斯鸠以气候解释各区域之道德，Huntington 以气候解释各种族之性格，又如 Richthofen 解释干燥地带产生天文学的理由是，因为清朗的天空，使天体的观察成为可能。其实这是错误的。同样的气候，不一定都会发生相同的道德和民族性，同样的干燥地带也不一定都会产生天文学。根据新地理学者的解释，这中间实在尚有重要的一项，地理因素必须通过了这一项，方对人类发生重要的作用。这中间一项是什么呢？明白说便是经济机构（更切实说经济机构最低层的生产方式）。所以他们对于天文学的产生，作如次的解释。因气候的干燥性必然地产生灌溉，欲灌溉的正确实行，便有四季正确计算的必要，于是产生了天文学。同样的方法，可应用到其他的例上去。如不能直接说土地肥沃的地方，教育必定发展，应该说土地肥沃影响到生产的丰富，经济的发达，因此乃产生了繁盛的教育；不能直接说地大物博的区域，人民向外发展的愿望较弱，应该说地大物博影响到自给自足的封建经济体系的建立和坚固，因此减少了人民冒险向外进展的欲求。这便是所谓中间项的补充。

新派的说法固然比旧派为进步，但谓一切地理因素非经过经济机构便不能发生作用，好似也未必尽然。我们的意思是，地理因素通过了经济机构而影响人类及其文化，这是普遍和经常的现象，但有时地理因素也可以直接影响人类及其文化。我们只要证明前者是主导的事实，已经够了，用不着本过分机械的看法，及引起许多无谓的辩论。

以上三点，是我们对于地理因素在历史中所占地位之公平的评价！

说到本篇，虽然只是笔者对于"中国历史何以不能发生产业革命"所下解释的一部分，但它却有独立性，可以独自成书，试申说其理由如次：本篇系从影响中国经济史特殊发展的许多因素中，特地抽出地理方面来看，其目的有如 Sombart 所说一样，要引"读者的视线每次集中于问题的一方面，因此使他在一个时期内，必须深刻地去研究这个部分问题"。这是自然科学隔离研究法的试用，此种研究法在社会科学中有无应用的价值，本篇可当实验的报告，应该特别提供于读者之前。此其一。影响中国经济史特殊发展的因素虽多，但最早的，或所谓最"端初"

的因素，非从地理方面下手找寻不可，地理虽非唯一决定的原因（因地理须通过生产方式体系方发生效力），但却为"究极"的原因；虽无能动的作用，却有制约的作用（制约历史向某方发展的作用）。那么，我们如欲推到因素的最后一层，本篇更应独立提出了。此其二。依前说，一切地理因素的作用，大部须通过经济机构方生效力，本篇便是从中国过去经济机构中来研究地理因素所发生的影响。我们可大胆说，中国地理影响中国历史最重要的部分，本篇已完全述到。其余如对于政治、文化之直接影响，虽非完全没有，但充其量也只能占次要的地位。所以就确定中国史地关系来说，本篇亦有独立的必要。此其三。

在工作进行中，承管理中英庚款董事会加以物质的补助，并承中央研究院社会科学研究所所长陶孟和（履恭）先生，国立中山大学文学院院长朱谦之（情牵）先生，予以种种方便，得益殊多。应志一言，藉伸悃谢！

本书图表一览

一、中国前代农器分类表

二、东亚、中亚特征比较表

三、二十四史外夷传或外国传表

四、中国平原盆地丘陵面积表

五、中国一千公尺以下地带面积表

六、中国东亚部分各省已耕田地亩数表

七、中国土壤分类及分布区域表一

八、中国土壤分类及分布区域表二

九、《禹贡》对于土壤分类表

十、中国水管理事业之中的发展及地的分布表

十一、黄河流域之水利设施表

十二、长江流域之水利设施表

十三、珠江流域之水利设施表

十四、《禹贡》中各州衣料方面的贡物表

十五、《宋史》中各路衣料方面的贡物表

十六、唐、宋、元铁矿大况表

十七、欧洲、中国海岸比较表

十八、中亚部分三大水系流域面积表

十九、东亚部分三大河流可航程数表

二十、中国山地高度表

二十一、中国人口分配统计表

二十二、中国内战频度曲线和中国历史上重大事件比较图

二十三、西亚大冶炉图

二十四、影响中国经济史之地理因素配合图

一、中国经济史发展有何特色

翻完一厚部堂皇庞大的二十五史，什么最足引起读者的骇异呢？我想如果是一个受有现代历史科学训练的人，无疑地，在他脑子中最初发生的，便是下列这么一串的问题：中国历史何以没有出现大规模的工厂工业？中国商业资本的发展，何以受到许多的障碍？中国何以没有海外殖民地的欲求？中国农业和家庭小工业何以始终联结一起？中国农民何以始终附属于土地，未曾发生欧洲近世纪的离乡现象？……总而言之，统而言之，中国历史何以不能具备"产业革命"（Industrial Revolution）降临前所应有的重要条件？[①]

谁都知道中国是一个历史上先进的国家，当英、法、德、俄各国祖先尚在茹毛饮血、穴居群处的时候，我们早已踏上和西欧中世纪一样的封建制阶段。战国末期，因商业资本的发展，土地自由卖买的盛行，此种

---

① 论"产业革命"的书，汗牛充栋，作者却愿意介绍下列几种重要的著作：（其中 2、3 两种富见解，1、4、5、6 四种富材料）

    1. Henri Sée, Les Origines du Capitalism Moderne.

    2. K. Marx, *Capital*, 尤其 Vol. I. Part VIII, The So-Called Primitive Accumulation 一章细读。

    3. Sombart, *Der Moderne Kapitalismus*.

    4. Knowles, *The Industrial and Commercial Revolutions in Great Britain during the Nineteenth Century*.

    5. Claphan, *An Economic History of Modern Britain*.

    6. Claphan, *The Economic Development of France and Germany*.

封建制且有崩溃的倾向。① 在西欧，封建制崩溃之后，是继之以资本主义社会的，而我们在秦到清这么长久的时期中，却始终未曾看见资本主义发展的影子，问题于是乎来了。要明了其中的情形，我们最好先把这二千年来工商业不能发展的情形，作一番简单的分析：

中国历史上的工业，大体可分为两类型：一种是政府经营的，我们称为官家工业；一种是人民经营的，我们称为私家工业。前一项工业是相当发展的，历朝管理工业事务的专门机关，秦汉时有将作大匠、少府、考工室令、考工宗丞、织室令丞、工官、服官等；魏晋时有司空、卫尉、东园匠令、将作大匠等；南北朝时有卫尉、少府、左尚方、右尚方、东冶、南冶四令丞、中黄、细作、炭库、纸官、染署、织局等令丞，材官将军、司马等；隋唐时有少府监、将作监、军器监、织锦坊、毡坊、毯坊、酒坊、染坊、内八作、掖庭局等；两宋时有军器监、少府监、将作监、文思院、丹粉所、东西八作司、内酒坊使、国子监、书库官、交引库、船务、织罗务、织绫务、会纸局等；元代有诸色人匠总管府、油漆局副使、提举右八作司、茶迭儿局、大都人匠总管府、纹锦总院、织染提举司、受给库、旋匠提举司、别失八里局、大都皮货所、银局、铜局、窑场等；明代有文思院、巾帽局、针工局、皮作局、颜科局、鞍辔局、军器局、营缮司等；清代有制造库、营缮所、营缮清吏司、虞衡清吏司、都水清吏司、织造总监、织染局员外郎等。② 此类机关在各地设立亦甚多，如汉时之齐三服官，唐宋时之各道铸钱坊、锦坊，元时之各地织局大使等。它们的规模是相当庞大的，例如汉铜铁工业，一岁所用劳动者达十万人以上，《贡禹传》载：

> 今汉家铸钱及诸铁官皆置吏卒徒，攻山取铜铁，一岁功十万人已上，中农食七人，是七十万人常受其饥也。③

如唐少府将作两监匠人，达三万四千余众，《六典》注载：

> 少府监匠一万九千八百五十人，将作监匠一万五千人。④

---

① 参看拙作《西汉社会经济研究》第一章，新生命书局版。
② 参考各史百官志，《图书集成·明伦汇编·官常典》第三百二十九卷、三十卷《工部部汇考》，清永瑢等奉敕修纂《历代职官表》（史学丛书本）等书。此处所述，仅为示例性质，故未曾细为分类。
③ 见《前汉书》。
④ 见《唐六典》注卷七。

它们的技术亦是相当进步的,这只看它们内部分工之精密,已可证明一般。按《唐六典》所载当时纺织业的分工,计织纴之作有十(布、绢、绝、纱、绫、罗、锦、绮、绸、褐),组绶之作有五(组、绶、绦、绳、缨),紬线之作有四(紬、线、弦、网),练染之作有六(青、绛、黄、白、皂、紫),又按宋吕大防所记锦院内分工,"计设机百五十有四,用挽综之工百六十四,用杼之工百五十四,练染之工十,纺绎之工百十一"。① 像这么繁复的工作部门,当不是幼稚工业所可企及的。

但是政府经营的工业,是否能作更进一步的发展呢?我们的答覆是绝对不可能的。原来官营的工业与私营的工业有绝不相同的一点:即后者是以营利为目的,前者却以消费为目的。基于营利的动机,所以有竞争的心理,有改良的企图,有不断"扩大"再生产的欲望。若以消费自安,便不愿多事改革,便不能大量制出,终而坠入"单纯"的再生产的陷阱中了。

不幸中国的工业却一大部分滞留于政府工业的形态,尤以专制政权的巩固,统一局面的形成,使这一类型的工业加倍安定起来。我们在这一部门工业沿革史中所见的,最多只是奢侈品制造的改善,劳动力使用的浪费,②像西欧十八世纪末,纺织业因社会需要而进步的奇观,③是看不到了。

政府工业除了上述的缺陷外,尚有一点尤当注意的,便是对于私营工业发展之障碍。障碍的事实,可分三面来看:第一是工业原料或成品的夺取。夺取的方式,或用纳贡的名义,如宋代各地贡纳之物,京畿路有绫、纱、芦席等,京东路有绫、绢、锦、绸、综、丝、素绝、石器、墨等,京西路有绢、绫、葛、纻、𰀀布、黄麻、紬、绝、绵、漆器、瓷器等便是。④ 或用税收的名目,如《宋史》载内外营造所用的竹木,是由"竹木务"(机关名)向竹木商抽算之类;⑤或用强买的手段,如《独醒杂志》载,苏杭置造作

---

① 前条见《唐六典》卷廿二,后条见《蜀锦谱序》。
② 西汉时《盐铁论》书中描写政府工业的浪费,已有"一杯棬用百人之力,一屏风就万人之功"之语。唐、宋以后,由宫冶院、染院、文绣院、绫锦院之发展,更可看出此种情形。
③ 西欧纺织业中最初采用蒸汽机的是棉花工业,根据 Knowles 的研究,其直接的动力便是由英政府禁止印度棉织物输入,社会上大大需要此类货品而起的。参看氏作前揭书第二篇第三章。
④ 见《宋史・地理志》,以下尚载有河北等诸路贡物,不备引。
⑤ 《宋史・职官志》。

局,岁下州县征漆千万斤,官吏科率无艺之类。① 第二是工业市场的占领,在旧日社会中,购买力最强的,无疑是贵族官吏一流人,官营手工场工业发达时,这般人的需用品,便不要向私营工业购买,这对于私营工业品的销路,无疑是一种重大的打击。尤其可以痛心疾首的,是第三:工业技术人才的征役。在汉代,《贡禹传》载:"齐三服官作工各数千人,一岁费数巨万。"②我们由后代的情形推测,里边当有不少各地被征的技巧工人。在唐代,则有"蕃匠"制度。此种蕃匠,皆取各州中"材力强壮、技能工巧"者充任,为义务职。③ 在宋代,则有"当行"制度,工匠当行时,政府虽略给一点工资,但性质仍与蕃匠相似。在明代,京师方面,则集天下工匠二十万户更番役使;地方方面,则官造一器,百工群集,不在城市者,令出帮贴银。④ 像这样将精巧匠人集于一地,强迫其服役,不特劳民伤财,凡私营工业中较有希望的部份,皆被其毁灭无余了。所以我们认为此时的官营工业,为私营工业之大敌。

至私营工业部分,尚可分自给自足的、一部出买的、完全营利的三种。自给自足的为纯粹的家庭工业,常与农业生产相结合;一部出买的,大体为商人支配下的家庭工业;完全营利的,小规模的如作坊工业,大规模的如工厂手工业。前二者产量不大,常限于单纯再生产的范畴,比较有希望的,当为最后的一种。

完全营利的手工业,在中国各朝某一期内,亦有相当发达的。如唐代,扬州的造船业、皮革工业、铜铁工业,成都的丝织业,河北邢州的磁器业,湖北襄阳的漆器业等;如宋代,荆、江、淮、浙的造船业,成都、徽城的造纸业,京西路、河南府、陕西路、耀州的瓷器业,四川的丝织业等,皆颇可观。⑤ 元代马哥孛罗(Marco Polo)所描写杭州手工业的部份。⑥ 尤足证明此时手工业繁盛的一般情形。

可是此类手工业是否有发展为产业革命时代手工业的希望呢? 历

---

① 《独醒杂志》卷七。
② 《前汉书》卷七十二。
③ 《唐六典》卷七。
④ 前条见《明史·严震直传》,后条见《图书集成·经济汇编·考工典》第一百四十卷《器用总部杂录》之三。
⑤ 参看《通典》卷六(关于唐代土贡部分),《宋史·地理志》(关于宋代土贡部分)等书。
⑥ Henry Yule and Henri Cordier, *The Book of Ser Marco Polo*, Vol. Ⅱ.

史的事实所给予我们的，是否定的答案。若进一步研究"否定"的理由，则除上述专制政府所给予种种障碍外，尚有下列两个重要的原因。其一，是中国农村经济组织的坚固性。在一切中国农村里，因前期"公社"组织的遗留，①尚未曾完全肃清故，手工业和农业的联系，加倍强韧。在每一区差不多自能构成一个经济单位，自给自足，用不着外来的货物。在十九世纪初期，西洋帝国主义挟其廉价商品东来的时候，尚无法打进此种严密的壁垒而感到烦恼。② 历史上幼稚的手工业更不用说了。此种特殊的坚固体，是决定中国手工业市场之狭窄性而不能大量发展的。其二，是行会组织一类的束缚，中国行会之发达，当开始于隋唐时代，此后如宋、如元、如明清无不有此类的组织。③ 行会为保障同业免除自由竞争计，对于本行出货的质料、格式、价格及买卖范围等，俱有相当的限制。④ 这在初时或颇有用，后来却成为手工业发展的枷锁——因为业务的扩充和新技术的应用，在此都成为不可能了。本来欧洲在中世纪时，亦有"基尔特"（Guild）一类的组织，与中国行会性质相似。但到大工业发达之后，基尔特便慢慢地被破坏，失去其障碍的势力。而中国的行会组织却和尚制的王朝相终始，这对于手工业本身的发展，不消说有许多不利的地方。

手工业在此种情形之下，为保持其业务计，只好向奢侈性和特殊性的制造品之路迈进。一直到现在，在国内外比较闻名的手工业品，如江西的瓷器、湖南的刺绣（所谓湘绣）、福建的漆器、广东的象牙，无不是属于这一路的。在社会有极大作用的日常手工业品之门是关着了。

这是二千年来手工业发展特征的缩写。

商业呢？在封建时代的商业是与手工业息息相关的。我们明了手工业的情形，当不难推测其余了。现在为叙述方便起见，试以汉代的商业资本发展及其转化的情形示例。⑤

---

① 关于中国历史里"公社"存在的事实和作用，可参看拙作《魏晋时代之族》《史学专刊》第一卷第一期）及《亚细亚生产方法问题新研》（本校法学院《社会科学论丛》第三卷第二期）等篇。
② 参看 Madjar《中国农村经济研究导言》所描写的情形。
③ 参看全汉昇《中国行会制度史》。
④ 参看《宋会要·食货门》"市易"、"和市"、"和买"诸条。
⑤ 参看拙作《西汉社会经济研究》第八、九二章。在此书里，吾人是把西汉社会看作秦迄清这一阶段的"缩型"来描写的。

基于生产力的上进，西汉初年商业亦有一般繁荣的气象的。这可由下列几方面看出：

第一是都市的发达，例如从《三辅黄图》里可以看出城市规模之宏伟，①市政之严整，②从《汉书·地理志》里可以看出人口之稠密，③从《汉书·高五王传》里，可以看出市租之旺盛等等。④

第二是贸易的繁盛，例如从《盐铁论》里，可以看出商贾的众多及贸易中心的确立等。⑤

第三是政府及社会的重视，例如重农重商问题，已为时人辩论的中心。⑥ 商人集团如武帝时的东郭咸阳、孔仅、桑弘羊，孝宣时的寿昌，王莽时的洛阳薛子仲、张长叔、临淄姓伟等，俱加入政府舞台活动等等。⑦

在此种全盛局面下，怪不得时人已发生"今法律贱商人，商人已富贵矣；尊农夫，农夫已贫贱矣"的感叹！⑧

但是此时之商业资本，是否有转化为资本主义时期资本的可能呢？商人又是否能转变为产业资本家呢？

原来资本原始的积蓄和积蓄的出路，极赖殖民的发展。在西欧、美洲金银产地之发现，土著人口之剿绝，东印度征服和掠夺的开始，非洲变成贩卖黑人的商业狩猎场——这些是表现资本主义时代的曙光，又是原始蓄积的要因。另一方面，殖民地制度像温室一样，促进贸易和航海的成熟，它予方才萌芽的手工业工厂一种市场，而市场独占又是资本主义一条良好的出路。⑨

不幸得很，中国国境的四周，并不存在像美洲一样良好的殖民地，尤其重要的，是手工业本身的停滞性，并不促进商业对殖民地作热烈的搜求，于是向外贸易的发展，便受到严重的障碍，转而向内了。

---

① 参看《三辅黄图》卷一引《汉旧仪》、《庙记》诸段及班固《西都赋》、张衡《西京赋》等。
② 参看《三辅黄图》卷二及《汉书·百官表》、《尹翁归传》、《何武传》等。
③ 参看《汉书·地理志》对于长安、长陵、茂陵、河南、阳翟各地人口的记载。
④ 参看《汉书·高五王传》对于临淄市租的记载，《冯唐传》对于云中军市租的记载。
⑤ 参看《盐铁论·力耕》篇、《通有》篇，此外《汉书·食货志》、《地理志》、《东方朔传》、《贡禹传》、《王莽传》等，俱有关于贸易发达的记载。
⑥ 散见《史记·货殖传》、《汉书·食货志》等编。
⑦ 散见《史记·货殖传》、《汉书·食货志》等编。
⑧ 《食货志》引晁错语。
⑨ 参看《通俗资本论》第十四章。

我们知道资本主义以前，商业的利润是建立于欺诈和骗取之上的。① 此种卑劣的手段，若能在国际殖民地中进行，却未始非原始积蓄的一个好方法。但是掠夺的对象，若由国外转到国内，便会发生种种不良的现象而给农村以重大的威胁。这在以农立国的政府看来，是不能容忍的，于是他们乃完全改变其初时放任的态度而采取积极的压迫的政策来了。在西汉，压迫政策的第一步，便是利用政府的力量来抑制个人商业资本的发展，关于此点，有下列三事为证：

1. 商税的征收。如元光六年，初算商车及商贾人轺车二算的规定等。②

2. 所得税的增收。如元狩四年增加诸贾人缗钱率二千而一算，及元鼎三年后严厉执行告缗之令等。③

3. 其他阻止商业发展的杂税的征取。属于此类者有关税、市籍租等。④

压迫政策的第二步，更加狠毒了。其目的更进一步想用政府的资本来代替或消灭私人的资本。记载于史书者，又有均输、平准、盐铁专卖、榷酤诸事。均输的办法，是"郡置输官，以相给运而便远方之贡"。⑤ 平准的办法，是"开委府于京师，以笼货物，贱则买、贵则卖"。⑥ 这二者的用意，都是"平万物而便百姓"，使商贾没有垄断居奇因以牟利的机会的。盐铁崇卖⑦和榷酤（即酒崇卖制）⑧则颇有近代国营的意旨，其中盐铁崇卖一事，因关系商人资本的发展极大，所以在当时曾引起热烈的争论，但却是无效果的。

商业资本经过这样严重的打击后，势不得不另寻其排泄之出路，于是土地便成为其唯一的对象了。所以武帝之后，尤其哀平之际，竟成为有名的兼并时代，中虽经师丹限田计划之提出及丞相孔光、大司空何武

---

① *Capital*，Vol Ⅲ 第四篇第二十章《商人资本之史的考察》。
② 《汉书·武帝本纪》及《食货志》。
③ 《汉书·食货志》及《义纵传》等。
④ 《汉书·武帝纪》、《何武传》等。
⑤ 引文见《盐铁论》，又《史记·平准书》、《汉书·食货志》均有关于此事的记载。
⑥ 引文亦见《盐铁论》，又《汉书·食货志》及《通考·市籴考》等均可参考。
⑦ 参看《盐铁论》及《汉书》武帝、元帝诸纪。又下文所谓因盐铁专卖而引起辩论的文字，亦俱载《盐铁论》一书中。故此书实可称为第一部中国社会史论战意见集。
⑧ 参看《通考·榷酤考》及《汉书》武帝、景帝诸纪。

之奏行,但并不发生效力。① 商业资本仍可源源不断的化为土地资本,而其本身应有的机能反而停滞不动了。

以上所说的,虽限于西汉时代,但此种情形,却普遍存在于后此各朝中。如唐肃宗以后,便时对商人抽重税;德宗时更颁借钱令,以搜括富商等的资本。② 此外更努力推行"常平"制度,贱买贵卖,以减杀商人的操纵等皆是。③ 如宋,初年曾禁止海路贸易。④ 王荆公当国时,并厉行均输市易法,其意与汉之均输平准法同。⑤ 如元,表面似商业甚为发达,其实政府对于商业,已实行一种统制政策,一切对外贸易皆归国营,所获利益官取其七,居间人只能得十分之三。⑥ 商人也不能享到自由贸易的利益。如明,自太祖洪武起,即禁止私自下番之市,嘉靖元年至三十九年执行尤为严厉。⑦ 如清,初年亦禁锢海外贸易,⑧后虽稍宽,但政府对于商人仍采取压迫态度,直到西洋资本主义侵入以后。

此外,有一点应加说明的,便是历朝政府因谋怀柔远人及增加税收计,对于外夷来华经商的,限制却不如本国商人之甚。因此中国输入业比输出业发达,而外船来往之商埠如广州、泉州等亦颇有一时之盛。⑨ 这不特不能算上说的例外,相反地却正可表现中国商业之被动性,或人不解此旨,每从此方面对中国商业作过度夸张的说法,无疑是错误的。

这便是历史上商业资本不能继续扩大发展的情形。

根据以上对于工商业发展经过的分析,我们知道中国不能发生产业革命,并不是偶然的。但一般社会史家、经济史家,每每到此为止而不想作更进一步的了解了。他们局于机械的看法,以为资本主义以前的社会,是封建社会,中国历史既不能走上工业资本主义的道路,那中国自非停滞于封建社会不可了。他们并不想从其实的内容方面,来探

---

① 《汉书·食货志》。
② 关于肃宗增加商税事(当时谓之"率贷"),见《唐书》五十一《食货志》;关于德宗强借富商钱事,见《唐书》五十二同志;关于宣宗增加商税事(当时谓之"除陌法"),见《旧唐书》四十九《食货志》。
③ 常平之制为户部侍郎赵赞所提倡。
④ 见《宋史·太宗本纪》。
⑤ 见《宋史·食货志》及《王安石传》。
⑥ 见《新元史·食货志》。
⑦ 见《明会典》及《明史·食货志五》。
⑧ 见《大清会典》及《东华录》。
⑨ 参考侯厚培《中国国际贸易小史》第五、六章。

讨这一切社会的特质，却愿意用一个空洞的名词，来掩盖一切。① 此种办法，是不足取的。

我们却不如是即认为满足。我们以为人虽为环境所限制，但却亦能就环境所许可发展的极限内，尽量发挥其特点而使其相当改观。在中国，一方面虽现着工商业受阻不能前进的情形，但另一方面因环境宜于农业的孳育，却见到农业技术高度的发展而有冲破封建社会农业藩篱的气概。

怎样说明中国历史上农业技术高度的发展呢？我们试从下列八事取得证据：

其一，是农器应用之专门化。专业技术发达后，因分工的需要，各部门都特备有不同的器具。故从器具的繁密，亦可看出技术的进步。笔者曾就元王祯《农书》、明徐光启《农政全书》二书中对于当时农业应用器具的记载，作一分类表如下：

中国前代农器分类表

整地农具	种植农具	收获农具	调整农具
一、翻土类：耒耜、犁、铧、耕盘、砻、锋、耧锄、䥥刀、铁搭。 二、平土类：扰、方耙、人字耙、劳、磟碡、石砺、扒、刮板、砗、木礰礋。 三、压土类：瓠种、长镵、铁杴、铁刃杴、耘荡、挞、砘车、平板、田荡。	一、盛种类：䈰、篑、筐、筥、畚、笪、箩、篓、篠、篮、种箪。 二、播种类：耧车、瓠种、秧马、秧弹。 三、中耕类：拖耙、抄竿、耘爪、耘耙、大耙、谷耙、竹耙、小耙、木杴。 四、除草类：镢、钱、镈、耨、櫌、锄、镫锄、铲、□□马、辊轴。 五、灌溉类：龙骨车、筒车、水转翻车、牛转翻车、驴转筒车、高转筒车、刮车。	一、刈割类：铚、艾、镰、推镰、粟鉴、鐷、鐅鐁、搭爪、麦绰、麦笼、麦钐、捃刀。 二、聚□类：杈、筅、乔扦、禾钩、禾担、连枷。 三、贮藏类：谷盎、窖、窦（后二者虽不为农具，以性质相类，姑附于此）。	一、晒曝类：晒槃。 二、去糠类：箕、籭、奰、筛、谷拐、飏、篮、竹杨攸。 三、蹍磨类：碓、䃺碓、砻、砻磨、海青辗、飏扇、磨、油榨。

---

① 本此机械的看法及名词搬弄的把戏，于是在社会史上乃出现秦—清一段（1）后封建社会；（2）半封建社会；（3）深封建社会；（4）后期封建社会；（5）变种封建社会；（6）专制主义的封建社会；（7）亚细亚的封建社会；（8）封建势力存在的社会等说。

上表中属于整地农器者有二十八种,属于种植农器者有四十一种,属于收获农器者有二十二种,属于调整农器者有十六种,总共一百一十一种,观此可见中国农器进步之精密化和专门化,这非"集约经营"特别发达的地方,是不会有此种现象的。①

二、是畜力、风力、水力利用之发达。当蒸汽利用未发明时,知道利用这些物力,已算是达到技术的最高峰了。畜力、风力和水力在欧洲资本主义前期也曾利用过,但多偏于工业方面,像中国这样应用于农业方面的却很少。前代农业中,利用畜力的工具,有辗、海青辗、磨、牛转翻车、驴转翻车等;利用水力、风力的工具,有飏扇、水排、水打罗、水磨、水砻、水碾、水碾三事、连水三磨、水转连磨、水碓、槽碓、水转纺车等;利用压力的工具,有油榨等。这些工具都是有机械学原理在里头的,有的并发展到很复杂。如"水碾三事"一器,有三轮九磨,轮轮相接,磨磨相推,竟极齿轮之作用了。② 这亦是农业技术高度之证明。

其三,是灌溉业的特殊系统及其应用之普遍化。中国的灌溉业,在纪元前数百年,已有长足之进步,较著的如战国时水工郑国凿泾水富秦的故事,邺令史起引漳水溉邺的故事等,早为学人所知道。③ 此外宋,郑、陈、蔡、曹、卫、楚、吴、齐、蜀诸地,亦莫不注重河渠的修理。④ 以后历代尚有不断惊人的发展,王氏《农书·灌溉门》、《利用门》及徐氏《农政全书》所载西北、东南各地水利措施的情形,可见一般。⑤ 西方学者对于中国农业的研究,亦常注意此点,例如 F. H. King 曾称巨大的水道及灌溉系统等等,是中国维持生产效能的因素。⑥ K. A. Wittfogel 曾谓水为中国农业的死活问题而赞叹中国的治水组织和灌溉等。⑦

---

① 上表系根据王祯《农书》卷十一至卷二十二《农器图谱》,《农政全书》卷二十一至二十四《农器门》所述材料编制而成。又唐陆龟蒙《耒耜经》(《夷门广牍》、《学津讨原》等丛书俱收此书);宋楼璹《耕织图诗》(见《知不足斋丛书》)中杷耨、纱、碌碡诸咏,元司农司颁行《农桑辑要》(见《知不足斋丛书》)"种谷条"所载耧锄器,明马一龙《农说》(见《宝颜堂秘笈》)所述耒、耜、铲、锄诸器,均可参考。
② 参阅《农政全书》卷十七、十八《灌溉图谱》、《利用图谱》,王氏《农书》卷十九、二十。
③ 见《汉书·沟洫志》。
④ 见《史记·河渠书》。
⑤ 《农书》卷十九、二十。《农政全书》卷十二至十八。
⑥ F. H. King, *Farmers of Forty Centuries*。
⑦ K. A. Wittfogel, *Wirtschaft und Gesellschaft Chinas: Versuch der Wissenschaftlichen Analyse einer Grossen Asiatischen Agrargesellschaft*. 第二编第一章第一节、二节及五节第一目(日本平野义太郎监译本,中央公论社版)。

W. Wagner 曾视排水的方法和灌溉的设备是中国土地改良的重要方法等。① "亚细亚生产方法"论者，如 Madjar、Kokin、Belin、Varga 诸人，尤其看重"水"在中国历史上的作用。② 此派的见解虽稍嫌过份，但中国灌溉术之进步和普遍，却是无疑的。

其四，是施肥技术之精进。当农产物从土壤里取去多少有机的或无机的营养料后，非再把原来的东西交回它，这块土壤便会日就贫瘠下去，终而荒芜。所以施肥是农业技术中重要的一部分，中国农民所造的施肥系统，亦甚有足称的地方。他们善于利用自然肥料，这些自然肥料，常为西欧城市所废置，而成为疾病传染的来源。根据时人的研究，此种自然肥料较人造肥料有三种优点：（一）富有机成分，容易改良土壤的物理物质；（二）后者大多为偏质肥料，不若前者并含淡磷钾三要素；（三）分解迟缓，不易消失。可见其价值。此外农民又能利用其他的肥料，如厩肥、蚕渣、蚕蛹、绿肥、油粕、草木灰、堆肥、河泥、鱼骨、禾秆、豆萁之类。尤其可以指出的，是对于肥料贮藏及施用之细心，藉免有一分一毫之浪费。所以 Wittfogel 曾把"施肥"视为中国农业集约经营的契机之一。③ 至旧日农书中，关于此事的记载，则有《齐民要术》引氾胜之的溲田法，④《农桑辑要》用牛、驴、马生粪法，⑤《农桑衣食撮要》的壅田法，⑥王氏《农书》的粪壤法，⑦马氏《农说》的泥粪滋田法，⑧沈氏《农书》的人粪、牛粪、羊壅、猪壅并用法等，⑨兹以篇幅比例，恕不一一征引。

其五，是轮耕之善用。农业技术不大发展的地方，培养地力的方法，仅是利用"休耕"之一途，但是此种方法很不经济，因为每年定有若

---

① W. Wagner, *Die Chinesische Landwrirtschaft* 第三编第一章第一节（中译本作《中国农书》，商务版）。
② 参看 Madjar《中国农村经济研究》、Kokin《中国古代土地制度》、Belin《亚细亚生产方式》、Varga《中国革命的诸根本问题》等书。
③ K. A. Wittfogel《中国经济与社会》（即前揭书）第二编第一章（一）第三节第一目、第五节第二目。
④ 后魏贾思勰《齐民要术》卷一《种谷第三》。
⑤ 元世祖朝司农司撰《农桑辑要》卷二"苎麻条"。
⑥ 元鲁明善《农桑衣食撮要》"壅田条"《墨海金壶》本）。
⑦ 元王祯《农书》卷三《农桑通诀三·粪壤篇》。
⑧ 明马一龙《农说》第十段下注释。
⑨ 清钱尔复订正《沈氏农书·运田地法》（《学海类篇》本）。

干无用土地。轮耕的方法,却进步多多了。轮耕是利用轮值的办法以恢复原料。最浅显的例,如将产生淡气的豆科植物与消耗淡气的非豆科植物(如麦类)轮流而耕,不特无损于地方,且有重大的益处。我国轮耕技术的发明是颇早的,氾胜之载当时耕作方法道:"正月种春大麦,二三月种山药、芋子,三四月种粟及大、小豆,八月种二麦、豌豆。"①《齐民要术》亦载:"凡美田之法,绿豆为上,小豆、胡麻次之。"又载:"凡谷田绿豆,小豆底为上,麻黍、胡麻次之,芜菁、大豆为下。"②俱是实行轮耕的证明。唐宋以后农书,如《农桑辑要·耕垦》篇、王氏《农书·播种》篇,亦均详细说及,可见此种方法在前代农业上,始终占着主要的地位的。Wittfogel 对于轮耕法,即氏书所谓组合耕种法(Frucht kombination)亦甚称赞,其说可参看。③

其六,是深耕勤耨等事之注重。我国是很早实行深耕勤耨等集约方法的。管子所称"深耕均种疾耨",④庄子所称"深耕而熟耰,其禾熟以滋",⑤都是良好的证明。经过战国末年李悝尽地力之教,⑥西汉初年赵过发明新式犁耕。⑦ 此种技术尤有进展。记载可考者,如《齐民要术·种谷》篇,⑧沈氏《农书·运田地法》,⑨《农桑辑要·耕地》篇,⑩《农桑衣食撮要》"犁秧田"条,⑪王氏《农书·垦耕》、《耙劳》、《播种》、《锄治》诸篇,⑫皆足看出此种集约耕作发展之一般。Wagner 氏亦谓中国农民之播种,比德国为深(德国工资昂贵无法为此),而在德国称为"德顷斯基"的播种法,亦是来自中国。⑬ 基于上述种种劳动过程"特殊的

---

① 王祯《农书》引。
② 《齐民要术·耕田》篇、《种谷》篇,又《黍穄》篇、《大豆》篇、《小豆》篇、《种麻》篇,均述及轮耕方法,不赘引。
③ Wittfogel 前揭书第二编第一章(一)、第三节第二目、第五节第三目。
④ 《管子·小匡》篇。
⑤ 《庄子·则阳》篇。
⑥ 《汉书·食货志》与《史记·孟子荀卿列传》均载。
⑦ 材料见《汉书·食货志》,详细说明可参看前揭《西汉社会经济研究》第二章。
⑧ 《种谷》篇有"苗出垄则深锄,锄不厌数,周而复始,勿以无草而暂停"诸语。
⑨ 《运田地法》首载"古称深耕易耨,要见田地全要垦深,切不可贪阴雨工闲,须要晴明天气,二层起深,每工止垦半亩"等语。
⑩ 《耕地》篇引《杂说》,有"凡人家营田,须量己力,宁可少好不可多恶"等语。
⑪ "犁秧田"条首载"其田条须犁三四遍……方可撒种"等语。
⑫ 王祯《农书》卷二、卷三《农桑通诀》二、三。
⑬ Wagner 氏前揭书第三篇《论种植物的播种与培养》。

密集化"的意味,所以在世界上有"园艺农耕"之誉。①

其七,是耕殖范围之广大。农业技术发达后,便能利用各种不能耕种的地域,中国农业确已到达这个地步了。耕种所及的范围,除普通的区田外,②尚有各种形式的田:

1. 圃田——种蔬菜的田,外周以桑、课之蚕利,内皆种蔬。
2. 围田——筑土作围之田,能使薮泽的地方,不致为水所湮没。
3. 墟田——叠为墟岸之田,能捍护外水,与围田功用相同。
4. 架田——用木缚作田垞,浮系水面,将葑泥附其上,而种艺之。
5. 柜田——筑土护田,形式有如柜形,甚易耕种。
6. 梯田——山多地少之处,耕时自下而登,有如梯磴。
7. 涂田——濒海之地,潮水淤积沙泥为岛屿,上面所生咸草,再逐渐沾染沙泥,便成涂田。
8. 淤田——中土大河之侧或陂泽之曲,壅积泥滓,乃成淤田。
9. 沙田——此田多滨于大江或峙中洲,四围芦苇密布,藉护堤岸,其地常润泽,可保丰熟。③

若从数量方面来看,在汉时已有垦田八百二十七万五百三十六顷,④在现代,根据深识中国土地情形的 G. Jamieson 氏的估计,耕地占中国全部地面百分之五十,绝对数字有四〇〇、〇〇〇、〇〇〇英亩,即一、六一八、四〇〇方籵(方籵即方公里),⑤可见其广大了。

其八,农产物收成之旺速。中国一面既获天惠之富,一面又实行集约经营,所以农产物收成大体皆甚旺速。就中部言,早熟的米,四五个月中,便可完成。质量良好之米,成熟期虽较迟,然亦赶得上再种一度冬季的农场植物。在南部,则每年常有两次乃至三次以上之收成,因为收成之繁频,所以历代对于收成技术之讲求,亦甚注意。⑥像这样缩短农业之工作时间,实足使农业之再生产过程特别加速,而促进农业资本

---

① Wittfogel 前揭书第二编第一章(一)第五节。
② 贾氏《齐民要术》谓:诸山陵近邑,高危倾阪,及丘城上皆可为区田。
③ 王氏《农书》卷七、《农政全书》卷五。
④ 《汉书·地理志》所载为汉孝平时(1—5A.D.)情形。
⑤ Wagner 前揭书第二章《论中国土地状况》转引。笔者意此处所谓占中国全部地面百分之五十,当只指"东亚"部分。又其所估计数字,较 Baker 氏为大,请参看次节第二目。
⑥ 参看王氏《农书》卷四《收获》篇,Wagner《中国农书》第三编《论种植物的收获与击取》。

之流转。

以上是从农业生产技术方面观察中国农业之特色,若我们换一方面,从农业生产关系来看,亦可得出同样之结论。

在西欧,封建社会里担负生产的劳动者是农奴,农奴制的解除,即是表明封建制的破灭,在中国情形却不如此简单。我们知道典型的农奴制,在战国后即已崩溃,这二千年中作为生产界的柱石的,既不是封建制下的农奴,又不是工银制下的赁工,而却为介于两者之间的"佃佣制"。①

佃佣制是以佃户为主体的,在历史上例证极多,兹姑随举十余则以示一斑:

1. 或耕豪民之田,见税什伍,汉兴循而未改。②
2. 汉代减轻田租,三十而税一。……而豪民侵陵,分田劫假,厥名三十税一,实什税五也。③
3. 豪强富人,占田逾侈,输其赋大半,官收百一之赋,民收太半之赋。④
4. 非有助之耕其野而田其地也(田读去声,即佃字)。⑤
5. 即上言:方佃作时,请且罢屯。⑥(以上秦汉)
6. 河右少雨,常告乏谷,邈……广开水田,募贫民佃之。⑦
7. 晋自中原丧乱,元帝侨寓江左。……都下人多为王公贵人左右佃客……其佃谷,皆与大家量分。⑧
8. 山阴豪族富室,顷亩不少,贫者肆力,非为无处。⑨
9. 以牧牛给贫家,田于宛中,公收其八,二分入私,有牛而无地者

---

① "佃佣制"一辞是笔者在民国廿一年开始创用的,详细理由,请看拙作《封建社会崩溃后中国历史往何处去》(《现代史学》三卷三期)、《中国经济史研究计划书》(《现代史学》二卷四期)、《中国社会经济史研究总成绩及其待决问题》(《社会科学论丛》第三卷第一期)等文,及《西汉社会经济研究》(新生命书局刊行)、《三国经济史》(中山大学研究院刊行)等书。
② 《汉书·食货志》。
③ 《汉书·王莽传》。
④ 荀悦《汉纪》、《通考·田赋考》亦引此段。
⑤ 《盐铁论·通有》篇。
⑥ 《汉书·韩安国传》。
⑦ 《三国志·徐邈传》。
⑧ 《隋书·食货志》。
⑨ 《宋书·孔季恭传》。

亦田宛中,公收其七,三分入私。①

10. 非特京邑如此,天下州镇僧寺亦然。侵夺佃民,广占田宅。②（以上魏晋南北朝）

11. 令其借而不耕,经二年者,任有力者借之。即不自加功,转分与人者,其地即回借见佃之人。若佃人虽经熟迄,三年之外,不能种耕,依式追收改给也。③

12. 大德欲要一居处,畿甸间旧无田园。鄌州虽有三二处庄子,缘百姓租佃多年。④（以上唐）

13. 两淮营田,募民而耕之,官给其种,民输其租,始非不善。⑤

14. 侯叔献为氾县,有逃田及户绝没官田甚多。……内有一李诚庄,方圆十里,河贯其中,尤为膏腴,有佃户百家,岁纳租课,亦皆奥族矣。⑥（以上宋）

15. 大德八年正月,诏江南佃户私租太重,以十分为率,减二分,永为定例。⑦

16. 田多富户,每一年有三二十万石租了的,占着三二千户佃户。⑧（以上元）

17. 如吴江、昆山民田旧亩五升,小民佃种富民田,亩输私租一石。⑨

18. 查得华亭田一百九十五万亩。若田主各自按救佃户,种田一亩者付米二升,种田十亩者付米二斗。……是说也,无田者,田少者,皆欣然以为可行。⑩（以上明）

19. 余闻南昌新建佃田者,上则亩止租二石,中或一石五六斗,下则亩率一石。⑪

---

① 《晋书·慕容皝载记》。
② 《魏书·释老志》。
③ 《唐令拾遗》六四一页。
④ 《旧五代史·豆卢革传》小注引《宝晋斋法书赞》所载《豆田园帖》。
⑤ 《宋会要·营田门》。
⑥ 魏泰《东轩笔录》卷八(《稗海》本)。
⑦ 《元史·成宗纪》。
⑧ 《元典章新集》户部差发。
⑨ 《明史·食货志》。
⑩ 陈继儒《白石樵真稿》卷二十《救荒议》。
⑪ 陈绍洙《江西新城田税说》,《切问斋文钞》卷十五引。

20. 苏、松、常、镇、太钱粮之重,甲于天下。……除去佃户平均之数与抗欠之数,计业主所收牵算不过八斗。①（以上清）

这种佃佣制下的劳动者与农奴制下的劳动者,有什么不同之处呢？依我们的研究,显而易见的,计有下列五点：

1. 农奴、领主间互为义务纽带所束缚,换句话说,他们的生活是相互保证的,农奴供给领主以必要的劳动,领主对于农奴亦有维持其最低生活费的责任。反之,佃佣与地主间,为契约的关系,却而没有此种义务之存在。

2. 农奴与领主的关系,是身份的关系,换句话说,农奴是没有完全独立的人格而隶属于领主的。反之,佃佣与地主,却同为国家的人民,骨子里实在情形若何,暂且不说,表面上总算是平等的。

3. 封建的领主须同时占有"土地"及"劳动",才能生产,佃佣社会中,因劳动力并未被谁私占,故获得土地即有办法生产。

4. 农奴制下,农奴完全束缚于土地,要想另逃他处,实法律所不许。佃佣制里的劳动者,却有选择适宜地带工作及迁徙之方便。

5. 农奴制下的农奴,他们的职业是固定的,是世袭的。士之子恒为士,农之子恒为农,是此时社会里的铁则。反之佃佣社会里的职业,变动性却甚大,佃佣如一旦富有起来,可以上升为地主,而地主若到破落时,亦有降为佃佣地位之可能。

总而言之,佃佣制与农奴制相比,是较与近代工银制的精神接近。当然并不完全相同,是一个较进步的制度。中国这二千年来,一面因农业生产技术的发展,一面又因佃佣制的建立,所以我们承认其已经进入高级农业经济的阶段,而与典型封建社会里的普通农业经济对立起来——这实是中国社会发展最特殊的所在。②

产业革命降临的可能性,在此新阶段出现后,可说已完全绝望了。

以上系就农、工、商三方面,来看中国经济史发展的特殊形态,虽然

---

① 曾国藩《备陈民间疾苦疏》(《曾文正公全集·奏议类》)。
② 所谓"一般"与"特殊",本来只有相对之意义,尤其论到社会发展形态时为然。我们这里对于佃佣制的特色,尽量描述出来,只是要使读者明了秦迄清这一段社会与"典型"的社会有不同之处而已。至时人有将封建社会作最广义的解释者,却当别论。又这二千年社会中,亦有相当曲折,并非完全相同,此处所述,系就一般趋势而言。——以上两点,均应请读者特别注意。

所述不详，却颇能揭出中国经济史特质的所在。至如何从地理方面来解释这种情形，当留待以下分各章细说。

二、中国经济史特殊发展之地理方面的解释（上）

前章对于中国经济史特殊发展的分析，提出两个主要的特征：

一、从工商业发展史上看出中国未曾走上产业革命之路；

二、从农业发展史上看出中国出现高级农业社会或佃佣社会。

不消说，这两个特征，又是彼此互为条件的。

中国经济史何以会出现这两个特征呢？历来中外学者对于第一特征的出现，多作部分的解释，而鲜作全面的解释。对于第二特征提出的，尤可说是"绝无仅有"。至作部分解释的，其所提出的答案，亦多不充分，有的想从"精神"方面来说明，①有的想从人种方面来说明，②有的想从中国没有科学方面来说明，③有的想从中国经济思想偏于"安""均"方面来说明。④……这些那些，虽然不敢说他们的见解全无理由，可是不能找出问题的本质和中心的所在，却是显而易见的。

全面解释这个问题，笔者另草有《中国历史何以不能发生产业革命》一专书来担负此种任务。本文却只就其中原因的一部分——地理的部分——来先作一番的试探。

本来自然科学者研究一特殊的问题，常用有隔绝的方法。其法先假设其他条件不变，然后专就其所研究的若干事件中，寻求其因果。就原则上说，社会科学当亦可应用此方法（其实一切社会科学者都不知不觉中在用此方法，例如一个经济学者研究某种经济法则时，他常把同时发生的其他事件，如政治、文化等，暂时撇开，然后才能从复杂的社会现象中，抽出经济法则来）。本文便是笔者有意识地对于此法的尝试，藉

---

① 梁漱溟《东西文化及其哲学》，以"意欲向前"来解释西方文化之根原；"意欲自为调和"来解释中国文化之根原。
② 顾颉刚《古史辨》第一册自序，欲以中国民族业已衰老，来解释中国历史不能前进之故。
③ 郭沫若《中国古代社会研究》曾以"没有蒸汽机关的发现"，来解释中国史停留于封建阶段之故。
④ 长野朗《中国资本主义发达史》便有如此意思。

以看看地理因素与中国社会发展形态之相互的作用。至成败如何,却有望于高明读者的批判了。

依照我们的研究,中国经济史特殊发展之受地理方面的影响者,计有十目,可归三纲。而这些纲目之间,又是紧紧地相关连的。现试依次叙说如下:

第一纲第一目:孤立状态,加深经济机构之停滞。

此种孤立形态表现于事实者,可分下列四层言之。

首先,便是疆域的局限性。中国位在亚洲的东南,太平洋的西岸,其地形受着天然的限制,自成一区。北部和西北部,有戈壁和大戈壁障碍着;西部有西藏高原和横断山脉掩蔽着;东部和东南部有黄海、东海、南海隔断着。这些山水沙漠的包围,乃造成中国人一种小天地的错觉。虽然像邹衍一流人,在战国时已有大小九州的说法,①但时人只把它看为一种大而无当的幻想,并不相信它。明末清初,西洋教士相继东来,对于舆地之学,颇有著述,著名的如艾儒略《职方外纪》,南怀仁《坤舆图说》、《坤舆外纪》,②皆能将五大洲的实况描述出来,照理中国人的地理观念,可以改正了,可是习气过深,更动不易,在清初时"视英法各国皆若南洋小岛,虽以纪文达校订《四库》,赵瓯北札记二十二史,阮文达为文学大宗,皆博群书,而纪文达谓艾儒略《职方外纪》、南怀仁《坤舆图说》,如中土瑶台圃苑,大抵寄托之辞;赵瓯北谓俄罗斯北有准葛尔大国,以铜为城,二百方里;阮文达《畴人传》,不信对足抵行"。③ 这可说仍是受疆域局限性的影响的。其结果乃坐井观天,以偏概全,把一国看作"天下",把一隅看作天下的中心(中国之名即由此而来),自然更事事特殊化停滞化起来了。

其次,便是东亚、中亚发展的不平衡性。即在此局限的疆域内,东亚部分与中亚部分发展亦极不平均。所谓东亚与中亚,两者虽无明显的界限,然大体说来,东北可以大兴安岭为界,北以阴山、贺兰山为界,西部则以西藏、青海、川边、西康、滇西之大高原为界:前者包有松花江、辽河、黄河、长江、珠江流域一带之地;后者包有蒙古、新疆、西藏、青

---

① 见《史记》卷七十《孟子荀卿列传》。
② 艾书收入《墨海金壶》(清嘉庆张海鹏辑刊),南书收入《指海》(清道光钱熙祚校刊)。
③ 此段系戊戌三月康有为保国会演说辞中语。

海、西康一带之地。① 两者区别之点甚多，试作一表示之：

	东亚区的特征	中亚区的特征
地势	多丘陵，平原。	多高山、峻岭与沙漠。
气候	季候风分布全境，受惠甚大。冬夏较差小，日差亦小，略带海洋气候。	季候风受阻不能深入。冬夏较差大，日差亦大，完全大陆气候。
雨量	年平均雨量在四百至六百粍之间，下雨期多在植物生长季节，分配甚均匀。	年平均雨量，只在五十至二百五十粍之间，下雨期不在植物生长季节内，分配不均匀，多骤雨。
土壤	多红壤、黄壤、黑壤。	多漠境土及沙丘。
水系	多外流，其湖泊皆为淡水湖，与江河相通。	多内流，其湖泊大半为盐湖，为终点湖。
植物	古为森林区，今为耕种区。	多沙漠不毛之地及荒原，植物稀少。
人口	每公里百人，全区有四万万以上人口。	每公里一人，全区只有七百万人口。
文化	高度农业文化。	游牧文化。

因为所受"天惠"有明显的不同。结果乃造成东亚部分畸形的发展，乃造成经济以及文化中心只限于一隅的现象，这对加深停滞的作用，亦是不可忽视的。

尤其可以注意的，环绕此东亚部分的民族，都是弱小的，落后的。它们领域既狭隘，它们文化尤幼稚。历代上对于中国的关系，不是朝贡式的隶属，便是掠夺式的骚扰，皆不能引起人们对其尊重的心理。这样，住于东亚部分的民族，自然更有高自大，"予智自雄"了。此种说法，只要稍翻历代正史外夷传或外国传的标目，已能获得直觉式的证明。兹为求精确起见，再将这些传目，分区作表如下：②

---

① 参看洪思齐《划分中国地理区域的初步研究》《地理学报》一卷二期
② 此表系根据洪饴孙《史目表》，并加以增订和分类。增者如《元史》有日本传，洪表未列，兹为补入之类；订者如《元史·暹罗爪哇传》，洪表与东越闽粤诸传排为同行，兹改入"南境"一栏之类。

史书	北境	南境
《明史》	鞑靼、瓦剌、朵颜传	安南传、占城等十国传、浡泥等二十国传、古里等四十三国传
《元史》①		安南、占城传、暹罗、爪哇、马八儿传
《金史》		
《辽史》		
《宋史》	吐蕃传	交阯传、占城、真腊十国
《五代史》		
《旧五代史》	契丹传、吐蕃传	昆明部落、占城、牂牁蛮传
《唐书》	北狄传、突厥、吐蕃传	南蛮传
《旧唐书》	突厥、吐蕃传、北狄传	南蛮传
《隋书》	北狄传	南蛮传
《北史》		
《南史》	北狄传	海南诸国传
《周书》		
《北齐书》		
《魏书》		岛夷传
《陈书》		
《梁书》	西北诸戎传	海南夷传
《齐书》	索虏传	蛮传
《宋书》	索虏、鲜卑、吐谷浑传	夷蛮传
《晋书》	北狄传	南蛮传
《三国志》	乌丸、鲜卑传	
《后汉书》	南匈奴、乌桓、鲜卑传	南蛮传
《汉书》	匈奴传	南粤传、闽粤传
《史记》	匈奴列传	南越列传、东越列传

① 《新元史·外国传》所列，虽较《元史》为详，但其中多国，已涉欧洲范围，与中国史关系殊少，故不补入。

续表

史书＼所在的方向	东境	西南境	西境
《史记》	朝鲜列传	西南夷列传	大宛列传
《汉书》	朝鲜传	西南夷传	西域传
《后汉书》	东夷传	西南夷传	西羌传
《三国志》	东夷传		
《晋书》	东夷传		西夷传
《宋书》			氐胡传
《齐书》	东南夷传		芮芮虏传、河南氐羌传
《梁书》	东夷传		
《陈书》			
《魏书》			
《北齐书》			
《周书》	高丽、百济传		宕昌诸国传
《南史》	东夷传	西南蛮传	西域传、西戎传
《北史》			
《隋书》	东夷传		西域传
《旧唐书》	东夷传		西戎传、回纥传
《唐书》	东夷传	南诏传	西域传、回纥、回鹘、沙陀传
《旧五代史》	高丽、吐蕃、新罗传		回纥、党项、于阗传
《五代史》			
《宋史》	高丽传、流求等五国传	大理传、蛮夷传	天竺九国传、西夏传
《辽史》	高丽传		西夏传
《金史》	高丽传		西夏传
《元史》	高丽传、耽罗、日本传、三屿传、琉求	缅传	
《明史》	朝鲜传、日本传、琉球等十一国传		西域诸传

在上表里，我们很容易得到一个概念：即在历史上与中国发生较密切关系的国家，没有一个能与中国并驾齐驱或者能够对其"分庭抗礼"（中、欧交通虽发生甚早，但在历史上中国人对欧洲观念极模糊，所以不能发生作用）。这样，便影响到中国人以东亚主人翁自命的心理；这样便影响到中国人轻视外来文化（包括生产技术及经济制度等）的心理。日本人与西洋人接触较中国人为迟，可是它们维新反较中国为早，此中消息，一部分应该在这里得到了解的。

最后，尚有一事值得提出的，便是在此东亚部分内，因地理利于一统的缘故，①历代总是统一的时间多，分裂的时间少，秦汉以后，除三国时期的蜀、魏、吴，五代时期的十国稍具列国雏形外，其余，总是分隶于一个中心或两个中心之下。这一方面固然可以表现泱泱大国的精神，另一方面却亦减少竞争求胜的机会，而社会经济机构自亦不能继续发展而停滞于现状之下了。梁任公氏在论中国地势时曾说："中国者，天然大一统之国也。人种一统，言语一统，文学一统，教义一统，风俗一统，而其根原莫不由于地势。中国所以逊于泰西者在此，中国所以优于泰西者亦在此！"②最末两句话，殊足供吾人寻味的。

试观欧洲，则其地势，显有与我们不同的所在。西洋史活动的舞台，自上古以迄罗马灭亡，均在地中海沿岸。我们试一披阅地图，则地中海的四周，已延及亚欧非三洲的范围，与我国的局限性不同，此其一。即在欧洲本身说，其精华区域的分配，亦颇均衡。东部有南俄罗斯平原及瓦拉畿亚（Wallachia）平原（在多瑙川下流）等；中部有匈牙利盆地等；西部及南部有许多沿海的地带。这些地方得天甚厚，俱能分别发展各支不同的文化，使社会机能亢进，与我国中亚、东亚差异过大者不同，此其二。因欧洲地理利于分别发展的原故，在欧洲历史中，完全统一的局面很少，中古以后，此种情形，加倍显著。说起欧洲的面积，尚比不上一个中国。可是却有俄罗斯、德意志、奥地利亚、意大利、法兰西、英吉利等许多强国对峙着。这一方面固然是他们的缺点，但能引起互相竞

---

① 梁启超《中国地理大势论》谓中国为天然一统之地，其稍具独立资格者，只有二地，一为四川，一为广东。但粤地在历史上殊无多大影响，四川又僻处一隅，故仍无碍此种说法。又张其昀《中国地理之统一性》一文（《独立评论》一八五号）论点亦同。
② 仍见上文，该文收入新编分类《饮冰室文集全编》卷十二内。

争,互相砥砺,以促进经济等方面的进步,却亦未始非其特色。这与我国二千年来独霸东亚的局面又不同,此其三。基上面三点的比较,我们对于第一纲的说法,当加倍明了了。

第二纲:各种有利农业发展的环境,促进高级农业社会之建立。

第一纲系就中国全部疆域立说,但中国历史活动的主要区域,系在东亚部分,所以本纲各自特别注意在该部分地理的因素。

本来高级农业社会的建立,是中国社会发展最特殊的所在,亦其与西欧各国分别之处。此种社会的成立,所受地理方面的影响者,计有地形、气候、土壤、水利、产物五点,兹以次述之如下:

第二目:从地形上看——就东亚部分说,我们的地形是利于农业发展的。根据地理学者的研究,地形大概可分为平原(Plain)、盆地(Basin)、丘陵地(Hills)、高原(Plateau)、山地(Mountains)五种。惟前三者方宜于种植而适合人类的生存。我国这三类地形的面积,有多少呢?依时人估计,可得下表:①

平原面积:九八四、一六二平方公里

盆地面积:一、五五三、九四〇平方公里

丘陵面积:八八〇、五六五平方公里

合计面积:三、四一八、七六七平方公里

另一方面,从地势高低,亦可看出宜于农业生活与否。大体言之,凡海拔五百公尺以下的地带,农业极易发达。五百公尺以上至千公尺的地带,发达尚为易事。一千公尺以上,每地高石露,或宜畜牧而不宜农事。我国海拔零尺至一千尺的面积,有多少呢?依另一估计,可得下表:②

零公尺至五百公尺:五九八、五八五平方英哩

五百至一千公尺:　七七八、九八六平方英哩

合计:　　　　　一、三七七、五五三平方英哩

折算我国标准制得:三、五六七、八八六平方公里。③ 上面两表所列的面积数字(前一表三百四十余万公里,后一表三百五十余万公里)

---

① 翁文灏《椎指录》。
② 实业部《中国经济年鉴》(第一回)第二章地理(B)二三页。
③ 一平方公里等于〇·三八六一平方里,故折算如上数。

如与全国总面积一一、一七三、五五八方公里比较起来，①固然只占百分之三十余，未见其多。不过我们知道，中国全部地形，分布的状态是畸形的，中亚部分的地带，如蒙古、新疆、西藏、青海等几全是高原和山地，而平原、盆地、丘陵地则大部集中东亚区域。详细说来，所谓中国六精华区，即1. 华北平原；2. 扬子平原；3. 两湖盆地；4. 四川盆地；5. 珠江三角洲；6. 松嫩平原，无一不在此部分内。此外尚包有历史上闻名的黄土区，及许多小平原、小盆地，如永嘉平原、龙溪平原、福州平原、潮汕平原、陕北盆地、渭河盆地、汾河盆地、汉中盆地、新野盆地等等，所以只就此区来说，大概总有百分之七十左右的地带，宜于农业，而我们在本目开头的断语，并不是夸大的（又按旧日所谓十八省的面积，尚不及四百万方公里，加以东三省部分，也只有五百余万方公里，以此种数字与上两表数字对较，当可很自然的得此断语）。②

如大家尚不十分信任我们的话，我们可以再拿出耕地面积的数字，来作有力的证据。美国学人Baker研究我国农业经济地理有年，他曾推算我国可耕面积，有四十六万万华亩，而已耕面积，则不过十一万八千多亩，约占可耕地百分之二十六。这些已耕的田地，大概分布在何处呢？国民政府主计处《统计月报·农业专号》对此所发表的数字，颇为详明，兹试将其中关于东亚部分各省的统计，表列于下：③

省　别	已耕田地总亩数（单位千亩，一亩约合〇·九二市亩）
黑龙江	五〇、四七五
吉　林	六六、二〇四
辽　宁	七一、九六一
甘　肃	二三、五一〇
陕　西	三三、四九六
山　西	六〇、五六〇
河　北	一〇三、四三二

① 根据曾世英氏代《申报》馆编制《中华民国新地图》时所推算的数字。
② Baker《中国农业经济地理》（日人佐佐木彦一郎译，《地理学评论》九卷四号）。
③ 此表系由二十三年《中国经济年鉴》第六章第一节转引（F一页）。

续表

省　别	已耕田地总亩数（单位千亩，一亩约合〇·九二市亩）
山　东	一一〇、六六二
江　苏	九一、六六九
安　徽	五三、五一一
河　南	一一二、九八一
湖　北	六一、〇一〇
四　川	九六、二七二
云　南	二七、一二五
贵　州	二三、〇〇〇
湖　南	四五、六一二
江　西	四一、六三〇
浙　江	四一、二〇九
福　建	二三、二九〇
广　东	四二、四五二
广　西	未列

原表列全国已耕地为一、二四八、七八一、〇〇〇亩，与上引 Baker 的估计略同，而东亚部分的二十省耕地，已达一、一九三、七二三、〇〇〇亩，约达全数百分之九十五左右，可见其占绝对的多数，这更可证明东亚区域利于农业的说法了。

因此，在历史上，我国很早便成为农业发达的国家。古书记载中亦可看出农场广大的状况，如谓：

　　率时农夫……骏发尔私，终三十里。亦服尔耕，十千维耦。①
　　载芟载柞，其耕泽泽，千耦其耘。②

---

① 《诗经·周颂·噫嘻》，为西周时之诗。
② 《诗经·周颂·载芟》，当亦为西周时之诗。

> 田于何所？池阳谷口。……举插如云，决渠如雨。①

田地的开辟，亦非常迅速，《帝王纪》载：

> 禹平水土，九州之地，凡二千四百三十万八千二十四顷，定垦者，九百二十万八千二十四顷，不垦者，千五百万二千顷。②

《礼记》载：

> 为田八十万亿一万亿亩。③

以上两种记载，虽不甚靠得住，但总可见当时农场的广大。至较精密的估计，则我们尚可从《汉书》中得到一段良好的材料：

> 讫于孝平……提封田一万万四千五百一十三万六千四百五顷。其一万万二百五十二万八千八百八十九顷，邑居、道路、山川、林泽，群不可垦；共三千二百二十九万九百四十七顷，可垦不垦，④定垦田八百二十七万五百三十六顷。⑤

依"顷"为百亩的算法，则汉时中国已耕地面积，业达八万万亩，约有今日田地三之二（按汉亩与今亩相去无几。笔者曾作过初步的推算），不可谓不大，这当是受东亚部分地形宜于耕作之赐的。

若就精华区来说，则其已耕的面积，尤有惊人的数目，例如常熟一邑，据明人薛尚质在《常熟水论》一书中的估计是：

> ……为方百里，高低科田粮地山荡一万五十余顷，岁赋四十余万石。⑥

一个县份，在科学并未发达的时代中，能辟田到百万余亩。这不是冲积平原式的地形的影响，又是什么！

第三目：从气候上看——主宰中国气候的因子（Climatic Factors）

---

① 应劭《风俗通》引汉民歌。
② 宋王应麟《地理通释》及明章潢《图书编》均引此段。
③ 《礼记·王制》篇。
④ 王先谦《汉书补注》引宋祁曰："'可垦'下越本无'不可垦'三字；淳化本无'不垦'二字，邵本无'可'字。"又引王鸣盛曰："此误衍'不可垦'三字，南监无。"啸以为依上下文理看，当作"可垦不垦"；又据最近商务印书馆百衲本二十四史（《汉书》为北宋景祐刊本）亦作"可垦不垦"，故改。
⑤ 《汉书·地理志》。
⑥ 《常熟水论》在《粤雅堂丛书》中可见到。

有五：1. 中国位置大部分在温带；2. 中国位置在亚洲东南，适当亚洲季候风带（Monsoon Region）；3. 地形西北高峻东南低下，山脉走向亦多照由西向东的路线；4. 由太平洋登陆的热带台风；5. 由内陆东趋的内陆旋风。① 其中除 4、5 两因子为一时的现象，在全局上无甚重要，第 3 因子亦与第 2 因子接触时方发生作用外，在中国气候上，实际居于主宰地位者，厥为温带与季候风雨因子。

先说前者。我国位在太平洋的西岸、亚洲的东南。就所占的经度来说，极东是东经一百三十五度二分，极西是东经七十三度二十二分，东西相距六十余度，这种经线上的位置，对于中国的农业，还没有很大的影响。就所占纬度来说，极北为北纬五十三度四十八分之蒙古唐努乌梁海萨彦山脉，极南为北纬七度五十二分之团沙群岛南端安波拿礁（Caye d' Amboine），南北相距有四十六度之多，这对于农产物，却影响得很大——因为不同的纬度，发生不同的气候，而能适宜生长各种不同的农产物的。尤其重要的，我国纬度上的位置，大部分在北回归线略北，一部分延入热带，就是极北的萨彦山脉离开北极圈也尚有十二度之多，因此全国大体上无极寒不毛之地，而能给予适合农作物生长的气候，这对于农业的发展，殊非偶然的。

至于"季候风"一因素呢？我们可说其作用更在前者之上。所谓季候风，便是一年中半年由海而陆，半年由陆而海有周期有规则的气流。此风以东南亚细亚为最发达。因为到了夏天的时候，亚洲的内陆沙漠如蒙古高原等地，受热较太平洋、印度洋为快，空气膨胀，密度低下，结果上层大气向外溢流，地表之气压亦随而减低，便成为低气压。此时风由海而陆（风总是由高气压向低气压流动的），我国多东南风，印度多西南风。到了冬天，亚洲内陆长夜消失的热，较诸日间所得的热为多，而太平洋、印度洋放热的速率，反比内陆来得慢，气温较高，密度较少。因之夏天的情形，在此乃完全相反，大陆内部高压的大气，不断向低压的海面流动了。此时我国多西北风，印度多东北风。这样周期的风，到底有什么作用呢？原来由海登陆的风，含有多量的湿气，所以夏季多雨；

---

① Cressey 在 *Chinese Geographic Foundation* 一书第三章论气候时，亦谓季候风、热带旋风、大陆暴风三者造成中国卓越天气的沿续，见原书六十页，惟氏对于季候风影响，估量不大，似尚值得商榷。

由陆入海的风，便非常干燥，所以冬季多晴。雨量是农产物的绝对必需品，尤以我国人主要的食物——水稻为然。世界产米的区域，百分之九十以上在东亚季候风地带，其中我国约占百分之六十，年产额达四万万石以上，①为世界第一产米国，可见季候风的重要性了。

此种情形，在历史上亦有明白的记述。上半年的季候风，在《礼记》所谓之"东风"、"温风"等，原书载：②

  孟春之月，东风解冻。

又载：

  季夏之月，温风始至。

《易纬》谓之"条风"，原书载：③

  立春条风至，赦小罪，出稽留。

"条风"即上述之东风，《礼记·月令》疏解释"东风"道：

  按《通卦验》云：立春雨水降，条风至，条风即东风也。

《大戴礼》谓之"俊风"或"南风"，原书载：④

  正月时有俊风，俊者，大也。大风，南风也。何大于南风也？曰：合冰必于南风，解冰必于南风，生必于南风，收必于南风，故大之也。

名称虽有不同，而所指的对象则一。此风对于中国历史农业上的影响，是带来丰富的雨量。这在上引夏小正"生必于南风，收必于南风"之语，已可看到。旧日政府靠多年的经验，知道此风到时，必有大雨，所以即用之为施政的根据；《礼记》载：季春之月⑤

  命司空曰：时雨将降，下水上腾；循行国邑，周视原野；修利堤

---

① 据 Encyclopedia Sinica 的估计，年产量约达四万万一千余万石；又据国民政府主计处的估计，则作八七七、三四五、四七〇担（《统计月报》二十一年一二月合刊"农业专号"第二页），孰确待考。
② 《礼记·月令》篇。
③ 《易纬·通卦验》。
④ 《大戴记·夏小正》篇。
⑤ 同上《月令》篇。

防,道达沟渎,开通道路,毋有障塞。

《易纬》且把风的周期来回,来作政治上的"测晴器",它道:

> 八风以时至,则阴阳变化道成,万物得以育生。王者当顺八风,行八政,当八卦也。①

这虽带有迷信的气味,但从其中却可看出气候与中国农业社会之关系。

第四目:从土壤上看——中国土壤之性质及其分布状况,目下正在研究阶段,所以尚难有一个完备的结论。下面系就萧查理(Charles F. Shaw)②、梭颇(James Thorp)③、翁文灏④三氏所研究的结果,并参己意,加以综合,期能对于中国土壤分类及分布,获得一较清楚的概念,以为本目立说的根据。

最先在分类理论方面,系参考 C. F. Marbut 的方法,将土壤二分⑤。凡含有炭酸钙而其碱度(P. H. Value)为中性或碱性者,称为钙层土(Pedocals),中国淮河以北的土壤,大部属于此类。凡土中之炭酸钙已经滤失,其碱度呈酸性反应者,称为淋余壤(Pedalfers),中国淮河以南的土壤,大部属于此类。至于各种不同的土壤,则分隶于此二大类之下。试作表示之。

依下表,我们知道在东亚区中占着主导地位的,只有下列四种土壤:

1. 黄色土壤。淮河以北的地带,大抵为此种土壤所分布;析言之,山西、陕西、甘肃、河北、河南、山东(一部)、江苏(北部)、安徽(北部)等八省,皆为此土范围所及之地。又山东及热河的棕色土壤,系黑色土与黄色土混合而成,亦可视为此土的变种部分。

2. 红色土壤。淮河以南的地带,大抵为此种土壤所分布;析言之,有湖南、湖北、江西(北部)、安徽(南部)、浙江、福建、广东、广西、云南、贵州、四川等十一省,皆为此土范围所及之地。其中四川盆地内紫棕

---

① 同上《通卦验》。
② Charles F. Shaw, *The Soils of China*, *Soil Bulletin*, *Geological Survey of China*(1930) pp.31—32. 按 Cressey 在前揭书 PP.86—89 论中国土壤时,亦引萧氏之说。
③ James Thorp, *Notes on Soils and Human Geography in China*(1931),地质调查所曾译此文。
④ 其意见实业部《中国经济年鉴》第一回第二章(上)《论自然环境》中;又屠思聪等最近出版之《新中国分省图》,大体亦依翁说。
⑤ Marbut, C. F, "*A Scheme for Soil Classification*", *proceedings and Papers*, *First International Congress of Soil Science*, *Vol. 4*, pp. 1—21. 1928, Vol, Ivpb 1—21.

中国土壤分类及分布区域表

土壤名称	（一）黄色土壤	（二）黑色土壤	（三）栗色土壤	（四）褐色沙漠及沙丘	（五）灰色沙漠土壤	（六）石灰性冲积土（包括沙姜土）	（七）含盐冲积土（及柱状碱土）
所属层	钙	层	土		者		
特征举要	一、以黄土为主要成分，黄土系空第四世纪地层中之一特种土质。二、成因大部分出于风力吹积，亦有一小部分由水流冲积，砂砾夹杂其中。三、化学成分炭酸钙占百分之十四，其余尚有炭酸镁，磷酸钾，氧化钠，氧化铝，氧化铁，硫酸等。四、富毛细管作用，能调节水量。	一、含植物腐化所生之Humus质甚多，故色黑。二、含氮磷及有机物质甚富。三、土质基厚，宜深耕，表土下有富于炭酸钙之一层。	一、混合土壤之一种。二、灰色土壤、灰色森林土壤，黑色土壤混合而成。	一、此类地大抵雨量极稀，多年平均不过十寸，亦有不见雨者。二、土地多脱精非常。	一、此类地雨量亦甚少，湿度甚低。二、炭酸钙未经滤失，虽表呈灰性，为强烈石灰性、强碱性土类。三、另有黄色及红色之砂粒，大概系侏罗纪及亚纪砂岩分散而成者。	一、土壤受天然力之剥蚀作用，更受流水之搬运沉淀而成。二、成分大抵复杂，滋养植物之原素甚富。三、成分有砾（粗）、砂（细者）、土（更细者）三大类，以后两者为主体。四、因气候关系，土中富炭酸盐类，钾镁硫酸盐类亦甚多。	一、盐土表面，常有一层结皮，结皮下为盐土混合之粉状层，所含盐类多为氯化钠。二、柱状碱土之表层，为片状构造，底层为柱状构造，再下常有不甚一致，全土有多量之盐类聚积，含有多量之炭酸钠。

续表

土壤名称	宜农与否	分布区域
（八）红色土壤	极宜农业，惟不大宜种稻。	一、原生黄土北起蒙边，包甘肃东部，南抵秦岭山脉，中盖山西、陕高原，东至河南，达平汉铁路沿线平原边际。二、次生黄土分布于河北、河南、山东及江苏、安徽北部之平原区域，与山西、陕西之汾河、渭水河谷。
（九）灰化红色土壤	极宜农业，惟古来垦植者尚少。	一、松花江流域，辽河上流平原。二、蒙古北部（惟尚未垦辟）。
（十）紫棕色土壤	尚可种植。	一、黑龙江西部。二、热、察、绥之一部。三、蒙古库伦以南地带。
（十一）灰棕色土壤	完全不宜种植。	即所谓戈壁之地，包括蒙古南部、大部，甘肃西北部及新疆中部干旱区。
附灰棕色粘磐土	不宜种植，仅宜牧畜。	大戈壁沿边之蒙古、察哈尔、绥远、宁夏、青海等地一部。
（十二）灰色土壤		
（十三）棕色土壤	除一小部分外，余皆宜于农业。	华北平原一部及黄河旧槽。
（十四）非石灰性冲积土	宜于农业。	黄河沿岸数处，如河套附近及山东北部，河出山口附近等处。

（八）—（十一）属钙层土者；（十一附）—（十四）属淋余土壤者。

续表

特征举要	分布区域	宜农与否
一，土质以矾土为主要成分，中含铁质颇多，故色红。二，土层不厚，数公尺至一二公尺以上。三，地层老，风化甚久。	湖南南部、湖北江西北部、广东、广西、云南东南部。	极宜农业。
一，亦红色之土壤一种。二，该区气候温湿，风化甚烈。三，表土疏松，心土厚粘，由砂岩所成者更脆而易碎。	浙闽一部、桂东粤西、皖南及贵州等地。	平原宜农业，余宜种树。
一，土质以矾土为主要成分，中含铁质较多，土层不深，红色不明显。二，侵蚀风化旋成旋失。	四川盆地全部。	极宜农业，为国内闻名农产区。
一，在侵蚀平原或壮年地形之内。二，土壤均属风化土，其岩石风化随异。三，土壤颗粒较粗。	秦岭淮阳楚西山地、闽浙赣山岭区域。	不大宜农业，宜种树木或产木材。
多粘质土，砂粒甚少。	河南、安徽淮阳山脉北坡之丘陵地带。	尚宜农业。
一，岩石在第三纪第四纪成，未被氧化而成灰色。二，土质内所含盐类混合物，分布地面；酸钙及可溶之矿质，因多雨又被冲洗，而渗透地内。	一，东三省松花江、黑龙江流域及兴安岭一带。二，蒙古北部库伦等地。三，青海西北部，四川西康部，西藏西部一部。	沿江一带尚宜种植。
一，混合土之一种。二，由黑色土壤与黄色土壤混合而成。三，据研究，似属淋余壤。	一，辽宁东南部，吉林南部，山东东部。三，热河大部之地。	宜于农业。
一，土壤受天然力之剥蚀作用，受流水之搬运，更沉淀而成。二，滋养植物之原素甚富。三，成分大抵复杂（粗者，砂；细者，土），以后二者为主体。四，因雨量关系，酸钙经滤失，大部成为非石灰性土壤。	长江中流下流及淮河流域一带，珠江三角洲。	农业极盛，国内产米中心。农业极盛，亦宜稻作。

（属淋余壤者）

色土壤（红土之一种），尤为著名。

3. 冲积土。凡长江、黄河、淮河、珠江流域所及之地，皆有冲积土区域。析言之，有（A）黄河旧槽冲积区，（B）华北平原冲积区，（C）中部平原沙姜土区（此亦为黄河冲积之一部），（D）长江中流冲积区，（E）长江下流冲积区，（F）淮河流域冲积区、珠江三角洲冲积区等处。此外河套附近及黄河出口附近的含盐冲积土，亦可视为冲积土之一部分。

4. 黑色土壤。大部分布于辽宁、吉林、黑龙江等省。

其中除黑色土壤，僻处关外，在历史上利用较少外，对于东亚农业发展有决定关系者，只是黄色、红色、冲积三种土壤。

侥幸得很，这三种土壤，俱饶有农业生产的价值（参看表中所举各该土特征及宜农业与否两栏）。灰化红色土壤，虽较以上数种略差，但亦富有种树植林的用途。这样，我们历史上农业一门，能很早的、不断的发展，当不是偶然的事了。

这事，在典籍中亦可找到丰富的证据，按先民对于土壤与种植的关联，是很注意的，所以多有此类的描述；如：

《周礼》：大司徒之职，辨十有二壤之物，而知其种，以教稼穑树艺。①

《吕氏春秋》：厚土则孽不通，薄土则蕃轓而不发。垆埴冥色，刚土柔种，免耕杀匿，使农事得。②

《淮南王书》：汾水宜麻，济水宜麦，河水宜菽，洛水宜禾，渭水宜黍，江水宜稻，平土宜五谷。③

《孝经援神契》：黄白土宜禾，黑坟宜黍麦，赤土宜菽，污泉宜稻。

《博物志》：五土所宜，黄白宜种禾，黑坟宜麦黍，苍赤宜菽芋，下泉宜稻。④

不过这些记载，虽然能表示中国土壤生产之多样性及先民对于土壤学识的看重，尚嫌过于笼统化，过于观念化。其真正能指出土壤与农业之关系者，第一当推《禹贡》，《禹贡》对于《土壤》的分类可作一表示之。⑤

---

① 《周礼·地官》。
② 《吕氏春秋·辨土》篇。
③ 《淮南王书·地形训》。
④ 《博物志·物产》。
⑤ 参考陶希圣《古代的土壤及其所宜植物》的记载及森谷克己《中国社会经济史》第一篇第一章，对于《禹贡》记载的表列。

州　名	今　地	土　质	生产性次第
冀	河北、山西	白壤	第五等
兖	山东	黑坟	第六等
青	山东半岛	白坟，海滨为斥卤	第三等
徐	江北	赤坟	第二等
扬	江苏、浙江、江西	涂泥	第九等
荆	湖北、湖南	涂泥	第八等
豫	河南	坟垆	第四等
梁	四川	青黎	第七等
雍	陕西、甘肃	黄壤	第一等

这里虽仍有不可靠的部分，但却有几点与现在土壤知识相符（尤其北方一带）。如（A）把陕西、甘肃视为黄壤区；（B）把山东视为富于碱性的土区（斥卤），及（C）称淮河一带富埴土砾土（埴坟）等，都与前头所述颇合。至江、浙、湘、鄂、赣各地，在表中列入卑湿（涂泥）之区者，则因为当时淮河以南，尚为未经开发的地带之故。

但在《周礼》写作的时候（约在汉时），情形便有进步。此时因人口的增加及灌溉的发达，南方红壤区的地带，已逐渐开拓。职方氏①记载各地的农产品，产稻者虽有扬、荆、青、兖、幽、并六州，然完全以稻为主要产品者，却只有扬、荆二州，可知江、浙、湘、鄂、赣诸地，在生产界中获得重要的地位了。

至"冲积土"参加生产的事实，记载尤夥，试举数例于下：

（一）"唐太和中，闽邑令李茸筑石堤跨闽与长乐东界以障咸卤，垦田无数。"②

（二）"乌古孙泽，大德间为海北南道廉访使，浚故湖，筑大堤，竭三溪渚之，为斗门七，为渠二十有四。开良田数千顷，滨海斥卤，并为膏壤。"③

---

① 《周礼·夏官》。
② 《福建通志》。
③ 《雷州府志》，按此为元成宗时事，海北海南道，治雷州路。

（三）"宋范文正公尝论于朝曰：'江南圩田，每一圩方数十里，中有河渠，外有门闸，旱则开闸引江水之利，潦则闭闸拒江水之害。旱涝不及，为农美利'"。①

① "（虞）集为国子祭酒，……与同列进曰：'京师之东，濒海数千里，北极辽海，南滨青齐，萑苇之场也。海潮日至，淤为沃壤，用浙人之法，筑堤捍水为田。听富民欲得官者，合其众分授以地，官定其畔以为限。能以万夫耕者，授以万夫之田，为万夫之长；千夫百夫亦如之。'……其后海口万户之设，大略宗之。"②

② "江东有葑田，又淮东二广皆有之。东坡《请开杭之西湖状》，谓水涸草生。渐成葑田。"③

③ "濒海之地，……潮水所淤，沙泥积于岛屿，或垫溺盘曲，其顷亩多少不等，上有咸草丛生，候有潮来，渐惹涂泥，初种水稗，斥卤既尽，可为稼田。……其稼收比常田利可十倍。"

④ "中土大河之侧，及淮湾水汇之地，与所在陂泽之曲，凡潢汙洄互，壅积泥滓，退皆成淤滩，亦可种艺。秋后泥干地裂，布扫麦种于上其收倍常。"

此种土地，不消说，是非常适合于农业的。

最后，尚有一点应该特别提出的：黄土、红土、冲积土虽同样对于中国农业之发展，有非常的助力，但在历史上最初发生作用的，厥为"黄土"。亚细亚生产方法论者如 Madjar 及一部分之地理学者，如 Richthofen 等无不异口同声地这样的说。关于此类文献，可引者太多，不胜枚举，兹暂摘录 Kokin 在《中国古代土地制度研究》书中所引雷、马二氏的断语，以结本节：

> 雷克留指出黄土之异常轻松，宜于种植菜蔬……无论何处都没有这样大的地面易于耕种，这不仅说明中国北部在远古时期之迅速的殖民，而且说明农业之普遍，及早期的经济形式。
>
> 马札亚尔也指出，黄土的性质一部分，可说明中国的耕种发展

---

① 明归有光《三吴水利录》卷三《周文英书》转引（《涉闻梓旧》本）。
② 《元史·虞集传》。
③ 《农政全书》卷之五《论田制》，以下两则同。

得很早而且很快。①

第五目：从水利上看——在东亚部分发生重要作用的,有三大水系。第一为黄河水系,主流经过青、甘、宁、绥、晋、陕、豫、冀、鲁九省,面积达六十万方里,域内人口达一万万人；第二为长江水系,主流经过青、康、滇、川、鄂、湘、赣、皖、苏九省,面积达七十五万方里,域内人口达一万万八千万人；第三为珠江水系,主流经过滇、黔、桂、粤四省,面积达十六万方里弱,域内人口达六千余万人。这三个水系,均属外流型,且有许多支流和湖泊,所以大体说起来,对于农业是均有若干的益处的。此外,其他小水系如闽江、韩江、瓯江、灵江等亦然。②

泛论水利,本来有消极和积极两方面的意义。消极的方面,便是防洪；积极方面,便是灌溉。不过两者之间,又常保有很密切的关联。例如开浚水道一事,既可以避免水灾,又可以灌溉田亩便是。上述三大水系中,珠江在历史上应用时期较短；黄河则防洪和灌溉两类工作均有；长江则差不多以灌溉工作为主体。

若就促进农业发展上说,灌溉(并包排水)的意义,更为重大。我国因北方黄土性质,需要水分,南方水稻性质,亦需要水分,故灌溉在农业上,有非常重要的地位。但若仅有需要而没有可能,尚不能证明这一部分的地理条件对于农业的有利,侥幸得很,历史的记载所诏示我们的,常说明自然的环境能配合人们的要求,这样中国的农业,自更顺利发展了。

中国人是很早明白水之用途的,《管子·水地》篇把治水看为治世之枢要,《度地》篇又有除五害以水为始之说。③ 以后人士,更明了水对于农业之重要,言农事者必兼及水利。就东南方面说,《淮南子》曾谓：

江水肥仁而宜稻。④

袁生裘亦谓：

---

① Kokin 书下篇第二章,自然坏境。
② 沈怡等编《黄河年表》所载黄河决溢统计,计四千二百一十年中,除人为之"决河"不算外,凡"河溢"四百二十二次,河决一千一百五十一次；"大水"九百七十三次。可见防洪工作之重要。该书系军事委员会、资源委员会印行。
③ 《水地》篇见《管子》中篇第三卷(阴阳术数家言)五,《度地》篇见中编第二卷(政家言)三。篇次依石一参《管子今诠》。
④ 《淮南子·墬形训》。

> 东南之要,莫切于水利。①

薛尚质亦谓:

> 江南之水,利于田畴,不治则田谷不登。②

陈士鑛又谓:

> 天下之赋,半在江南,而天下之水,半归吴会。③

这都是看出中国农业之发展,与水有密切的关系的。就西北方面说,在水利史上著名的徐贞明氏,对此更有一段动听的议论,他说:

> 闻陕西、河南故渠、废堰,在在有之。山东诸泉,引之率可成田。而畿辅诸郡,或支河所经,或洞泉自出,皆足以资灌溉。……今顺天、真定、河间诸郡,桑麻之区,半为沮洳。由上流十五河之水,惟泄于猫儿一湾,欲其不泛滥而壅塞,势不能也。今诚于上流疏渠浚沟,引之灌田,以杀水势;下流多开支河,以泄横流,其淀之最下者,留以潴水;稍高者,皆如南人筑圩之制,则水利兴,水患亦除矣。至于永平、滦州抵沧州、庆云,地皆葭苇,土实膏腴。元虞集欲于京东滨海地,筑塘捍水以成稻田,若仿集意,招徕南人,俾之耕艺,北起辽海,南至青、齐,皆良田也。④

这是看到西北及京畿之水,亦能帮助农业的发展的。

至实际利用方面,则历代均极注意,并置有水利尚官,以董其事,明清两代督责,尤为严密。⑤ 近人冀筱泉氏著 Key Economic Areas in Chinese History(《中国史上之经济枢纽区域》)一书,⑥且谓历代政府控制的区域,便是中国水利最发达的区域。例如秦、西汉时代之关中,东汉时代之河内等,更可知水之影响了。

---

① 明伍馀福《三吴水利论》袁氏题辞(见《粤雅堂丛书》)。
② 明薛尚质《常熟水》为序引《南畿志》(见《粤雅堂丛书》)。
③ 清陈士鑛《明江南治水记》(见《粤雅堂丛书》)。
④ 《明史·徐贞明传》,贞明曾将此意发挥,作成一书,名《潞水客谈》,甚有名。该书《粤雅堂丛书》曾收入,又明徐光启《农政全书》亦引其全文。
⑤ 参看清永瑢等《历代职官表》。
⑥ 原书全称及出版地如下: Key Economic Areas in China History: As Revealed in The Development of Public Works for Water-Control, By C. T. Chi (George Allen and Unwin Ltd, London)。

为证实历代对于水利之注重，冀氏并根据各省省志所记载水设施的事件，作一统计表，所列颇为详尽，试为译出如下：①

中国水管理事业之史的发展及地的分布表

省份＼朝代	山西	河南	陕西	河北	甘肃	四川	江苏	安徽	浙江	江西	福建	广东	湖北	湖南	云南	各代总数
春秋 722—481B.C.	,,	1	1	,,	,,	3	1	,,	,,	,,	,,	,,	,,	,,	,,	6
战国 481—255B.C.	,,	3	,,	,,	,,	1	2	,,	2	,,	,,	,,	,,	,,	,,	8
秦 255—206B.C.	1	,,	,,	,,	,,	,,	,,	,,	,,	,,	,,	,,	,,	,,	,,	1
汉 206B.C.—221	18	19	4	5	1	,,	1	1	4	1	,,	,,	,,	1	1	56
三国 221—265	2	10	1	1	1	1	3	3	2	,,	,,	,,	,,	,,	,,	24
晋 265—420	,,	4	1	2	,,	,,	2	,,	3	1	2	,,	1	,,	,,	16
南北朝 420—589	,,	,,	1	3	,,	,,	8	4	2	,,	,,	,,	1	,,	1	20
隋 589—618	9	4	3	1	,,	,,	1	1	2	,,	4	,,	,,	2	,,	27
唐 618—907	32	11	32	24	4	15	18	12	44	20	29	,,	4	7	1	254
五代 907—960	4	,,	,,	,,	,,	1	,,	,,	1	1	,,	,,	2	2	,,	13
北宋 960—1127	12	7	25	20	2	,,	48	7	86	18	45	16	4	5	,,	290
南宋 1127—1280	4	,,	,,	,,	,,	4	74	9	185	36	63	24	14	,,	,,	543
全宋②	24	15	25	20	2	6	117	16	33	58	696	48	24	2	,,	1479
金 1115—1260	4	2	14	4	,,	,,	,,	,,	,,	,,	,,	,,	,,	,,	,,	24
元 1280—1368	12	4	29	11	2	1	28	2	87	13	24	35	6	3	7	309
明 1368—1644	48	24	97	228	19	5	234	30	480	287	212	302	143	51	110	2 270
清 1644—1912	38	843	156	542	19	19	62	41	175	222	219	165	528	183	292	3 504
各省总数	208	947	389	886	50	53	595	127	1 406	658	1 294	536	788	209	412	

---

① 该书要前揭书第三章 A Statistical Study of the Historical Development and Geographical Distribution of Water—Control Activities。

② 本栏数字，系将原表所列 Sung(Mis-Cellaneous Data)、Sung(Total For Whole Dynastic Period) 两栏合计而成。

虽然上表所搜集的省分,只有十五,尚未十分完全,但其所记载的总数,已达八千五百余次,可见水在中国农业上甚至政治上之意义了。

如欲更进一步,明了具体的设施情形,我们拟再就历代关于水利重要的兴革,分黄河、长江、珠江三流域作表如下:[①]

表一:黄河流域的水利设施

地　点		历代的主要事件
陕西省	泾渭诸水	(1) 此地为周人发源之处,农业早已发展,《诗经·豳风》"七月流火,九月获稻",可为灌溉盛行之证。又《周礼》(此书至少有一部分周代材料)稻人所述灌溉制度亦详。 (2) 战国时水工郑国凿泾水自中山以西抵瓠口为渠,渠成,溉田四万五千顷。 (3) 汉时白公又另开渠,引泾水首起谷口,尾入栎阳,溉田四千五百顷。 (4) 五胡十六国时,秦苻坚尝修其渠。 (5) 唐以后,各渠渐废,但亦有修葺之者,如宋之丰利渠,元之王御史渠,明之广惠渠等。 (6) 明清人又注意西北水利,较著者如明徐贞明《潞水客谈》(列举十四利),清孙彤《关中水道记》(列举关中河川凡五十九),许承宣《西北水利议》等。[②]
甘肃省	河、湟、洮诸水	此地亦中华民族发源之处。河湟之间,土壤膏腴,历代多引其水灌溉。较著者如皋兰一县,有渠百数,灌田二百余万方亩等。
绥远省	河套一带	汉武帝时,用主父偃计,募民徙其地,于朔方、西河引川灌田,顺帝时又于富平浚渠为屯田。 北魏时于五原郡因河溉田,官民均获其利。清时甄玉侯、应奎诸人开大干渠九道,溉田万余顷。
山西省	河、汾诸水	(1) 汉武帝时发卒数万人作渠田,安帝时复修太原旧沟渠,溉公私田。 (2) 唐高祖时窦静引晋水灌溉,岁收谷数千斛。此外尚有薛万彻开虞乡涑水渠,崔翳开新绛渠,萧颖开栅城、常渠等均用以溉田。

[①] 以下三表材料之来源,系以郑肇经《中国水利史》为主,并参考宋单锷《吴中水利书》,明伍馀福《三吴水利论》,姚文灏《开浚七鸦浦记》,薛尚质《常熟水论》,归有光《三吴水利录》,归子宁《三吴水利附录》,徐贞明《潞水客谈》,清傅泽洪《正ةخ行水金鉴》,孙彤《关中水道记》,王柏心《导江三议》,许承宣《西北水利议》,时人张其昀《本国地理》等书。

[②] 《关中水道记》收入《问影楼舆地丛书》,《西北水利议》收入《学海类编》。

续　表

地　点		历代的主要事件
山西省		（3）宋时太原人史守一修晋祠水利；明时并严密规定晋祠水量之分配。 （4）清康熙时重修临汾通利渠，雍正时浚汾河渠，引灌民田。
河北省	永定河及其附近（旧日京辅一带）	（1）曹魏时刘靖立堨于高梁河，导戾陵堨，开车箱渠。 （2）北魏裴延俊修督亢渠，戾陵堰，溉田百余万亩。 （3）北齐斛律羡导高梁水北合易京，东会于潞，因以灌田转漕。 （4）唐裴行方引卢沟水广开稻田数千顷。① （5）宋何承矩始注意东西两淀水利。 （6）元郭守敬、虞集均有建设，丞相脱脱并就京畿近水地，召募南人耕种，岁乃大稔。② （7）明永乐时浚定襄故渠，引滹沱水灌田六百余顷，万历时浚大小鸣泉，溉田千顷。尤著者，为徐贞明所建议水利之事，后徐于万历十三年领垦田使，明年三月已垦田三万九千余亩，惜未竟功即罢。③ （8）清雍正时怡亲贤王修畿内水利，设四局，三年得田七千余顷。
河南省	漳水	（1）战国魏文侯时，西门豹为邺令，凿十二渠，引漳水溉田，邺赖以富。 （2）战国魏襄王时史起为邺令，复引漳水富邺。
	钳卢陂	（1）汉元帝时，南阳太守召信臣创建钳卢陂，又开渠于唐州，岁增良田数万顷。 （2）后汉光武时，杜诗复修召信臣之业，治陂池，广拓田土，激用湦清诸水，以浸原田。 （3）晋武帝时，杜预亦引湦清诸水浸田，辟水田万余顷，以后宋、明、清诸代，均有修治。
	鸿郤陂	汉邓晨为汝南太守，治鸿郤陂，灌田数千顷。 清乾隆时修叶县、西平等五邑河道，鸿郤陂之利，推衍愈广。
	伊河	清乾隆时，嵩县知县康基渊浚伊河两傍古渠，灌田六万余亩。
	沁水	清乾隆时，豫抚何裕成开浚广济，引沁水灌田万顷。

---

① 此条由《册府元龟》转引。
② 此条见《元史·本纪》及《虞集传》。
③ 此条见《潞水客谈》及书后。

表二：长江流域的水利设施

地　　点		历 代 的 主 要 事 件
江苏省	太湖一带	（1）吴越钱氏常置捞浅军八千人，专事疏导各港浦，藉免泥沙叠积，河道埋塞。 （2）宋单锷欲修五堰，开夹芒干渎，以截西来之水，使不入太湖，苏轼上其说于朝，当时虽未施行，但后夏原吉、周忱皆用其说。① （3）明永乐时夏原吉治水江南，开刘家白茆诸港，农田大利。其后况锺、吕光询、海瑞等，相继为之。② （4）又明弘治时，徐公贯奉敕开浚白茅港，后姚文灏、林廷棉相继为之。③ （5）明归有光《三吴水利录》，主治吴中之水，宜专力于松江；明薛尚质《常熟水论》则主复溧阳五堰，开宜兴百渎等。④
	练湖一带	明万历时，建石闸、石礓、涵洞等，引上下湖之水达田间，以资灌溉。
	赤山湖一带	唐代宗时立斗门二以节旱潦，溉田万余顷；宋时湖禁尤严，立石柱刻水则其上。
	赤山湖上游（秦淮河一带）	吴孙权凿青溪，通运渎，凿北堑以泄玄武水。 现沿秦淮仍多圩田。
	丹阳湖一带	春秋至明辟为粮道。 明陈嵩九筑东坝以免民患。
	射陂	东汉时即开发，今淮安、宝应之间，水田犹食其利。
	白水塘	曹魏明帝时邓艾修白水塘与破釜塘相连，立三堰、开八水门，溉田万二千顷。
	扬州五塘	汉陈登筑陈公塘。 唐李袭誉筑勾城塘，又有上雷、下雷、小新诸塘，灌溉江、仪数千顷田畴。
	下河一带	宋天圣时范仲淹筑捍海堤。 清康熙时，张鹏翮开通海口，疏下河积水，民困以苏。

① 此条见《吴中水利书》，该书收入《墨海金壶》内，又为归有光《三吴水利录》卷二所引。
② 此条见明《江南治水记》，该书收入《学海类编》内。
③ 此条见《三吴水利记》、《三吴水利论》题辞、《开浚七鸦浦记》，该数书均收入《借月山房汇钞》内。
④ 《三吴水利录》，收入《涉闻梓旧》内；《常熟水论》收入《学海类编》内。

续　表

地　点		历代的主要事件
江苏省	淮北沂、沭水一带	萧梁天监时张高等开凿沭水,溉田二百余顷。 宋天圣时,沈括疏沭水为九渠十八堰,得上田七千顷。
	淮北汴、泗水一带	北魏太和时,徐州刺史薛虎子上言徐州沃壤,清、汴通流,足盈灌溉,可耕之良田有十余万顷。
	淮北睢水一带	汉献帝时,郑浑为沛郡太守,兴湖陂,开稻田,郡人名之曰郑陂。
浙江省	四明它山一带	唐太和中鄞县令王元暐截断江潮,潴二湖,筑三堨,溉田八百顷,天宝中邑令陆南金复开广之,宋嘉定中魏岘重修,并作书记之①。
	鉴湖一带	汉顺帝时,太守马臻始筑大堤,潴三十六源之水,名曰镜湖(即鉴湖),溉田九千余顷。 明嘉靖时,建三江应宿闸刻水则于石,自是湖水复有节制。
	湘湖	宋熙宁时,县民殷庆等请废田为湖,以万亩污莱之田,救十余万亩硗裂不镃之地,后代仍之。
	西湖	唐李泌引湖水入城为方井,溉田济运。宋苏轼招兵二百专事捞湖。 明景泰时,孙原贞复杭州西湖二闸,拆毁田荡三千四百余亩,自是西湖复汉、唐之旧。 清嘉庆时,以湖身淤垫,复以工代赈从事修浚。
	南湖(有上二湖)	汉灵帝时,县令陈浑筑两湖以潴水,唐令归珧因旧重修,宋、明相继修筑,清康熙初,知县宋士吉于滚坝上,更筑辅坝。
安徽省	渔梁坝	宋嘉定间,郡守朱济修筑,清宋廷梅复修之。
	芍陂	周定王时,楚令尹孙叔敖创立(初名为期思陂)。汉、唐以后屡敕修治,可溉田万顷。
江西省	鄱阳湖赣江	鄱阳湖即《禹贡》中之彭蠡,隋时始改今名,支流以赣江最大,历代滨临江湖之田,皆引其水灌溉。

---

① 此条见《新唐书・地理志》及魏岘《四明它山水利备览》,该书收入《守山阁丛书》内。

续 表

地　点		历代的主要事件
湖南省	江汉沿岸	1. 沿江沿汉，环堤为垸。耕耘其间。堤防之设，自楚相孙叔敖始，历代均有增修，明、清两代尤注意此种工程，每年限期竣工(以上堤防)。 2. 长江中游古有九穴十三口，以分江流，后多塞。晋杜预开自调弦口至注滋口之河道(即华容河)，清王柏心又有浚虎渡口，导江入洞庭之议(以上疏浚)①。
	洞庭湖	元、明之际，堤垸制兴，湖面缩小，湖床淤高。中除清康熙一朝许民就滩荒筑围垦田外，其余皆中禁垦之令，甚者有废田还湖之说。
四川省	都江堰	秦惠王时，使李冰为蜀守，冰作都安堰(即今之都江堰)，引溉成都之田畴万亿亩，其后如元时金事吉当普明时金事施某，清时川抚佟凤彩均续有修治。
云南省	昆明六河	六河之盘龙江、金汁河、银汁河、宝象河、马料河及海源河，附郭田亩，皆资以灌溉。历代对于修浚之法，均甚注意。清时并着云南府同知，专管水利。

表三：珠江流域的水利设施(闽江、韩江附)

地　点		历代的主要事件
广东省	珠江上游	明万历以来屡有堤塞之工，沿江两岸，则由人民筑围自保。
	韩江一带	韩江灌溉，以三利溪为最著。宋元祐时，开始疏浚此溪；明弘治间，周万里复加修浚，又凿南濠渠，引韩江之水以益之。清乾隆间，康基田修韩江岸堤百余丈，藉防韩江之水冲入三利溪。
广西省	滩水附近	(1) 秦史禄凿兴安县灵渠，藉通南北，并有灌溉之利；其后代有修治。 (2) 清雍正时大兴西南水利，浚临桂县陡河，农商均利。

---

① 此条据《导江三议》，该书收入《湖北丛书》。

续　表

地　点		历代的主要事件
福建省	闽江一带	（1）晋代始浚侯官西湖,宋时赵忠定,明时江铎,均有修治,清康熙时复疏浚之。 （2）宋熙宁时李宏筑莆田木兰陂,疏渠导水,岁获有收,输军储三万七千斛;清康熙时,再加修筑,分溉南洋田万余顷。 （3）宋末经营长乐莲柄港水利工程,惜未成功。

在上三表中,最足引起吾人注意的,计有三事:第一是水的利用之长久。如芍陂系楚令尹孙叔敖所建,沿江汉的堤坊,亦系孙氏所建;郑国渠系战国时水工名郑国者所创;丹阳湖一带在春秋时已辟为粮道;漳水在战国时已为西门豹史起所利用皆是。第二是水的利用之普遍,表中所列入者,在黄河流域中,有陕西、甘肃、绥远、山西、河北、河南诸省;在长江流域中,有江苏、浙江、安徽、江西、湖北、湖南、四川、云南诸省;在珠江、闽江流域中,有广东、广西、福建诸省。可说在东亚部分各地,没有不受水的恩惠的。第三是某些区域水利之特别发达,可提出的,如泾渭流域,河汾流域,永定河流域,漳水流域,岷沱流域,尤其是以太湖为中心的江浙一带,这里水利工程的精巧和利便,至今犹为世界人士所称道。总之三表所给吾人整个的印象是:中国殊不愧号称水的发达的国家。

许多外国学者(尤其所谓亚细亚生产方法论者),因看中了这一点,竟主张中国的政权乃建立于水的上面,这虽嫌得过分夸张,但"水"有助于中国农业之发展,却为千真万确的事实而勿容怀疑。

第六目:从物产上看——一地的物产,系受当地的地形和气候所决定。观上面对于东亚地形、气候等项的描述,我们无难地可信东亚的物产,是要够自给自足的。

先从食粮说起,和中国民食最有关系的,是稻米。稻的生长,所需的条件很多:如(一)要一百三十五日的长时期;(二)五十英寸的年平均雨量;(三)七十五至七十七度的平均温度;及(四)肥沃的冲积层等等。所以产稻之地,必需备有气候温暖,灌溉便利,土壤肥美,及可以实行集约耕作的稠密人口诸要素。而这些要素,惟在东亚才完全具备的,我国为世界第一产米国，米的总产额，据张心一氏的估计，得八七三、〇五四、〇〇〇担，即五一三、五六九、〇〇〇公石①，殆占世界各地产额之半数强，而在国内食料作物中，亦占百分之二七强。这种稻米生产的旺盛，实给中国粮食一安定的基础。

其次为小麦。小麦生长的条件较宽，故生植的范围亦大，黄河、长江、珠江三流域均为其分布之地，产额据《申报年鉴》所载，为四三三、三七四、六一〇担②，仅次于稻米，我国人以之为食粮者，达一万万八千万人，占国内食料作物百分之二〇强，所以在整个农产物中，亦有举足重轻的地位。

此外次要的食粮，综合来看，数量亦均不小。例为大麦有一万二千八百万余担，高粱有二万三百万余担，小米有二万一千七百万余担，玉米有一万四千七百万余担，其他谷类有二千余万担，甘薯有二万六千八百万余担，马铃薯有四千万担，大豆方二万三千万担等等，③可见一斑。

这些数字，所表示的意思是什么呢？这是证明中国的食用谷物，能够支持其巨量的人口而勿须外求。这些丰富的产物，一方面既可引载中国人向农业生产努力，一方面又使中国人向外开拓的需要减少，亦可算为有利农业发展的条件之一。

在历史上，我们亦很早便可看到谷类生产丰富事实的存在。《诗经》：④

丰年多黍多稌，亦有高廪，万亿及秭。

又载：

荼蓼朽止，黍稷茂止。获之挃挃，积之栗栗，其崇如墉，其比如栉。

又载：

载获济济，有实其积，万亿及秭。

---

① 张心一《中国农业概况估计》（民廿一年十二月出版）。
② 民国二十二年《申报年鉴》M 二四七页，主要作物平常年之面积及产量（系根据国府主计处调查）。
③ 同上《申报年鉴》M 二四七页至 M 二五〇页。
④ 以下见《诗经·丰年》、《良耜》、《载芟》等篇。

又载：

> 我艺黍稷，我黍与与，我稷翼翼。我仓既盈，我庾维亿。

又载：

> 今适南亩，或耘或耔，黍稷薿薿。

这些所描述的对象，多在北方，所以每以黍稷为中心。至并及全国谷物的生产，当推《周官》的记载，原文试引于下：①

> 东南曰扬州……其谷宜稻。
>
> 正南曰荆州……其谷宜稻。
>
> 河南曰豫州……其谷宜五种（郑注——五种：黍、稷、菽、麦、稻）。
>
> 正东曰青州……其谷宜稻、麦。
>
> 河东曰兖州……其谷宜四种（郑注——四种：黍、稷、稻、麦）。
>
> 正西曰雍州……其谷宜黍、稷。
>
> 东北曰幽州……其谷宜三种（郑注——三种：黍、稷、稻）。
>
> 河内曰冀州……其谷宜黍、稷。
>
> 正北曰并州……其谷宜五种（郑注——五种：黍、稷、菽、麦、稻）。

这里可以看到中国生产之多样性和丰富性。"地大物博"一语，在粮食上说，尤其在历史上说，无疑是可以成立的。

再说及与食料有同等重要的衣料。这里要提及的，第一为棉。棉是主要衣料之一，其生产所需的环境为：（1）有充分的雨水；（2）有充足的阳光；（3）七月没有霜降；（4）土质须轻松而易排水等。② 这些条件，在我国东亚部分，都很适合，因此中国棉产额年达一千六百万担③，为世界三大棉国之一。当中尤以黄河流域的山东、河北两省，长江流域的江苏、浙江、湖北、湖南四省，为全国产棉的中心区。虽然近来因品质

---

① 《周礼·夏官·职方氏》(孙诒让《周礼正义》卷六十三)。
② J. Russell Smith: Industrial and Commercial Geography.
③ 根据国府主计处调查，所收入有辽宁等廿一省的材料，又中华棉业统计会所公布二十一年度产额的估计，第一次为千万担，第二次为八百万担，似与上面材料相去太远，但后者所收入的材料，只有十一省，若全国合计，当必不只此数。

和价格关系,略受外棉的排挤,但在闭关时代,却不独可以自给,且有过剩的现象的。其次为麻,在我国产量最大的为苎麻(Ramie),此麻性质坚强,山间斜地,均可种植,故分布甚广,有中国草(China Grass)之称。其中尤以长江流域及广东所产为著名。国人常取其纤维,为夏布线带等物。此外大麻(Hemp)及黄麻(Jute)亦均有出产,品性虽较逊苎麻,但前者仍可为夏布及其他织物,后者则供制造毡或粗麻袋之用。产地则遍及四川、河北、河南、山东、山西、广东、福建等省。其次为丝。丝与桑有连带的关系,故产丝的地方,必定宜于植桑的地方。植桑的自然条件,为(1)气候温和;(2)雨量适宜;(3)春季必须早暖;(4)土壤勿过卑湿等。至于育蚕的条件,除需要适当温度外,且须在人口稠密的区域方能配合其繁重工作的要求。世界各地完全具备这些条件者,惟有东亚季候风区,所以此区乃成为世界产丝的中心地带。就我国论,浙江、广东、江苏、四川为国内四大产丝的省份。其他如安徽、湖南、湖北、山东、河南、山西、福建、广西等省,亦均有出产。产量在六十年前,占世界全额半数以上,最近虽为日本所打击,但据时人的估计,每年茧产额约三百六十余万担,丝产额约二十五万担,①仍为世界三大丝业国之一。此外尚有许多次要的衣料,如兽皮等,亦甚丰富,兹不缕述。

这些事实所表示的意义,和前头一样,它证明中国衣料方面亦可自给自足而不必外求的。

在历史上,我国蚕丝发明最早,远在四千年前,已有嫘妃养蚕的传说,其他的衣料手工业,因适应农业社会的需要,亦颇发达。这里为求明确简洁计,试就上古近古各举一例证明之。

证明中国上古时衣料产物的充足,最完备的记载,仍是《禹贡》,《禹贡》九州的贡物中,关于衣料方面,我们可造表如下:②

州　　名	衣 料 方 面 的 贡 物
冀　州	皮服
兖　州	丝、织文(有文彩的织物)。

---

① 民二十三年《申报年鉴》转载日人的估计。
② 参考顾颉刚《尚书研究讲义》甲种之三所引唐石经本。

续　表

州　　名	衣料方面的贡物
青　州	绨、丝、枲（即麻）、厌丝①。
徐　州	玄纤、缟（黑色的绢和细绢）。
扬　州	卉服（葛越木棉之属），织贝②。
荆　州	玄纁、玑组③。
豫　州	枲、绨、纩、织、纩（细棉）。
梁　州	熊、罴、狐、狸、织皮。
雍　州	织皮④。

到近古时，此种情形尤为明显，试从《宋史》中关于各路所贡衣料品的记载，再为造表于下：⑤

路　　名	衣料方面的贡物
开封府（东京）	方纹绫、方纹纱。
京东（东西）路	仙纹绫、大花绫、双丝绫、绫、绢、绵、绸、综丝、素绝。
京西（南北）路	绢、绫、葛纻、纻、布、黄麻、䌷绝、棉。
河北（东西）路	花䌷、绵䌷、平䌷、白毡、大绢、绢、平绢、绵、素绝、花绝、罗花纱、大花绫。
河东	土绝、绢。
秦凤	䌷、绝、麻、白花毡。
永兴	绢、毛毼、（毛布之类）、段（同缎）、白毡。

① 《说文》本部之"厌，山桑也"，按此当为山蚕之丝。又《史记·夏本纪》"厌丝"作"畲丝"，恐有误。
② 贝，锦名，《诗》所谓"萋兮斐兮，成是贝锦"者是。
③ 《禹贡》原文作"厥篚玄纁玑组"；《伪孔传》云："此州染玄纁色善，故贡之。玑，珠类，生于水。组，绶类。"顾颉刚谓："言篚者皆帛类，淮夷玭珠暨鱼，不以篚贡也。疑此'玑组'，当与'贝锦'意义差同。谓有玑文之组或以玑所饰之组耳。"今从其说。
④ 《禹贡》原文作"厥贡惟球琳琅玕。浮于积石，至于龙门、西河，会于渭汭。织皮。昆仑、析支、渠搜，西戎即叙。"旧据每将"织皮"作地名解；顾颉刚《尚书研究讲义》引苏轼《书传》，谓系"简编脱误"，应作："厥贡惟球琳、琅玕织皮。昆仑析支渠搜，西戎即叙。浮于积石，至于龙门西河，会于渭汭。"依此"织皮"明系贡物之一种，与梁州同，今从其说。
⑤ 《宋史》卷八十五至九十《地理志》。按宋初诸路，分合不一，至道三年，始定全国为十五路，其后又屡经变置，至元丰末遂增至二十三路（并京畿为二十四路），本表所分诸路即据之。

续 表

路 名	衣料方面的贡物
两浙	绫、越绫、轻庸纱、纱葛、罗、绵、白纻。
淮南(东西)路	白纻、布绐、纱、绢、麻、葛布、练布、獐皮、鹿皮。
江南(东西)路	布、白纻、纱、葛、绢。
荆湖(南北)路	绫、纻、青纻、纻布、练布、白绢、葛。
福建	纻、蕉布、绵、葛布。
成都府	花罗、春罗、单丝罗、绫、丝布、布纻、绵䌷。
梓州	绫、樗蒲绫、丝布、葛、绢、䌷、绵䌷。
利州	莲绫、绫、绵䌷、纻、丝。
夔州	绵䌷、䌷、绵、绢、白纻、葛布。
广南(东西)路	绢、蕉布、纻布、布。

有此两表的证明，我们前头的说法，自觉更加确实了。

最后说到矿产，矿产范围很大，这里亦只能提要叙述。先说煤，据最近较精确的调查，我们煤的藏量，为二千四百余万万吨，[①]次加拿大和美国，占国际第三位，各省藏量，以山西、陕西最多，四川次之，其余各地分布亦甚普遍。产量每年约二千数百万吨，[②]约占藏万万分之一。次说铁，我国铁的藏量并不多，全国只有十万万吨，[③]若与美国九百四十余万万吨的藏量相较，[④]只有其百分之一强。藏量以辽宁为最富，占

[①] 我国煤藏量的估计，各家不同，试举于下：
    1. Richthofen(对山西省的估计)：一，八九〇，〇〇〇，〇〇〇吨(单位吨，下同)。
    2. Drake 估计：九九六，六一二，七〇〇，〇〇〇至一，五〇〇，〇〇〇，〇〇〇之间。
    3. 一九二六年地质调查所估计：二一七，六二六，〇〇〇，〇〇〇。
    4. 日人估计：一二九，九七三，〇〇〇，〇〇〇。
    5. 一九三〇年农矿部调查：二六七，四七五，〇〇〇，〇〇〇。
    6. 一九三〇年胡博渊、翁文灏估计：二六五，四六五，〇〇〇，〇〇〇。
    7. 一九三三年《中国年鉴》：二四八，二八七，〇〇〇，〇〇〇。
    其中 5、6、7 三说较近事实，数量相去亦无几，本文即据之。
[②] 参看《中国年鉴》，谢家荣《中国矿业纪要》及胡博渊《中国燃料工业之现状及其自给计划》所列数字。
[③] 见丁文江等编《中国分省新图》。
[④] 见 *The Engineering and Mining Journal*，July，1923，详细数字为九四、三二四、〇〇〇、〇〇〇吨。

百分之六五·九,察哈尔次之,湖北又次之,其余各省亦均有分布。产量盛时每年约一百万吨。①次说石油,全国天然石油藏量为十三万万余桶,②连辽宁、陕西、热河等省的油页岩合计约为四十万万桶,分布以晋、陕、甘、新、川、黔等省为中心,惜产量不多,每年只生产千余桶,仅及外洋进口油量三千分之一。此外其他重要矿产,锑、钨二矿最富,锡、锰、铝、锌次之,金、银、铜俱无多,盐则可以自给。

这些事实所给我们的印象是:中国在矿产方面不能算得顶丰富,所谓"物博"一语,尚须分别来看才对,不过此种情形,也并无妨碍我们前面所谓中国产物足以自给的说法,因为这里所以觉得有些矿产不够丰富者,系就产业革命以后的现代社会而言,若在前此社会,则绝无不足之处,这在下面所引的历史事实,更可证明此旨。

例如煤,我国很早便用它为燃料,《前汉书·地理志》记豫章郡出石可燃为薪,隋王邵论火事,其中又有"石炭"二字,③皆是好证。到了宋代,使用尤盛,崇宁中,言卖的炭场,增二十余所;民间亦有仰石炭为生者。④文人如苏轼、朱弁、于谦等皆作诗纪其事。尤有趣味者,现代国内煤的藏量,以山西为最,而历史上山西的石炭,亦极有名。如谓:

> 太原府……出城西门,向西行三四里,到石山名为晋山,遍山有石炭,近远诸州人,尽来取烧,料理饮食,极有火势。⑤

可见一斑。这又可证明现存的地理环境,常与历史事实相符合,而可用为补助的说明。又如铁,在现代之工业发达的社会里,藏量或稍觉不够,而在历史上刚好与当时的需要相适应。我国铁矿的采掘,大概在春秋战国时候开始,此时的载籍中,如《管子》《孟子》《禹贡》⑥《吴越春秋》《越绝书》等,均说到铁。稍后到秦汉,则铁矿业极盛。如猗顿,邯郸郭纵,蜀卓氏、程郑、宛孔氏、丙氏均冶铁致大富。⑦设置铁官的地方,有

---

① 黄著勋《中国矿产》第一编第二章。
② 美国地质调查所的估计,详细数字为一、三七五、〇〇〇、〇〇〇桶。
③ 《曲洧旧闻》卷四。
④ 《宋史》二百八十四卷《陈尧佐传》载:"徙河东路,以地寒民贫,仰石炭以生,奏除其税。"
⑤ 《入唐求法巡礼行记》二,按此为唐时事。
⑥ 《禹贡》依时人考证,当为战国时书。
⑦ 并见《汉书·货殖传》。

京兆、左冯翊、右扶风等四十郡。① 到唐,到宋,到元发展尤速,兹试将当时的铁产区,铁矿数,及每岁税额作表于下:

唐、宋、元铁矿大况表

项目\朝代\根据书籍	唐		宋		元	
铁产区	一、铁产二十四州 二、关内、河南、河东、河北、山南、陇右、淮南、江南、剑南、岭南十道均产铁。	《国史两朝志》 《唐书·地理志》	一、徐、兖、湘三州,河南等九州,晋、磁等十四州,信、鄂等五州,另兴国、邵武二军均产铁。 二、有铁之州三十六。	《宋史·食货志》 《宋会要》	腹里、江浙、江西、湖广、陕西、云南六省均产铁。	《元史·食货志》
铁矿数	一、铁冶七十七 二、十道铁矿共一百一十三处。	《国史两朝志》 《唐书·地理志》	一、宋初有四监十二冶,二十务,二十五场,共六十一处。 二、治平时七十七处。 三、绍兴时六百三十八处。 四、乾道时三百八十七处。	《宋史·食货志》 《宋史·食货志》 据《宋史·食货志》所载推算	共四十三处	《元史·食货志》

---

① 《通考·盐铁考》。

续 表

根据书籍＼朝代＼项目	唐		宋		元	
岁课额	一、元和时二、〇七〇、〇〇〇斤 二、宣宗时五、三二〇、〇〇〇斤	《新唐书·食货志》	一、至道末五、七四八、〇〇〇斤 二、天禧五年六、二九三、〇〇〇斤 三、皇祐时七、二四二、〇〇〇斤 四、治平时八、二四一、〇〇〇斤 五、熙宁时五、五〇一、九一七斤 六、元丰时五、五〇一、〇九七斤 七、乾道二年二、一六二、一四四斤	《宋史·食货志》及《宋会要》	腹里等六省年课一〇、〇七三三斤，另课钞二、八七九锭三八两	据《元史·食货志》所载计算

表内所列数字，虽非绝对精确，但总可看到此业发达的情形。后此明、清两代，仍继续发展，清末国内用土法开采者，每年约达十余万吨之数，可见其多。此外如银、铜、锡、石油①诸矿，在历史上亦可自足，这在

---

① 石油古时称石漆，唐称石脂水，五代及宋称石脑油或猛火油。

各史食货志及地理志,①俱可找到证据,兹不赘述。

以上系从食粮、衣料、矿产三方面来证明中国物产足以自给的说法,其余产物情形亦类是,读者是不难举一反三的。

总之,中国在历史上为农业发展的国家,这是自明的事实。此种事实的存在。虽有其他原因,但地理环境,却为一个不可少的因素。本纲即从地形、气候、土壤、水利、产物五方面的现存的和历史的形态,来作具体的说明。至此种高级农业之建立,对于产业革命之阻碍,第一节业已提过,这里恕不复述了。

试再和欧洲这一方面的地理环境作一比较。我们知道欧洲国多地小,合起来说虽然耕地的数量,也相当的大。但分起来说,每有不足之感。其次,欧洲位置较北(约在北纬三十五度至七十五度之间),虽有暖流通过,但北部和东部总稍嫌干燥,其地宜于旱耕而不甚宜于水耕,所以只能生产麦类,而不能生产稻类(除南方一二地外)。像这样旱作的生产法,在产业革命以前(意即未将科学方法输入农业以前),其生产力当然是比不上"水作"的。复次,欧洲平地丘陵地虽多,但有良好的土壤却不多,而雨量对于农产地的分配,亦不甚适合。分析言之,最北部多裸岩,为西欧最贫瘠之地;稍北部(如俄罗斯中部,波罗的高地,及德国北部之地),土层虽稍厚,但其中含有多量石块,耕作甚难;中欧及南欧部分山地多,肥沃之土壤亦少。就中较佳的为东南欧之南,俄罗斯平原,瓦拉畿亚平原等,但欧洲雨量的分配,因西风的关系,以西部及南部之高山地带为最多,而此等地方反成为半干燥地。这在科学发达的今日,当已不成问题,惟在历史上说,却不无多少的障碍。尤其重要的,欧洲内外的交通均甚方便,向工商业发展之诱力极强,根据人生地理学的说法,较强的自然力常把较弱的自然力作用减轻②,我们试看西欧历史上商业资本发展之区,并不是号称"欧洲仓库"的东欧南部或中部,而是

---

① 二十四史中有食货志成平准书者,计有下列十三史:《史记》、《汉书》、《晋书》、《魏书》、《隋书》、《旧唐书》、《新唐书》、《旧五代史》、《宋史》、《辽史》、《金史》、《元史》、《明史》。有地理志地形志或郡国志者,计有下列十五史:《汉书》、《后汉书》、《晋书》、《宋书》、《齐书》、《魏书》、《隋书》、新、旧《唐书》、《旧五代史》、《宋史》、《辽史》、《金史》、《元史》、《明史》等。
② 参看 E. Ch. Semple, *Influence of Geographic Environment*(中译本作《地理环境之影响》)第一章"海陆相反"一节。

不甚适农的荷、葡、英三国——尤其英国。① 此中消息，大足供吾人探究的。因此，我们若本一种最谨慎的社会科学者的态度，虽不敢即说欧洲的农业绝对不能发展，最少可说它发展的条件并不十分好——尤其可断言的，它发展的条件较起工商业发展的条件相差甚远；另一方面中国东亚部分的情形，却正和此相反（关于工商业部分留待第三纲再为详细说明）。两者比较，更易看出第二纲标题的正确性了。

（《中山学报》1941年第1卷第1期）

---

① Radek 在《中国革命运动史》一书大意说，十八世纪中有资格发生产业革命者，有荷、葡、英三国。但此三国中，英国条件最具备，所以此种世界史的大任务，乃为英国所完成。

再论中国地理对于中国经济史特殊发展之影响

非非君对于拙作《中国地理对于中国经济史特殊发展之影响》的批评,承编者于付印前以原文见示,展阅之下,本拟作长文答辩,因无暇故,暂成短文一篇。

学术性的论难,本是笔者十分欢迎的。但非非君对笔者的见解,似尚有未曾明了之处,致其批评,多未中肯。兹姑将最重要者指出三点,幸非非君及拙文读者注及之。

第一是地理决定论与地理一部因素问题。笔者不止不是地理决定论者,亦不是一切决定论者。当草作前文时,已预料有人误会,故即于副标题上加以说明,又于篇中指出本篇只是"中国历史何以不能发生产业革命所下解释的一部分"。照理当不至有何缺点了,乃非非君尚以地理决定论相责,殊出意料之外。或者非非君以为笔者不应该视地理为"端初的因素",但对这,笔者却有话说。本来在社会科学界里,解释问题可有二种方法:一种是决定的看法,另一种是平行影响的看法。前者是由因推果的一元论;后者是不分主从的多元论。其实,两者俱是一偏之见。前者过于武断,社会现象的复杂,绝不是有一个超然的力量,可以独立存在,可以影响一切。无论若何说法,最显明的因素,也只是"必要"的条件,而非"充足"的条件。后者又过于含混,不能指出主从与先后,其结果是"周身皆刀没有一张是快"(Jack of all trades and master of none)。笔者深知两法之长短得失故平时常高倡"以先行代决定"之说。

另一方面看,便为"以先行代平行"说。欲明其说大旨,先作一图如下：

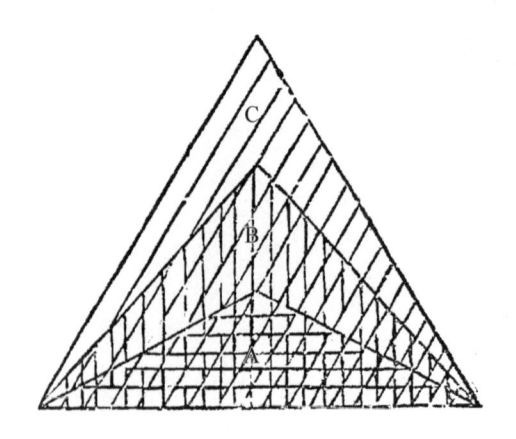

上图全部代表整个人类文化，A 层代表物质文化层，B 层代表政制文化层，C 层代表精神文化层。其意若谓假使没有 A 层，便没有 B 层、没有 C 层，但是 B 层 C 层对于 A 层又有"指示"的作用，不是轻描淡写似的"反作用"一辞，所能够表现。细观其排列的次序及线条的渗透可知。若换另一套术语，可说 A 层是基础层或先行层，B 层是枢纽层或特显层。C 层是指导层或完成层。这一方面既显出 B 层 C 层的作用（不止反作用），另一方面又显出 A 层的"先行"，正是"多元说中的一元说"精华所在之处。

上面所谓物质文化层即经济层，故笔者对于经济层的重要，并不否定，只是稍为冲淡而已。

至经济层对于地理的关系呢？笔者以为与全部文化与经济层之关系相似。即地理层又是经济全层中之先行层，试再作图示之。

下图全部代表经济全层，A' 层代表地理层或自然层，A'' 层代表经济中心层即普通所说生产方式层或生产结构层，A''' 层代表生产外之经济过程如交换分配消费等层，三层合成整个"经济的构造"。自然层当是先行，因为没有它，我们殊想不到有什么经济行动的可能，但另一方面，自然层却必须透过生产结构层方生作用，这与经济层一面是先行层，一面却须依赖政治（所谓政治是经济之集中的表现），其情形是一样的。

这样说法，与地理史观者，显有三点的不同，即：

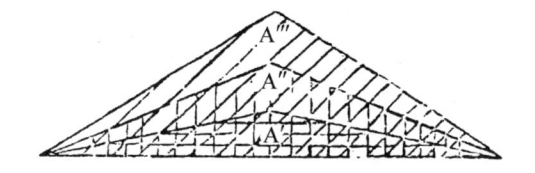

1. 他们以为地理影响是唯一的,我们却视作一部的;
2. 他们以为地理影响是直接的,我们却视作通过的(或间接的);
3. 他们以为地理影响是不变的,我们却视作变动的(因为生产方式是变动的)。

但与一般唯物史观者亦有一点的不同,即他们以为主导的只有生产关系,其他都无关重要,都只是副作用;我们虽不否认生产关系的主要地位,但却以为在生产方式的"自然",是先行的因素而有制约的作用。明白说,我们可以设想在某种平定的社会里,其他因子相等,那么,"自然"自发挥其最大差异性,而能诱导人类的活动了。此种说法,实是前面二说之更高的配合,试表示之。

Ⅰ说	Ⅱ说	Ⅲ说(拙说)
地理因素直接决定一切	地理因素透过社会因素方生作用	地理因素固须透过社会因素,但两者合作时前者常居先行的地位

依理说"自然"先行的情形,只在原始社会里为必然,但在离原始社会不久而且相当安定的中国封建社会(广义)里,亦尚未失其存在。故笔者敢用之当作中国不能发生产业革命底经济因素中的"端初"因素(仍请读者注意,即在经济全层中并不是唯一因素,并不是充足条件),自信是十分站得住的。

这样,读者及非非君对于"端初"的意义,当不至与"决定"混为一谈了。

第二是封建社会与佃佣社会问题。佃佣社会,是笔者对于秦清一期社会性质的新见解,其特征在拙著第一章中可见,这里不必重述。

但成为问题的,是佃佣社会与封建社会是质的不同呢?抑是量的不同呢?在《西汉社会经济研究》一书中,笔者是采取较肯定的见解的,但此后即稍为缓和,在拙著《从经济史立场对于东方文化的新认识》一

文中(《新建设》二卷三期)已可见到。在本文尤为明显,注一〇四道:

> 所谓一般与特殊,本来只有相对之意义,尤其论到社会发展形态时为然。我们这里对于佃佣制的特色,尽量描述出来,只是要使读者明了秦与清这一段社会与"典型"封建的社会有不同之处而已(典型下漏印"封建"二字)。至时人有将封建作最广义的解释者,却当别论。……应请读者特别注意。

这实是最显明的自白!原意是,依最广义的见解,佃佣社会亦可说是封建社会的一种或半封建社会,但若把封建社会限于"典型"的意义,却当将两者区别。或者非非君定仍进一步质问,佃佣社会既是封建社会的特殊形式,何必另立异名呢?这却不得不再说明。大概普通所谓一般中的特殊,意义甚混。例如我们可说英国的封建社会、法国的封建社会或德国的封建社会,都是一般封建社会中的特殊型。其实,它们的同点是大大超过异点。在中国秦清社会里,较一般的封建社会,虽不能说异点超过同点,但异点确确大增,不能用英法德等国的封建社会来比拟。因此,我们又常另用"高级农业社会"一词来指示它。此语较佃佣社会,尤为明晰,因为它是农业社会,所以和一般农业社会(或封建社会)没有本质的不同;又因为它是高级的,所以它是站着农业社会的最尖端或最高端,如借"新实在论"的意思来说明,它是最近"理想中"农业社会的标准的。

复次,学术的研究,愈进步愈精密。物理学家对于最微小的电子,尚欲研究其个别的反应,不欲作笼统的论断,我们可以把差异性如是之大的秦清社会,以同样的封建社会一词包括么?

这便是笔者采取新名之理由,非非君殊不应该故以曲解的。

在此,笔者却记起一事。佃佣社会说发表在十年前,虽不完备,亦非泛泛之见,殊不意却因此受了某些人的歧视!《海军建设》杂志主编人王师复先生(前国立农工学院教授)对于拙说颇有好感,曾以之解释中国海军史发展的特殊性,大有所获。渠又曾将此意作成一文,投某杂志,结果被退,后托人转查缘由,据该编者答:"这是陈啸江派"之论文,不登不登! 此事王君亲对余言,当为事实。像这样仇视新知的举动,殊足令人齿冷。笔者自愧十年前是一书生,今且尚是一书生,所求者真理,所知者真理,未立门户,有何家派？即有若干好学之士,对于鄙见,表示同意,亦其自愿,并非强迫,编者所言,大不可解！以上云云,纯非对非非君有何误会,只是借此数行,对那般以背诵公式为历史的"低能儿",略示一些正义之感而已！

第三是各种方法论与新配合论问题。新配合论一词,笔者在近作各文中,虽曾提及,未加详解,故非非君又于此发生误会。他谓:"我们从陈氏的体系来看,他时而多元,时而决定,时而经济,未免近于'狡兔三窟'之一技了。然而我们在先认为'一国三公'的弱点,在陈氏倒变成狡兔三窟的优点,妙哉！"妙诚妙矣,但非非君定未解"妙"之所在,故来此一个倒采！

笔者虽不学,但对中外各家哲学之精髓,尤其方法论方面,颇曾涉猎,深知其利弊得失,社会科学之未能如自然科学之一样精密,方法之歧异,恐负一大部责任。笔者既有见及此,故尝思本,中山先生之精神,综合一切异说,另成新法,力虽未及,心实向之！

新配合论,即由此种意识之下建立。欲明其全,已属整个哲学范围,非本篇所能及。兹姑就因果论方面,略述二三,以见一般。

过去学人对于一事原因之解释,派别虽多,总可以归入下列三大系。

其一是一元说。此说当欲指出历史中一个主导的因子,此一因子,或主地理,或主精神,或主伟人,或主科学,而最为一般人所接受者则为经济。此说更高的发展,则承认经济因素之外,其他因素,亦有附作用或反作用,此即形成最流行的辩证的唯物史观(或谓唯物史观即有辩证意味,不必再加冠语,但这里本意在表明它与纯经济决定论不同,故即加上亦无妨)。

其二是多元说。此说是承认社会之复杂性,各种因子,各有作用,且各有平行作用。此说因通俗故,接受者亦不少。至其更高的发展,则有二元说(例如将许多因子复归为物质精神二种而并承认之),则有函数说(承认因子彼此相互作用)。

其三是折衷说。此说的精神在调和。它与二元说不同之处,在二元说主并重,折衷说则对两方各有舍弃,各有同等的舍弃。其主要的意思是,两方既不可全信又不可尽信,故混合之。此说过去最为中国人所喜用。此说的反面,便为诡辩说,其大意是,两方既不可全信,即两方都可不信,或都可信。旧日希腊的诡辩派,最喜此道。

上列三系,各有长短。一元说能找出主导是其所长,过于武断,是其所短;多元论顾及全面是其所长,主从不分,是其所短;折衷说顾及双方是其所长,不能融化双方,而只能混合双方是其所短;诡辩派富有怀疑精神是其所长,无所肯定是其所短。新配合论在如此丰富的文化积累之上,敢大胆贡献一融通全面的说法道:"凡一事件,必是种种因子构成(多元折衷说法在此融通),但种种因子中,必有'主要'者(一元说在此融通),此主要的因子与其他因子的关系又每随具体环境的发展而变动(怀疑说在此融通,因怀疑说每着眼例外的事实而致其不敢信任之意)。"若将此语拆开来看,便又构成了新配合论三个律:(1)全面律;(2)主要律;(3)发展律。①

此外新配合论与辩证法异同问题,因牵连甚多,未能尽述,但可大体告读者,前者是后者更高的发展而充足表示了精密性。此意曾在本校法学院讲演一次,不日拟作成《异的论理学及其应用》②一书,该书出版后,读者当更可明白。

总之,历史的成因,本是极度的复杂,它本身确似"狡兔"而有"三窟",我们又何能不网张三"窟",以捕捉之呢?

至"因素"与"影响"两词的互用,这是笔者采取函数论的办法,非常明白,毫不混淆,非非君如能了解最近科学界所常常利用的函数解释,当不至如何误会。但仍要声明的,这里所谓函数论,当然是先行论指导下的函数论,更明白说,是着重"自变数"的函数论,否则非非君当以为又与前面不一致了。

非非君评文除对方法的误会外,尚有重要错误的二点,亦应指出者。其一是中国历史上,工业既不发达商业何能发达的责问。这是容

---

① 配合三律,在拙文中作丛因律、主导律、结构律,意略同。
② 笔者以为旧日形式逻辑以现象中之"同",为其研究对象,可称"同的论理学";辩证逻辑以现象中之"变"为其研究对象,可称"变的论理学";配合逻辑以现象中之异或复杂的具体现象,为其研究对象,可称"异的论理学"。又所谓异,有广狭二义,狭义即如上之三分,广义则并包"同"、"变"二者。

易解答的,商业与工业背道而驰的事实,所在尽有,何足为奇!举目前事实为例,最近二三年来,后方各地游资充斥,商业资本畸形发展,果有工业的并行发展为其基础么?何况在拙文中,已指出正因工业发展不充分,所以商业发展是暂时的而不得不转入土地去,这是历史上铁的事实,又何容乎致疑。

其二是中国历史上商业资本流入土地岂不是即说土地已资本主义化的责问。这实又是一个滑稽的质难!商业资本流入土地与土地资本主义化,是毫不相涉的事实,何容并为一谈。我们可以说,正因商业资本大量流入土地,以致歪曲了商业资本正当的出路,而延缓了中国产业革命化。我们又可以说,正因商业资本大量流入土地,使土地集中,农村破产,农民异动,历史循环,而延缓了中国产业革命化。再举目前的例为证,近二三年来,商业资本又走上历史的旧路,视土地为良好的囤积品之一,这难道可以证明中国即将完成产业革命与及产业革命中的农业革命么?

非非君对于拙文批评之点虽多,但如能将以上关于方法方面的三点及佃佣社会的特征,加以善意的了解,当不难一一涣然冰释。恕不赘述。

随手拈来,已盈十纸,墨淡神疲,即此告止。

十一、十六日。

(《经济科学》1943年第3、4期合刊)

图书在版编目(CIP)数据

陈啸江史学论文集 / 陈啸江撰；王传编校. —上海：上海古籍出版社，2018.11
（中国近代史学文献丛刊）
ISBN 978-7-5325-9008-7

Ⅰ.①陈… Ⅱ.①陈… ②王… Ⅲ.①史学—中国—文集 Ⅳ.①K207-53

中国版本图书馆 CIP 数据核字(2018)第 235616 号

中国近代史学文献丛刊

陈啸江史学论文集

陈啸江 撰
王 传 编校

上海古籍出版社出版发行

（上海瑞金二路 272 号 邮政编码 200020）

(1) 网址：www.guji.com.cn
(2) E-mail：guji1@guji.com.cn
(3) 易文网网址：www.ewen.co

浙江新华数码印务有限公司印刷

开本 635×965 1/16 印张 22.75 插页 5 字数 358,000
2018 年 11 月第 1 版 2018 年 11 月第 1 次印刷
ISBN 978-7-5325-9008-7
K·2569 定价：98.00 元
如有质量问题，请与承印公司联系